PATER JOSEPH KENTENICH · VOLLKOMMENE LEBENSFREUDE

Freut euch im Herrn
zu jeder Zeit!
Noch einmal sage ich: Freut euch!

Phil 4,4

Pater Joseph Kentenich

Vollkommene Lebensfreude

Priesterexerzitien

Patris Verlag Vallendar-Schönstatt

CIP-Kurztitelaufnahme der Deutschen Bibliothek

Kentenich, Joseph
Vollkommene Lebensfreude : Priesterexerzitien / Joseph Kentenich. Bearb. von Michael Johannes Marmann u. Georg Ritter. – Vallendar-Schönstatt : Patris-Verlag, 1984.
ISBN 3-87620-096-2
NE: Marmann, Michael Johannes [Bearb.]

Bearbeitet von Michael Johannes Marmann
und Georg Maria Ritter

Gesamtherstellung: Bercker Graphischer Betrieb, Kevelaer 1
ISBN 3-87620-096-2

Inhaltsverzeichnis

Reihenfolge der Vorträge

Zur Einführung

Lebensfreude ist das Wunschziel des modernen Menschen. Vielleicht ist noch nie so viel wie heute über dieses Thema »Freude« geschrieben worden. Schon das ist ein Zeichen, daß es zu wenig echte Freude gibt: je mehr sie wirklich gelebt wird, um so weniger ist von ihr die Rede. Andererseits: je mehr das Selbstverständliche des Menschlichen bedroht wird und entflieht, um so notwendiger wird es, darüber nachzudenken. In unseren Tagen kann uns das auch bewußt werden, wenn wir das andere Stichwort in unsere Mitte rükken, das ebenfalls im Titel dieses Buches erscheint: »Leben«. Jedermann lebt, will leben – aber der Zweifel scheint tief zu sitzen, ob es richtiges, volles, zukunftsträchtiges Leben ist. Schon der Beginn des Menschenlebens wird in Frage gestellt – wie vielen Kindern wird das Recht auf Leben verweigert; Bäume sterben, diese Symbole für wachsendes, gewachsenes Leben.
In dieser Situation erscheint das vorliegende Buch über »Vollkommene Lebensfreude«. Es sind nachgeschriebene Vorträge eines Exerzitienkurses für Priester, den Pater Kentenich, der Gründer Schönstatts, vom 7. bis 13. Oktober 1934 in der Reihe seiner großen Kurse gehalten hat. Es scheint, daß die Vorträge, in denen er am ausführlichsten und grundlegendsten über die Freude und ihre Quelle gesprochen hat, auch nach fünfzig Jahren noch nichts von ihrer zeitüberwindenden Aktualität eingebüßt haben. Noch radikaler als damals ist für wache und lebendige Christen unserer Zeit das nichtdiesseitige Leben, das Leben der erlösten Gotteskinder in Frage gestellt. Es ist in unserer glaubensschwachen Zeit zu wenig greifbar, da es schon unbegreiflich ist; zu wenig erlebbar, da Verstand, Wille und Fühlen des Menschen ohne vitale

Glaubenskraft zur Realisierung des Göttlichen nicht fähig sind.

Übernatürliches und natürliches Leben will von Freude begleitet sein. »Die Freude ist ein Lebensfaktor und ein Lebensbedürfnis, eine Lebenskraft und ein Lebenswert. Jeder Mensch hat Bedürfnis nach Freude und ein Anrecht auf Freude. Sie ist gleich unentbehrlich für die körperliche wie für die seelische Gesundheit, für das körperliche und geistige Arbeitsleben wie für das religiöse Leben.« (Keppler). Nun geht es hier um »vollkommene Lebensfreude«: Da will Freude nicht nur diesseitiges Leben begleiten, sondern Leben, in dem der Mensch mit Gott verbunden ist. Das heißt keineswegs, daß hier nur ein religiöses Erbauungsbuch für auserlesene fromme Seelen geschrieben ist, denn für Pater Kentenich ist diese vollkommene Freude auf alles Sein, auf alle Erlebnisse bezogen – aber nicht in mechanischer Getrenntheit das Sinnliche, Affektive etwa unabhängig neben dem Geistigen und Geistlichen, dem Göttlichen.
Daran, daß in der Freude die Erfüllung aller Strebungen und Sehnsüchte im Menschen zusammenklingt, d.h. das Von-Gott-Her nicht ausgeklammert und auch nicht nur hinzugefügt wird, sondern die ganze Skala der Freudenempfindungen bewegt, daran hängt (1.) die Vollkommenheit der Lebensfreude. Pater Kentenich nennt sie deshalb die organische: »Die vollkommene Freude, die organisch geistliche Freude, will die geistliche Freude organisch verknüpft sehen mit der geistigen und mit der sinnlich gefühlsmäßigen Freude.« – Die Lebensfreude überhaupt, und so erst recht ihre Vollkommenheit, hängt (2.) auch daran, daß sie immer verknüpft ist und bleibt mit ihrem Grund: der Liebe. Je vollkommener die Liebe, desto vollkommener die Freude! »Gibt es aber nicht unge-

zählte Gründe zur Freude? Ja! Aber sie gehen alle auf einen einzigen Nenner: daß man empfängt oder besitzt, was man liebt . . .« (J. Pieper).
Ein Buch über die Freude, wenn es das Ganze sagen will, ist also ein Buch über die Liebe: »Freude ist eine Äußerung der Liebe. . . . Freude ist die Antwort darauf, daß einem Liebenden zuteil wird, was er liebt.« (J. Pieper). So sagt auch der Heilige, dessen Nähe zu Denken und Werk Pater Kentenichs einmal mehr in diesen Exerzitien zutage tritt, Franz von Sales: »Die Liebe geht auch der Freude voraus; denn wie könnte man am Genuß einer Sache Freude haben, wenn man sie nicht liebt?«

Freude ist nicht primär, braucht ihren Grund, sie ist nur »Begleiterscheinung«. Lohnt es sich aber, etwas Sekundäres als Thema für so programmatische Exerzitien zu nehmen? In seinen Ausführungen läßt Pater Kentenich sich von diesem Einwurf anregen und betont die Bedeutung der Freude. »Freude ist Urtrieb in der menschlichen Natur.« Wenn sie nicht genügend gegeben ist, kann der Mensch nicht menschlich leben und gleitet ab in gefährliche Ersatzsüchte! »Das Recht auf Freude ist ein unveräußerliches Menschenrecht.« Jedoch ist es nicht immer die »Sonntagsfreude«, in der alles Gefühl in Schwingung gerät, sondern oftmals »Werktagsfreude, in der man das ruhige und beruhigte Bewußtsein hat, im Wunsche Gottes, im Willen Gottes zu ruhen«. So kann sich sehr wohl jedes schwere Schicksal, körperliches oder seelisches Leid, mit der wahren Freude verbinden.
Zwar ist Freude etwas »Zweites und Nachgeordnetes« (J. Pieper), aber die Sehnsucht nach ihr steht am Anfang. Denn der Mensch ist zur Freude berufen und bestimmt. So sehr liegt das als Urtrieb in seiner Natur, daß er gar nicht anders kann als nach Freude, Glück-

lichsein zu verlangen. – Ewigkeit der Freude (nicht »der Lust«, wie der gottgetrennte Prophet der Jahrhundertwende, Friedrich Nietzsche, verkündet) ist tatsächlich Bestimmung des Menschen, dazu ist er vom Allmächtigen geschaffen. Aber auch dieses Glück ist das Zweite: es fällt in eins mit dem Ersten, indem ewige Liebe ewige Freude ist.

Die Misere unserer Zeit nun – und das können wir nach diesen Überlegungen angesichts der Bücherflut über Freude konstatieren – ist, daß die Freude nicht organisch gesehen und gesucht wird. Organisch heißt in Verbindung mit ihrem Grund, der Liebe, und im Zusammenhang aller Erfüllungen des niederen und höheren Strebevermögens: des geistlichen, geistigen, affektiven, sinnlichen. Unsere Freizeitkultur ist über alle Medien auf Freude aus, aber von einer Freudenkultur, in der die Freude harmonisch integriert, d. h. im Ganzen der richtigen Ordnung verkostet wird, sind wir weit entfernt. So wird Freude und mit der Zeit auch der Hunger danach zum Vergnügen, zur Lust: zur von der ganzheitlichen Liebe losgelösten Freude. Gleichzeitig wird sie oberflächlich, ohne Tiefgang, der das Leben begleitet und so weiterwirkt, sie wird momenthaft: solche Augenblicksfreuden, losgelöst von der Liebe, die immer personale Liebe ist, können und wollen um so öfter gezielt gesucht, herbeigeführt, gemacht werden. Die Freude auf der Haut läßt die Freude im Herzen verkümmern: das Herz, der Sitz der Liebe, wird enger – die Freude, die Gott schenkt durch Natur und Übernatur, macht, wie schon der Psalmist sagt, »das Herz weit«. Das Glas Wein, das »das Herz des Menschen erfreut«, ist Freude nicht als purer Alkoholgenuß, sondern als jene Begleiterscheinung, die aus der Verbundenheit, dem festlichen Zusammensein der Menschen entspringt.

Pater Kentenich spricht von der Zerstückelung der Seele, des Lebens, in der die Zwiespältigkeit, die Zerrissenheit und Verworrenheit des modernen Menschen seinen Ausdruck findet. Die Zivilisation unserer modernen Gesellschaft, in der die von personaler Liebe abgelösten Freuden zuhauf angeboten werden, ist mit der erschreckendste Beleg für diese Wahrheit. Daß es so vielerlei um der puren Lust willen gibt: die Sexshops, die pornographischen Filme . . ., ist als ein Signum der Zeit auch ein Urteil über den Menschen. »Es gibt kein wahreres Elend als eine falsche Freude« (St. Bernhard) – wie elend muß die Menschheit sich heute fühlen! Pater Kentenich geht es in diesem Exerzitienkurs über Freude aus Liebe um die Überwindung des entpersönlichten, entsittlichten, entgöttlichten Menschen, wie er bereits im Einleitungsvortrag, der sich wie ein Programm seiner Zeitsendung und Pädagogik ausnimmt, formuliert.

Pater Kentenich bezieht sich auf ein Büchlein des Rottenburger Bischofs Keppler, »Mehr Freude«, das mit einer Auflage von 200 000 ein wahrer Bestseller nicht nur zu seiner Zeit gewesen ist. Schon Bischof Keppler schrieb damals (1909) in der Einleitung: »Ausgangs- und Entstehungsgrund des Büchleins ist das Freudendefizit des modernen Kulturlebens«. Es sind dieselben Töne, die Papst Paul VI. in seinem Apostolischen Schreiben zum Pfingstfest im Heiligen Jahr 1975 anschlägt. Er charakterisiert den Menschen von heute, der inmitten der »Vervielfältigung der Gelegenheiten zum Vergnügen« angesichts von »Überfluß, Überdruß, wirrischer Stimmung und Traurigkeit die Ohnmacht spürt, die Gesellschaft in menschenwürdiger Weise zu gestalten« und die »Sehnsucht nach innerer Freude« in sich trägt. Der Zusammenklang von Freude und Liebe – wie in diesem Exerzitienkurs – wird angedeutet: »Wir möchten einen Hymnus auf die

Freude in Gott anstimmen, der in der ganzen Welt widerhallt: und die Liebe, uns im Heiligen Geist geschenkt, soll zusammen mit ihrer Frucht, der Freude, die Herzen der Menschen erfüllen.« Schließlich wendet er sich an die Jugend und verheißt ihr die befreiende Freude aus der lebendigmachenden Wahrheit: »Gaudium de veritate. Diese Freude ist euch angeboten.«

Zum Abschluß dieser kommentierenden Überlegung zu Sinn und Wert dieses Exerzitienkurses sei noch ein Hinweis gegeben, der die Bedeutung der Freude für das Streben nach Vollkommenheit hervorkehrt. Freude ist begleitend, ist »Resonanz im Gemüts- und Gefühlsleben«: das gottgewollte, motivierende, erfüllende Echo auf das Erreichen der Realität, die die Liebe sucht und findet. Papst Johannes Paul II. nennt sie einen »subjektiven Wert«, den man nicht »sich selbst überlassen« dürfe: er ist abhängig von den objektiven Werten. Da das Gefühlsleben die Werte im Licht des Evangeliums nicht sofort in der Breite erfaßt, muß es – wie die Freude – sich verfeinern, »allmählich empfindlich werden für diese schwierigen geistigen und übernatürlichen Werte, bis neue Gefühle, neue Formen der Zufriedenheit und Annehmlichkeit entstehen«. Im Reifen des Menschen »zum Vollalter Jesu Christi« wächst also die Freude und ist so nicht nur (wie Pater Kentenich formuliert) »wesentliche Begleiterscheinung eines tiefergehenden Heiligkeitslebens und -strebens«, sondern wird »zu einem wesentlichen Mittel«, um dieses »zu befruchten«. Für die Lehrer und Apostel der Freude – wie für den heiligen Franz von Sales und andere – ist evident: ein Heiliger, der traurig ist, ist ein trauriger Heiliger.
»Wenn Freude immer ein Zweites ist, wesentlich Frucht und Folge eines Anderen, dann gilt auch, daß

wir gar nicht unmittelbar auf Freude selbst aus sein können: wir müssen uns vielmehr dem widmen, woraus Freude ersteht.« (Sonderband der Herderbücherei »Mehr Freude«). Es ist mehr als folgerichtig, daß in seinem Kurs über die vollkommene Lebensfreude Pater Kentenich den entscheidenden zweiten Teil der Entfaltung des Themas Liebe widmet. Hier spricht der Gründer einer Erzieher- und Erziehungsbewegung vom Kernstück seiner Spiritualität: »Pädagogik der Freude ist Pädagogik der Liebe.«

Auch hier geht es um »organische« Liebe, d.h. der ganze Mensch, auch sein Gefühl, muß lieben, nicht nur der Wille. »Affektdurchglühte Liebe ist ›das Prinzip unseres Lebens der Frömmigkeit‹«, zitiert Michael Müller (Frohe Gottesliebe) Franz von Sales, dessen Lehre über die Gottesliebe die letzte Hälfte des zweiten Teiles unseres Exerzitienkurses wesentlich inspiriert hat.

Ist der erste Teil mehr lebensmäßig ausgerichtet, so wird der Trank aus der Quelle, der Liebe, mehr grundsätzlich dargeboten. »Weltgrundgesetz der Liebe« ist das Stichwort: Quelle, Strom und Mündung im Handeln Gottes ist seine Liebe – das »Zentralmotiv«. Hier liegt die Lösung vieler Rätsel, es fällt Licht auf das Vorsehungs- und das Theodizee-Problem. Der Leser spürt: hier geht es Pater Kentenich um das, was er eigentlich sagen will; er hebt hervor und belegt dann ausführlich aus der Heiligen Schrift: »Ich will Ihnen zusammenfassend sagen: der originelle Inhalt des Neuen Testamentes ist die Frohbotschaft von der ganz ausgeprägten Vaterliebe Gottes.« Tatsächlich erklärt er am Ende der Entfaltung des Weltgrundgesetzen »von der göttlichen Seite«: »Was den Kurs inspiriert hat, ist im Kern der Gedanke an die Vaterliebe Gottes.«

Diese patrozentrische Frömmigkeit, wie sie im Kurs über die vollkommene Lebensfreude einen ersten umfassenden Ausdruck findet, wird durch alle Etappen der Gründungsgeschichte und der darin sich entfaltenden Spiritualität Schönstatts weitergeführt – bis zu jener brieflichen Aussage Pater Kentenichs nach seiner Rückkehr aus der Verbannung durch die Kirche am Ende des II. Vatikanischen Konzils von Rom aus, worin die Quintessenz seiner Erfahrung und Botschaft ausgesagt ist: »Für uns war allezeit Gott der Vater der Liebe. Darauf weist die starke Betonung des Weltgrundgesetzes hin, das den Familiengeist von Anfang an bestimmt und durchdrungen hat. Wir wissen nicht nur theoretisch, sondern auch praktisch, daß der Grund aller Gründe für alles göttliche Wirken letztlich die Liebe ist. Alles, was von ihr ausgeht, geschieht aus Liebe, durch Liebe, für Liebe. Allezeit haben wir es als unsere besondere Sendung aufgefaßt, dieses göttliche Weltgrundgesetz zu unserem Lebens- und Erziehungsgesetz zu machen. Wir wußten auch, daß wir unter dieser Gottesliebe mit zu verstehen hatten als charakteristisches Merkmal seine barmherzige Liebe. Was für uns aber neu ist, das ist die außergewöhnliche Größe dieser göttlich-barmherzigen Liebe« (13. 12. 1965).

Wie zuvor bei der organischen Freude, so können wir auch über den Gott der Liebe an die Stimme des Papstes als Anwalt der hohen, aktuellen Bedeutung erinnern: Johannes Paul II. schreibt die Enzyklika »Dives in misericordia«, in der er das »Alles-aus-Liebe« gerade im Blick auf die Verlorenheit und Schuld des Menschen in seiner heilsgeschichtlichen Dimension entschleiert und die alles überwindende Treue und Barmherzigkeit Gottes beschreibt.

Im zweiten Teil der Ausführungen über das Weltgrundgesetz: »die menschliche Seite«, kommt Pater Kentenich erst eigentlich auf die salesianische Lehre – niedergelegt im »Theotimus, Abhandlung über die Gottesliebe« – zu sprechen. Dabei benutzt er ausschließlich das Buch von Michael Müller, »Frohe Gottesliebe«, wie er ausdrücklich vermerkt. Auch den Ausdruck »Weltgrundgesetz der Liebe« übernimmt er aus diesem Buch des Bamberger Moraltheologen. – Wie aus vielen anderen verwandten Quellen, so hat Pater Kentenich aus der Quelle salesianischer Spiritualität das ihm Zugeflossene so schöpferisch in sein Werk und seine spirituellen Anliegen hineingenommen, daß es zum Ureigenen seiner charismatischen Botschaft gehört und durch den neuen Kontext seiner Gründung und Sendung neu zu leuchten beginnt. Mehr als für vieles andere gilt das vom »Weltgrundgesetz der Liebe«, einem Ausdruck, den er immer auf Franz von Sales zurückgeführt hat.
Der Heilige wird auch in der ersten Wirkstätte Pater Kentenichs als Spiritual, im damaligen Internat der Pallottiner in Schönstatt, als Vorbild hin- und dargestellt; in einem Vortrag vom 14. 6. 1914 vor der damaligen Marianischen Kongregation weist Pater Kentenich selbst auf ihn hin: Es geht »schon bald nach der endgültigen Einrichtung aus der Pariser Kongregation ein großer Heiliger hervor, der die Aszese auf Jahrhunderte bis in unsere Tage hin beeinflußt. Er war nacheinander einfaches Mitglied, dann Assistent, endlich Präfekt. Sie wissen, wen ich meine: es ist der liebenswürdige hl. Franz von Sales. Hier im Chorfenster finden Sie sein Bild. ... So oft wir das Bild des hl. Franz von Sales ansehen, soll das für uns eine eindringliche Mahnung sein: Inspice et fac secundum hoc exemplar« (Schau auf das Vorbild und handle wie er)!

Franz von Sales ist für Pater Kentenich wegen der spirituellen Verwandtschaft und der gleichgerichteten Sendung in vielen Punkten ein Gewährsmann. Er beruft sich auf seine Gehorsamsidee (den »liebebeseelten Gehorsam«), auf seine Auffassung vom Standesideal und auf das Persönliche Ideal in seiner Bedeutung für das Streben des Einzelnen. In unserem Zusammenhang möchte ich auf zwei Akzente eigens hinweisen: auf das Weltgrundgesetz als Erziehungsprinzip bei Pater Kentenich und auf sein Anliegen der Werktagsheiligkeit.

In einem knappen Essay über die Grundsätze und Grundlagen seines Schönstätter Erziehungssystems beruft sich Pater Kentenich 1961 in Milwaukee ausdrücklich auf Franz von Sales. Basieren die ersten beiden auf thomistischer Denkweise (die objektive Seinsordnung bestimmt die Lebensordnung und damit auch Erziehungsziel und Erziehungsweise – und: harmonische, organische sowie rhythmische Verbindung von Natur und Gnade), so orientiert sich das dritte Grundprinzip der Schönstatt-Pädagogik an salesianischer Denkweise. Franz von Sales bemüht sich, »letzte und tiefste metaphysische Zusammenhänge zwischen dem göttlichen Urbild und dem menschlichen Ab- oder Nachbild zu erforschen und für die Pädagogik fruchtbar zu machen«. Dabei geht er von dem Kernsatz johanneischer Theologie aus: Gott ist die Liebe. »Er spricht von der Liebe als dem Weltgrundgesetz und folgert daraus, daß die Liebe unser Lebens- und Erziehungsgrundgesetz werden muß. Wie überall, so bestimmt auch hier das Sein das Wollen und Sollen. Franz folgert so: Ist die Liebe in Gott der Grund aller Gründe oder der letzte, der alles überragende Grund und Beweggrund für alles göttliche Wirken – das besagt das Wort ›Weltgrundgesetz‹, genauer: der Urgrund für alle Gründe –, so muß es auch beim Menschen deswegen ähnlich sein, weil er ja das Abbild Gottes ist, Abbild auch in Stellung und Bewertung der Liebe.«

In dem »Beitrag zur religiösen Formung des Alltags«, den Pater Kentenich Ende der dreißiger Jahre unter dem Titel »Werktagsheiligkeit« erscheinen ließ, kommt er an vielen Stellen auf den heiligen Franz von Sales zu sprechen, vor allem im Blick auf die Liebe, die als Ur- und Grundkraft des Menschen ihn zuinnerst beseelt. Gerade weil Pater Kentenich wegen seiner pädagogischen und spirituellen Ausrichtung innerkirchlich angegriffen wird, beruft er sich auf den Kirchenlehrer eines christlichen Humanismus: »In der geistigen Unsicherheit der Gegenwart haben wir in ihm einen zuverlässigen Führer.« In einem programmatischen Brief an den deutschen Episkopat schreibt er 1949: »Was wir heute von der Werktagsheiligkeit sagen, hat Franz für seine Zeit gelehrt . . . Deshalb gilt er in der Geistesgeschichte des Abendlandes als der Pionier der Werktagsheiligkeit für alle Stände, als Vorkämpfer für die geistige Art der Instituta Saecularia und aller verwandten Strömungen.«

In einer späten Rückschau auf die innere Entwicklungslinie seiner Spiritualität hebt Pater Kentenich zwei seiner großen Kurse in den dreißiger Jahren heraus: den vorliegenden Kurs über »vollkommene Lebensfreude« und den Kurs über das »Kindsein vor Gott«. Das gemeinsame Anliegen war die Herausarbeitung der tiefsten Grundströmungen der abendländischen Geistes- und Spiritualitätsgeschichte, die entscheidend das Gottes- und Menschenbild geprägt haben: »Damals setzte ich mich ausführlich mit den zwei Richtungen auseinander, die seit Anfang des Christentums wie zwei Ströme durch die Kirche hindurchfluten und das Gottes- und Menschenbild auch innerhalb der christlichen Völker umprägen: es ist die Gerechtigkeitströmung, die – wenigstens praktisch – als Weltgrundgesetz die Gerechtigkeit Gottes proklamiert und als Lebensgrundgesetz die Furcht ausruft, und die Liebesströmung, die als Welt- und Lebensgrundgesetz die Liebe kündet.« Als Kernstück der schönstättischen Geistigkeit bezeichnet er die Grundhaltung offener, vertrauensvoller Kindlichkeit vor dem liebenden, barmherzigen Vatergott. Darin sieht er die menschlich-christliche Grundhaltung, die allein fähig ist, die Gewitter unserer Umbruchszeit und die Herausforderungen der neuesten Zeit zu meistern.

Zur Bearbeitung: Die Mitschrift, obwohl nicht autorisiert, wurde möglichst so belassen, wie sie vervielfältigt vorlag; nur gelegentlich wurden Worte umgestellt oder eindeutige Auslassungen ergänzt, wenn dies den Sinn des Satzes nicht änderte. Ergänzungen zum besseren Verständnis oder zur besseren Lesbarkeit des Textes sind in Klammern eingefügt. Die Überschriften sowie Hervorhebungen (kursiv wie gesperrt) stammen vom Bearbeiter. Schriftzitate in den Anmerkungen folgen der Endfassung der Einheitsübersetzung von 1979. Die von P. Kentenich durchweg verwendete Bezeichnung »Gebenedeite unter den Weibern« wurde dem heutigen Sprachempfinden gemäß geändert in ». . . unter den Frauen«.

Michael Joh. Marmann

Erster Vortrag

I. EINSTIMMUNG

Wir machen in diesen Tagen wieder Exerzitien, wiederum in einer schweren Zeit. Wir gehen deswegen auch nicht hierher, etwa nur, um einer Forderung des Codex[1] zu genügen oder um eine mehr oder weniger religiöse Abwechslung zu genießen oder um ein paar religiöse Anregungen mit hineinzunehmen in das Alltagsleben. Unsere *Erwartungen* gehen ungleich höher. Worin sie jedoch im einzelnen bestehen, kann ich von vornherein nicht mit Sicherheit sagen. Vielleicht erwarten Sie von diesen Tagen eine tragfähige Sicherung für kommende schwere Zeiten. Da haben Sie recht: die Zeiten sind schwer und werden vielleicht noch schwerer, etwa nach der Saarabstimmung[2]. Vielleicht erwarten Sie eine Umschweißung, eine Umformung Ihres ganzen Wesens zu ausgeprägten, von göttlichen Kräften durchrieselten erleuchteten Führerpersönlichkeiten. Auch hier darf ich sagen: da haben Sie dreifach recht.

Zunächst in Ihrer Forderung nach ausgeprägter *Führerpersönlichkeit.* Das fühlen, das wissen wir alle, die wir die heutige Zeit kennen: die Ausführungsbestim-

[1] Weltpriester sollen alle drei Jahre Exerzitien machen (CIC 126).

[2] In der Volksabstimmung (13. 1. 1935) haben dann 90% der Bevölkerung des Saarlandes, das seit dem Ersten Weltkrieg von Frankreich annektiert war, für die Angliederung an Deutschland gestimmt.

mungen zum Konkordat[3] mögen ausfallen wie auch immer, wir stehen zweifellos vor einer außerordentlich starken Zeitenwende, vor einer Wende im Seelsorgsraum und in der Seelsorgsmethode. Heute drängt alles hin zu dem Lebensprinzip, zu dem Urprinzip, zu den Urquellen. Zweitletzte Dinge, auch zweitletzte pastorelle Dinge, werden uns mehr und mehr aus den Händen geschlagen. Die Zeit ist wohl nicht mehr fern, wo wir als Persönlichkeiten, als Führer unseres Volkes, unmittelbar der Masse des Volkes gegenüberstehen. Zwischenglieder, wie wir sie bisher von Kindheit an gekannt haben, etwa in Form unserer Verbände und unseres Vereinslebens, müssen wir, ob wir wollen oder nicht, mehr und mehr ausschalten aus unserer Rechnung. Nicht so, als sollten wir leichten Kaufes darauf verzichten! Mit der einen Hand kämpfen wir für das Bestehende, mit der anderen bauen wir eine neue Zeit auf. Nun denken Sie sich den Fall aus, wenn wir mit unserer nackten Persönlichkeit der nackten Masse des Volkes gegenüberstehen: das ist der neue Seelsorgsraum, auf den wir uns einstellen müssen. – Und die neue Methode? Muß nicht eine ganz starke, ausgeprägte Führerpersönlichkeit diese unmittelbare Wirkung auf die Massen des Volkes erstreben, diese Wirkungen, wie wir sie bisher durch andere, zweitletzte Mittel erreicht haben und erstrebten? Es wird wohl schon so sein. Wenn die Zeiten sich weiter entwickeln, wie sich das gegenwärtig anläßt, müssen wir mit neuen Seelsorgsmethoden viel mehr als bisher rechnen, um ganz ausgeprägte Führerpersönlichkeiten zu werden, die durch die Kraft, durch den Reiz ihrer ganzen Persönlichkeit[4] die Massen an sich

[3] Nach den Konkordaten mit Bayern (1924), Preußen (1929) und Baden (1932) war am 20. 7. 1935 das Konkordat mit dem Deutschen Reich geschlossen worden.

[4] Am Ende des 5. Vortrages (S. 161) kommt P. K. noch einmal kurz

ziehen und mit sich emporziehen zum dreifaltigen Gott. So klingt heute durch unsere Reihen stärker als früher der Ruf nach den Führern, nach den ausgeprägten Führern. Auch wir hören ihn.

Recht haben Sie, ein zweites Mal recht auch mit Ihrer Forderung an diese Führerpersönlichkeit. Haben wir nicht eben die Sehnsucht nach ausgeprägten, von göttlichen Kräften durchrieselten erleuchteten Führerpersönlichkeiten skizzenhaft umrissen? Bis vor kurzem hat man in unserem Lager noch darum gestritten, wie der Führer der neuen Zeit aussehen soll. Heute ist diese Streitfrage gegenstandslos. Heute ist man sich wohl auch bei uns, in unserem Lager und unseren Schattierungen, einig, daß der Führer der heutigen Zeit *der prophetische* sein muß. Wir wissen von früher, daß wir drei große Zeiten in der Geschichte, in den Bewegungen unterscheiden können: Zeiten der Ruhe, Zeiten der Versklavung oder Verformung und Zeiten der Eruption[5]. Je nachdem wir in eine Zeit hineingestellt worden sind, ist auch das Führerbild im Wachsen und Wandeln. In Zeiten der Ruhe, in Zeiten der geistbeseelten Ruhe genügt eine gewöhnliche Führerpersönlichkeit, die übernatürlich ist. In Zeiten der Verformung, in Zeiten, in denen die Gewohnheit die Massen der Menschen mehr und mehr verformt hat, mag der Führer auf seinen Posten kommen, der dasteht als der Beamte. Auf diese Zeiten der Verformung folgt aber erfahrungsgemäß durchweg die Zeit der Revolution,

auf diese für seine Pastoralkonzeption und -praxis charakteristische Frage (Unmittelbarkeit von Vorsteher und Gemeinde) zu sprechen und betont das liebebeseelte Verbundensein mit dem Volk.

[5] J. Kentenich, Industriepädagogische Tagung 1930, S. 9–20: Zeiten von innen heraus bejahter Gebundenheit, von gewohnheitsmäßigem Gebundensein und Epochen der Anarchie und Auflösung.

die Zeit der Auflösung, die Zeit, die wir gegenwärtig vor uns haben, in der wir leben. Und in einer solchen Zeit verlangt Gott von dem Führertum das ausgeprägte prophetische Führertum. Der prophetische Führer ist der Mann, der von Gott gesandt ist, der tief durchdrungen ist von dieser göttlichen Sendung, der mit dieser göttlichen Sendung aber auch göttliche Kraft in sich trägt und, davon getragen, den Mut hat, ja die Sehnsucht, die hinreißende Sehnsucht, sich für diese göttliche Sendung, wenn nötig, an das Kreuz schlagen zu lassen. Ja, recht haben wir, wenn wir diese Sehnsucht mit hier hereinbringen in diese Exerzitien und von ihnen eine starke Umschweißung, eine starke Umformung unseres Wesens erwarten: hinein in das Ideal dieser ausgeprägten, von göttlichen Kräften erleuchteten Führerpersönlichkeit.
Recht haben Sie auch ein drittes Mal, wenn Sie erwarten, daß die Exerzitiengnaden gerade *von diesem Ort aus* nach der angegebenen Richtung in uns besonders wirksam werden können und sollen. Wir fühlen es alle: Soll diese Führerpersönlichkeit Wirklichkeit werden, soll wirklich eine ganz starke und neue Welt um uns herum lebendig werden, dann brauchen wir nicht nur eine ausgeprägte *Ideen-*, sondern auch *Gnadenbewegung.* Ob Sie das nicht erwarten dürfen und müssen an diesem Platz: eine ausgeprägte Gnadenbewegung, wie wir sie gläubig annehmen aus unserm Heiligtum, aber auch eine Ideenbewegung? Wir haben es schon jahrelang erfahren, wenn wir uns mit einigem Erfolg mühten, die alten katholischen Wahrheiten zuzuschneiden auf die heutige Zeit, ohne die geringsten Konzessionen zu machen.

Ich weiß nicht, was Sie sonst noch an Erwartungen mit hierherbringen. Sie müssen sich hier selbst fragen, und dann werden Sie in Ihrem Innern das eine oder andere Echo hören. Aber letztlich können wir alles auf einen Generalnenner zurückführen: Wir erwarten von den Exerzitien eine tiefgreifende *Erneuerung der Weihe- und Pfingstgnade.* Hier müssen wir wohl stehenbleiben. Geht es Ihnen nicht so, meine Herren, uns, die wir schon älter geworden sind: Ach, könnten wir doch jetzt erst geweiht werden! Könnten wir doch jetzt erst mit ganzer, unverbrauchter Kraft, mit dem ganzen, unverminderten Gnadenmaß, wie die Weihe es uns zur Verfügung gestellt hat, in den heutigen gigantischen Geisteskampf eingreifen! Die Weihe können wir nicht noch einmal empfangen, aber eines können wir: wir können eine Erneuerung unserer Weihegnade erwarten, dem Wunsch und Befehl des heiligen Apostels Paulus folgend: Erneuert doch in euch die Gnade, die in euch ist durch die Handauflegung des Bischofs (vgl. 2 Tim 1,6)! Wenn wir Weihegnade und Pfingstgnade in einem Atemzug nennen, wissen wir theoretisch und erfahrungsgemäß, daß beide Gnaden einander bedingen und ergänzen. Es steht vor uns der Tag der Weihe. Wir erinnern uns mit einer gewissen Freude und Wehmut daran, und noch klingt in unseren Ohren das Wort: »Accipe Spiritum Sanctum – empfange den Heiligen Geist!« Ja, der Bischof hat es uns zugerufen. Und ist es nicht dieselbe Wirklichkeit, die auch am Pfingstfest Wirklichkeit geworden ist in der jungen Kirche?

Und die Wirkung dieses Geistempfanges? Alle sind angefüllt worden vom Heiligen Geist und fingen an zu sprechen. Unwillkürlich versetzt diese Überlegung hinein in den Abendmahlssaal. Und es wird in uns dieselbe Bitte, dieselbe Haltung lebendig, wie sie im Abendmahlssaal Wirklichkeit geworden ist. Lebendig werden mag wohl auch einigermaßen in uns und in unserer Umgebung der Geist der Apostel selbst. Dürfen wir nicht, zumal in diesen Tagen, aber auch über diese Tage hinaus, in unserem kleinen Heiligtum dort unten im Tal unser *Coenaculum* sehen? Et omnes erant perseverantes unanimiter in oratione cum Maria matre Jesu (sie alle verharrten einmütig im Gebet mit ... Maria, der Mutter Jesu. Apg 1, 14). Ja, lebendig darf in diesen Tagen der Abendmahlssaal werden, lebendig auch die Grundhaltung der Apostel. In dem eben zitierten Wort klingt wohl ein dreifaches Moment dieser Grundhaltung wider und mit: Mariengeist, Gebetsgeist, Einsamkeitsgeist. *Mariengeist*: mit Maria. Die Apostel scharen sich um die liebe Gottesmutter und beten mit ihr und durch sie und machen sich abhängig von ihrer Fürbitte. Kann ich das nicht auch tun in diesen Tagen? Muß ich das nicht tun? Wir sehen verkörpert den *Gebetsgeist*: perseverantes unanimiter in oratione (sie verharrten einmütig im Gebet). Richtunggebend mag das Wort sein für mein eigenes Handeln. *Einsamkeitsgeist*: Sie sollen sich zurückziehen aus dem Getriebe der Welt, sollen in der Einsamkeit bleiben, bis Sie den Tröster, den Heiligen Geist empfangen haben.

Lebendig werden darf und soll in diesen Tagen in ganz hervorragender Weise die ursprüngliche Pfingstbitte: Emitte Spiritum tuum! Sende du doch, Geist Gottes, sende du doch, Himmelsvater, sende du doch, Heiland, deinen Geist aus! Und wenn du ihn ausgesandt, ersteht die nova creatura, wird der Mensch innerlich umgeformt; Mensch, Menschheit und Gemeinschaft werden erneuert, werden erlöst, vollwertig erlöst. Müssen wir nicht, meine Herren, diese flehentliche Bitte aus dieser Situation heraus in diesen Tagen recht häufig in den Mund nehmen? Mit der Gottesmutter rufen wir empor: Emitte Spiritum tuum! Sende aus deinen Geist! Ist nicht der Geist Gottes der Heilige Geist? Ist nicht das Pfingstwunder eine Wirkung der hochlodernden Sehnsucht nach der schöpferischen Kraft des Heiligmachers und Umformers? Hochlodernde *Sehnsucht*! Wollen Sie es verfolgen, wie wir sie innerlich erlebt bei unserer Weihe? Es mag uns noch stark in Erinnerung sein, wie diese Sehnsucht nach dem Geist Gottes, nach dem schöpferischen Geist, nach dem Heiligmacher schöpferisch in uns wirksam war. Wenn wir zurückschauen in den Abendmahlssaal, was der Geist Gottes und wie der Geist Gottes gewirkt hat bei den Aposteln, finden wir, wie die Sehnsucht eine schöpferische Kraft entfaltet, wie die Sehnsucht den Schöpfergeist heruntergezogen hat auf die junge Kirche. Hat der Heiland doch den Aposteln gesagt, sie sollten im Coenaculum bleiben und den Geist erwarten. War das nicht richtunggebend für die erwartende Sehnsucht und die sehnsüchtige Erwartung? Und die Gottesmutter hat mit eingestimmt. Die Gottesgelehrten sagen uns mit Recht, daß diese Sehnsuchtsaffekte, mit der Gottesmutter verbunden, die Gnadenzufuhr überaus stark und reichhaltig gestalten. Wenn wir hineinschauen in die Apostelgeschichte, dann sehen wir auch nach dem Pfingstfest die Geschichte der Wirksamkeit des Heiligen Geistes, sehen aber auch gleichzeitig, wie die Urgemeinde mit der schöpferischen Kraft des Heiligmachers, mit der schöpferischen Kraft des Geistes Gottes in einzigartiger Weise es bestätigt hat.

Und verlangt nicht *die heutige Zeit* von uns, meine Herren, eine außerordentlich tiefgreifende Wirksamkeit des Heiligen Geistes? Wissen Sie, was das für uns bedeutet? In diesen Exerzitien? Meinen Sie nicht, je mehr die Zeit nach dem Schöpfergeist und Heiligmacher schreit, desto mehr müßten wir ihn herunterziehen durch die schöpferische Kraft der Sehnsucht? Wollen wir uns nicht einigen auf den einen Hilferuf: Emitte Spiritum tuum, sende deinen Geist? Fühlen Sie nicht, daß eine neue Welt am Werden ist, daß die Welt eine neue Gestalt annehmen will? Und ist es nicht unsere Aufgabe, dafür zu sorgen, daß diese Welt, daß der neue, erlöste Mensch und die neue, erlöste Menschheit das Antlitz des Heilandes in einzigartiger Weise trägt? Und so dürfen wir deswegen mit den Aposteln die Hände falten, dürfen uns verbinden mit der Gottesmutter und auch miteinander und rufen: Emitte Spiritum tuum, sende du ihn aus, den Heiligen Geist, und das Antlitz der Erde wird erneuert in uns, das Antlitz der Erde in unserer Umgebung, in unserer Pfarrei; unsere Gemeinde wird und muß erneuert werden.

Darf ich Ihnen vorschlagen, daß wir uns heute abend hier im Saal geistig in Reih und Glied stellen mit allen hochstrebenden *Katholiken,* mit allen *Priestern* der ganzen Welt und unseres deutschen Vaterlandes, aber auch mit all unseren *Kursgenossen*[6]. Und was dann jeweils die gemeinsame Mentalität ausmacht, ist der Flehruf nach der schöpferischen Kraft des Schöpfergeistes und des Heiligmachers: Emitte Spiritum tuum, et creabuntur: et renovabis faciem terrae[7].

Wir stehen darum zunächst in Reih und Glied mit allen strebsamen Katholiken der heutigen Zeit.
Habe ich recht, wenn ich aus dem großen Chor den einen großen Schrei nach dem Schöpfergeist heraushöre? Ist es wahr: Klingt dieser Schrei aus dem Herzen aller wahren Katholiken? Wollen Sie sich nicht

[6] Im mitgeschriebenen Manuskript heißt es »Volksgenossen«; aber in der hier abgehandelten Folge Katholiken – Priester – Kursgemeinschaft (S. 48) ist die vorgenommene Spezifizierung die vom Exerzitienmeister intendierte.

[7] Vgl. Ps 104 (103), 30: Emittes... Sendest du deinen Geist aus, so werden sie alle erschaffen, und du erneuerst das Antlitz der Erde.

fragen: Ist denn der Chor, die Schar dieser echten Katholiken wirklich so groß? Gibt es nicht heute Legionen von Katholiken, die das Pfingstfest und den Heiligen Geist wohl kennen und anerkennen als ein historisches Ereignis aus der Vergangenheit, die aber wenigstens nicht mehr lebendig glauben an die überall auch in die heutige Zeit hineinragende Kraft des Lebendigmachers? Sind das wirklich wahre Katholiken? Das mögen *Halbgläubige* sein. Und fast möchte ich sagen: viele Heiden sind heute fast gläubiger als diese Katholiken. Sehen Sie doch im gegnerischen Lager, wie der starke Trieb, das starke Bewußtsein lebt, wie lebendig der starke Glaube an einen neuen Menschen und an eine neue menschliche Gesellschaft ist! Freilich, auch sie bleiben auf halbem Wege stehen. Wie viele aber von uns sind müde und matt, können sich nicht erheben zu diesem Glauben an eine nova creatura, an eine neue Erlösung, an einen neuen, erlösten Menschen und eine neue, erlöste Menschheit!
Wir wollen nicht zu denen gehören, die viel zu erzählen wissen vom Pfingstfest, von der Pfingsttätigkeit des Heiligen Geistes vor Jahrtausenden. Wir möchten den Heiligen Geist, den Lebendigmacher, auch heute spüren. Wir glauben an seine Kraft – an seine Umformungskraft, an seine Schöpferkraft – auch in der heutigen Zeit, auch in uns, in unserem Volk. Ich spreche von einem einzigen großen Schrei, der aus dem Herzen der wahren Gläubigen nach oben dringt. Hören Sie diesen Schrei? Wenn Sie ihn genauer überprüfen, finden Sie seinen Inhalt hindurchdringend zu der *Erwartung nach einem neuen Menschen und einer neuen menschlichen Gesellschaft.*

Schauen Sie bitte einmal nach, wie grell im gegnerischen Lager dieser Schrei klingt! Der *Bolschewismus* lebt von dieser Erwartung und von der Sehnsucht nach einem neuen, erlösten Menschen und einer neuen, erlösten Menschheit. Wir tun alle gut, diesen Schrei, diese Erwartung auch herauszuhören aus so vielen Jugendlichen, die aus unseren Lagern zu den andern überlaufen. Was drüben so hinreißend wirken kann, auch auf unsere Jugend, ist diese elementare Sehnsucht. Sie zu verwirklichen dürfte Utopie sein. Aber sie ist vorhanden, diese Sehnsucht nach dem neuen Menschen und der neuen menschlichen Gesellschaft.

Lebt diese Erwartung und Überzeugung auch *in unseren Kreisen*? An sich müßte sie lebendig sein. Hat denn der Heiland nicht diese nova creatura, diesen neuen, erlösten Menschen, in klaren Linien umrissen? Ich brauche bloß herauszuhören, was er in den acht Seligkeiten (Mt 5, 3–12) zu sagen weiß. Das ist das Bild des erlösten Menschen, das immer neu ist, das in jeder Zeit neu ist. Sehen Sie bitte diesen erlösten Menschen so klar gezeichnet im Evangelium! Aber damit ist der Heiland nicht zufrieden. Er will auch eine erlöste menschliche Gesellschaft haben. Deswegen läßt er uns ja immer wieder bitten und betteln: Adveniat regnum tuum, zu uns komme dein Reich (Mt 6, 10)! Und wenn es in der Heiligen Schrift so oft heißt, bald in dieser oder jener Formulierung: Das Reich Gottes ist ein Reich der Wahrheit, ein Reich der Gerechtigkeit, ein Reich der Liebe, oder wie das alles heißen mag[8], dann müssen wir heraushören, was der Heiland sagen will. Er will hier unserer Sehnsucht die Wege

[8] In der Heiligen Schrift klingen solchen Formulierungen nur an, z. B. Joh 18, 37; Mt 6, 33. Möglicherweise ist die hier verwandte Ausdrucksweise von der Liturgie des Christkönigsfestes inspiriert; da heißt es in der Präfation, Christus werde dem Vater »das ewige, alles umfassende Reich übergeben: das Reich der Wahrheit und des Lebens, das Reich der Heiligkeit und der Gnade, das Reich der Gerechtigkeit, der Liebe und des Friedens.«

weisen. Auch wir müssen in uns Sehnsucht haben, jeweils in unserer Zeitepoche, nicht nur nach dem erlösten Individuum, sondern auch nach der erlösten menschlichen Gesellschaft, nach einem Gottesreich hier auf Erden, nach der civitas Dei.

Darf ich noch einmal fragen: Kennen wir als Priester und Führer des Volkes in dieser ausgeprägten sicheren und gesicherten Weise diesen Schrei, diesen Erwartungsschrei nach dem erlösten Menschen und der erlösten menschlichen Gesellschaft? Müssen wir nicht vielfach gestehen, besonders in der heutigen Zeit, wir fassen das Christentum zu einseitig auf etwa wie eine Himmelsleiter, nicht aber auch als Erdenleiter? Überlassen wir nicht zu stark – oder haben wir nicht schon seit jeher das getan – die Formung eines Himmels hier auf Erden anderen? Wir mögen uns damit trösten: Der Himmel ist nicht erreichbar hier auf Erden. Das ist ein halber Katholizismus, der das will und meint!

Wahr ist: Wir müssen an das Reich Gottes, die Vollendung im Himmel glauben. Aber haben wir nicht auch die Aufgabe, mit Aufbietung aller Kräfte hier auf Erden schon den Idealstaat des Gottesreiches in unserer Zeit, auch in schweren Zeiten, wie wir sie heute erleben, umformen und umgestalten zu helfen? Deswegen müssen wir für uns die Parole ausgeben und unentwegt und ständig und freudig daran festhalten: *Schaffung eines katholischen Idealstaates!* Aber nicht in die Ferne schweifen! Ich will diesen katholischen Idealstaat schaffen in meinen Vereinen, in meiner Pfarrfamilie! Weg deswegen auch mit diesem Pessimismus, mit dem Gedanken: »Es läßt sich keine vollendete erlöste menschliche Gesellschaft schaffen!« Wie das müde macht! Das ist ja nicht unsere Sache, den Erfolg zu sichern, aber ringen müssen wir darum, Tag für Tag von neuem den Idealstaat zu schaffen. Weg deswegen auch mit dieser Kleingeisterei und Engstirnigkeit! Sie ist nicht am Platz gegenüber den Zeitnöten und der Zeitenwende! Das geht nicht! Wir müssen den Idealstaat, eine neue Welt, in der ursprünglich katholische Kräfte mobilisiert werden, schaffen helfen! Das wäre die rechte Angriffspolitik! Schimpfen, das dürfen wir, das mag unser Recht sein, wenn es nur nicht zu keck wird. Aber hier nicht stehenbleiben! Nicht lendenlahm und müde die Hände schlaff sinken lassen! Nein, wir müssen eine Oase schaffen, und jeder kann es! Ich habe in meiner Pfarrfamilie einzelne Familien, ich habe den Verein vor mir. Wir sind ja Führer des Volkes! Ich werde in die Zeit hineinhören, was mitklingt an Strömungen, was Gott in besonderer Weise geformt wissen will, und so gestalte ich auch meinen kleinen Idealstaat. Es ist einerlei, ob die Kelle mir aus der Hand fällt: ich habe nur zu bauen, das andere ist Gottes Aufgabe.

Hören wir den heiligen Augustinus: Utamur haereticis, ut contra eorum insanias veram sententiam catholicam asserentes, firmiores et tutiores simus[9]! Er stand auch an einer Zeitenwende und fühlte auch: auch das alte (Römische) Reich wird zu Grabe getragen. Und wie war damals mit dem Untergang des alten Reiches der Glaube an das Weltende verbunden! Aber er

[9] Den genauen Wortlaut dieses Zitates finden wir in Augustins Schrift »Über die wahre Religion« (8, 15 (Pl 34, 129). Nachdem er die Tatsache, daß es Häretiker gibt, als eine »Wohltat der göttlichen Vorsehung« bezeichnet hat, weil sie für die Gläubigen einen Impuls bedeuten, meint er: »Utamur ergo etiam haereticis non ut eorum approbemus errores, sed ut catholicam disciplinam adversus eorum insidias asserentes, vigilantiores et cautiores simus, etiamsi eos ad salutem revocare non possumus – Benutzen wir also auch die Irrlehrer; zwar nicht, um ihre Irrtümer zu bestätigen, vielmehr um gegen ihre Fallstricke die katholische Lehre (um so deutlicher) herauszustellen und so vorsichtiger und behutsamer zu werden, wenn wir sie schon nicht zum Heil zurückzurufen vermögen.«

glaubte an diese civitas Dei, an ihre Schaffung! Utamur haereticis – was meint er damit? Er zeigt uns, welche Kräfte wir in besonderer Weise mobilisieren müssen und als Aufbaukräfte einbauen müssen in unsere Pfarrfamilie. So müssen wir den Schrei der modernen Menschheit erwidern, müssen sein Echo in unserer eigenen Seele, in unseren eigenen Reihen mehr und mehr erweitern und vertiefen. Das andere ist nichts: dieser Pessimismus, dieses unfruchtbare Schimpfen und Warten und Hangen und Bangen und Hängenlassen!

Was will das aber alles, was ich Ihnen da sage? Ich sagte Ihnen doch jeweils, daß ein einziger Schrei nach dem Heiligen Geist durch das katholische Volk geht. Was habe ich Ihnen aber nachgewiesen? Den Schrei nach dem neuen, erlösten Menschen und nach der neuen, erlösten menschlichen Gesellschaft. Ich glaube, der Zusammenhang, der hier obwaltet, ist sehr leicht ersichtlich. Ich könnte mir die Arbeit auch sehr leicht machen, könnte Ihnen schnell sagen: Jede göttliche Erlösung ist abhängig von der Gnade, vom Heiligen Geist. Wenn also die heutige Welt erlöst werden soll, die moderne Menschheit, die kommenden Menschen erlöst werden sollen, dann geht das nicht ohne den Geist Gottes, den Heiligmacher und Schöpfergeist. Aber noch einmal: So leicht will ich mir die Arbeit nicht machen.
Ich meine, Ihnen zum Bewußtsein bringen zu dürfen und zu müssen, daß der moderne erlöste Mensch und die moderne erlöste Menschheit nicht nur schlechthin den Heiligen Geist nötig hat, sondern auch die *überaus tiefgreifende* Wirksamkeit des Geistes Gottes, des Heiligen Geistes. Damit berühre ich Punkte, die ich ein wenig ausführen darf, um dadurch den Hintergrund zu zeigen, auf dem der Heilige Geist auch in

diesen Tagen in uns besonders tätig sein darf und muß. Es sind jeweils drei Gedanken, die ich Ihnen aufzeigen, herausstellen darf. Ich darf Ihnen zeigen: erstens das Bild des modernen angekränkelten Menschen, zweitens das Gegenbild, den modernen erlösten Menschen, und drittens die tiefgreifende Tätigkeit des Heiligen Geistes an diesem modernen erlösten Menschen.

Wo soll ich anfangen, meine Herren? Am besten zeige ich in einigen Zügen – es mögen drei Züge sein – jeweils Bild und Gegenbild. Dann werden wir ganz unmittelbar hineinkommen in die Wirkungen des Heiligen Geistes.

Der erste Zug. Sehen Sie sich zunächst das Bild des modernen Menschen einmal an. Das Bild – ist es nicht gezeichnet als *das Bild des bolschewistischen Menschen*[10]? Meine Herren, das müssen Sie alleweg festhalten: Die Haeresie der kommenden Jahrhunderte ist der Bolschewismus! Sie mögen Schwankungen an diesem Bild beobachten, in einzelnen Ländern Unsicherheit wahrnehmen, aber der Bolschewismus wird als die große Gefahr für die Kirche durch alle Kulturländer hindurchrasen, ob wir in Europa sind, in Asien oder wo immer. Wer deswegen zeitenkundig der Kirche helfen will, wer Werkzeug sein will

[10] Das Bild des bolschewistischen Menschen ist nicht nur der Typ, wie er in Sowjetrußland durch Ideologie und Dirigismus intendiert wird (wie schon der Hinweis auf die »Sakramente« Blut und Rasse S. 38 zeigt); vielmehr führt die kollektivistische Seinsrevolution, verbunden mit antichristlicher (antikirchlicher) Dynamik, überall in der Welt zu diesem Menschentyp der Bindungslosigkeit, dem »Massenmenschen«. Beide Ausdrücke – bolschewistischer Mensch und Massenmensch – meinen im Werk P. Kentenichs das genaue Gegenbild des »neuen Menschen«, wie er in der Schönstattfamilie erstrebt wird.

in der Hand Gottes, muß in irgendeiner Weise sich darauf einstellen: muß mithelfen, den Bolschewismus, den bolschewistischen Zeitgeist in sich und in seiner Umgebung zu überwinden. Wer deswegen das Bild des modernen Menschen malen und zeichnen und aufzeigen will, muß im einzelnen das Bild des bolschewistischen Menschen kennen. Und hier sind es drei charakteristische Züge, die auf den ersten Blick sehr schnell in Erscheinung treten.

Der bolschewistische Mensch ist *der diabolische Mensch,* der teuflische Mensch. Sie müssen das nicht auffassen wie eine rhetorische Floskel. Das Wort möchte ich recht verstanden wissen: Der bolschewistische Mensch ist der diabolische, der teuflische Mensch. Wissen Sie, was das heißt? Unsere Stellung für die Seelsorge am eigenen und am fremden Herzen ist damit grundsätzlich umrissen und gezeichnet. Sehen Sie, meine Herren, wer heute mit menschlichen Kräften arbeiten will, kann nicht zum Ziel kommen. Denn heute messen sich nicht menschliche Kräfte mit menschlichen Kräften, heute steht vor den Zeitenkundigen ganz klar das Bild: Es messen sich untermenschliche und übermenschliche Kräfte. Heute messen sich und ringen miteinander – nicht so, wie das zu allen Zeiten in der Weltgeschichte war, sondern wohl in einer einzigartigen, ausgeprägten Weise – diabolische Kräfte mit göttlichen Kräften. Meine Herren, wenn wir nur diese ganz klare Erkenntnis mit nach Hause nehmen, haben wir einen festen Stand, werden wir nicht so leicht weg- und umgeworfen, nicht unruhig, nicht pessimistisch, nicht so leicht fehlgreifen.

Wenn ich nun sage, der bolschewistische Mensch ist zunächst der diabolisierte Mensch, so haben Sie ein Recht, daß ich wenigstens flüchtig hinweise auf *einige Merkmale dieser Diabolisierung.* Ist nicht das Reich des

Teufels ein Reich der Lüge? Ich spreche ja zu Priestern, die die Zeit kennen, die die Zeit hellsichtig gemacht hat und die mitleben und miterleben. Sehen Sie bitte das Reich des Teufels als das *Reich der ausgeprägten Lüge!* Wieviel Lug und Trug in der heutigen Zeit! Wo die Lüge zum System erhoben worden ist, ist in einzigartiger Weise der Triumphzug des diabolischen Reiches vorhanden. Wer von uns hat nicht schon gelogen aus menschlicher Schwäche! Aber etwas anderes ist es, wer aus Grundsatz lügt, aus Prinzip! Das ist ausgeprägte teuflische Kraft.

Wollen Sie sich weitere Züge zum Bewußtsein bringen lassen, so darf ich vielleicht als das Wesentliche und als das gefährliche Moment für den heutigen Menschen herausstellen: Diese teuflische Kunst sucht die *Vernaturalisierung und Versklavisierung des religiösen Triebes* in der menschlichen Natur[11]. Fühlen Sie das nicht alle, wie in der heutigen Zeit in weitesten Kreisen der modernen Menschheit der religiöse Trieb wach geworden ist? Und nun versteht man es, in diabolischer Weise diesen Trieb aufzufangen und zu vernaturalisieren und zu versklavisieren.

Sehen Sie, was das im einzelnen bedeutet: Der Mensch kennt und braucht keine Fremderlösung; der Mensch kennt und braucht keine Sakramente, keinen Christus! Oder doch: er braucht Erlösung, aber er erlöst sich selbst! Oder doch: er braucht und kennt Gnade. Aber was ist das? Die Reinerhaltung des Blutes und der Rasse. Das sind die modernen Sakramente. Sehen Sie darum zunächst nicht den Irrtum schlechthin, sondern vielmehr diese diabolische Kunst der Vernaturalisierung dieser Triebe.

[11] Deutliche Bezogenheit auf die pseudoreligiösen Rituale des NS-Staates – z. B. in den Feiern der Hitlerjugend und den faszinierenden Demonstrationen und Großveranstaltungen – wie überhaupt in den totalitären Regimen (vgl. »pompa diaboli« S. 39).

Und ist es nicht so: Wie hat da das Christentum gekämpft gegen ein gewaltig aufstrebendes Heidentum! Haben wir heute nicht noch in der Taufe die Absage an die pompa diaboli? Und ist das nicht auch die Art und Weise, wie der Bolschewismus sich überaus breitmacht, dieses Aufbieten aller Macht und allen Glanzes? Übersehen Sie das nicht! Sind das nicht Züge des bolschewistischen Menschen, des diabolisierten Menschen? Ich mag das Bild nicht weiterzeigen und -zeichnen. Es genügt jetzt, daß ich Ihre Gedanken auf dieses oder jenes Moment hinweise, damit wir die Zeit aus letzten Prinzipien sehen. Täuschen wir uns nicht, wir müssen eine Stellung, eine Haltung haben. Und hier ist es verfehlt, wenn ich das Prinzip forme: Nemo praesumitur malus, nisi certe probatur[12]. Es gibt nämlich auch Zeiten, wo ich umgekehrt sagen darf: Nemo praesumitur bonus, nisi certe probatur[13]! Was heißt das? Einen klaren Stand haben in der heutigen Zeit! Da haben Sie einen Zug am Bild des modernen Menschen. Was ist das? Es ist der diabolisierte Mensch.

Wie sieht nun das Gegenbild aus? Hören Sie es noch einmal: Utamur haereticis. Ja, wenn der moderne Mensch nur ein Heide wäre[14], aber er ist sogar noch mehr: er kennt nicht einmal einen persönlichen Gott! Utamur haereticis... Wie sieht das Gegenbild aus? Es ist nicht nur des Wortspiels halber, wenn ich als einen Zug des Gegenbildes zeige *den divinisierten,* den

[12] Man halte niemand für schlecht, wenn es nicht klar erwiesen ist.

[13] Man halte niemand für gut . . .

[14] Wie S. 34 schon offenkundig, klingt hier eine Deutung des augustinischen Wortes mit, die über das von Augustinus Gemeinte hinausgeht: daß das gegnerische Lager mit seinen Parolen und Initiativen einen Impuls bedeutet, das Angegriffene um so mehr zu betonen. Von da her ist auch die Identifikation Häretiker = Heiden verständlich.

durchgöttlichten *Menschen.* Haben wir deswegen nicht gleich am Anfang des Vortrages gesprochen von der Führerpersönlichkeit, die von göttlichen Kräften durchrieselt ist? Auch hier: Einen klaren Standpunkt einnehmen! Der heutige Mensch ist nicht damit zufrieden, das Göttliche irgendwo verkörpert zu sehen, Gott im Himmel, im Tabernakel zu wissen: der heutige Mensch möchte Gott und Göttliches inkarniert sehen im Menschen! Bitte das nicht zu übersehen! Dasselbe gilt auch auf der Gegenseite. Es genügt nicht, irgendwo diabolische Kräfte am Werk zu sehen. Der heutige Mensch beugt sich entweder diabolischen oder göttlichen Kräften, die er vor sich sieht. Wissen Sie, was das für uns bedeutet? Müssen wir nicht Menschen schaffen und formen, selbst Menschen sein, selbst Priester sein, die die Inkarnation des Göttlichen darstellen?

Wenn Sie mir die rhetorische Formel gestatten: Sie erinnern sich, wie seinerzeit ein Gottesleugner vom Pfarrer von Ars und seinem Wirken gehört hatte. Er stellte sich nun die Aufgabe: Ich will den Lügner entlarven. Und als er wieder nach Paris zurückkommt, wo man ihn erwartet, kommt er sehr ernst in die Reihen seiner alten Kämpfer: »Ich habe Gott gesehen in Menschengestalt.« (Vgl. S. 278.) Das ist der durchgöttlichte Mensch. Das Göttliche muß in mir inkarniert werden, und ich muß heute solche Menschen schaffen helfen. Alles Peripherische beiseite lassen! Zweitletztes wird über den Haufen geworfen werden. Heute dreht es sich immer um Allerletztes. Deswegen muß ich bei mir ringen um diese tiefgehende Durchgöttlichung der ganzen Persönlichkeit.

Wie können wir aber diese tiefgehende Durchgöttlichung erreichen? Als Theologen erinnern wir uns: Es gibt nicht nur eingegossene Tugenden, sondern auch die Gaben des Heiligen Geistes. Und wo Göttliches über das Mittelmaß in der menschlichen Natur wirksam wird, da wissen wir, *die Gaben des Heiligen Geistes* sind in einzigartiger Weise Leben geworden. Hören Sie, was ich damit sagen will. Der moderne, der erlöste Mensch, der von der Diabolisierung durch eine tiefgreifende Durchgöttlichung erlöste Mensch, kann nur das Werk des Heiligen Geistes sein. Deswegen wollen wir in den Flehruf immer wieder aus tiefer Überzeugung einstimmen: Gottes Geist! Ja sende aus den Heiligen Geist!

Darf ich Ihnen ein herbes Wort sagen? Wollen wir es uns gemeinsam zurufen? Es genügt nicht, daß wir Gottessprecher sind, nicht, daß wir Gottesschwätzer sind, über Gott reden und schwätzen von der Kanzel aus: wir müssen heute Gottesträger sein, durchgöttlichte Menschen sein! Und wie schwer ist mir das! Ich bringe das nicht fertig mit den gewöhnlichen Gaben und Gnaden: der Geist Gottes, die Gaben des Heiligen Geistes müssen lebendig werden. Es ist deswegen auch nicht am Platz, ausschließlich zu schimpfen über modernen Mystizismus, über die theosophischen Strömungen[15]. Wir müssen tiefer sehen in all diesen

[15] In der Zwischenkriegszeit war die Frage nach der Mystik als dem Vollendungsstadium christlichen Heiligkeitsstrebens virulent und oft mit der Suche und Sucht nach außerordentlichen mystischen Phänomenen verquickt. Diese Diskussion greift z. B. das Buch von Garrigou-Lagrange über die »christliche Vollkommenheit und die Beschauungsgnade« auf (deutsch: »Mystik und christliche Vollendung«, Augsburg 1927), ein Werk, das P. Kentenich zwar konsultierte, dessen Position er aber nicht folgte, da er das Ziel nicht formell in der Beschauungsgnade, vielmehr im heroischen Grad gelebter Liebe sah. Von da her und gemäß seiner »Weltanschauung« des praktischen Vorsehungsglaubens ist auch die beachtliche Abneigung gegen jede Art sog. mystischer Phänomene erklärlich, die er seiner Gründung mitgegeben hat. – Die hier angesprochenen »theosophischen« Strömungen sind wohl nicht nur die Auswirkungen der Theosophischen Gesellschaft, die um die Jahrhundertwende vom Westen Nordamerikas aus

Strömungen, den Zug hin zum Übersinnlichen. Wir sagen, den Zug hin zum Göttlichen. Emitte Spiritum tuum!
In diesem Sinn, meine Herren, will auch die starke *Marienbewegung* gedeutet werden. Sie tritt vor uns, Maria, sie, die große Schlangenzertreterin, die mit dem Fuß der Schlange den Kopf zertritt (vgl. Gen 3,15). Marienbewegung will eine Heiliggeistbewegung inszenieren. Wo die Gottesmutter erscheint, wo eine Marienbewegung größere und größere Wogen und Wellen zieht, große Kreise, da dürfen wir erwarten, sie will den Geist Gottes, den Heiligen Geist, den Lebendigmacher, herunterziehen. So verstehen wir es auch: Eine tiefergehende Erneuerungsbewegung darf nicht nur Ideenbewegung sein, und wären die Ideen noch so grandios, noch so stark dem heutigen Menschen als Bedürfnis auf den Leib zugeschnitten. Eine Erneuerungsbewegung will und muß eine Gnadenbewegung sein, will und muß als ein Gnadenerdbeben die eigenen Reihen durcheilen und durchbeben. – Das ist der eine Zug im Bild des modernen erlösten Menschen.

Ein zweiter Zug. Wir schauen wieder hinein in das Bild des bolschewistischen Menschen. Er steht nicht nur vor uns als der diabolisierte, nein, er steht auch vor uns als *der brutalisierte Mensch,* ja, wenn Sie den brutalen Ausdruck gestatten, als der bestialisierte Mensch. Auch hier: Nicht irre werden, sondern klar sehen! Der bestialisierte, der brutalisierte Mensch kennt nicht Recht, kennt nicht Wahrheit, er kennt nur bestialische *Instinkte,* kennt nur Brutalität. Muß ich

sich entfaltete, sondern auch die der (von jener abgezweigten) Anthroposophie R. Steiners (1916 Gründung des Zentrums in Stuttgart).

nachweisen, was ich behaupten will? Das ist überflüssig. Wir kennen die Zeit soweit, daß wir in diesen Dingen wohl im einzelnen ein klares Bild haben[16], vielleicht aber durch den Wirrwarr der Zeit und durch die Zensur der Zeitungen und Zeitschriften nicht in den Stand gesetzt werden, die Dinge auch im organischen Zusammenhang zu sehen und festzuhalten.
Ich darf deswegen gleich das Gegenbild zeigen. Wie muß der moderne erlöste Mensch aussehen? Darf ich nicht sagen, daß der brutalisierte Mensch, der erlöst werden will, *der spiritualisierte Mensch* werden muß? Was ist das für ein Mensch? Es ist der durchsittlichte, der durchgeistigte Mensch, das ist der verpersönlichte Mensch. Da haben Sie drei Worte, die einen ganz tiefen Inhalt enthalten. Was müssen wir heute erziehen? Wir werden den Bolschewismus nicht überwinden können durch Gerechtigkeit. Dazu ist heute nicht der rechte Augenblick. Wenn der brutalisierte Mensch uns niederstampfen will, da wird die Wissenschaft als Gegengewicht uns wenig retten. Was müssen wir ihm also gegenüberstellen? Außerordentlich starke durchsittlichte, durchgeistigte, verpersönlichte Charaktere, kraftvolle Gestalten! Sehen Sie: Menschen, die gewachsen sind von einem Kern heraus; Menschen, die keine Gesinnungsverschleierung kennen; Menschen, die Charaktere sind und die die Wahrheit kennen! Es ist um so wichtiger heute, wo wir diese Brutalität nicht überwinden wollen durch ähnliche Brutalität, weil man ja von bestimmter Seite so leicht hinweist auf die Geschichte

[16] Im biologischen Rassismus des NS-Staates (vgl. den typischen Ausdruck »die blonde Bestie«) ist die Verherrlichung des Triebhaften auf die Spitze getrieben und zeigt ihre Grausamkeit vor allem in den KZ oder auch in der typischen Konsequenz seiner Ideologie: der Euthanasie. In den Medien war davon damals praktisch nichts zu erfahren.

der Kirche: daß sie in den verflossenen Jahrhunderten, wo sie die Macht in der Hand gehabt hat, mit ähnlicher Brutalität vorgegangen sei. Wie weit das historisch wahr ist, mögen wir dahingestellt sein lassen. Wir müssen nur heraushören: Wir müssen Menschen, Charaktere schaffen! Hören Sie die Ausdrücke noch einmal: durchsittlichte, durchgeistigte und verpersönlichte Menschen.

Nehmen Sie diese Formulierungen nicht als Schlagworte! Sie haben einen ganz großen Inhalt für den erlösten Menschen, für den modernen Menschen, nach einer ganz bestimmten Richtung. Heute ist so vielfach die Rede von der Renaissance der Natur, auch unserer Natur. Sowohl die arteigene wie auch die intellektuelle Natur müsse regeneriert werden. Sehen Sie doch bitte, wie wenig das Christentum vielfach in weiten Kreisen die Bestie im Menschen getauft hat! Ich brauche nur ins bolschewistische Lager hineinzuschauen. Wie wenig sind dem modernen Menschen in größerem Ausmaß die Giftzähne gebrochen! Woher das kommt? Wir wollen nicht anklagen, sondern nur unsere Aufgabe sehen! Was wollen wir? Den Idealstaat schaffen! Wie muß er aussehen? Das kann ich jetzt nicht ausführen, aus großen Zusammenhängen, aber ich darf sagen, wir müssen eine vollkommene Gemeinschaft schaffen von vollkommenen Persönlichkeiten[17]. Das ist zwar nicht so schnell zu er-

[17] Mit diesen Ausführungen über den Idealstaat (deutlich dem NS-Staat als dem Tausendjährigen Reich entgegengesetzt) weist P. Kentenich auf seine ureigenste (Erziehungs-) Aufgabe als Gründer der Schönstattgemeinschaften hin; was er hier von den Priestern verlangt – als Antwort auf den Anruf der Zeit –, hat er in jahrzehntelanger Kleinarbeit erstrebt. Die sittlich-religiöse Erneuerungsbewegung Schönstatt hat deshalb diese erste Zielstellung: der neue Mensch in der neuen Gemeinschaft; bzw. konkreter: die vollkommene Persönlichkeit in der vollkommenen Gemeinschaft.

reichen, aber das Ziel müssen wir sehen. Eine vollkommene Gemeinschaft, *keine Masse!* Vollkommene Persönlichkeiten sollen möglichst vollkommene Gemeinschaften schaffen und formen.
Meine Herren, muß ich Sie erinnern – es ist das der dritte Teilgedanke –: Der so aussehende erlöste Mensch ist *nicht denkbar, ohne daß der Heilige Geist mit seinen Gaben wirksam ist.* Das wissen wir: Wenn es gilt, ein Kabinettstückchen in der Charakterbildung zu erreichen, größere Schwierigkeiten in der Charakterbildung zu nehmen, dann sind wir total angewiesen auf die göttliche Kraft, den Heiligen Geist. Wiederum fühlen Sie, wie recht ich habe. Der Schrei der guten Katholiken ist ein einziger Schrei nach dem Heiligen Geist. Will ich nicht mit in Reih und Front marschieren und immer wieder sagen: Emitte Spiritum tuum, sende deinen Geist?

Darf ich Ihnen schnell ein drittes Bild zeichnen? Da steht der moderne Mensch vor uns als *der fanatisierte Mensch.* Fanatismus des bolschewistischen Menschen! Wir kennen und sehen ihn Tag für Tag, beiderlei Geschlechts, vielfach am stärksten in der Frauennatur. Der fanatisierte Mensch! Ist es nicht so – wenn ich ein Wort gebrauchen darf, das scheinbar einen Widerspruch in sich begreift –, daß der Bolschewismus den heroischen Irrtümern huldigt, weil die Wahrheit in unseren Reihen vielfach zu banal gesehen wurde? Heroische Irrtümer und heroische, heldenhafte Taten: das ist der fanatisierte und radikale Mensch.
Was müssen wir ihm entgegenstellen im Bild des erlösten Menschen? *Den enthusiasmierten Menschen.* Wir müssen die letzten großen katholischen Wahrheiten mit großer Inbrunst hinausrufen in die heutige Welt. Nicht auf halbem Weg stehen bleiben! Nicht die Wahrheiten umdrehen oder nur halb verkünden! Des-

wegen: Wir müssen dem fanatisierten Menschen gegenüberstellen den enthusiasmierten Menschen, der mit großer Wärme und Inbrunst die letzten großen Wahrheiten kennt und umfaßt.
Aber das genügt nicht. Es wird erzählt von Mussolini. Es war vor dem Krieg oder zur Zeit des Krieges. Damals fand man ihn noch im Lager der Sozialisten. Damals meinte er, es sei höchste Zeit, daß ein großes Durcheinander komme, damit die heroische Kraft geweckt würde. Und hören wir auf der Gegenseite – wohl als Phrase, aber auch als Wirklichkeit – den Schrei nach dem Helden und *dem heroischen Menschen*! Und der radikale Mensch auf unserer Seite darf nicht nur die letzten Wahrheiten mit großer Inbrunst kennen, er muß auch diese Wahrheiten lebendig werden lassen in seinem Leben, wenn nötig mit dem Preis seines Lebens.
Und wiederum darf ich sagen: Eine derartige geistige Höhenlage, eine derartige hochragende Durchformung der ganzen Natur ist nicht denkbar, ohne daß der Geist Gottes in tiefgreifender Weise wirksam ist. Emitte Spiritum tuum! – So haben wir uns vorübergehend in Reih und Glied gestellt mit allen guten Katholiken, haben eingestimmt in den Schrei nach der schöpferischen Kraft des Heiligmachers und des Schöpfergeistes.

Meine Herren, wollen wir uns nicht auch vorübergehend in Reih und Glied stellen *mit allen Konfratres* auf der ganzen Welt, zumal in unserem deutschen Vaterland? Wir wissen: Vae soli, wehe dem Alleinstehenden! Heute, wo die Geistesschlachten entbrannt sind, müssen wir *uns zusammenschließen* und das Bewußtsein stärken: Wir müssen alle an einem Seil ziehen, wir müssen die Reihen schließen, weil auf der anderen Seite gegen das Reich Gottes Sturm gelaufen wird. Und so fühlen wir uns vorübergehend eins. Und das muß dauernd getätigt werden! Wir sind ja das *Führerkorps im Reich Gottes.* Fühlen wir denn nicht, daß die ganze Glut und Gewalt des diabolischen Geistes uns als Gegenstand eines ausgesuchten Hasses auserlesen hat? Ist es da nicht selbstverständlich, daß wir geschlossen, in einer Frontstellung, aufmarschieren gegen die civitas dieser Welt? Fühlen wir denn nicht, wie man heute schon zum Beispiel mit Fingern auf uns hinweist und uns morgen oder übermorgen als Freiwild auffaßt? Wir wollen nicht spielen mit den Gedanken, wollen aber den Mut haben, den Dingen auf den Grund zu sehen; nicht den Kopf in den Sand stekken, um einige Tage ruhig schlafen zu können! Wir wollen die Dinge sehen, wie wir es müssen. Nicht zwar, um Angst zu bekommen. Aber wenn wir gewärtig sein müssen, daß uns als Führerkorps in der civitas Dei der ganze Haß der Gegenseite[18] sucht und mit der Zeit aus dem Sattel werfen will, dann müssen wir uns sagen: Ist es nicht selbstverständlich, daß wir den Heiligen Geist brauchen? Muß er uns nicht die sittliche Kraft geben, diesen Schwierigkeiten gegenüber ruhig zu bleiben, ihnen die Stirn zu bieten, und wenn es alles kostet, mit in Gott begründeter Ruhe und begründetem Enthusiasmus?

Aber damit ist unsere Aufgabe noch nicht gelöst. Wir müssen auch die neue Welt, den neuen Gottesstaat, in einem überaus gottgewollten Umformungsprozeß[19]

[18] 1934 gehörte wohl beachtlicher Spürsinn und Weitblick zu dieser Feststellung, deren schreckliche Wirklichkeit P. Kentenich mit vielen Mitbrüdern in seiner 3½jährigen Gefangenschaft im KZ Dachau erfahren sollte. Vgl. E. Monnerjahn, Häftling Nr. 29 392. Der Gründer des Schönstattwerkes als Gefangener der Gestapo 1941–1945, Vallendar-Schönstatt, 3., verbesserte Auflage 1975.

[19] Hier mag wieder ein Hinweis auf die »Erziehungswerkstatt«

umgestalten helfen. Es würde mich zu weit führen, wenn ich die Linien zeigen sollte, nach denen dieser neue Umformungsprozeß vor sich gehen muß. Nur das eine will ich sagen: Wieviel Licht und Kraft gehört heute dazu, hier klar zu sehen und einzugreifen! Wer kann das? Niemand, und wenn es ein säkularer Mensch wäre! In einer Zeit, wo diabolische Kräfte triumphieren, kann nur der Mensch helfen, der in göttlicher Kraft vom Heiligen Geist erfaßt ist. Deswegen sind wir als Priester, als Elitekorps der Kirche, in einzigartiger Weise angewiesen auf den Heiligen Geist: Emitte Spiritum tuum!

Und noch ein Drittes: In Reih und Glied mögen wir uns auch stellen *mit unsern Kursgenossen.* Wir wissen das Wort von den Urständen so häufig anzuwenden. Urstand[20] – könnten wir nicht sagen, daß auch unser Kurs mit den einzelnen Kursgenossen einen derartigen Urstand darstellt? Miteinander sind wir aufgewachsen, miteinander haben wir so Vieles erlebt. Heute müssen wir sehen, daß im Kampf der Geister auf unserer Seite keine Kraft überflüssig ist. Es heißt, alle Kräfte anspannen! Und wäre es nicht von großer Bedeutung, daß wir unsere Kursgemeinschaft wieder mehr beseelten? Wir wissen das, zumal wir in Norddeutschland. Von Zeit zu Zeit kommen hier die Kurse zusammen. Und wir dürfen uns darüber freuen, daß

Schönstatts das Angezielte erhellen: dort soll ein neuer Menschentyp entstehen als liebebeseelte idealgebundene Persönlichkeit, die in Freiheit mit minimalen naturgesetzlichen Bindungen auskommt und um so mehr aus der inneren Gebundenheit an Gott ihre Sendung in Gemeinschaft realisiert.

[20] Hier ist nicht der theologische Begriff, der die ursprüngliche Verfassung des paradiesischen Menschen vor der Sünde meint, angesprochen, sondern mehr im Wortsinn ein ursprünglicher Stand, dem eine wurzelhafte Bedeutung fürs Leben zukommt.

diese Zusammenkunft mehr und mehr einen religiösen, erziehlichen Charakter bekommt. Wir dürfen uns darüber freuen, daß diese Kurszusammengehörigkeit zum Kursbewußtsein, zum Verantwortungsbewußtsein, zu einer tiefgehenden und tiefergreifenden *Lebens-, Aufgaben- und Schicksalsgemeinschaft* sich auswächst[21]. Meinen Sie nicht, wir müßten, wo der Weltpriester so allein steht, dafür sorgen, daß wir uns hier wieder zusammenschließen, daß niemand den Beruf verliert und schlapp wird im Kampf gegen das Reich des Teufels? Ich will mich in Reih und Glied stellen mit meinen Kursgenossen! Fühlen Sie nicht, wie eine ganz starke Müdigkeit, eine gewisse Lähmung das Bild unserer Kurse darstellt? Wir sind schon müde geworden. Wer kann diesen Lähmungszustand in uns überwinden? Wiederum weisen uns die Heiligen, das Leben großer Seelsorger eindeutig darauf hin: Wenn der Geist Gottes nicht durch seine göttliche Kraft und

[21] Daß P. Kentenich hier so viel Gewicht legt auf die Lebensbedeutung der Gruppe desselben Weihejahrgangs (gegenüber etwa der »amtlichen« Gruppe in Pfarrei, Dekanat, Diözese), daß also jeder Diözesanpriester in zwei Gemeinschaften sich wissen soll, läßt sich in seinem noch immer aktuellen Gewicht vom System schönstättischer Gemeinschaftserziehung her verdeutlichen. Die Mitglieder der Säkularinstitute des Schönstattwerkes z. B. »gehören gleichzeitig zwei verschiedenen Gemeinschaftsformen an. Die eine, die unmittelbar von den Obern geleitet wird, besteht aus dem Gesamtverband, seinen Provinzen bzw. Regionen und Filialen bzw. Gruppen (›Offizielle Gemeinschaft‹); unter der anderen versteht man die Kurse, die ihr Eigenleben aus der freien Initiative der Mitglieder gestalten (›Freie Gemeinschaft‹)« (zit. aus: Generalstatut des Schönstattwerkes, Stand 10. 12. 75). – Wer es versteht, sich in ein solches lebendiges Gemeinschaftsgebilde hineinzuversetzen, wird die Bedeutung der »freien Gemeinschaften« für die Erziehung zu möglichst ausgereiften Menschen für ihre Beheimatung sowie für ihr Engagement und ihr Verantwortungsbewußtsein im heutigen »bolschewistischen« Zeitalter ermessen können.

seine Gaben in uns arbeitet, werden wir aus diesem Ermüdungszustand nicht herauskommen.
So habe ich mich in Reih und Glied gestellt mit allen Gläubigen, mit allen Priestern, in Reih und Glied mit meinen Kursgenossen. Und immer ertönt der flehentliche Hilferuf: Emitte Spiritum tuum, et creabuntur: et renovabis faciem terrae (s. S. 30)! So soll es denn werden, meine Herren! So soll am Schluß unserer heiligen Exerzitien ein neues Pfingstwunder stehen.
Die Erneuerung des Pfingstwunders setzt aber voraus die Erneuerung der Pfingstsituation, setzt voraus die *Erneuerung der hochlodernden Sehnsucht,* der hochlodernden schöpferischen Sehnsucht *nach dem Schöpfergeist* und Heiligmacher. Einigen wir uns in den stillen Stunden bis zum nächsten Vortrag, zumal wenn wir uns draußen ergehen oder vor dem Altar knien, und gehen wir immer wieder als Männer einer tiefen, ruhigen Sehnsucht hinein in die Welt der Exerzitien, als *viri desideriorum* (vgl. S. 51). In dem Ausmaß, als die schöpferische Kraft einer hochlodernden Sehnsucht nach dem Schöpfergeist und dem Heiligmacher in uns lebt, dürfen wir auch diesen Schöpfergeist als unser Eigen betrachten.
Meine Herren, mancher von uns mag die sichere Überzeugung haben: In den schweren Zeiten habe ich die schwerste oder eine starke, große und schwere Last zu tragen. In dem Ausmaß aber, als wir für die heutige Zeit eine Sendung haben – in der Stille oder in der Öffentlichkeit; im Hintergrund, für andere oder für uns selbst –, immer wieder müssen wir uns sagen: Emitte Spiritum tuum!
Wir sehen auf den Heiland: Heute flieht er nach Ägypten, morgen zeigt er den Herodianern die Stirn. Was muß ich tun? Fliehen oder stehen? Nur einer kann mir die rechte Haltung und Form geben: Emitte Spiritum tuum!

Wir erwarten in diesen Tagen eine tiefgehende Erneuerung der Weihe- und der Pfingstgnade. Gestern abend haben wir uns eingestellt auf die Sehnsucht, auf die schöpferische Kraft einer hochlodernden Sehnsucht nach dem Schöpfergeist und dem Heiligmacher. Heute müssen wir zunächst dieser Sehnsucht ein ganz bestimmtes Ziel geben, um dadurch den Leitgedanken für die diesjährigen Exerzitien und wohl auch gleichzeitig den tiefen Inhalt der diesjährigen Exerzitiengnade herauszustellen. Als *Leitgedanken* schlage ich vor die vollkommene priesterliche Lebensfreude.

Das wird also wohl, meine Herren, heißen, die Bitte »Sende aus deinen Geist!« bekommt von jetzt ab den ganz bestimmten Inhalt: Sende aus den Geist der vollkommenen priesterlichen Lebensfreude, und ich werde eine nova creatura, und es werden neue Kräfte in mir lebendig, die fähig sind, mich mit Hilfe der Gnade zu einem neuen, erlösten Menschen umzuschaffen. Je häufiger und inniger wir diesen Sehnsuchtsruf nach oben schicken, um so stärker wird auch die Wirkung sein, um so größer der Erfolg. Wir wissen ja, wenn Gott eine besondere Gnade schenken will, dann schenkt er uns zunächst die entsprechende Sehnsucht. Und wenn wir gestern abend den Vortrag geschlossen haben als viri desideriorum[1], dann wollen wir auch heute wahre Männer der Sehnsucht nach der vollkommenen priesterlichen Lebensfreude sein.

Um nun nach der Richtung eine einheitliche Haltung zu schaffen, eine gemeinsame Mentalität, darf ich zur

[1] Vgl. Dan 9, 23; 10, 11.19, wo Daniel »vir desideriorum« genannt wird.

Abrundung der Vorbereitung auf unsere Exerzitien die Frage stellen: Welches Echo weckt denn dieser Leitgedanke in unserem Innern? Die Frage ist nicht überflüssig! Nicht nur deswegen nicht überflüssig, weil sie fähig ist, eine einheitliche seelische Haltung unter uns zu schaffen, sondern weil sie uns stärker in Verbindung bringen kann mit der Zeitseele, mit dem Zeitgeist, mit dem wir uns von Berufs wegen in irgendeiner Weise auseinandersetzen müssen, teils, weil wir die Aufgabe haben, ihn innerlich zu überwinden, teils, weil wir die Aufgabe haben, das Edle und Gute im Zeitgeist uns innerlich anzugliedern.
Die Antwort kann doppelt sein: sie kann die einigenden und die trennenden Momente herausheben.

Was uns eint, will ich gleich als erledigt betrachten. Was uns eint, ist ja eine gewisse Aufnahmefähigkeit und -bereitschaft für die Saatkörner der Freude. Das muß ich nicht beweisen, das ist selbstverständlich. Von Natur aus haben wir schon diese Aufnahmefähigkeit und -bereitschaft, und die ist heute um so stärker geworden, je mehr wir überall Freudenmangel bemerken.

Die trennenden Momente mögen zu bezeichnen sein mit dem Ausdruck Aufnahmefreudigkeit[2]. Einige von uns, vielleicht nicht wenige, bringen von vornherein

[2] »Aufnahmefreudigkeit für die Saatkörner der Freude« meint nach dem weiter unten Gesagten: was unsere Seele zur Aufnahmefähigkeit und -bereitschaft stimmt bzw. was diese Fähigkeit und Bereitschaft stärkt und vermehrt. »Fähigkeit« ist also noch nicht eine Erfüllung, ein Besitzen wie die Freude, sondern die gefühlhafte Disposition bzw. das erlebnishafte Innewerden, disponiert zu sein für die Freude. Die Freude erweist sozusagen ihre Anziehungskraft, wie die sicher erhoffte Erfüllung Sehnsucht entflammt.

diese Aufnahmefreudigkeit mit. Sie wissen aus Erfahrung oder aus dem theoretischen Studium, wie die Freude ein wesentliches Element im religiösen Leben, im Formungsprozeß der eigenen und fremden Seele ist. Wo Freude in größerem Ausmaß in die Seele einzieht, da haben Sie ein großes Geschenk vom dreifaltigen Gott erhalten. Deswegen Aufnahmefreudigkeit für die Saatkörner der Freude! Andere kennen weder aus Erfahrung noch aus dem theoretischen Studium die Bedeutung der Freude für das eigene religiöse Leben und für das fremde religiöse Leben. Deswegen vermögen sie sich auch nicht zu dieser Aufnahmefreudigkeit emporzuschwingen. Das sei darum der Gegenstand dieses Vortrages: die Überlegung, wie wir insgesamt diese *Aufnahmefreudigkeit schaffen* oder wie wir sie da, wo sie bereits vorhanden ist, vertiefen können.

Sie werden sehen, wie schnell wir auf diese Weise das Bewußtsein der einheitlichen Haltung bekommen; Sie werden sehen, wie wir hier aber auch Gelegenheit haben, all die Probleme besonders kurz zu berühren, mit denen wir uns im Laufe der Exerzitien auseinandersetzen müssen.

Meine Aufgabe will ich dadurch lösen, daß ich einerseits um Minderung, andererseits um Mehrung ringe. Ich möchte mehren und vermehren die Momente, die unsere Seele zur Aufnahmefähigkeit und -bereitschaft stimmen, und möchte mindern all die ungünstigen Momente, die Hindernisse, die da und dort diese Aufnahmefreudigkeit nicht aufkommen lassen. Wir mögen uns irgendwo in der Mitte treffen und die klare Linie bekommen. Darf ich Sie zunächst einmal fragen, worin diese Momente für die Aufnahmefähigkeit und -bereitschaft begründet liegen? Ich darf mir dann sagen: Wenn wir uns diese Momente zum Bewußtsein bringen, ist damit von selbst die Aufnahmefähigkeit und -bereitschaft gehoben und gestärkt und vermehrt. Die Antwort ist sehr leicht. Ich brauche nur zwei Worte nebeneinanderzureihen, deren Inhalt uns bekannt ist: Freudenhunger und Freudenmangel.

Freudenhunger! Unsere Seele hat einen ausgeprägten Freudenhunger. Ich darf darüber hinaus sagen: Die menschliche Seele ist und wird zu allen Zeiten von dieser ausgeprägten Freude getragen. Ja, wie Sie später, im Höhepunkt der Exerzitien, sehen und hören, ist dieser Freudenhunger ein *Urtrieb* in der menschlichen Natur[3]. Wollen Sie jetzt schon vorübergehend für sich den Gedanken etwas erwägen, dann mögen Sie gefälligst für das Wort Freudenhunger ein anderes einsetzen: Glückshunger, Glückstrieb. Wissen wir das nicht alle aus Erfahrung und Lebensbeobachtung, wie der Glückstrieb, und damit der Freudentrieb, unzertrennlich mit der menschlichen Natur verbunden ist? Haben wir also recht, wenn wir amplifizierend erweitern und erklären: So, wie die Pflanze Hunger hat nach, angewiesen ist auf Licht, Luft und Wärme, so ist die menschliche Seele, wenn sie nicht verkümmern will, angewiesen auf Freude, auf den Sonnenschein der Freude? Ja, Freudenhunger als Urtrieb der menschlichen Natur; Freudentrieb, Glückstrieb als ganz elementare Kraft, als Urtrieb! Je mehr ich mir dessen bewußt werde – und wir werden ausführlich

[3] Abendländische Tradition betont als Wesenszug des Menschengeschöpfes das »desiderium naturale«, d. h. das Von-Natur-her-nicht-anders-Können als nach dem höchsten bzw. tiefsten Glück zu verlangen: nach Glückseligkeit (visio beata; vgl. Thomas von Aquin, S.c.G. III, 48, 3: »Felicitas est ultimum finis, quem homo naturaliter desiderat«). – Was in alleweg P. Kentenichs Anliegen ist, geschieht auch hier: die gesicherten Erkenntnisse der Geistesgeschichte werden mit den psychologischen und pädagogischen Tatsachen und Forderungen verbunden; dabei spielt der Begriff des »Organischen« eine beherrschende Rolle. Vgl. S. 407.

darüber sprechen dürfen –, um so stärker mag die Aufnahmefähigkeit und -bereitschaft werden, die Aufnahmefreudigkeit für die Saatkörner der Freude.

Das zweite Wort: Freudenmangel! Muß ich erklären, was damit gemeint ist? Muß ich die Tatsache des *Freudenmangels der heutigen Zeit* nachweisen? Denken Sie an die moderne Institution »Kraft durch Freude[4]«. Hier klingt ein Doppeltes mit. Die Tatsache: Heute besteht ein großer Freudenmangel. Aber auch die andere Seite, die Überzeugung: Freude ist die Quelle der Kraft. – Freudenmangel! Wer von uns leidet nicht ganz tief an diesem Freudenmangel! Wer leidet nicht tief mit seinem Volk, mit seiner Gefolgschaft, die so außerordentlich stark darunter leidet!
Was uns aber hier mehr interessiert, mag die oberflächliche Überlegung sein, die Frage nach dem *Grund* dieses neuzeitlichen Freudenmangels. Wollen Sie eine vorübergehende einstimmende Antwort haben, müssen Sie sich in ähnlicher Weise vorübergehend auch fragen: Was ist das Wesen der Freude? Die Antwort gibt uns die Philosophie: Freude ist die Ruhe aus dem Besitz eines entsprechenden Gutes, die Ruhe des Strebevermögens aus dem Besitz eines entsprechenden Gutes. Je nachdem das Gut ein sinnliches oder geistiges oder geistliches ist, sprechen wir von sinnlichen, von geistigen oder von geistlichen Freuden. Ich brauche nicht länger nachzuweisen, daß die eigentlichen erquickenden Freuden die seelischen Freuden sind, nicht so sehr die sinnlichen Freuden. Sehen Sie, von diesem Standpunkt aus haben Sie sehr schnell die Ant-

[4] Die NS-Institution »KdF« sorgte für organisierte Freizeitgestaltung im Rahmen der Tätigkeit der »Deutschen Arbeitsfront« (die der NSDAP angeschlossene Nachfolgeorganisation des »Allgemeinen Deutschen Gewerkschaftsbundes«).

wort auf die Frage: Woher der moderne Freudenmangel? Wenn ich Ihnen eine doppelte Antwort geben darf: ratione subiecti und obiecti.

Ratione subiecti: Seelenlosigkeit und Gemütlosigkeit.

Seelenlosigkeit! Ich erinnere noch einmal daran, daß die eigentlichen beglückenden, erquickenden Freuden die Seelenfreuden sind. Und nun hören Sie: Seelenlosigkeit, Gemütlosigkeit. Das heißt, der moderne Mensch ist in Gefahr, seine Seele zu verlieren, ist in Gefahr, seine Seele zu versklaven an die äußeren Dinge, sie an die Dinge zu binden. Was mag das eine große Kalamität, ein großer Nachteil sein! Wir wissen ja von dem »Mann ohne Schatten[5]«. Wie schlimm mag es aber sein mit dem Menschen ohne Seele! Der moderne Mensch ohne Seele! Sehen Sie bitte, wie versklavt er ist an die äußeren Dinge! Wie wenig kann er konzentriert sein, eine eigene Seele besitzen! Versklavt an die äußeren Dinge! Sagen wir nicht mit Recht, der moderne Mensch führt ein Mäuse-, ein Ratten-, ein Frosch-, ein Wandervogelleben? Er ist zu wenig bei sich zu Hause, ist ständig geistig auf Reisen, auf Wanderschaft. Äußerlich kann ich Reisen machen, das ist nicht schlimm. Aber wenn ich geistig ständig unterwegs bin wie Mäuse und Ratten, dann weiß ich: Die Seele des modernen Menschen ist zu stark gebunden nach außen, er ist seelenlos, hat nicht das Organ, das als Träger der Seelenfreude aufzufassen und anzusprechen ist.

Und wir müssen tiefer blicken: Da, wo der bolschewistische Mensch am Werden ist, wird bewußt und systematisch auf diese Seelenlosigkeit hingearbeitet. Wenn ich das in einer volkstümlichen Weise wiederge-

[5] Titel eines Filmes nach dem Ersten Weltkrieg.

ben darf, was wir früher mehr wissenschaftlich dargestellt haben – den Begriff des bolschewistischen Menschen –, dann dürfen wir sagen, hier handelt es sich um das Ringen nach Gleichschaltung der Beine und Ausschaltung des Geistes. Der moderne Mensch soll den Geist ausschalten, damit er schnell zum vermaßten Menschen wird. Und damit das leichter geht, deswegen Gleichschaltung der Beine, deswegen ständige Aktivität, ständige Betriebsamkeit; er könnte sonst etwa seiner Seele, seiner Originalität bewußt werden! – Das ist der erste, tiefere Grund für die Not der heutigen Zeit: Seelenlosigkeit.
Der zweite Grund: *Gemütlosigkeit*! Das Gemüt ist zuletzt die Fähigkeit, in der die Freude am klarsten und tiefsten zum Genuß wird. Gemüt als Gleichklang des höheren und niederen Strebevermögens. Sehen Sie bitte, wie der moderne Mensch ein Mensch ohne Gemüt ist, wie er kollektivisiert wird: nicht nur als Bestie, sondern auch als Stück einer Maschine, das beliebig ersetzbar ist! Denn erst dann, wenn man dem Menschen Seele und Gemüt genommen, ist er fähig, sich vermassen zu lassen. Und die moderne Kultur ist schon seit Jahren auf dem Weg zu dieser Vermassung. Kennen Sie deswegen den tieferen Grund für die Freudlosigkeit und den Freudenmangel der heutigen Zeit?

Ratione obiecti. Sehen Sie da auch vorübergehend auf den Gegenstand der wahren Freude. Ich darf hier, um möglichst schnell zum Ziel zu kommen, wiederum zwei Worte nebeneinanderreihen: Sittenlosigkeit und Gottlosigkeit.
Sittenlosigkeit! Je nachdem das Strebevermögen in einem entsprechenden Gut ausruht, haben wir die besonderen Stufen der Freude. Es gibt ein bonum honestum und ein bonum supernaturale. Bonum honestum:

das, was des sittlichen Menschen in besonderer Weise wert ist; wir mögen es das Reich der sittlichen Werte nennen. Wenn die Seele im Besitz dieses sittlichen Gutes ruht, dann bedeutet dieses Ruhen des Strebevermögens geistige Freude. Wenn Sie aber hinausschauen, wie die Sittenlosigkeit heute mehr und mehr Platz greift, bald unter diesem, bald unter jenem Titel, dann verstehen Sie sehr gut, wie wir das Wort von der Freudenlosigkeit der heutigen Zeit auffassen dürfen.
Das höchste Gut aber, in dessen Besitz der menschliche Geist ruht, ist Gott, der große dreifaltige Gott. *Gottlosigkeit* der heutigen Zeit bedeutet deswegen eine ganz tiefgehende Freudlosigkeit der heutigen Zeit. Ein tiefverwurzelter, von hier um sich greifender Freudenmangel!

Vielleicht tun wir gut, meine Herren, aus diesem flüchtig hingeworfenen Zeitgemälde heraus zum großen oder geringeren Teil *uns selbst* einmal wieder zu entdecken. Leidet auch meine Seele an Freudlosigkeit, leidet auch meine Seele an Freudenmangel? Es sind ja so viel Brücken zerschlagen worden, so viel Werte, an denen ich gehangen! Woher kommt es, daß meine Seele so müde ist, die Fittiche zerbrochen sind? Waren nicht auch in meinem Leben die Freudenquellen doch gar so stark gesehen als sinnliche Freudenquellen? Daran mögen wir moderne Priester mehr und mehr zerbrochen sein. Habe ich mich nicht gar zu wenig daran gewöhnt, auch die geistigen und geistlichen Freuden als die mich ansprechenden und die mir am meisten auf den Leib zugeschnittenen zu erfassen? Umwertung der Werte! Ich darf mein Gewissen erforschen, woher mein persönlicher Freudenmangel kommt. Ich muß mich umorganisieren, muß die Werte in der Wertskala als die höchsten ansehen, die nach Gottes Auffassung auch die höchsten sind, und je mehr die sinnlichen Güter mir genommen werden, desto mehr mich ausstrecken nach den geistigen. Erst dann bin ich auf dem Weg, trotz der Schwierigkeiten der Zeit ein Leben aufrechter Freude zu führen. – Damit habe ich flüchtig versucht, die Momente etwas zu mehren, die Aufnahmefähigkeit und -bereitschaft für die Freude bedeuten.

Versuchen wir auch den zweiten Gedankengang ein wenig durchzuführen. Fragen wir nach den *Hemmnissen,* die die Aufnahmefähigkeit nicht zur Aufnahmefreudigkeit werden lassen. Suchen wir sie zu überwinden! Wir können zusammenfassen: Hemmnisse gibt es im wesentlichen zwei, eine gewisse Enttäuschung und eine gewisse Befürchtung.

Eine gewisse *Enttäuschung*! Wenn wir als Leitgedanken der Exerzitien die vollkommene priesterliche Lebensfreude wählen, worin mag die Enttäuschung begründet sein? Viele von uns, die die ganzen Werte der Freude noch nicht erlebt haben, mögen sich auf den ersten Blick sagen, vollkommene priesterliche Lebensfreude als Leitgedanke ist zu wenig zentral und zu wenig kraftvoll. Das ist natürlich ein ganz schwerer Vorwurf.

Stimmt das? Ist die vollkommene priesterliche Lebensfreude als *Leitgedanke* für die Exerzitien wirklich *zu wenig zentral*? Es ist selbstverständlich: in der heutigen Zeit der Revolution müssen wir bei uns und anderen immer um letzte, zentrale Werte und Wahrheiten ringen. Oberflächliche, periphere Wahrheiten, danach dürfen wir die Hand nicht ausstrecken, dafür ist das Leben zu ernst!
Wir müssen gestehen, wenn wir das praktische Leben – unser priesterliches Leben und das der uns Anver-

trauten und das unseres Bekanntenkreises – überprüfen: Leider Gottes nimmt die Freude im praktischen Leben keine zentrale Stellung ein. Wissen wir das nicht aus Erfahrung? Sehen wir es nicht deutlich aus der Lebensbeobachtung? Ich darf darauf hinweisen: Kennen Sie eine ausgeprägte Philosophie, eine Theologie und Pädagogik der Freude? Wenn Freude eine derartige Stelle einnähme, müßte doch ein derartiges Handbuch vorhanden sein, oder in den Handbüchern entsprechende Partien!
Wenn wir auch zugestehen müssen, daß das praktische Leben dem Vorwurf recht gibt, so müssen wir uns aber auch wehren, wenn man meinte, das wäre ideal, das würde den Gedankengängen, das würde den großen Grundgesetzen des Reiches Gottes entsprechen. Beileibe nicht! Nun, grundsätzlich müssen wir sagen, die Freude, zumal die vollkommene priesterliche Freude, gehört zu den wesentlichen, zu den Zentralmomenten des Katholizismus und deswegen auch der katholischen Erziehung und Seelsorge. Muß ich Ihnen das beweisen?
Sie wollen nicht übersehen, es handelt sich um Abrundung der Vorbereitung, um Abrundung einer gemeinsamen tiefen Einstimmung auf die Exerzitien. Und deswegen müssen Sie auch zufrieden sein, wenn ich aphoristisch spreche. Handelt es sich um ein wesentliches Moment der katholischen Seelsorge? Ich nenne Ihnen zwei Wahrheiten: erstens, Freude ist eine wesentliche Begleiterscheinung eines tiefergehenden Heiligkeitslebens und -strebens; zweitens, Freude ist ein wesentliches Mittel, um das Heiligkeitsleben und -streben zu befruchten. Wenn ich auch wenig darüber sagen darf, Sie müssen persönlich die beiden Wahrheiten tiefer durchbeten und durchdenken.

(Freude ist) *eine wesentliche Begleiterscheinung (eines*

tiefergehenden Heiligkeitslebens). Wollen Sie gefälligst die Theologie, die wissenschaftliche, spekulative Theologie, und die Dogmatik überprüfen und die Heilige Schrift aufschlagen! Die Dogmatik weiß uns zu sagen, daß die *Freude eine Frucht des Heiligen Geistes* ist. Was verstehen wir unter Früchten des Heiligen Geistes? Das sind besondere hochragende Tugendakte, vollkommene Tugendakte, die mit einer gewissen Süßigkeit im Empfinden, in der inneren Haltung verknüpft und verbunden sind. Denken Sie nach, was ich jetzt sagen will: Habe ich recht, wenn ich darauf hinweise, daß die Frucht des Heiligen Geistes und auch die Freude ein hochgradiges, sehr ernstes Streben, ein tiefgehendes Heiligkeitsstreben und -leben voraussetzen?

Ich darf zum Überfluß darauf hinweisen: Wenn diese Tugend, dieser habitus, dieser Akt mit einer tiefgreifenden inneren Freude verbunden ist, sprechen wir nicht von den Früchten des Heiligen Geistes, sondern von Seligkeiten. So viel Seligkeit, sagen uns die Dogmatiker, ist mit bestimmten Tugendgrundhaltungen verknüpft, daß sie eine Vorausnahme ewiger Seligkeit darstellt. Wenn wir dieser noch nicht innegeworden sind, dann besonders deswegen nicht, weil wir den ersehnten und vorausgesehenen Grad der Heiligkeit noch nicht erreicht haben. Doch wir brauchen nicht nur die Dogmatik, die Exegese und die Heilige Schrift zu befragen, es genügt, wenn wir bei Aristoteles und der Scholastik in die Schule gehen. Die Scholastik hat von Aristoteles übernommen, daß die Freude erst mit Tugendakten verknüpft ist, wenn diese eine gewisse Selbstverständlichkeit geworden sind, aus einem gewissen Tugendhabitus herausfließen[6].

[6] Vgl. Thomas von Aquin, S.th. I–II, 34, 3, wo er auf die erste Ethik des Aristoteles verweist: daß die Freude (delectatio) nicht

Was uns mehr interessiert, ist die zweite Wahrheit: daß die Freude auch *ein tiefgreifendes Mittel* ist, *um heilig*, priesterlich heilig, und vollkommen *zu werden.* Da mögen wir dann auch den tiefgehenden Schluß ziehen: Es besteht unsere sittliche Pflicht darin, uns und andere zur Freude zu erziehen. Wollen Sie den Obersatz überprüfen, dann orientieren Sie sich an der Heiligen Schrift, an einer gesunden Philosophie und Psychologie.

An der Heiligen Schrift. Ich fasse zusammen, was sich hier sagen läßt. Die Heilige Schrift stellt die Freude und die Erziehung dazu als ein *wesentliches Grundgesetz des Reiches Gottes* hin. Im einzelnen: Es steht vor uns als Grundpfeiler, Grundforderung, Grundbitte des Reiches Gottes.

Grundpfeiler! Wir hören in der Heiligen Schrift so vielfach Ausdrücke dieser Art: Das Reich Gottes besteht nicht im Essen und Trinken, sondern in Friede, Freude und Liebe[7]. Sie exegesieren gefälligst: Hier wird die Freude auf die gleiche Stufe gestellt wie die Liebe. Und wie wir später sehen und hören, ist die Liebe das große Weltgrundgesetz[8]. Merken Sie, von welcher Bedeutung wohl auch die Freude im Sinne der Heiligen Schrift ist? Grundpfeiler! Sie mögen andere Ausdrücke beifügen anhand der Konkordanz, um sich davon zu überzeugen, daß ich recht habe.

außerhalb der Tugendhandlung, sondern sie begleitend sei. Ders., De virtute 1, 1: »Das Gute mit Freude zu vollziehen, entspricht der Gesinnung des Tugendhaften.« Ferner Aristoteles, Nikomachische Ethik 1, 9; 2, 2; 4, 2.

[7] Röm 14, 17: Das Reich Gottes ist nicht Essen und Trinken, es ist Gerechtigkeit, Friede und Freude im Heiligen Geist. Vgl. Gal 5, 21 f.: Wer so etwas (= Werke des Fleisches) tut, wird das Reich Gottes nicht erben. Die Frucht des Geistes aber ist Liebe, Freude, Friede . . .

[8] s. S. 217 ff.

Wenn ein Grundpfeiler, dann auch eine *Grundforderung*. So hören wir den Apostel das bekannte Wort aussprechen, das wir so oft gehört, aber wahrscheinlich nicht so ernst genommen haben: Gaudete in Domino... (Phil 4,4)! Vergessen Sie nicht, das ist ein Imperativ! Gaudete in Domino! Wer nur ein klein wenig aus dem Kontext heraushört, versteht und fühlt, wie ernst es der Apostel genommen wissen will mit seiner Forderung. Und bei einer anderen Gelegenheit: Euch ist es überaus nützlich, und mir kann es nicht schaden, immer wieder zu wiederholen: Freuet euch im Herrn[9]! Der heilige Augustinus macht uns mit Recht darauf aufmerksam, daß der heilige Apostel Paulus einen Befehl ausspricht, auch einen Befehl zur Freudenerziehung[10].
Wo Grundforderung und Grundpfeiler so klar sind, wundern wir uns nicht, wenn die Heilige Schrift die Bitte um Freude als eine *Grundbitte* auffaßt. Deswegen bald so, bald so: Der Gott der Freude erfülle euch, erfülle eure Herzen mit aller Freude[11]!

Alles in allem: Freude, vollkommene priesterliche Lebensfreude, muß aufgefaßt werden als ein Zentralmoment[12] unseres religiösen Lebens; als Begleiterscheinung, aber auch als wesentliches Mittel, um zur Heiligkeit zu gelangen. Wir wundern uns darum auch nicht, wenn wir im Leben, in den Aussprüchen der *Heiligen* nachschlagen und finden, welches Gewicht

[9] Phil 3, 1: Vor allem, meine Brüder, freut euch im Herrn! Euch immer das gleiche zu schreiben wird mir nicht lästig, euch aber macht es sicher.

[10] »Was wird also befohlen? Daß wir uns freuen im Herrn.« (Augustinus, Sermo 21, über Ps 63, 11; PL 38, 142).

[11] Röm 15, 13: Der Gott der Hoffnung aber erfülle euch mit aller Freude und mit allem Frieden im Glauben.

[12] Im Manuskript steht: als eine Zentrale.

hier der Freude und der Freudenerziehung beigemessen wird. Wir werden in diesen Tagen einige Aussprüche von Heiligen bei Tisch uns vorlesen lassen und mit der Lektüre gleichzeitig unsere hiesigen Überlegungen ergänzen. Sie sind im wesentlichen abgestimmt auf den Gedankengang des heiligen Franz von Assisi[13]: Erziehet euch zur Freude; wo sie nicht herrscht, ist es sicher, daß der Teufel herrscht! Es ist nicht der Wortlaut, sondern der Sinn seiner Gedankengänge. Und wenn uns schon Goethe[14] sagt, daß »die Freudigkeit die Mutter aller Tugenden« ist, so wissen wir, was er damit sagen will. Oder wenn Faber[15] sagt, daß die Freude die Atmosphäre der heroischen Heiligkeit ist, so wissen wir, was damit gesagt sein soll. Das alles wissen wir, aber es ist zu wenig Wirklichkeit geworden. Und deswegen müssen wir darauf achten, daß die Erziehung zur Freude als sittliche Pflicht mehr in den Mittelpunkt gerückt wird.
Und wollen Sie dafür den psychologischen Grund wissen, für die Bedeutung der Freude in der gesamten Seelsorge? Darf ich Sie daran erinnern – was ich als bekannt voraussetze, später aber nachweisen darf –, daß die Freude ein Urtrieb in der menschlichen Natur ist? Und wenn Urtriebe nicht entwickelt werden, dann wissen Sie, was das bedeutet: dann sucht der Mensch

[13] In der ersten Regel heißt es im Kapitel 7: »Und die Brüder sollen sich hüten, sich in ihrem äußeren Gehaben traurig und wie düstere Heuchler zu zeigen; sie sollen sich vielmehr als Menschen erweisen, die sich im Herrn freuen, heiter und liebenswürdig, wie es sich geziemt.«

[14] J. W. v. Goethe, Götz von Berlichingen (1773), Akt 1, Herberge im Wald (Martin).

[15] Vgl. F. W. Faber, Das heiligste Altarssakrament, Regensburg 1857, 221: »Wer freudig sein will, muß zuerst abgetötet sein, und wer abgetötet ist, besitzt schon jene reine Freude, welche aus dem Himmel stammt.« (Zit. nach Keppler, 6).

instinktiv nach tiefergehenden Ersatzbefriedigungen, und er vergreift sich dann zumeist; und wenn er sich vergriffen hat in der Freude, ohne die er nun einmal nicht leben kann, wenn er genossen hat aus den schmutzigen Zisternen des heutigen Lebens, dann mag er sich noch so oft abwenden, nachher landet er doch wieder hilflos hier, bis seine arme Seele krank und seine arme Natur innerlich durcheinander wird. Sie wollen also nicht mehr sagen, daß Freude keine zentrale oder nicht das zentrale Ziel der Erziehung ist!

Ein zweiter Vorwurf mag wohl gründen in der Befürchtung, vollkommene priesterliche Lebensfreude sei *nicht kraftvoll genug.* Was darf ich darauf erwidern? Es gibt Ausdrücke, die kraftvoller klingen als Freude. Wenn der Heiland uns sagt, das Reich Gottes ist ein Reich der Wahrheit und Gerechtigkeit, dann fühlen wir, hier sind Bedingungen, die als Grundlagen des heutigen Lebens erschüttert sind. Das Reich der Wahrheit und Gerechtigkeit[16] – wie uns das heute so anheimelt! Ein anderes Wort: Ich bin in die Welt gekommen, um von der Wahrheit Zeugnis abzulegen (Joh 18,37). Wir kennen andere Ausdrücke, die kraftvoller klingen: Wachet und betet, damit ihr nicht in Versuchung fallet (Mt 26,41)! Andere Ausdrücke: Wenn ihr nicht Buße tut... (vgl. Lk 13,3). Das ist alles recht und wahr. Es ist auch wahr, daß es sich hier um Wahrheiten handelt, um tiefergehende, letzte Wahrheiten, um die wir alle ringen müssen. Aber Sie wollen nicht vergessen: Die Freude, die wirkliche Freude, setzt die Verwirklichung all dieser Bedingungen voraus. Wir werden keine wahre Freude besitzen

[16] Vgl. Mt. 6, 33: Euch ... muß es zuerst um sein (Gottes) Reich und um seine Gerechtigkeit gehen (vgl. Anm. 8, S. 32).

und genießen – da ja auch alles mit Freude verknüpft ist –, wenn wir nicht sehr ernst ringen um Gerechtigkeit, um die Wahrheit, um den Gebetsgeist, um den Büßergeist bis zum äußersten. Da haben Sie eine Antwort.
Wollen Sie aber noch klarer sehen, wie wenig berechtigt der Vorwurf ist, Freude und Erziehung dazu, vollkommene priesterliche Lebensfreude sei nicht kraftvoll genug, dann übersehen Sie nicht: Was verstehen wir hier unter Freude und Freudenerziehung? Ich glaube, wenn ich Ihnen jetzt schon zitiere, was wir später besser verstehen lernen, nämlich das Offertorium von der Kirchweihe – wie ja auch gerade hier viele Freudentexte sind –: »In Reinheit meines Herzens *habe* ich *freudig alles restlos dir zum Opfer gebracht*[17]«, und wenn ich Ihnen sage, daß wir hier den tieferen Sinn der Freudenerziehung haben, wollen Sie dann bitte nicht sagen, es sei nicht kraftvoll genug!
Greifen Sie bitte einmal hinein in das Leben des heiligen Franz! Wir wissen, sein Leben ist umrankt von Legenden. Und am bekanntesten mag die Legende von der vollkommenen Freude sein: Bruder Leo, was ist wahre Freude? Es wird alles mögliche angeführt, was Sinn, Inhalt und Gegenstand der vollkommenen Freude sein könnte, bis der heilige Franz zum Resultat kommt: Wenn wir verfolgt, verachtet et cetera werden und du dich dann in Gott freust, dann haben wir die vollkommene Freude[18]. Ich frage: Wenn wir so Freude auffassen, ist es dann etwas Weichliches oder etwas überaus Kraftvolles, was wir Priester der heutigen Menschheit nötig haben?

[17] 1 Chr 29, 17 (früher Offertorium vom Kirchweihfest): In simplicitate cordis mei laetus obtuli universa – in meines Herzens Einfalt hab ich alles freudig dargebracht.
[18] Zit. in Keppler, 82 f.

Alles in allem, je länger Sie diese Gedanken durchdenken, desto überzeugter werden Sie auch sagen, es handelt sich nicht nur um eine zentrale Wahrheit, sondern es schließt auch die Folgerung in sich: Also ist die *Erziehung zur Freude eine sittliche Pflicht*; und wir dürfen hinzufügen: in der heutigen Zeit eine sittliche Pflicht ersten Ranges. Ich muß andere und mich zur Freude erziehen, wenn ich wahrhaft christlicher und katholischer Priester sein will. – Da haben wir das erste Abwehrgefühl. Vielleicht ist es gebannt und beseitigt. Eine gewisse Enttäuschung – so umschrieben wir es – und eine gewisse Unsicherheit der Freude gegenüber.

Einen zweiten Grund hatte ich namhaft gemacht, eine gewisse *Befürchtung*. Und hier haben wir Gelegenheit, hineinzugreifen in die Probleme des heutigen Zeitlebens. Eine gewisse Befürchtung, eine Furcht oder Befürchtung vor Verzeichnung des wirklichen Alltagslebens und Furcht vor Verzeichnung des wirklichen Christentums.

Sie werden mir sagen, das Leben ist viel bitterer und freudloser, als man das vielfach vom grünen Tisch aus weiß. Sie werden darauf hinweisen, daß es Menschen gibt, die offenbar den Lebensberuf des Leids haben; daß es Menschen gibt, die die geborenen Pechvögel sind. Das ist wirklich so. Auch in unseren Reihen. Es gibt nicht wenige edle, strebsame Priester: Was sie anfangen, mißglückt. Pechvögel in der Potenz! Lebensberuf ist für sie das Leid.
Wir wollen das nicht übersehen, nicht schönfärben, wollen die Frage des Leids sehen. Aber wir wollen auch die Leidensquellen umwandeln in Freudenquellen. Ja, um das Abwehrgefühl zu mildern, darf ich sagen: Freudenerziehung muß hier die *Probe aufs Exem-*

pel bestehen. Freudenerziehung muß es verstehen, auch dieses Leid mit dem Zauberstab zu berühren und das Leid zur Quelle der Freuden zu machen. Bringt sie das nicht fertig, so ist sie nicht abgestimmt auf das Ziel der Freudenerziehung: Gaudete in Domino; iterum dico, semper gaudete (Phil 4, 4)! Darf ich vorwegnehmen, antizipieren, und diesen Zauberstab schon jetzt nennen? Wir wollen ihn später, im zweiten Teil der Exerzitien, in die Hand nehmen und nie mehr herausfallen lassen. Dieser Zauberstab ist das Weltgrundgesetz, die Liebe. Wenn ich erst von der Liebe zu Gott getragen bin, und ich weiß, daß alles Ausdruck seiner Liebe ist, dann habe ich den Zauberstab in der Hand, mit dem ich alles leicht zur Freudenquelle machen kann[19]. Also fürchten Sie sich nicht vor der Verzeichnung des wirklichen Lebens! Im Gegenteil! Wir wollen uns bemühen, diese Schatten des heutigen Lebens klar zu zeichnen.

Tiefer greift aber die zweite Befürchtung, die Befürchtung vor der Verzeichnung des wirklichen Christentums. Diejenigen, die sonst am Leben leiden, eine schwere Vergangenheit, schwere Schicksale hinter sich haben, mögen kopfschüttelnd und abwehrend erklären: Ich kenne auch ein Christentum, das in die Wolken gezeichnet ist, das lauter Freude ist; aber das wirkliche sieht doch anders aus. Das alltägliche Christentum, nun ja, das ist ja nicht so, wie die Gegner des Christentums uns sagen, wie es auch Rosenberg uns sagt, eine Freudenmörderin, aber es ist nachweisbar eine Freudenfeindin! Hier müssen wir länger stehen-

[19] Im KZ Dachau schrieb P. Kentenich ein Gedicht über Schönstatt, jenes gesegnete »Land«,

»wo schnell der Zauberstab der Liebe
in Freude wandelt alles Trübe.«
(Himmelwärts, S. 160.)

bleiben. Eine Freudenfeindin! Weshalb? Ich will nicht im Sinne derer sprechen, die so sprechen und fühlen und nachher sich selbst bekennen zu einer bestimmten Haltung den heutigen Schwierigkeiten gegenüber. Man wird uns sagen, und wir sagen es uns auch: Das *Christentum* ist in Wirklichkeit zwar keine Freudenmörderin, aber *eine Freudenfeindin, weil es* zu stark, *zu einseitig* und übertrieben *Furcht und Demut betont.*
Hören Sie nicht einen Vorwurf, der uns aus dem jenseitigen, gegnerischen Lager heute entgegengeschleudert wird? Christentum ist antiarisch, weil es den Menschen nicht nackensteif macht, weil es ihn zu Boden drückt; deswegen weg mit dem Christentum! Es zertritt den Arier, macht aus dem hochstrebenden arischen Menschen eine Sklavennatur. Wollen wir uns die Zeit nehmen, auf diesen Vorwurf etwas näher einzugehen[20]?
Sie haben da gezeichnet, skizzenhaft gezeichnet den dunklen Hintergrund, in den wir dann unsere Freudenexerzitien hineinmalen dürfen. Ich habe Ihnen gestern abend sagen dürfen, was Gott von uns verlangt. Wir wollen nicht lendenlahm sein, sondern Gottes Wort hören. Zeitrufe sind Gottesrufe. Wir wollen den Idealstaat schaffen helfen, getragen von der schöpferischen Kraft des Christentums; einen Idealstaat, der immunisiert gegen die Zeitschwierigkeiten und Zeitübel. Deswegen wollen wir nicht nur mit abwehrender Geste auf die Gegner antworten. Glauben Sie, die gegnerische Strömung würde auch von uns massen-

[20] Wie im ersten Vortrag setzt sich der Exerzitienmeister mit »dem jenseitigen, gegnerischen Lager« des Nationalsozialismus und seiner (Rassen-)Ideologie auseinander. Im folgenden bezieht er sich bereits – wie dann fast ausschließlich im 2. Teil des Kurses – auf Michael Müller, Frohe Gottesliebe, Freiburg 1933; die hier angemerkten Verweise beziehen sich auf die Neuauflage des Werkes im Franz-Sales-Verlag, Eichstätt und Wien 1968.

weise aufgenommen, wenn nicht Vieles wahr wäre, was man uns da vorwirft? Wir müssen da heraushören: Was spricht Gott durch die Verhältnisse, durch die Gegner? Glauben Sie aber in allem, was sich ereignet: Denen, die Gott lieben, gereichen alle Dinge zum besten[21]. Glauben Sie denn nicht, daß auch das eine ganz bestimmte Absicht für uns ist? Es ist verkehrt für den Gottesstreiter hier auf Erden, sich durch Schwierigkeiten über den Haufen werfen zu lassen. Schwierigkeiten müssen für uns Aufgabe sein. Hören Sie nochmals das Wort des heiligen Augustinus – das muß richtunggebend sein –: Utamur haereticis! Hören Sie: Wo liegen die Vorwürfe, was ist daran berechtigt? Und prüfen Sie nach: Wie stellt das wahre Christentum sich zu diesen Vorwürfen?
Ich darf Ihnen zunächst drei Antworten geben. Ich führe sie nicht weiter aus, weil wir immer wieder stehenbleiben müssen in der Einstimmung, um nachher tiefer zu greifen. Erstens: Leider Gottes ist es auch so, daß wir in unserem traditionellen Christentum Furcht und Demut zu einseitig, zu übertrieben betonen. Leider Gottes! Zweitens: Das muß aber nicht so sein. Drittens, unsere Aufgabe besteht darin, auf *Gottes Absichten* durch die gegnerischen Strömungen einzugehen und uns und unser Volk zu immunisieren gegen die Giftkeime der Gegner, die in das Christentum hineingepflanzt werden sollen.

Am meisten, soweit die Zeit reicht, müssen wir uns mit den ersten Gedankengängen auseinandersetzen: Leider ist es so, leider betonen wir zu übertrieben – haben es getan und tun es heute noch – in der Erziehung Furcht und Demut. Meine Herren! Der Kultur-

[21] Röm 8, 28: Wir wissen, daß Gott bei denen, die ihn lieben, alles zum Guten führt.

philosoph, der Pädagoge weiß, daß *unser christliches Leben* zu viel und *zu stark getragen* ist *von Spannungen.* Und weil diese Spannungen so tief sind, deswegen das starke Schwanken und Wanken der religiös eingestellten Erziehung. Spannungen sind vor allem nachweisbar nach dieser doppelten Richtung: Spannungen zwischen Furcht und Liebe, zwischen Demut und Hochsinnigkeit, Hochherzigkeit und Hochgemutheit[22]. Weil der Vorwurf auch aus unseren Reihen laut wird – übertriebene Furcht und Demut –, ist es der Mühe wert, diesem Spannungsverhältnis nachzugehen, erstens geschichtlich, zweitens philosophisch; nachzufolgen, zu erkunden die leitenden Gedanken und inneren Triebkräfte für die jeweilige Spannung und ihre Lösung. Was ich will, werden Sie sofort verstehen, wenn ich ein wenig darauf eingehe.

Ich frage nach der ersten Spannung: *Spannung zwischen Furcht und Liebe.* Erinnern Sie sich gefälligst erneut daran, daß das echte katholische Lebensgefühl diese Spannung wirklich erleben muß. Es ist wahr: Gott ist der Urgewaltige, der Allmächtige. Zweifellos! Deswegen eignet ihm gegenüber die Haltung der Furcht, die Haltung der Ehrfurcht. Deswegen steht er vor uns als das fascinosum, das augustum[23]. So ist es recht. Das dürfen wir nicht vergessen! Aber Gott ist auch der Gott der Liebe, die Quelle der Liebe. Deswegen eignet ihm gegenüber auch die Haltung der schlichten, einfachen, kindlichen Gegenliebe. So haben Sie die Begründung: Furcht und Distanzgefühl,

[22] Vgl. Müller, 62–84, unter der Überschrift »Die Einstellung auf Optimismus und Freude« die zwei Kapitel: »Optimismus und Pessimismus in der religiösen Haltung« und »Demut und Hochsinnigkeit im christlichen Selbstgefühl«.

[23] Das schlechthin »Faszinierende«; das Erhabene, Ehrfurchtgebietende.

Liebe und Hingabe an Gott, den Vater[24]. Wenn Sie nun einmal geschichtlich nachprüfen, zu wessen Gunsten im Abendland dieses Spannungsverhältnis ausgegangen ist, dann werden Sie finden: *meist zu Gunsten der Furcht.* Nicht, als wenn das häretisch wäre; beides ist richtig, weil philosophisch und dogmatisch das Mischungsverhältnis begründet ist. Aber es ist die Frage: Was ist das Dominierende, was ist die Grundhaltung des echten Christen? Soll das Furcht sein oder Liebe, Furcht sein mit Liebe gemischt oder Liebe mit Furcht gemischt?
Ich wiederhole: *Historisch* betrachtet werden Sie zwei Ströme finden, die durch die Kirchengeschichte des Abendlandes hindurchziehen. Bald gehen diese beiden Ströme, fließen diese beiden Ströme schiedlich und friedlich nebeneinander, bald ineinander. Oder wenn Sie ein anderes Bild gebrauchen: bald stehen sie da wie ein Dom in klassisch reinem Stil, bald werden sie auch zu signalisieren sein wie ein Dom, der in der einen Stilart begonnen, in einer anderen fortgesetzt und in einer dritten vollendet ist.

Es ist interessant, nachzustudieren, wie schon gleich an der *Wende zum 2. Jahrhundert* diese klassische Gegenüberstellung zwei Ströme geschaffen hat. Der Vertreter der einen: Gott ist der Herr; die Dominante im religiösen Leben muß die Furcht sein. Es ist *Tertullian,* der sein juristisches Denken hineingetragen hat in das

[24] Vgl. Müller, 62: »Zwei Haltungen der gottgläubigen Seele sind hiermit festgelegt. Distanzgefühl und Furcht charakterisieren die erste, Liebe und frohe Gottverbundenheit die zweite.« – Dergleichen Ähnlichkeiten und (charakteristische) Unähnlichkeiten gibt es im Verlauf des Kurses öfter. Sie werden hier nur mehr angeführt, wenn sie für das bessere Verständnis wichtig sind bzw. wenn Müllers Auffassung entweder direkt übernommen oder wesentlich modifiziert wird.

Verhältnis zu Gott. Es ist für ihn selbstverständlich: Gott ist der Allmächtige, der Allgewaltige, und das Geschöpf muß so vor ihm stehen. Deswegen Furcht, freilich mit Liebe gemischt[25].

Klemens von Alexandrien ist der Vertreter der entgegengesetzten geistigen Haltung. Er spricht so ganz im johanneischen Sinn. In Gott ist der Urtrieb die Liebe. Gott liebt seine Geschöpfe, aber am meisten den Menschen[26]. Und deswegen hat er den Menschen aus Liebe überaus herrlich gestaltet, und daher ist der Grundton, mit dem der Mensch Gott antworten muß, die einfältige, schlichte Kindesliebe. Die größte Ehre für Gott ist die Liebe seines Geschöpfes und Kindes. Sehen Sie klar: beides ist berechtigt. Wir überlegen nur rein historisch, wie diese beiden Strömungen aussehen.

Sehen Sie, wie zur Zeit des *Mittelalters* die Haltung der Furcht mehr und mehr dominierend wird, wie mehr und mehr in das öffentliche Bewußtsein das Gefühl übergeht: Dominante muß die Furcht sein, mitklingen darf die Liebe. Ich will nur hinweisen auf die damalige Gebetshaltung, auf *Gebetsform und -inhalt.* Die Geschichte weiß uns zu erzählen, wie im 9. und 10. Jahrhundert das liturgische Gebet umgeformt wurde zu Gunsten der Furcht. Heute haben wir noch Reste im Staffelgebet. Damals muß eine Anzahl von Furchtmomenten hineingetragen worden sein in die Liturgie, die aber später wieder ausgestoßen wurden.

[25] »Die Furcht ist die Grundlage des Heils.« (Tertullian, De cultu feminarum 2, 2; PL 1, 1432); »Des Menschen Furcht ist Gottes Ehre.« (Ders., De poenitentia 7; PL 1, 1351).

[26] »Die beste und sicherste Stelle im Werke der Schöpfung nehmen wir ein, seine Kinder.« »Mehr als alles aber liebt er den Menschen, . . . sein schönstes Gebilde.« (Klemens von Alexandrien, Paidagogos 1, 2, 8.)

Denken Sie auch noch an das *Ave Maria*! Das Ave wurde damals mehr und mehr volkstümlich. Es wurde aber ergänzt durch das, was wir heute mitbeten: Heilige Maria, Mutter Gottes, et cetera. Es wäre auch hier wohl eine andere Haltung möglich gewesen. Nicht, als ob diese Haltung verkehrt wäre! Ich sehe die Gottesmutter im ersten Teil in ihrer Größe. Wäre es da nicht möglich gewesen, als Resonanz dann in mir eine tiefe Ehrfurcht und schluchzende Sehnsucht zu empfinden? Aber das christliche Empfinden suchte den anderen Weg. Es schaute ins Licht und sah den Schatten und die Armseligkeit der eigenen Natur. Deswegen schreckt die christliche Natur dann im Bewußtsein der eigenen Schwäche zurück und wendet sich an die Gottesmutter: *Bitte für uns Sünder*! Der Süden war damit bis vor kurzem noch nicht zufrieden. Er hatte noch den »armen« Sünder und das »Absterben« hinzugefügt. Ich will damit nicht sagen, daß es unberechtigt sei, sondern nur zeigen, wie das christliche Lebensgefühl langsam und ständig umgestaltet wurde.

Der liebe Gott verlangt, daß wir darauf eingehen, nachdem wir die Gegner so arbeiten sehen. Wir müssen es sehen. In unseren Reihen heißt es ja: Wie schaffen wir den Idealstaat in der Pfarrfamilie, im Internat, in der Ordensgemeinschaft? Wie schaffe ich den Idealstaat, der die Glieder dieses Staates immunisiert gegen die Verhältnisse? So denke ich mir die Zeitströmungen. Nicht Angst bekommen; Aufgaben sehen! Der Kirche helfen, den Weg in die neue Zeit zu finden!

In derselben Zeit haben wir die vielen Bücher, die von der *Kunst des Sterbens* handeln. Wie viele Bücher! Aber sehen wir nur die starke Umschaltung im Lebensgefühl, wie die Furcht langsam als die Dominante des christlichen Lebensgefühles aufkommt! Denken

Sie an die vielen Uhren mit dem Totengericht! Der Tod wurde auf die Uhren gemalt. Und immer wieder der Gedanke: Das Leben ist vergänglich. Die Furcht wurde überbetont.
Sie mögen sich auch erinnern lassen an die Umformung der *Gebetshaltung* um diese Zeit herum, besonders in der Liturgie. Die ursprünglich klassische Liturgie hatte beim Gebet mehr die aufrechte Haltung, die emporgehobenen Hände, wie wir es jetzt bei den Orationen kennen. Damals wurde nach fränkischer Sitte die Haltung der gefalteten Hände eingeführt. Es war Sitte, daß der Vasall seinem König so gegenübertrat. Es ist ja auch berechtigt, dann sich Gott gegenüber auch so zu fühlen, als Untertan. Aber alles weist doch hin auf eine starke Umgestaltung des christlichen Lebensgefühles. Ist es nicht so? Diese weitauslangenden Gesten zeigen uns Gott gegenüber viel schlichter. Auf der anderen Seite kann ich aber in das Händefalten auch den Ausdruck einer Kindlichkeit hineinlegen[27]. Diese Dinge müssen Sie nicht verabsolutieren, aber die Umgestaltung des Lebensgefühles zu Gunsten der Furcht heraushören. – Da haben wir einen kurzen historischen Überblick über das Spannungsverhältnis zwischen Furcht und Liebe.

Was uns hier aber mehr interessiert, ist die philosophische Frage: Woher kommt diese Gegensätzlichkeit, woher diese Spannung? Sie werden natürlich erwarten dürfen, daß viele moderne Menschen Ihnen antworten, all diese Unterschiede sind rassisch und völkisch bedingt: Der Arier soll sich von Haus aus mehr ein-

[27] Diese korrigierende Zwischenbemerkung (alles andere ist bei Müller, 65 ff., auch zu lesen!) deutet einen typischen Akzent in der Spiritualität P. Kentenichs an. Es erweist überdies seine wachsame Weite organischen Denkens.

stellen – und muß das, wenn er rassenrein ist – auf die Liebe, auf das aufrechte Stehen, während der Semite von Haus aus eingestellt ist auf die Betonung der Furcht. Das stimmt nicht! Es ist verkehrt, zu sagen, daß das Alte Testament wesentlich das Testament der Furcht ist. Sie lassen sich erinnern, daß Gott seinem Volk auch als Bräutigam gegenübersteht. Die Braut und der Bräutigam werden nicht getrennt. Wir sehen das im Hohenlied, im 44. Psalm und Osee: immer wieder dasselbe Bild[28].

Der *Grund für diese Veränderung* ist ein anderer[29]. Es ist persönliche, individuelle Anlage. Sie wollen gleich nachprüfen: Wie ist mein *Gotteserlebnis*? Ist meine wesentliche Grundhaltung Gott gegenüber die Haltung der Furcht oder der Liebe? Täuschen Sie sich aber nicht! Ich frage nicht, ob Ihre Haltung Liebe oder Furcht ist, sondern ob die Liebe die *Dominante* Ihrer seelischen Grundhaltung ist oder die Furcht[30]. Der psychologische Grund, die treibende Kraft für diese Differenzierung ist persönliche, originelle, individuelle Anlage. Es ist das, was wir im letzten Kurs die *ethische Weltangst* genannt haben[31]. Ist die nicht in vielen

[28] Vgl. Müller, 62 f.

[29] In der Erfassung des Grundes der Gegensätzlichkeit und Spannung verläßt P. Kentenich die Erörterung der Meinung von Müller (66 f.) und kommt auf eines seiner lebenslang wesentlichen Anliegen aus der prophetischen Deutung von Geschichte und Gegenwart zu sprechen; es eröffnet auch den »Rahmen für unsere Exerzitien«, wie er betont (s. S. 77).

[30] Der Text der Vorlage ist unverständlich und läßt sich nicht mehr eindeutig verifizieren. Dort heißt es: »Täuschen Sie sich aber nicht! Ich frage nicht, ob Ihre Haltung Liebe oder Furcht oder ob die Liebe die Dominante Ihrer seelischen Grundhaltung ist oder die Furcht.«

[31] Im Bemühen, die Glaubenssicherheit – deren Muster die Gottesmutter ist – zu analysieren, weist P. Kentenich (im Exerzitienkurs 1933: Lebensweisheit II, 3) auf ein irrationales, rationales und superrationales Element hin. Im irrationalen Element unterscheidet

modernen Menschen überspitzt vorhanden? Ich mag nicht noch einmal herausheben, was wir damals gefunden haben. Mitbestimmend für diese Haltung ist *das persönliche Vatererlebnis.* Sie tun alle gut, nachzuprüfen – wenn Sie wirklich stark von Furcht getragen sind –, ob Sie nicht sagen müssen: Nicht die natürliche Veranlagung, sondern das Vatererlebnis weist dahin. Ich hatte entweder mit dem Vater keine Verbindung, oder er stand da als die Verkörperung des Rechtes, der Gerechtigkeit; der Vater stand vor mir als der Mann mit der Peitsche; wenn auch nicht immer so ausgeprägt, aber im Kern so geformt.

Wo liegt der Leitgedanke? Es ist ja die philosophische Frage nach dem Leitgedanken. Wo liegt dieser Leitgedanke? Die Antwort ist leicht. Habe ich vom Vatererlebnis gesprochen, so jetzt vom Vaterbegriff und verbinde damit den *Gottesbegriff.* Sie geben zu, daß der Gottesbegriff eine doppelte Auffassung zuläßt. Es ist das eine Frage, die wir später lösen müssen. Ist Gott primär Vater oder Richter? Je nachdem unser Gottesbegriff ist, ist auch unsere Haltung Gott gegenüber Furcht mit Liebe, oder Liebe mit Furcht gemischt.

Es mag scheinen, als wenn alle diese Überlegungen peripherisch wären. Das sind sie aber nicht. Schon deswegen nicht, weil sie uns den *Rahmen* zeigen *für unsere Exerzitien.* Sind es aber auch deswegen nicht, weil heute alles im gegnerischen Lager uns hindrängt, um Gott wieder mehr in den Mittelpunkt des Lebens, unseres eigenen Lebens, zu stellen. Da heißt es nicht,

er zwischen »metaphysischer und ethischer Weltangst« und sagt zur letzteren: »Das heißt, wir haben das Bewußtsein, aus einer Ordnung herausgefallen zu sein, in der wir sein müßten. Wir fühlen, wir sind schmutzig, unheilig, anders als wir sein sollten. Deswegen ein irrationales Drängen zu dem ursprünglich Reinen, zu dem Allheiligen. Wie stark ist diese Angst ausgeprägt in reinen Menschen!«

wahllos Theodizee mit dem Volk betreiben, sondern Gott will, daß der Gottesbegriff auch überprüft wird; Gott will, daß eine Reform unseres ganzen Lebens, auch unseres ganzen Denkens einsetzt. Wir müssen nach Gottes Absichten die Zeitströmungen auffangen und die gegnerische Welt innerlich überwinden. Und deswegen ist es der Mühe wert, den Gottesbegriff zu überprüfen und klare Begriffe weiterzugeben.

Wenn es Ihnen nicht zu mühsam ist, darf ich die zweite *Spannung* kurz skizzieren: *Demut und Hochherzigkeit.* Es ist klar, unser katholisches Lebensgefühl muß davon getragen sein. Je nachdem ich das eine oder das andere die Dominante in meinem Lebensgefühl sein lasse, bin ich ausgeprägt krankhaft demütig oder überspitzt hochmütig. Es gibt eine Haltung, die aber durchaus katholisch exakt ist. Wenn ich mein Kleinsein, mein Abhängigsein von Gott, mein Nichts und Nichtssein Gott gegenüber immer in den Mittelpunkt meines Denkens stelle, so ist die Wirkung die Grundhaltung des *Gedrücktseins*: Ich bin gedrückt Gott gegenüber. Das hindert nicht, daß diese Haltung gesund katholisch ist, wenn sie nur ausmündet in dem Bewußtsein: Gott hat mich gern.
Kann ich aber nicht auch umgekehrt sagen: Was Gott mir nicht alles gegeben hat! Ich darf mir sagen, was wir im vorjährigen Exerzitienkurs gesagt haben – bitte, studieren Sie das noch einmal durch –: Eine gesunde Demutserziehung hilft uns, die irrigen Meinungen auf der gegnerischen Seite innerlich zu überwinden[32].

[32] Es geht um das »organische Denken und Handeln«, »ohne das Demut nicht möglich« ist. Um der je aktuellen Bedeutung solcher Gedanken willen sei noch einmal der Exerzitienkurs von 1933 (Lebensweisheit III, 3) zitiert: »Gesundes Selbstbewußtsein,

Wir müssen ein Volk schaffen, eine Gemeinde schaffen, die innerlich die Irrtümer überwinden. Das Äußere tut es nicht. Wir müssen die Zeit von innen überwinden.

Wenn Sie überprüfen, so habe ich Ihnen erstens die geschichtliche Entwicklung, zweitens die leitenden Gedanken dargelegt. Welche Antwort kann ich Ihnen geben? Ich will sie kurz andeuten, weil es sich nur darum handelt, den Boden für später vorzubereiten.

In unserer abendländischen Kultur, so wie sie uns zugänglich ist oder wie sie in den Schulen, durch die wir gegangen sind, gelehrt wurde, hat auch praktisch die Auffassung geherrscht: Die *Dominante im Lebensgefühl ist die Demut,* mitklingen mag ein klein wenig die Hochgemutheit, die Hochsinnigkeit. Stimmt das? Fragen Sie sich, wie Sie erzogen worden sind, schauen Sie selbst nach! Sie haben eine klassische Bestätigung der Haltung, wie ich sie meine, in der »*Nachfolge Christi*[33]« und in dem ganzen Kreis der Nachfolge Christi. Ich will die »Nachfolge Christi« damit nicht angreifen – wir tun gut, sie häufig zu lesen –, aber Sie müssen historisch sehen: Es ist da eine ständige Betonung des Kleinseins.

Wahrheits- und Kraftbewußtsein, und wirkliche Demut sind also kein Gegensatz! Hier liegt für uns alle die Schwierigkeit, heute einen modernen Menschen wirklich zur Demut zu erziehen. Gesundes Standes- und Kraftbewußtsein? Aber um Gottes willen!« – Auch hier ist der Wider-Spruch zur NS-Parole und -Polemik augenscheinlich.

33 »Vier Bücher von der Nachfolge Christi«: Thomas von Kempen (1379–1471) zugeschriebenes Werk aus der Geisteswelt der »Brüder des Gemeinsamen Lebens«. Ihre Spiritualität »devotio moderna« (= neue Frömmigkeit, neue Gottinnigkeit) ist besonders angeregt von Gerhard Groote aus Deventer (1340–1384), auf den wohl auch die (kürzere) Urform der »Nachfolge Christi« zurückgeht.

Darf ich Ihnen schnell sagen, woher das kommt[34]? – Wir sagen wohl, das ist kirchlich, dogmatisch exakt. Aber es ist auch eine andere Haltung denkbar, eine Haltung, die wir heute mehr betonen müssen, wenn wir die modernen Irrtümer mehr und mehr überwinden müssen. Deswegen will ich aber nicht eingreifen in Ihre persönliche Entwicklung. Aber es schadet nicht, wenn Sie hören, daß auch eine andere Haltung möglich ist. Davon kann ich mehr oder weniger annehmen, daß wir geeigneter werden, mitzuhelfen an der Überwindung der modernen Irrtümer. – Grundzeuge dieser Haltung ist der heilige *Augustinus* mit seinem *orthodoxen Pessimismus.* – Später komme ich mehr darauf zu sprechen. Sie müssen überhaupt den Kurs auffassen als einen ernsten Versuch, die heutige Zeit zu überwinden. Darum müssen wir die Gedanken auch während des Jahres überprüfen und zum Gegenstand unserer Predigt und unserer Überlegungen machen. – Augustinus' orthodoxer Pessimismus! Weil Augustinus selbst so stark gelitten hat unter seiner Natur, ist er durchweg – Sie werden das später auch bei den klassischen Lehrern des geistlichen Lebens sehen, wie stark sie abhängig sind von ihrer eigenen Entwicklung –, ist er durchweg zur Ansicht gekommen: Die menschliche Natur ist schwach; und deswegen auch zu der anderen Forderung: Furcht vor sich selbst!

Wenn Sie die »Nachfolge Christi« und den Kreis der Nachfolge Christi überprüfen wollen – zur selben Zeit

[34] Dieser Abschnitt ist in seiner Satz- und Gedankenfolge wohl nur aus der Vortragssituation zu erklären. Im Bestreben, von vorneherein »die andere Haltung« präsent zu machen, welche die Zeitirrtümer überwindet, unterbricht P. Kentenich zweimal den Gang seiner Argumentation, die den augustinischen Pessimismus als geschichtliche Quelle der Überbetonung von Demut und Furcht hervorkehren will. Vgl. Müller, 71.

haben wir es auch in Spanien[35] –: Da ist alles eingestellt auf den Gedankengang, in dem auch wir vielfach erzogen sind: Was soll der Mensch tun gegen die Schwächen der menschlichen Natur? Meditieren! Dadurch wird Selbsterkenntnis erzeugt und dadurch Frömmigkeit[36]. Wenden Sie das an auf unsere (d. h. bei uns, im Abendland, gebräuchliche) Methode: *Der Mensch muß kleingeschlagen werden.* Nichts kannst du! Mit dem Kopf hinunter unter das Wasser, hinunter und noch einmal hinunter! Je hilfloser ich dann werde, desto mehr kommt dann der Ruf in mir zum Durchbruch: Gott, hilf mir, sonst versinke ich! Das ist, klassisch gesagt, nicht einmal extrem, sondern es drückt die innere Psychologie dieser Haltung aus.

Wollen Sie mir auch gestatten, daß ich ein klein wenig *Kritik* übe; nicht um Sie selbst wankend zu machen, sondern um uns dadurch zu ergänzen. Ich weise hin, wie unsere alte Aszese außerordentlich stark auf die Betonung dieses Von-Gott-Zerschlagenseins eingestellt ist. Sehen Sie nur die »Nachfolge Christi« und in Spanien die Aszese der damaligen Zeit! Sie hören Ausdrücke: Der Mensch, was ist er? Ein Misthaufen, eine Düngergrube et cetera, was ist er für ein glänzender Leichnam! Die Wahrheiten sind durchaus exakt. Das sind wir auch! Aber die Kritik: Ich darf Ihnen sagen, wenn diese Wahrheiten, die an sich in der objektiven Ordnung bestehen, überstark betont werden, was ist

[35] Dabei ist offensichtlich Bezug genommen auf die Anmerkungen 24 bis 26 bei Müller, S. 73, in denen er auf drastische Texte bei Ignatius von Loyola, Johannes von Avila und Ludwig von Granada hinweist. Der Letztgenannte spricht vom »schneebedeckten Misthaufen«.

[36] »Meditation erzeugt Wissen, Wissen erzeugt Zerknirschung, Zerknirschung erzeugt Frömmigkeit.« (De spiritu et anima 50; PL 40, 816. – Fälschlich Augustinus zugeschriebene Schrift.)

dann die *Wirkung? Tiefgehende Freudlosigkeit!* Ein ständiger Druck des Gemütes ist die notwendige Folge. Und was wird die Wirkung sein? Unmittelbar: der starke Trieb nach Ersatzbefriedigung. Wenn ich nicht Freude bekomme – ich darf das später ausführlich behandeln –, wenn ich nicht die Freude habe am inneren Wachstum in Gott bei mir und anderen, was wird die Wirkung sein? Wenn Freude ein Urtrieb ist, muß der Mensch sich anderswo Freude suchen. »Ja, aber Gott hilft mir!« Das ist theologisch richtig; aber psychologisch: Glauben Sie denn, ein solches elementares Gefühl sei aufnahmefähig für die Saatkörner der Freude, der göttlichen und geistigen Freude? Da können Sie sagen: Gott ist die Freude; ja die Adler, die ständig am Fliegen sind, die können es fassen, aber die andern, die fassen es nicht, die mögen eine Zeitlang sich abquälen. Darf ich es einmal schroff ausdrücken, absichtlich überspitzen, um zu sagen, was ich will? Wenn ich in meinen Vorträgen sechzig- bis neunzigprozentig immer wieder sage: Nichts kannst du, aber Gott hat etwas Gescheites aus dir gemacht – das muß eine Freudlosigkeit in (meinem Verhältnis zu) Gott bewirken, und deswegen sucht man die Freude woanders: in der Welt der Sinnenfreude und der Sünde.
Eine zweite notwendige Wirkung: Es kommt mit der Zeit in die Seele ein derartig *lähmendes Gefühl*, daß das Aktive, das Drängende, das Schaffen für Gott und in Gott verlorengeht. Alles das bedeutet aber: Wir haben dieser Lähmungserscheinungen genug! Müssen wir die noch vermehren? Aber die Richtung ist berechtigt, überhören Sie das nicht! Ich will nicht alles zusammentragen, was hier bedeutungsvoll ist. Darum aber noch nicht sagen: Wir wollen die »Nachfolge Christi« nicht mehr lesen. Wenn ich die »Nachfolge Christi« nehme wegen der Hervorhebung meiner Armseligkeit, nehme nach meiner Art, dann wird das Kreaturbe-

wußtsein feiner; damit werde ich aber auch hineingezogen in den Schoß Gottes, in den Schoß der Liebe.

Ich darf fragen nach den leitenden Gedanken und treibenden Kräften in unserem Lebensgefühl. Der leitende Gedanke, meine Herren – wir werden es noch ausführlich sehen –: Unsere gesamte Aszese und Pädagogik hat wohl theoretisch hervorgehoben: *Zentralmotiv in unserer Haltung muß die Liebe sein,* aber praktisch haben die meisten Aszeten und Pädagogen seit dem Mittelalter neben das Zentralmotiv der Liebe fast gleichzeitig und gleichwertig, nicht nur vorübergehend, sondern auf die Dauer, die Motive des Gehorsams und der Demut gestellt. Später komme ich noch darauf zu sprechen.

Sehen Sie *dagegen* andere Schulen, zum Beispiel *Franz von Sales* et cetera. Die haben ganz klassisch die andere Strömung. Wenn es also Orden und Genossenschaften gibt, denen kraft ihrer Statuten der heilige Franz von Sales als Führer gegeben ist[37], dann heißt das, solche Gemeinschaften dürfen nicht die Furcht und Demut in der starken Weise zur Grundlage der Erziehung machen. Wenn Franz von Sales Führer des geistlichen Lebens ist, dann muß die Dominante die Liebe sein, nicht die Furcht; die Dominate die Hochherzigkeit, nicht eine überbetonte Demut. Fürchten Sie nicht, daß die Demut dabei zu kurz kommt! Ich darf Ihnen aus Überzeugung sagen: Wollen Sie wahr-

[37] Eine solche Gemeinschaft ist die Societas Apostolatus Catholici (Pallottiner), in deren Satzungen (Caput XIII: De exercitiis pietatis, Nr. 122) es hieß: »In vita spirituali praecipue Sanctus Franciscus Salesius pro duce habeatur. – Im geistlichen Leben soll vor allem der heilige Franz von Sales Führer sein.« In den nach dem II. Vaticanum neu erarbeiteten Satzungen der Pallottiner ist der Hinweis nicht mehr enthalten.

haft gesund demütig werden – und heute müssen wir *gesunde Demut* haben, keine buckelige –, werden Sie sich ernst mühen müssen um Hochherzigkeit, um das, was wir Idealpädagogik nennen[38]. Dann werden Sie sehen, wie schnell Sie demütig sind! Im anderen Falle werden Sie länger ringen müssen.

Und der leitende Gedanke, oder sagen wir besser, die leitende Kraft? Es ist *die besondere Anlage.* Es gibt Menschen, die haben die Anlage, immer gedrückt zu sein, andere haben von Haus aus den Trieb, mehr hochsinnig zu sein.

Als zweiten Gedanken mag ich Ihnen sagen dürfen: Es muß nicht so sein, daß Furcht und Demut überbetont werden, es darf auch eine andere Umschaltung zu Gunsten der Liebe, zu Gunsten der Hochherzigkeit und Hochsinnigkeit praktisch durchgeführt werden. Und der Grund: Es gibt andere aszetische Systeme, nicht nur das thomistische et cetera, die in der Kirche anerkannt sind, zum Beispiel das salesianische, das bewußt das Gegenteil erstrebt von dem, was ich Ihnen eben dargestellt habe.

Und wollen wir die Zeiten überwinden, müssen wir uns bemühen, besonders nachzuprüfen, ob nicht eine Reform unserer Anschauungen, unseres ganzen Lebens, unserer Seelsorge und Erziehung am Platz ist. Wollen wir annehmen und dürfen wir annehmen, daß

[38] Durch den Begriff »Idealpädagogik« ist der originelle Typ schönstättischer Erziehungslehre gekennzeichnet, in der es nicht so sehr um Erziehung aufgrund von Forderung (und Strafe) und (mechanischer) Übung geht, ebensowenig um Erziehung aufgrund von Neigung und Bedürfnis des Zöglings. Vielmehr geht es im Erziehungsvorgang um die grundsätzliche Ausrichtung und die organisch reifende Hinentwicklung von Individuum und Gemeinschaft zu den gottgewollten Idealen in Sein und Sendung. Magnanimitas ist eine der dazu notwendigen Grundhaltungen und Tugenden.

wir einer Erneuerungsbewegung angehören, dann müssen wir uns ernst prüfen und nach Möglichkeit einen starken, tiefgreifenden Umgestaltungsprozeß in unser Leben einführen.
Ich habe also recht, wenn ich annehme: Wenn wir fertig sind mit der Überlegung, haben wir als allgemeine Haltung eine gewisse Aufnahmefreudigkeit für die Saatkörner der Freude.

II. WERT UND WESEN DER FREUDE

Wir haben heute morgen unsere Vorbereitungsarbeit für die Exerzitien abgeschlossen. Priesterliche Lebensfreude, vollkommene priesterliche Lebensfreude steht nunmehr als ein großes, erstrebenswertes Ziel vor uns, das alle unsere Wünsche und Sehnsüchte an sich kettet. Und somit können wir beginnen mit dem Ringen um dieses hohe Gut, mit dem Kampf um eine vollkommene priesterliche Lebensfreude. Wir wollen dabei aber nicht vergessen, daß wir dabei nicht allein sind.

Wir wollen dabei nicht vergessen: Wir befinden uns im Abendmahlssaal. Et omnes erant perseverantes unanimiter in oratione cum Maria matre Jesu (Apg 1,14). Wir scharen uns erneut um die liebe Gottesmutter. Wir wissen ja, es soll uns ein tiefer Mariengeist, ein Gebetsgeist und ein Einsamkeitsgeist begleiten. Die Gottesmutter faltet mit uns die Hände. Wir tun es als Familie mit ihr. Emitte Spiritum tuum, sende deinen Geist, den Geist der vollkommenen priesterlichen Lebensfreude, und unser ganzes Leben bekommt eine andere Wendung, eine andere, neue, starke innere Umformung und Umgestaltung!

Beide, persönliches Ringen und göttliche Gnadenkräfte, suchen also erlebnismäßig und erkenntnismäßig innezuwerden, was wahre Freude ist und wo die Quellen der wahren Freude liegen. Meine Herren, damit habe ich Ihnen *die beiden Leitgedanken,* die beiden großen Teile und Stützen unseres Exerzitiengebäudes angegeben: Ringen wollen wir zunächst um *wahre*

Freude, aber dann auch gleichzeitig die *Quellen* dieser wahren Freude aufdecken und gleichzeitig ringen, der Quellen der wahren Freude persönlich innerlich innezuwerden, sie uns anzugliedern.
Wenn Sie diese beiden Teile unserer Exerzitien einmal bei Licht besehen, werden Sie sehen und zugeben: Beide sind in sich so umfassend, daß sie schon leicht Stoff genug abgeben für zwei Exerzitienkurse. Wir wollen sie aber als organische Ganzheit vor uns sehen, weil wir uns gewöhnt haben, unsere Exerzitien immer aufzufassen als Anstoß, als richtunggebend für zwölfmonatliche Arbeit. So viele Gedanken, so viele innere Erlebnisse müssen wir mit nach Hause nehmen, daß wir zwölf Monate reichlich Stoff haben, um sie zu verarbeiten und weiterzugeben. Sie werden bald sehen, daß diese beiden Gedankengänge wirklich eine organische Einheit darstellen: Liebe und Freude, Freude und Liebe.
Wer die letztjährigen und die vorletztjährigen Exerzitien durchgearbeitet hat, fühlt wohl: Hier haben wir den Abschluß der Gedankengänge des letzten Jahres. Sie mögen sich erinnern, wie wir zwei Gedankengruppen bewußt abseits liegen ließen. Wir sprachen von dem Stehen im göttlichen Licht, in göttlicher Stärke und Kraft und Frieden und in der göttlichen Freude. Diese beiden letzten Gedanken haben wir – so sagten wir voriges Jahr – verschoben auf dieses Jahr[1]. Das

[1] In den Priesterexerzitien 1933 spricht P. Kentenich über die drei göttlichen Tugenden, entfaltet aber nur Glaube und Hoffnung. Offenbar wollte er zunächst im darauffolgenden Jahr nur über die »Begleiterscheinungen« »der göttlichen Kraft« (der Liebe) sprechen: Freude und Frieden (vgl. Lebensweisheit II, 2; III, 2). – Im vorletzten Vortrag des Kurses heißt es unter der Überschrift »Bewahre dich vor Gram!«: »Deshalb die Freude pflegen! Wie wichtig ist das heute! Vielleicht halte ich über die Freude einmal einen eigenen Kurs. Freude ist eine ganz große Leistung.« (V, 1).

Stehen in göttlicher Kraft, was ist das? Das ist das Stehen in der göttlichen Liebe, das Stehen in der göttlichen Freude: was wir jetzt vollkommene priesterliche Lebensfreude nennen. Diese beiden Momente wollen nun als eine organische Einheit gesehen werden. Von der Freude aus wollen wir Entdeckungen und Eroberungen machen mitten in das große, ganz große Gebiet des gesunden modernen Heiligkeitslebens und -strebens.

Sie ahnen vielleicht, wer uns hier in besonderer Weise Schutz und Stütze sein will. Wir haben schon darauf hingewiesen. Was wir im einzelnen zu besprechen haben, ist eine ganz ausgeprägte *salesianische Aszese.* Es wird da und dort vorkommen, daß wir vom heiligen Franz von Sales Aufstellungen hören, die *dem Landläufigen stark zuwider* sind, die aber zutiefst unsere persönlichen Wünsche treffen. Es mag von vornherein eine ganz große Ruhe unsere Seele erfüllen, wenn ich Sie daran ernnere: Der heilige Franz ist auch Kirchenlehrer wie der heilige Thomas und der heilige Alfons von Liguori! Wenn also die Meinungen aufeinanderstoßen, und wir, die wir uns gar stark vom heiligen Thomas haben führen lassen, merken jetzt, der heilige Franz hat entgegengesetzte Anschauungen, dann dürfen wir bald dem einen, bald dem anderen folgen. Ich meine das vorausschicken zu dürfen, damit wir die innere Ruhe bewahren, wenn wir Behauptungen hören, die mit den bisherigen landläufigen in Widerspruch stehen.

Die Art, wie wir aber in diesem Jahr das Gebäude unserer Exerzitien aufrichten, mag sich von der bisherigen Art unterscheiden. Sie hören ja heraus: Rein logisch betrachtet müßten wir eigentlich anfangen mit der Quelle der Freude, mit der Liebe. Wir wählen aber absichtlich den psychologischen Weg. Wir wollen *erst die Frucht der Liebe genießen,* die vollkomene Freude.

Wir erwarten, daß von diesem Genuß der Freude in unserer Seele eine starke Sehnsucht entstehen wird, auch die Quelle, die Wurzel dieses Baumes, dessen Frucht wir so gerne genießen möchten, zu erstreben.

Der wesentliche Unterschied zwischen den bisherigen und dem jetzigen Kurs mag aber darin bestehen, daß wir uns mehr anpassen wollen an die Art derer, die wenig erkenntnismäßig die Dinge durchdringen und erfassen wollen, die vor allem kraft ihrer inneren Struktur angewiesen sind auf *erlebnismäßiges Innewerden.* Ich möchte Ihnen deswegen die einzelnen großen Wirklichkeiten durchweg zunächst und tiefergreifend erlebnismäßig nahebringen, um nachträglich zusammenfassend auch das Ideenmäßige, das Verstandesmäßige, das Grundsätzliche herauszustellen. Sie brauchen aber nicht zu befürchten, daß das Grundsätzliche zu kurz kommt; schon deswegen nicht, weil wir es von hier aus als unsere Aufgabe betrachten, in der heutigen Zeit möglichst klare Ideen herauszustellen, die die kranken Ideen der heutigen Zeit innerlich überwinden können[2].

So werden Sie verstehen, wenn wir übergehen zum ersten Teil unserer Exerzitien und uns bemühen, des Wesens der vollkommenen Freude zunächst erlebnismäßig innezuwerden. Haben wir das Erlebnis der Freude verkostet, dann wollen wir uns Rechenschaft geben über die Grundgesetze.

[2] Entsprechend der metaphysischen Veranlagung des Gründers, die sich mit großer Lebensnähe verbindet, geht es in Schönstatt um das Zueinander von klarer Ideenschau und psychologischer Einfühlung im Sinne der Aufgabe, »Verbindungsoffizier zwischen Idee und Leben« zu sein.

1. Erlebnis der Freude

Wollen Sie bitte überlegen, wie das Erlebnis der Freude psychologisch zustande kommt – eine Frage, die uns auch während des Alltagslebens in der Seelsorge und in der Erziehung interessiert. Wie mag das Erlebnis der Freude zustande kommen? Eine ruhige Überprüfung wird uns zeigen: Wir müssen ein Doppeltes tun. Wir müssen erstlich in unserer Seele den *Freudenhunger wecken* und uns sodann bemühen, die hungrige, nach Freuden hungrige Seele *in die Freudenatmosphäre hineinzutauchen,* in eine Freudenatmosphäre, wie sie uns vor allem entgegenweht in der Heiligen Schrift, aus dem Leben der Heiligen und aus der Liturgie. Unsere erste Aufgabe wird darin bestehen, den Freudenhunger zu wecken.

a) Psychologische Durchdringung

Wie die beiden Momente innerlich psychologisch zusammenhängen, Freudenhunger und Hineintauchen in die Freudenatmosphäre, macht uns eine gesunde Psychologie und unser praktisches Leben überaus verständlich. Wenn ich ausgehungert bin und komme in ein Zimmer, wo mir Bratenduft entgegenweht, ist es da nicht selbstverständlich, daß ich heißhungrig danach greife? Psychologisch: Was ist der Sinn der Erziehung? Eine geistige Güterbewegung, eine geistige Freudenbewegung. Soll dies aber in der rechten Weise aufgenommen werden, setzt das eine entsprechende Interessenperspektive oder eine entsprechende Wertempfänglichkeit voraus. Beides muß geschaffen werden: *die entsprechende Wertempfänglichkeit und die Freudenbewegung.* Dafür haben wir den Ausdruck: Wir müssen den Freudenhunger wecken und die freudenhungrige Seele hineintauchen in die Freudenatmosphäre.

Meine Herren, Freudenhunger wird in uns dadurch geweckt, daß wir uns in der rechten Weise davon überzeugen, daß der Freudentrieb, der Glückstrieb ein Urtrieb in der menschlichen Natur ist. Damit haben Sie eine ganz schwerwiegende Behauptung vor sich. Wir wollen sie stärker nähren, uns davon überzeugen, so klar und tief, daß wir eine feste Unterlage haben, von der aus wir das spätere Leben systematisch formen und gestalten können.
Setzen Sie einmal voraus – was ich nachher beweisen muß –, daß Freude wirklich ein Urtrieb in der menschlichen Natur ist. Wissen Sie, was das bedeutet? Darf ich dafür sagen, das *Recht auf Freude* ist ein unveräußerliches *Menschenrecht*? Ist das nicht dasselbe? Freudentrieb ist ein Urtrieb, deswegen Recht auf Freude ein unveräußerliches Menschenrecht. Wissen Sie, was das heißt in Anwendung auf das praktische Leben? Wer nicht zur Freude erzieht, sich und andere, der sorgt für die Verwilderung, für das Brechen seiner Natur. Die menschliche Natur kann auf die Dauer einfach nicht existieren ohne entsprechende Freude.
Es ist also wohl verkehrt und irrig, wenn da und dort die Behauptung auftaucht, Freude sei weiter nichts als ein Trunk aus einer Sektflasche, den sich nur ganz wenige Sterbliche verschaffen können. Das ist nicht wahr! Wer die menschliche Natur sein eigen nennt, hat ein unveräußerliches Recht auf Freude. Und der Freudentrieb muß deswegen in irgendeiner Weise – wie, das werden wir später sehen – befriedigt werden, sonst muß die Natur krank werden, mag ein überaus unheilbarer Bruch entstehen.
Unrecht haben auch die, die sagen, Freude sei eine Kinderei: irgend etwas für Kinder, Mädchen und

Frauen, aber nicht für kraftvolle Männergestalten. Der Mann habe seine Pflicht zu tun, das andere sei Nebensache. Das ist verkehrt! Der Mann hat auch die menschliche Natur, und auch mit der Mannesnatur ist der Trieb nach Freude unzertrennlich verbunden, und deswegen hat auch er ein Anrecht auf Freude.

Doppelt und dreifach irrig reden und handeln die, die im Namen der Religion meinen, eine Religion, zumal die Religion Christi, dürfe nicht froh stimmen und in Freude ausarten. Wie verkehrt sind doch derartige Auffassungen, schon wegen des Satzes: Gratia naturam non destruit, sed elevat[3]! Auch wenn wir in die Welt des Religiösen eingebaut sind, in dieser Gnadenwelt zu Hause sind, verzichten wir auf kein gesundes Naturrecht. So hat auch der heilige Franz von Sales recht, und mit ihm alle anderen, die mit ihm sprechen: Ein heiliger Trauriger – ein trauriger Heiliger[4]! Das will heißen: Ein Heiliger, der traurig ist, ist das Zerrbild eines Heiligen, weil er in seiner Natur nicht den Sinn erfüllt hat, nicht geradegebogen hat, was nach Gottes Absicht unbedingt geradegebogen werden muß.

Wenn die Freude ein Urtrieb in der menschlichen Natur ist, so folgt daraus eine zweite Konsequenz: die Überzeugung, daß die Freude in einzigartiger Weise *eine Teilnahme* sein muß *an der göttlichen Freude.* Urtriebe, gesunde gottgewollte Urtriebe müssen in ganz tiefer Weise auch in Gott eine Heimat haben. Wollen Sie sich auch daran erinnern, daß der große Gott ein Gott der Freude ist, daß zum Wesen Gottes die Freude gehört! Der tiefere philosophische Grund: Freude

[3] Gnade zerstört nicht Natur, sondern erhöht – ein Satz, der sich in seiner axiomatischen Bedeutung erstmals bei Thomas von Aquin findet (z. B. De veritate 27, 6, ad 3).

[4] Müller, 94; Keppler, 99.

ist die Ruhe des Strebevermögens im Besitz eines Gutes. Besitzt nun der Wille Gottes nicht das höchste Gut ständig, ewig, unveräußerlich, dauernd und sicher und gesichert? Gott besitzt sich selbst als das höchste Gut. Deswegen muß Gott ein Gott der Freude sein, und wer Gott liebt, wer in Gott zu Hause ist, wer teilnimmt am göttlichen Leben, muß auch teilnehmen an der göttlichen Freude. Deswegen haben wir auch im letzten Jahr den Ausdruck geprägt: das Stehen in göttlicher Freude. Hier mag auch das bekannte Wort anklingen: Freude, schöner Götterfunken...[5] Wahre Freude muß deswegen Teilnahme sein an der göttlichen Freude, wie das wahre Leben eine Teilnahme am göttlichen Leben ist. Es wird nun unsere Aufgabe darin bestehen, in wirksamer Weise nachzuweisen, daß die Freude tatsächlich ein Urtrieb der menschlichen Natur ist.

Als Philosophen wissen wir, daß es überaus schwer ist, Urtriebe nachzuweisen; die werden einfach als selbstverständlich vorausgesetzt. Ähnlich schwer ist es ja, erste Prinzipien nachzuweisen. Und doch müssen wir den Versuch wagen und machen, in wirksamer Weise wagen, das heißt in einer derartigen Weise, daß auch gleichzeitig in unserer Seele fast fühlbar der Freudenhunger geweckt wird. Darf ich Ihnen einen Weg vorschlagen, der leicht gangbar ist und zum Ziel führt?

Meine Herren, überlegen Sie mit mir: Wenn ich Ihnen nachweisen kann, daß der *Segen der Freude* und der Unsegen, der *Fluch der Traurigkeit* ein ungeheuer großer ist, setzt das nicht voraus, daß der Trieb, um den es sich hier dreht, wirklich ein tiefgreifender Urtrieb der menschlichen Natur ist? Es handelt sich hier um hohe Ausmaße. Ich sage nicht: Der Segen der Freude ist ein großer, nein, ein außerordentlich großer. Ich

[5] Friedrich Schiller, Lied an die Freude; Beethoven, IX. Sinfonie.

sage umgekehrt: Der Fluch der Traurigkeit, des nicht sinnerfüllten Freudentriebes, ist ein außerordentlich großer! Natürlich wird die Psychologie und die Philosophie verlangen, daß beide Momente als organische Einheit gesehen werden. Wenn das nicht (der Fall) ist, mag der Beweis nicht schlagend sein. Es sind zwei Momente tiefer zu erwägen: erstens die Tatsache, zweitens die Auswirkung, um für das praktische Alltagsleben einzelne Momente herausheben zu können.

Tatsache? Welche Tatsache? Daß die Freude wirklich ein Urtrieb ist. Und wie beweise ich das? Indem ich den unermeßlichen Segensstrom und die unermeßliche Fluchwelle hüben und drüben gegenüberstelle.
Damit ich aber die Gedankengänge lückenlos und reibungslos aneinanderreihen kann, darf ich Sie bitten, erst nach Art einer Vorfrage zu überlegen, aber nur flüchtig: Was mag das Wesen der vollkommenen priesterlichen Lebensfreude ausmachen? Wir ahnen es schon. Die vollkommene Freude ist die *geistliche Freude.* Nicht geistig sondern geistlich. Ich muß aber gleich ein zweites Wort beifügen: die organisch gesehene, nicht die mechanisch gesehene geistliche Freude. Die organisch geistliche Freude will also die geistliche Freude *organisch verknüpft* sehen mit der geistigen und mit der sinnlich gefühlsmäßigen Freude – das ist die organisch geistliche Freude. Oder klarer: Ich muß, wenn ich an die Freude denke, einen doppelten Gesichtspunkt herausheben: ratione obiecti und ratione subiecti.
Ratione obiecti: ich sehe die Freude und das *unmittelbare Objekt.* Der Gegenstand sind die geistlichen Güter: der dreifaltige Gott, die Gnade, die Seligkeit et cetera. Ich darf aber diese Güter nicht mechanisch, getrennt von den anderen sehen. Ich kenne ja eine Hierarchie der Werte. Und wir, die wir so starke Anhänger

der Organismuslehre sind, wir sehen immer klarer: Wenn das eine Gut hervorgehoben wird, will auch das zweite und dritte mitgesehen werden. Und deswegen: Was in gottgewollter Weise Freudenquelle sein kann (bonum honestum) – geistige und sinnliche Güter –, das kann und soll auch Gegenstand der vollkommenen Freude sein.
Ratione subiecti. Wo ist der *Träger der Freude?* Das mag zunächst der Organismus der eingegossenen Tugenden sein, in diesem Falle die eingegossene Liebe. Eingegossene Liebe ist aber organisch verknüpft mit dem geistigen Liebestrieb, dieser ist normalerweise verknüpft mit dem appetitus sensitivus. Organische Liebe will also ratione subjecti alle diese drei Träger organisch als eine Einheit sehen.

Meine Herren, ich darf jetzt den Punkt herausheben, auf den es mir ankommt, den Punkt, auf den es uns ankommt, wenn wir uns immunisieren wollen gegen die Zeitirrtümer, wenn wir einen Idealstaat schaffen wollen, in dem alle gesunden Momente der heutigen Zeit mitklingen und weitergetragen werden[6]: Jede organisch geistliche Freude schließt den appetitus sensitivus, schließt die herzliche Liebe, die Freude, die gefühlsmäßige Liebe in sich; nicht nur Freude des Willens, sondern auch des Herzens, *gefühlsmäßige* Freude! Meine Herren, wenn Sie das recht verstehen wollen, müssen Sie hier etwas länger stehenbleiben.
Es ist wahr, was die alte Scholastik, die alte Philoso-

[6] Die Vorfrage nach der organisch gesehenen geistlichen Freude ist für P. Kentenich, den Gründer des »Idealstaates« Schönstatt, die Kernfrage, um deretwillen er z. B. seit 1949 in die Auseinandersetzung mit der kirchlichen Hierarchie und in der Folge in eine 14jährige Verbannung gegangen ist. Vgl. die grundsätzlichen Ausführungen unter »Philosophie der Freude«, besonders S. 198 ff.

phie und Theologie, uns sagen, daß wir im Kern zwei Fähigkeiten der menschlichen Seele zu unterscheiden haben: Verstand und Wille. Es ist wahr, die Sittlichkeit einer Handlung hängt im wesentlichen davon ab, wie der Wille sich gibt; unser Gefühl will bloß als Begleiterscheinung der Willenstätigkeit gefaßt werden. Das ist wahr und recht. Und gerecht ist die Folgerung aus dieser Tatsache: daß die Sittlichkeit eines Aktes, der Wert eines Aktes im wesentlichen bestimmt wird durch den Willensakt, durch das Gebundensein des Willens. So ist es wohl gut denkbar, daß eine Liebe außerordentlich groß und tiefgreifend sein kann, selbst dann, wenn das Gefühl oder das Gemüt ganz entgegengesetzte Richtungen gehen. Ein Beispiel sind die Depressionszustände. Es ist also konkret gesagt, die Sinnerfüllung, das innerliche Gesättigtsein des Empfindungslebens durchaus kein sicheres Kennzeichen für den Hochgrad der Liebe. Noch einmal: Bei Depressionszuständen, wo alles in mir wie gelähmt ist, kann ich nicht sagen: wenn ich Willensakte, Akte der Liebe setze, sind sie nicht tiefgreifend, hochgradig. Im Gegenteil, ich werde sagen müssen, Akte der Gottesliebe, gesetzt in der Art, in der alles in mir nach unten drängt, mögen überaus hochgradig sein! Das alles müssen wir zugeben. Das ist die Lehre, die wir immer festhalten, die wir von unseren Schulbänken mit in das Leben genommen haben.

Ob Sie es mir aber übelnehmen, wenn ich Ihnen einige *falsche Konsequenzen* zeige? Sind wir nicht zu sehr daran gewöhnt, zu erklären: also ist *das Gefühl überflüssig*? Also auch in unserem Gebet, also auch in unseren stereotypen Gebeten: Es wird nur hingewiesen auf die Akte des Willens und daß wir in der Erziehung die Aufgabe haben, den Kindern viele einzelne Gebete beizubringen und damit auch die Beweggründe für den Willen. Was übersehen wir? Die organische Einheit der physischen und der psychischen Natur, der physisch-psychischen Natur. Wir übersehen, daß normalerweise – hören Sie, was ich sagen will! –, daß normalerweise ein tiefgehender Willensakt eine Resonanz finden muß im Empfindungsleben, im Gemüts- und Gefühlsleben. Das übersehen wir. Und wissen Sie, was das bedeutet? Eine gar tiefgehende und tiefgreifende Vernachlässigung unseres Gemüts- und Gefühlslebens.

Darf ich Sie daran erinnern, was das bedeutet im Kampf gegen heutige geistige Strömungen? Sie müssen jetzt den ganzen organischen Zusammenhang des Menschen sehen. Wenn das wahr ist – was ich gleich beweisen darf –, daß die Freude ein Urtrieb in der menschlichen Natur ist, dann dürfen Sie sicher sein: wenn dieser Freudentrieb nicht in der organischen Ganzheit befriedigt wird, dann sucht er naturnotwendig *Ersatzbefriedigung.* Wissen Sie, was das heißt? Wenn ich nicht auch in meinem Empfindungsleben innerlich normalerweise gesättigt werde, natürlich maßvoll, und immer ringe und strebe nach der Christusgestaltung des eigenen und des fremden Lebens, dann hält die Seele das nicht aus, zumal die Volksseele nicht. Da haben wir den ganz *starken Zwiespalt.* Auf der einen Seite: Durch die Religion soll der Wille an Gott und Göttliches gebunden werden, aber der elementare Trieb des Menschen, das Empfindungsleben des Volkes wird nicht gesättigt. Und dann kommt der Zwiespalt: Gott bekommt den Willen und die Welt das Empfindungsleben. Wir müßten nicht älter geworden sein und uns und das Leben nicht kennen, um nicht zu wissen, wer diese Schlacht gewinnt: für gewöhnlich die Welt und ihre Freuden!

Ich mag nicht im einzelnen die Psychologie auf der Gegenseite zeigen. Wenn das so bleibt, daß man die

Naturfreuden, die empfindungsmäßigen Freuden etwa nur drüben sucht und hüben bei uns nur die willensmäßigen Freuden, dann haben wir, menschlich gesprochen, mit der Zeit eine Kirche ohne Volk. Das Volk läuft da hin, wo ihm instinktiv gemütsmäßig und erlebnismäßig erfaßbare Freuden geboten werden. Wollen Sie überlegen, was ich Ihnen sagen will? Wir müssen wieder nach Hause gehen mit klarer Schau der Aufgaben, die wir lösen müssen, und der Wege, die wir zu beschreiten haben. Wir wollen ja nicht Sandhügel aufrichten gegenüber den modernen geistigen Strömungen. Wir müssen eine Oase schaffen! Deswegen geistig die Häresien der kommenden Zeit überwinden und uns darauf einstellen! Ich bereite nur vor, was ich Ihnen später ausführlich zeigen darf. Darum tun Sie gut, es einmal heute ein wenig tiefer zu durchdenken.

Ein zweiter Nachteil: Wo nicht wirklich tiefergehend und normal gesehen Freude am Ruder ist, *fehlt die Elastizität,* die Schwung- und Tatkraft. Sehen wir das heute nicht vielerorts? Wenn größere Schwierigkeiten uns entgegentreten und Schwung- und Tatkraft fehlen, ist Schluß. Woher kommt das? Du sollst Gott lieben aus deinem ganzen Herzen[7] et cetera. Wenn ich nicht *an Gott hänge mit dem ganzen Herzen,* werde ich auch nicht die nötige Kraft haben. Sie dürfen nicht mit einigen Adlern rechnen, die von Gott besonders begnadet sind; Sie müssen die normalen Menschen und Wege sehen. Das mag der Fehler sein, daß wir zu wenig das Volk und volkspsychologisch gesehen haben. Und wollen wir unserem Volk wieder Schwungkraft geben und die Fähigkeit für die schwersten Opfer für Gott und das Göttliche, dann müssen wir dafür sorgen, daß auch das Gemüt an Gott hängt. Das aber

[7] Dtn 6, 5; Mt 22, 37; Mk 12, 30; Lk 10, 27.

nicht nur im katechetischen Unterricht beibringen: Aus dem und dem Beweggrund tut es mir leid et cetera, vielmehr Gewicht darauf legen, daß bei der Erziehung mehr das Gemüt für Gott und das Göttliche erfaßt wird!

Ein dritter großer Nachteil: Wo nicht auch das Gemüt an Gott und Göttliches gebunden ist, *fehlt* dem Menschen *eine sittliche Vollkommenheit* und Vollendung. Ich weiß, was man vielleicht sagen könnte. Es wird später noch stärker hervortreten, wie ernst wir uns bemühen müssen, auch die Natur des Menschen umzuformen. Das ist heute ein wesentliches Moment in der gesunden Immunisierung gegen die geistigen Zeitströmungen: Nicht nur durchgöttlichte Menschen schaffen, sondern auch *durchsittlichte*! Das Menschsein muß durch die Religion ein vollkommenes werden! Dem Menschen müssen die Giftzähne gebrochen werden.

Man mag dafür sagen »religiöser Humanismus«, dann möchte ich mich dazu bekennen. Heute ringt ja alles um die *Renaissance der Natur.* Wenn wir uns nicht auch darum bemühen, das nicht nur zu zeigen, sondern auch lebendig darzustellen durch die Erziehung, dann können wir den Idealstaat nicht schaffen. Woher kommt denn sonst das Wort: »Fromme Menschen sollen mir gestohlen werden, religiöse sind mir lieber«? Was sieht man da richtig, und was fehlt da? Das Gesunde, Warme seines ganzen Wesens; es ist etwas Gekünsteltes, es ist ein Zerbrochensein der menschlichen Natur. Die menschliche Natur muß aber auch in sich vollkommen werden. Nennen Sie das dann, wenn Sie wollen, religiösen Humanismus. Das ist dann weiter nichts als eine klare Anwendung des großen Gesetzes: Gratia non destruit naturam, sed elevat. Den heutigen Menschen, besonders unsere Jugend, können wir nicht immer auf der Stelle marschieren lassen. Das

halten sie nicht aus. Wenn wir nur abwarten, was man uns noch läßt, dann ist das verfehlt; nein, vorwärtsstürmen müssen wir, Aufgaben sehen, uns und andere (darin unter-)weisen, geistig die Häresien der heutigen Zeit zu überwinden! Das müssen wir klar vor Augen haben, wenn wir von der Renaissance der Natur sprechen. Ich darf Sie nochmals daran erinnern, wie stark das Gewicht ist, das ich in dem Zusammenhang auf die gefühlsmäßige Freude legen möchte.
Damit Sie aber nicht extreme Auffassungen in sich aufkommen lassen, muß ich gleich beifügen: Freude kann doppelt sein: Werktags- und Sonntagsfreude. Die *Sonntagsfreude* ist tiefgreifende Ersättigung des Gefühlslebens, tiefgreifende Ruhe in Gott, gemütsmäßige Ruhe in Gott. Und die *Werktagsfreude* ist das ruhige und das beruhigte Bewußtsein, im Wunsch Gottes, im Willen Gottes zu ruhen. Werktagsfreude mag deswegen gleichbedeutend gesehen werden mit der Ergebung, mit einer tiefergehenden Ergebung in den göttlichen Willen; und damit ist in der Gleichförmigkeit mit dem göttlichen Willen auch eine tiefergehende Ruhe des Gemütslebens gegeben. – Ja, sicherlich gibt es auch Depressionszustände, und da mag dann gefühlsmäßige Ruhe im göttlichen Willen nicht berücksichtigt werden. Das soll aber Ausnahme sein. – So verstehen wir in etwa, was wir zu fassen haben in dem Ausdruck Sonntags- und Werktagsfreude.

Nun kann ich sehr schnell und lückenlos meine Behauptungen gegenüberstellen und beweisen. Ich stelle Segen und Fluch, Segensquellen und -wellen (und Fluchquellen und -wellen) gegenüber.
Wahre Freude, tiefgehende Freude als Segensstrom *löst* meine Seele in außerordentlich tiefgreifender Weise von der weltlichen, *von der sinnlichen, von der sündhaften Freude.* Hier müssen Sie natürlich die hohen Aus-

maße heraushören. Also wirklich tiefgehende Freude löst in außerordentlich starker Weise meine Seele von den sündhaften, von den weltlichen Freuden. Aber Sie lassen sich auch erinnern: Das ist nur in dem Ausmaße so – besonders für gewöhnlich –, als die vollkommene Freude eine gewisse Resonanz im Sinne der Sonntags- und Werktagsfreude im Gemütsleben findet. Verstehen Sie, was ich hier gesagt habe, wenn ich Ihnen die eine Seite zeigte?

Der *Fluch*, der ausgeht von der *Traurigkeit*, von dem nichtbefriedigten Freudentrieb – der mag so bezeichnet werden: ein außerordentlich starkes *Streben* in meiner Natur *nach Ersatzfreuden*, nach Ersatzbefriedigung, zumeist in der Sinnlichkeit, in der niedersten Sinnlichkeit. Ich darf Sie bitten, hier für sich länger stehenzubleiben. Viele Rätsel des eigenen Lebens werden dadurch gelöst, auch viele Situationen in der Seelsorge bekommen eine neue Beleuchtung. Ich will Ihnen, kurz zusammenfassend, stark disponierte Gedanken vortragen. Ich zeige es in historischer, psychologischer, philosophischer und pädagogischer Beleuchtung.

In *historischer* Beleuchtung[8]. Wir mögen zurückgreifen all die Jahrhunderte, hinein in das alte Mönchtum. Nachweisbar haben uns die Mönche des 4. Jahrhunderts schon klar die Folgen der Traurigkeit herausgestellt. Sie sagten: Wer traurig ist, ist vom Teufel besessen. Und darum hat man auch die traurigen Mönche mit ganz schweren Bußen bestraft. Deswegen sehen wir auch, wie die Auffassung der Mönche aus dem Morgenland durch Cassian in das Abendland kam. Man hat die *Traurigkeit* hier aufgefaßt als und gezählt

[8] Zum Folgenden s. Müller, 84 ff.: Die religiös-sittliche Bedeutung einer frohen Gemütslage.

zu den Grundübeln, zu den *Hauptsünden,* die die Quelle einer ganzen Menge anderer Sünden sind. Die Auffassung hat dann im Laufe der Jahrhunderte geschwankt; denn als man begonnen hatte, die Hauptsünden zusammenzustellen, stellte man nicht sieben Hauptsünden auf, sondern acht. Später hat der heilige Gregor wegen seiner Vorliebe für die Siebenzahl Trägheit und Traurigkeit identifiziert, die Trägheit beiseite geschoben und die Traurigkeit dafür eingesetzt. Wir wissen auch, wie in den mittelalterlichen Bußübungen die Kirchenstrafe für Traurigkeit und Trägheit die gleiche war. Der heilige Thomas hat auch dasselbe Schema, die Siebenzahl, hat aber die Traurigkeit gestrichen und wiederum die Trägheit dafür eingesetzt. Somit kennen wir am geläufigsten den Kodex der sieben Hauptsünden, der sieben Hauptquellen, und darunter rechnen wir nicht die Traurigkeit, sondern die Trägheit. Die formelle Umschaltung hat zunächst nichts zu sagen. Es ist einerlei, ob eine Sünde namhaft gemacht wird oder nicht. Aber betrüblich mag es gewesen sein, daß durch diese Wandlung im katholischen Bewußtsein die Erkenntnis verlorengegangen ist, von welch niederziehender Bedeutung, von welcher Wirksamkeit die Traurigkeit ist. Oder geht es uns nicht heute auch so? Sind wir wirklich überzeugt, daß die Traurigkeit – lassen Sie es mich einmal schroff ausdrücken – ein Hauptlaster, die Quelle vieler anderer Laster ist? Dann hätten wir uns schon bemüht, diese Quelle zu verstopfen, bei uns und bei anderen.

Und die *psychologische* Beleuchtung. Sie mögen hier stehenbleiben bei der eigenen Lebenserfahrung und -beobachtung. Hinweisen darf ich auch auf die Erfahrung großer Meister des geistlichen Lebens. Wir berufen uns auf die *eigene Erfahrung,* auf die Erfahrung am eigenen Leib. Meine Herren, wollen Sie mir gestatten, die Dinge zu sagen, wie sie liegen? Wer von uns weiß nicht aus Erfahrung: Wenn ich lahm, wenn ich müde bin, in Depressionszuständen oder depressionsartigen Zuständen mich befinde, was dann? Werden nicht im gesamten Leben meiner Seele alle schwachen Stellen auf einmal lebendig, brechen nicht kranke Stellen urgewaltig auf? Schon als wir jünger waren, samstags und sonntags alles zu leisten hatten: war es damals nicht vielfach so, daß wir von sexuellen Nöten und Schwierigkeiten stärker gepeitscht wurden als zu anderen Zeiten? Wenn die Seele nicht in irgendeiner Weise in Freuden hineingetaucht ist, in organisch geistiger Weise, sucht sie instinktiv Ersatzbefriedigung. Sie mögen hierzu ja oder nein sagen, das Leben redet aber eine deutliche Sprache.

Was für das Individuum gilt, gilt auch für die Gemeinschaft. Ich darf hier nach einer gewissen Gesetzmäßigkeit sagen: *entweder Sumpfatmosphäre oder Freudenatmosphäre.* Das gilt für die Person: In mir herrscht entweder Freude oder Sumpfatmosphäre. Das gilt auch für eine Gemeinschaft, einen Verband, einen Verein: entweder Freuden- oder Sumpfatmosphäre! Sehen Sie, das ist so wahr, daß Keppler in seinem Buch »Mehr Freude« darauf hinweist: Wenn in einer Anstalt die Freude nicht als Dauerzustand ist, ist es höchste Zeit, daß sie geschlossen wird[9]. Der Grund? Die Gesetzmäßigkeit: Freuden- oder Sumpfatmosphäre.

Prüfen Sie auch: Das gilt auch für mein persönliches Leben und Streben. Was will das heißen? Ich habe vielleicht mit schweren Versuchungen zu kämpfen, so vieles drängt mich. Was soll ich tun? Soll ich zu lange liegenbleiben in diesem Druckzustand? Zum Beispiel

[9] Keppler, 114.

die Sinnlichkeit peitscht mich. Was wird die Folge sein? Druckgefühl. Soll ich hängenbleiben? Nein! *Lähmende Affekte ziehen nach unten, freudige Affekte beschwingen.* Deswegen auch in diesem Zustand, wo ich schwer zu ringen habe mit einer Gewohnheit, jeden kleinen Erfolg freudig begrüßen, sich herzlich darüber freuen! Solche Dinge zum Gegenstand des PE[10] machen!

Das gilt auch für den Beichtstuhl. Alle Momente mit hineinbeziehen! Vergessen Sie nicht das psychologische Gesetz: Traurige Affekte lähmen, freudige beschwingen. Deswegen dürfen wir traurige Affekte nicht lange festhalten. Eine gesunde Seele mag das tun. Aber wenn meine Seele krank ist und nicht einigermaßen in Gott gesättigt ist, muß ich mich bemühen, daß die traurigen Affekte überwunden werden. Das gilt nicht nur für das Individuum, sondern auch für die Masse des Volkes. Ich darf nicht zu leicht eine Todsünde zulassen und annehmen, wo es keine ist. Nicht sagen: Ich beichte, und dann ist es in Ordnung. Weshalb denn so schnell Todsünden zugeben, wo keine sind? Muß ich es auch noch sagen, weshalb? Um nicht immer das lähmende Gefühl zu haben: Bruch mit Gott. Wir müssen die freudigen Affekte mit Gott viel mehr betonen, damit wir uns seelisch sichern gegen das Abgleiten in die sinnliche, sexuelle Ersatzbefriedigung. Das gilt auch für das Volk. Es muß Freude haben. Hat es sie nicht in Gott, sucht es sie in der Welt, in gottwidrigen Dingen. Entweder tiefergehende, umfassende Freudenerziehung hin zum Ringen nach Freude in Gott, oder Schleifenlassen der Zügel und Hinabgleiten des Individuums und der Gemeinschaft in die schmutzigen Quellen der Ersatzbefriedigung.

[10] PE = Partikularexamen (Besonderer Vorsatz).

Wenn Sie diese Wahrheiten in sich vertiefen wollen, so mögen Sie Anleihe machen bei führenden Aszeten, mögen hineingreifen, wohin Sie wollen. Zum Beispiel *Philothea.* Was sagt der heilige Franz von Sales hier von der Traurigkeit und den Töchtern der Traurigkeit? Denn so hat man zu seiner Zeit die Wirkungen der Traurigkeit genannt. Es ist der 4. Teil, das 12. Kapitel[11]. Lesen Sie es bitte! Ich glaube, wir könnten auch heute vom Standpunkt der Psychologie[12] nichts Besseres sagen, als was wir hier finden.

Die *philosophische* Beleuchtung. Weshalb muß das so sein? Ja, wenn wir die Überzeugung mit nach Hause nehmen, daß der Freudentrieb ein Urtrieb ist und daß es sich, wenn er nicht befriedigt wird, rächen muß, weil alles hindrängt nach unten, dann ist es gut.
Vom Standpunkt der *Pädagogik* sage ich deswegen: Erziehe dich und andere zur Freude! Wollen wir die Menschen aus dem Sumpf der wenigen Erdenfreuden nach oben ziehen, dann müssen wir uns und andere erziehen zur rechten und echten gottgewollten Freude. Es ist ja in der letzten Zeit so viel von Don Bosco geschrieben worden, und es wird überall hervorgehoben, daß er der Pädagoge der Freude war, durch Freude und zur Freude erzog, und daß das zum großen Teil das Geheimnis seines Erfolges gewesen ist. Da haben wir Segen und Fluch, eine Welle und Quelle.

Nehmen wir eine zweite Segenswelle und -quelle und -woge. Wir haben sie bereits angedeutet. Wenn ich mich zur wahren Freude, zur vollkommenen christlichen Freude erziehe, dann steckt eine außerordentlich

[11] Philothea IV, 12 (Werke I, 227 ff.): Von der Traurigkeit. Vgl. Müller, 85 und 87.
[12] Müller, 91.

starke *Tatkraft und Schwungkraft*[13] *in mir, hin zur Christusgestaltung* des eigenen und fremden Lebens. Ich spreche nicht von der Tatkraft allein, sondern auch von der Schwungkraft. Hier müssen Sie jedes Wort wägen. Der Mensch ist erst ganz gesichert, wenn Tatkraft und Schwungkraft ineinander und miteinander verknüpft sind. Muß ich Ihnen zeigen, wie mit der echten und rechten Freude die tiefgreifende Tatkraft und Schwungkraft in der Seelsorge verknüpft sind, so wählen Sie wieder dieselbe Disposition.

Vom *historischen* Standpunkt. Befragen Sie das Leben der Heiligen! Woher haben sie die elementare Tat- und Schwungkraft um das eigene und fremde Seelenleben? Aus der gesunden Pflege der Freude.
Vom *psychologischen* Standpunkt. Muß ich nochmals hervorheben: Traurige Affekte lähmen, freudige Affekte beschwingen die Tatkraft und reißen das Herz mit? So kennen wir in der Heiligen Schrift das Wort: Viam mandatorum tuorum cucurri, quia dilatasti cor meum – Ich bin den Weg deiner Gebote gelaufen, da du mir das Herz weit gemacht hast (Ps 119 [118], 32), meine Seele mit großer Freude erfüllt hast. Und wissen wir es nicht aus der Seelenführung der eigenen und fremden Seelen, wie wirkliche Freude das Triebrad der Seele ist? Wie sehr müssen wir da uns und andere zurückhalten, damit wir nicht zu schnell vorwärts eilen!
Und der *philosophische* Grund? Wollen wir uns erinnern, was uns schon der alte Plato gesagt hat im Bild von den zwei Rossen: Wenn am Wagen zwei Rosse sind, die Leidenschaften – kein großer Mensch ohne große Leidenschaften! –, dann läuft der Wagen. Tie-

[13] Keppler, 3.

fergehende Leidenschaften in gesundem Sinn, was schließt das in sich? Freude, die Resonanz des Empfindungslebens. Und wenn diese Rosse die Freude sind, dann wird der Wagen schnell über alles hinweggezogen; sind es aber dürre Klepper: mit welcher Müdigkeit und Mattigkeit wird die Seele da auch den gewöhnlichen Weg zurücklegen!

Sehen Sie den entgegengesetzten Weg: Der Segen wird in Fluch verkehrt, wo *statt Freude* die *Traurigkeit* das Ruder führt; der Leistungswille und der Erfolgswille werden sich instinktiv auf andere Gebiete übertragen lassen. Es ist eine sehr tiefgreifende Behauptung, die ich hier flüchtig hinwerfe. Auch wieder dieselbe Disposition: historische, psychologische, philosophische und pädagogische Beleuchtung.

Historisch: Sehen Sie da einmal die ernsten, schwermütigen Systeme, wie wir sie im Kalvinismus und im Puritanismus vor uns haben! Historisch läßt sich nachweisen, wie diese herben Systeme in tiefgreifender Weise den Boden vorbereitet haben für den Kapitalismus und alle übrigen Begleiterscheinungen[14]. Wissen Sie, weshalb? Wo die Seele in religiös-sittlichen Dingen sich der Schwermut hingibt, wo der Leistungs- und Erfolgswille sich in der eigenen und der fremden Seele nicht in der rechten Weise befriedigen lassen, da sucht der Leistungshunger ein anderes Gebiet. Was sieht der Kalvinismus und der Puritanismus denn als höchste Tugend an? Was stellt er heraus? Leistung, Betriebsamkeit in der *Geschäftstüchtigkeit.* Geschäftstüchtigkeit: Es ist nichts zu erwarten in der Umformung des eigenen Lebens und im Charakter

[14] Müller, 75 (dort auch Hinweis auf die psychologische Bedeutung).

des andern; aber der Mensch hat den Leistungswillen in sich, und deswegen sucht er dann Leistungen auf einem anderen Gebiet.

Meine Herren, damit stehen wir vor der *psychologischen* Beleuchtung. Wir denken an uns selbst: Woher kommt vielfach unsere Betriebsamkeit? Warum gehen unsere Leistungen alle nach außen? Nicht zum großen Teil daher, weil wir wissen und auch in der Ansicht gefördert wurden, Leistungen in der Umformung des eigenen Charakters, in der Umformung der fremden Seelen sind nicht wesentlich zu erwarten, deswegen *Betriebsamkeit,* Leistungen und immer wieder Leistungen auf anderen Gebieten? Wir sehen es bei den Puritanern, sehen es auch bei andern Menschenkindern, sehen da den Zusammenhang mit dem Kapitalismus: wie ernst Erfolge gesucht wurden aufgrund der Leistungen, später wollte man aber Erfolge – der Erfolgshunger war ja wirksam – ohne Leistungen. Sehen wir das nicht auch heute? Ist der Erfolg nicht Kriterium für das Rechte und Gesunde? Fühlen Sie nicht, wie wichtig es ist, daß wir uns heute nach der Richtung umstellen, ein klein wenig?
Muß nicht unser Leistungs- und Erfolgswille heute wieder rückfließend konzentriert[15] werden auf die Durchgöttlichung und Durchsittlichung der eigenen und der fremden Seele? Wenn das wahr ist, was wir gestern abend gesagt haben: Wer heute mithelfen will, die Welt zu überwinden, muß ein durchgöttlichter und durchsittlicher Mensch sein; wenn ich aber dem Menschen die Freude an den Leistungen raube, die Forderungen zu hoch schraube, immer wieder nach unten zerre, dann wird mit der Zeit der tiefergehende Leistungswille des Menschen nach einer anderen Seite

[15] In der Vorlage: konstruiert.

entgleisen, und ich darf sicher sagen, daß die Schwungkraft in der Charakterbildung der eigenen Seele und der fremden Menschen mehr und mehr erlahmen wird. Wissen Sie, was ich sagen will? Von welcher Bedeutung es ist, daß wir uns bemühen, Freude hineinzupflanzen in unsere Tätigkeit, daß wir zur Freude erziehen, wo wir nur Gelegenheit haben!

Wenn ich nun schnell die *Konsequenzen* ziehen darf aus diesem doppelten Segens- und Fluchstrom, so muß ich Ihnen sagen: Wo die Freude in tiefgreifender Weise gepflegt und anerzogen wird, da dürfen wir erwarten, die Gewähr für *Qualitätsarbeiten und -leistungen* zu haben. Ist es nicht so: Wo die Freude am Ruder ist, ist auch mit dem Arbeitswillen der Gedanke verbunden: Leisten wir Qualitätsarbeit! Sie wollen aber nachprüfen, wieweit die Erfahrung das bestätigt.

Wir dürfen auch sagen: Freude wird auch in der Medizin anerkannt als ein *Gesundungsmittel*[16]. Der Beweis: Wenn die Freude die Seele beschwingt, wird das Blut ruhiger und freudig dahinfließen, es ist kein starker Druck mehr auf der Seele, auf den Organen. Ja, man kann wohl sagen, es wäre der Mühe wert, die Erziehung zur Freude als Gesundungsfaktor auch weiteren Kreisen zugänglich zu machen. Wissen wir das nicht aus eigener Erfahrung? Haben wir eine einzige große Freude, so ist unser Gesundheitszustand in ganz besonderer Weise gefördert.

Und endlich: Freudige Grundeinstellung ist der *Schlüssel zum Herzen der Menschen.* Ein solcher Mensch hat den Schlüssel zum Herzen der Menschen in der Tasche. Ein solcher Mensch ist die lebendige Wünschelrute, die die tiefe, geheimnisvolle Quelle in

[16] Keppler, 2 (dort Hinweis auf: Weber, Die Verhütung des Alterns, Mittel und Wege zur Verlängerung des Lebens, Leipzig 1905).

der Seele des Gegenüber entdeckt und fließen läßt. Er weckt nicht nur durch sein Sein, sondern auch durch sein Wort, durch seine Sprache, durch sein Handeln.
Aber Mangel an Freude: Der traurige Mensch – nur sehr schwer kann er Qualitätsarbeit leisten. Wie stark hemmt die Traurigkeit, wenn sie länger dauert, wie stark hemmt sie den Gesundungsprozeß! Und der traurige Mensch verliert auch den vorübergehenden Einfluß auf seine Mitmenschen.

Meine Herren, wollen Sie sich zur Illustration des Gesagten an *ein paar Beispiele* erinnern lassen. Von Pater Zucchi wird erzählt, er habe es als eine wesentliche Aufgabe seiner pastoralen Tätigkeit angesehen, die ihm Anvertrauten zur Freude zu erziehen. Eines Tages wurde er zu einer kranken Ordensschwester gerufen, um sie auf den Tod vorzubereiten. Die Schwester wurde aber wieder gesund. Nach Jahren kommt diese Schwester wieder auf das Sterbebett, und wiederum kommt derselbe Pater. Die Schwester erkennt ihn wieder und gesteht ihm: Hochwürden, was Sie mir vor Jahren gesagt haben, bedeutete eine ganz starke Wende in meinem Berufsleben, nämlich: All meine Freude im Herrn suchen! Und ich muß Ihnen sagen, eine Heilige mag ich nicht geworden sein, aber das Leben in und aus der Freude hat eine ganz starke Umwandlung hervorgebracht. – Ein junger Mann, Konvertit. Er steckt in allerlei Sünden. P. Zucchi hat ihm den Weg der Freude gewiesen, und er hat Großes erreicht[17]. – Seit einigen Jahren bin ich öfter in Süddeutschland. Der Direktor des dortigen Exerzitien-

[17] Beide Beispiele von P. Zucchi SJ berichtet Paolo Segneri der Ältere SJ in seinem Werk »Il Cristiano istruito« (Sämtliche Werke, Bd. 17, Regensburg [34. Rede], S. 294).

hauses ist ein Original. Er erzählt immer dieselben Schnurren, das ganze Jahr hindurch. Nun hat er einen Brief von einer Dame erhalten: Hochwürden, was sind Sie so häßlich! Und der folgende Satz: Aber wenn sie lächeln, sind Sie ein bildschöner Mann! »Seit der Zeit«, sagt er, »lache ich immer und mache ein freudiges Gesicht; und immer ist es mir geglückt, damit auch Erfolg zu haben, nur der Oberin des Hauses gegenüber nicht.« – Die Erziehung zur Freude muß deswegen in der Gesamterziehung einen großen Platz einnehmen.

Prüfen Sie nach, ob der Beweis ein durchschlagender gewesen ist. Ist es wahr, daß die Freude, der *Freudentrieb ein Urtrieb* der menschlichen Natur ist? Sind hüben und drüben die Wirkungen, *der Segen und der Fluch, außerordentlich tiefgreifend*? Wenn Sie meinen Gedankengängen gefolgt sind und sich die Zeit nehmen, tiefer einzudringen, fällt es Ihnen nicht schwer, viele Mißerfolgc, viele Krankheiten in der eigenen Natur und in der Seelsorge zurückzuführen auf den Mangel an Freude, an Freudenerziehung. Deswegen die Parole: Erziehe dich und andere mehr und mehr zur Freude!

Um das Freudenerlebnis zu bekommen, müssen wir uns zunächst bemühen, den Freudenhunger in uns zu vertiefen. Das haben wir im letzten Vortrag versucht; haben versucht, uns in wirksamer Weise davon zu überzeugen, daß der Freudentrieb ein Urtrieb in unserer menschlichen Natur ist. Ob es Ihnen angenehm ist, wenn wir aus dieser klar erkannten Tatsache heraus uns auch bemühen, die entsprechenden *Auswirkungen* im einzelnen zu überprüfen? Ich darf diesen Auswirkungen in etwa nachgehen, um die grundsätzlichen Erörterungen noch mehr wirksam zu machen für das praktische Alltagsleben. Es steht die Überzeugung im Mittelpunkt: Freudentrieb, Glückstrieb in der menschlichen Natur ist ein Urtrieb. Was folgt daraus für den lieben Gott, oder, besser gesagt, für das Verständnis der Praxis, der pädagogischen Weisheit Gottes? Was folgt daraus für uns?

Meine Herren, wenn ich tiefer hineinschaue in die Werkstatt Gottes und tiefer hineinschaue in den Urtrieb der menschlichen Natur, dann verstehe ich, weshalb der liebe Gott, menschlich gesprochen, verpflichtet ist, unermeßlich viele *Freudenquellen* rauschen und fließen zu lassen, auch *jetzt* noch, hier auf Erden, wo unsere Natur so überaus stark erbsündlich belastet ist; dann verstehe ich, wie und daß der liebe Gott verpflichtet ist, *in der Ewigkeit,* in der visio beata, die Quellen der Freude in vollwertiger Weise in uns hineinzutragen. Weshalb? Weil er den Urtrieb der Freude in unsere Seele, in unsere Natur hineingelegt hat. Hätte er diesen Trieb in uns hineingelegt, aber nicht gleichzeitig uns auch Gelegenheit gegeben, ihn zu befriedigen, dann hätte er uns genarrt.

Schauen Sie bitte einmal in das praktische Leben!

Müssen wir bei besinnlich ruhiger Überlegung nicht sagen: Tatsächlich gibt es auch ungezählt viele Freudenquellen, Blumenkelche auf unserem Lebensweg? Freilich, es sind meist *kleine Freuden,* die uns hier begegnen. Es mögen Naturfreuden sein, Freuden, die in der Dankbarkeit liegen. Sehen Sie bitte, von welch großer Bedeutung es ist, daß wir als Freudenkünstler, als Freudenmeister, als Freudenapostel die Kunst lernen und lehren, diese kleinen Freudenquellen zu entdecken und zu genießen! Ja, das müßte in einer Zeit, die so arm an Freuden ist, unsere wesentliche Aufgabe sein: die Honigtropfen der Freude zu genießen, wo der liebe Gott sie uns immer darbieten mag. Das ist ja die Kunst, sich zu freuen, die Kunst, andere zur Freude zu erziehen.
Wenn Sie diesen Abend oder morgen früh so still für sich dahergehen: Wollen Sie nicht nachprüfen, wieviel Freudengelegenheiten wir bisher in unserem Leben, auch jetzt, wo so viele Hoffnungen unseres Lebens zu Grabe getragen worden sind, übersehen haben? Kennen wir denn noch und genießen wir denn noch die Freuden, die die Natur uns anbietet? Gibt es denn in unserem Leben, in unserem Berufsleben nicht auch heute manches Erfreuliche? Ja, wie viele Freudenquellen könnten uns aus dem Verkehr mit Gott, aus dem Verkehr in und mit der Kirche fließen, wenn wir wachsam und aufmerksam alles in uns aufnähmen und verarbeiteten, was uns da geboten wird! Sie prüfen gefälligst selbst nach.

Eine zweite Wirkung der großen Tatsache, die wir kennengelernt haben, mag wohl bestimmend sein für unsere eigene Tätigkeit, für die Selbst- und Fremderziehung. Meine Herren, geben Sie mir zu, daß es ein außerordentlich großes Gotteswerk ist, ein außerordentlich großer Segen für die heutige Menschheit, wenn wir den Freudenbestand, den Freudenfonds der heutigen Menschheit auch nur um ein Kleines, um ein Geringes vermehren? Wo ich also *Freude ausstreuen* kann durch die Art, mich zu geben, wo ich ein klein wenig Sonnenschein verbreiten kann durch mein Wort, durch mein Leben, da soll ich gierig zugreifen, weil es *eine Großtat* ist, die ich da vollziehe[1]. Und wieder frage ich mich: Wie häufig habe ich bisher die Gelegenheit übersehen, den Freudenbestand der Welt, den Freudenbestand der Menschheit – engen Sie den Gedanken ein: den Freudenbestand meiner Gefolgschaft – zu vermehren! Sie denken an die Pfarrfamilie, an den Verein, an die Kanzel: Wie wenig habe ich die Gelegenheit wahrgenommen, den schwachen Freudenfonds der heutigen Menschheit und der heutigen Welt zu vermehren!

Wollen Sie im einzelnen wissen, was wir hier tun können und sollen, dann darf ich Ihnen für die persönliche Haltung und Handlungsweise zwei Antworten geben. Sie müssen eine heilige Immunisierungskunst und eine heilige Wandlungskunst lehren und lernen.

Eine heilige *Immunisierungskunst.* Was ich darunter verstehe? Wir müssen *uns unempfänglich machen für die Traurigkeit.* Wenn Sie wollen, können Sie dafür sagen Sterilisierungskunst: wir sollen unfruchtbar werden für die Traurigkeit. Sie geben zu, meine Herren, daß diese Kunst, diese Immunisierungskunst eine schwierige, eine bei allen Gelegenheiten und zu allen Zeiten

[1] Vgl. F. W. Faber, Bethlehem, Regensburg 1861, 478: »In der Tat ist derjenige der glücklichste, der größte, der gottähnlichste der Menschen, der eine einzige wahre Freude zu dem Grundstock des Glückbesitzes der Welt hinzugefügt hat.« (Im Original gesperrt gedruckt.)

anwendbare und unter einem gewissen Gesichtspunkt eine leichte Kunst ist.

Eine *schwierige Kunst,* weil es zu allen Zeiten, zumal auch heute, so riesig viele Gelegenheiten zur Traurigkeit gibt: soviel Unglück, soviel Leid; äußeres, inneres Leid; Leiden, die wir uns selbst bereiten, Leiden, die uns von anderen bereitet werden; seelische Leiden, körperliche Leiden. Ja, meine Herren, wenn es zu allen Zeiten gegolten hat und wahr gewesen ist: Mensch sein heißt Kreuzträger sein, gilt das dann nicht heute in potenzierter Weise? Deswegen: Die Kunst, sich und andere unempfänglich zu machen für die Traurigkeit, das muß wohl eine überaus schwierige Kunst sein.

Und gerade weil das Leid uns so stark von allen Seiten entgegentritt, dürfen wir auch in derselben Weise sagen: Diese Immunisierungskunst ist wohl *bei allen Gelegenheiten anwendbar.* Das will heißen: Es gibt gar nichts auf dieser Welt, was uns ausschließlich tiefgreifend traurig machen könnte, aber auch nichts!
Nur einer hat ein ganz besonderes Interesse daran, uns traurig werden zu lassen: das ist die *Verkörperung der Traurigkeit, der Teufel.* Er ist ja selbst die Traurigkeit, deswegen mag er auch andere nicht froh sehen, deswegen muß er auch uns hineindrängen in die Nacht der Traurigkeit. Er ist die verkörperte Traurigkeit. Wir wissen es ja: Freude ist die Ruhe des Trieblebens, des Strebevermögens im Besitz eines entsprechenden Gutes. Das höchste und letzte Gut ist Gott. Der Teufel kann aber Gott niemals besitzen. Weil aber seine Natur innerlich das Gott-Streben und den Gott-Trieb hat, muß er die personifizierte Traurigkeit sein. Und darum auch sein eifriges Streben, seinen Trick überall anzuwenden; sein eifriges Bestreben, das Leben in Gott als ein trauriges Leben darzustellen,

das Leben in der Welt aber als ein beseligendes und freudiges. Weshalb? Er weiß, welche Nachwirkungen, welche Begleiterscheinungen die Traurigkeit zeitigt: wie der Mensch die Traurigkeit nicht lange aushalten mag und kann, wie der Mensch durch ein trauriges Leben, durch die Aussicht auf Traurigkeit sich zurückschrecken läßt auch von anderen Dingen, wenn sie auch glänzend dargestellt werden mögen.
Gar nichts gibt es, was uns ausschließlich und dauernd traurig machen darf. Darf ich hinweisen auf die Sünden und Fehler unseres Lebens. Hören wir, wie der heilige Franz von Sales uns mahnt: Gott ist Vater, er kennt die Schwächen seines schwachen Kindes, und wenn sein Kind gefallen ist, dann lächelt der Himmelsvater seinem schwachen Kind ermunternd zu, es solle wieder aufstehen und an sein Vaterherz eilen[2]. *Auch in der Sünde* darf *keine tiefgehende und länger dauernde Traurigkeit* stecken: Der Vater winkt, er verzeiht, er lockt, er will sein Kind wieder an seinem Herzen wissen.
Oder wenn Sie denselben Gedanken, etwas anders begründet, aus dem letztjährigen Exerzitienkurs auf sich wirken lassen wollen. Wir sprachen von den Graden der Demut[3]. Der erste Grad: Sich gefallen in seiner Armseligkeit. Wir kennen auch noch die inneren organischen Zusammenhänge: Ich habe Fehler und Sün-

[2] An die Äbtissin Angélique Arnauld (von Port Royal) schreibt Franz von Sales über eine ihrer Schwestern: »Sagen Sie ihr, sie soll niemals darüber entsetzt sein, sooft sie auch straucheln möge, noch sich über sich selbst ärgern; sie soll vielmehr auf Unseren Herrn schauen, der sie vom Himmel herab betrachtet wie ein Vater sein Kind, das noch recht schwach ist und Mühe hat, seine Schritte sicher zu setzen, und ihm sagt: ›Ruhig, mein Kind‹; und wenn es fällt: ›Weine nicht mehr‹; und dann herbeikommt und ihm die Hand hinhält.« (Werke VII, 331.)
[3] Lebensweisheit III, 3.

den begangen; ich gefalle mir in dieser Armseligkeit, das heißt, ich nehme meine Armseligkeit und gebe mich so Gott hin, und dadurch kommt meine Armseligkeit noch mehr zum Ausdruck, wird und muß noch mehr anerkannt werden. Sehen Sie auch hier: Sünden, tiefgehende Sünden meiner Vergangenheit können und dürfen nicht ausschließlich Quellen der Traurigkeit sein.

Wollen Sie noch tiefer graben, so mögen sie sich an all das erinnern, was im mysterium iniquitatis enthalten ist: an die heilende und heiligende Kraft der Schuld, der Sünde und Reue. Nichts, gar nichts darf uns tiefergehend, anhaltend traurig stimmen.

Auch nicht, meine Herren, unsere persönlichen *Begrenztheiten*, unsere persönliche naturhafte Betriebsamkeit! Auch das ist vielfach ein Teufelstrick bei strebsamen Menschen. Der Teufel drängt den Menschen dazu, unzufrieden zu werden mit der eigenen Art: All die anderen Arten sind wertvoll und von Gott gesegnet, nur meine Art nicht; wie bin ich so schwerfällig, wie schwer tue ich mich im Denken! Weg mit diesen Gedanken! Wenn ich ganz in Gott gegründet bin, habe ich Grund, mich in meine Art zu vertiefen. Der Grund: Ich bin auch eine verkörperte Gottesidee! Gott hat mich so gewollt, wie ich bin, mit meinen Begrenztheiten. Deswegen liebt er mich, auch mich. Darum muß auch ich mich lieben mit meinen Begrenztheiten, weil ich und insofern ich Gottes Gedanken nachgehe, den lieben Gott gern habe, ihn liebe. Ja selbst wenn ich gefehlt habe und mit Gott im Gebet ringe, soll ich dann länger während dieses Gebetes hineinschauen in meine Armseligkeit, in meine Fehler und Sünden? Heilige Männer, zumal der heilige Franz von Sales, raten uns, das nicht zu tun. Also nicht zu lang – selbst nicht im Gebet! – mit dieser lähmenden Erinnerung an unsere Fehler und Sünden zubringen, vielmehr auch hier das Positive sehen: Sich innig und freudig an Gott anschließen! Je mehr und positiver ich das tue, desto mehr wird meine Seele abgelenkt von allem, was nicht Gott ist.

Es mag also recht sein, wenn wir sagen: Hier haben wir eine Immunisierungskunst, die in allen Lebenslagen anwendbar ist. Muß ich auch beifügen, daß *diese Kunst* unter gewissen Bedingungen eine leichte ist, *leicht anwendbar*? Theoretisch leicht, praktisch mag es schwer sein.

Theoretisch leicht, das heißt ich brauche nur den Zauberstab der Liebe in die Hand zu nehmen, selbst nur von einer tiefgreifenden kindlichen Gottesliebe erfaßt zu sein, und alles Kreuz und Leid und alles, was nur sein mag, muß mir als ein Ausdruck der göttlichen Liebe erscheinen (vgl. S. 68). Gott ist Vater, Gott ist gut, gut ist alles, was er tut. Dann weiß ich auch: In Kreuz und Leid, selbst in der Sünde, selbst in der vorübergehenden Traurigkeit, habe ich einen Erweis der göttlichen Liebe. – Sie wollen nun das im einzelnen, rein philosophisch und psychologisch betrachtet, sehen: Freude ist das Ausruhen des Strebevermögens im Besitz eines entsprechenden Gutes. Auch im Übel, in der Sünde, gibt es einen Gesichtspunkt, der ein überaus großes Gut darstellt. Und was ist das für ein Gesichtspunkt? Gottes Wohlgefallen, Gottes Wunsch, Gottes Zulassung, schlechthin Gott! Wenn ich auch im Übel, in der Sünde nicht so sehr das malum, sondern das bonum erkannt habe und seiner inne werde, dann habe ich die Immunisierungskunst, dann kann mich wohl kaum irgend etwas tiefer empfänglich machen für die Traurigkeit.

Gewiß, werden Sie sagen, theoretisch ist das richtig, aber was setzt das für einen Hochgrad der Liebe voraus! Da haben Sie recht. Darum sage ich ja auch:

Praktisch ist das überaus *schwer*, weil es einen hohen Grad der Gottesliebe verlangt und auch gleichzeitig ein ganz starkes Gelöstwerden von der Ichsucht und Weltsucht, ein Entbundensein vom Ich und der Welt, ein überaus tiefgreifendes Gebundensein an Gott, eine überaus starke Gottinnigkeit und Gottergriffenheit. Da bereiten wir schon langsam den zweiten Teil der Exerzitien vor. In dem Ausmaß, als Gottesliebe, Gottergriffenheit unser eigen wird, erfüllen wir das Wort des heiligen Apostels Paulus in der rechten Weise: Gaudete in Domino semper (Phil 4,4)!

Wir wissen aber aus Erfahrung: Kreuz und Leid ist sehr stark und vielgestaltig in unserem Leben; solange wir hier auf Erden sind, werden wir ihm nicht selten zum Opfer fallen. Wenn das Leid über uns gekommen ist und wenn wir es beantwortet haben mit dem Affekt der Traurigkeit, auch wohl da und dort mit einer maßlosen und ungeordneten Traurigkeit, dann wollen wir trotzdem den Befehl des Apostels befolgen, dann muß die Immunisierungskunst ergänzt werden durch eine *Wandlungskunst,* dann müssen wir Kreuz, Leid und Traurigkeit wandeln, umwandeln lernen in Freude, in wirkliche Freude. Es mögen uns hier wohl zwei Wege offenstehen.

Der erste Weg, meine Herren, ist wohl das Letzte und Tiefste, was wir im Laufe der Tage immer wieder wiederholen dürfen und müssen. So auch hier: Das Letzte und Tiefste ist der *Zauberschlüssel der Liebe.* Wie schnell wandelt doch Liebe auch Leid und Traurigkeit in Freude um! Ja selbst die Traurigkeit mag für die Liebe Gegenstand der Freude werden, wenn eine hochgradige Liebe in uns wohnt. Was dem Vater wohlgefällt, tue ich allezeit (vgl. Joh 8,29). Es ist meine Freuden-Speise, den Willen dessen zu tun und zu erleiden, der mich gesandt hat (vgl. Joh 4, 34). Doch, es ist wohl so: Geistig liegt die Umformung unseres ganzen Lebens wohl zutiefst begründet in dieser tiefgreifenden, hochragenden Gottesliebe.

Wollen wir aber auch zweitletzte, mehr eigengesetzliche Mittel dieser Wandlungskunst kennenlernen, so müssen wir uns nach den einzelnen *Quellen der Traurigkeit* fragen. Da wir ja nach den eigengesetzlichen Gegenmitteln forschen, müssen wir auch die eigengesetzlichen Quellen kennenlernen. Wir lassen uns daran erinnern – wir brauchen nur an unsere eigene Lebenserfahrung und -beobachtung zu denken –, Quellen der Traurigkeit[4] mögen drei sein: erstens der Teufel, zweitens das melancholische Temperament, drittens die Schicksalsschläge des Lebens.
Übersehen Sie bitte nicht: Wenn es wahr ist, was wir gestern abend gesagt haben, daß der bolschewistische Mensch, der diabolisierte Mensch gegenwärtig einen Siegeszug durch die Welt hält – vermutlich auf Jahrhunderte –, dann müssen wir auch mit einem Siegeszug des Teufels rechnen; müssen damit rechnen, daß *der Teufel* in ganz tiefgreifender Weise wirksam ist in der heutigen Zeit, in der heutigen Welt und in den heutigen Geschehnissen. Und vielleicht ist es für uns als Kinder Gottes, als Träger und Stützen, als Bürger und Bürgen des Gottesreiches der verfänglichste, der gefährlichste Teufelstrick, daß er uns glauben macht, er existiere nicht, wäre nicht so außerordentlich wirksam am Werk, wie er es tatsächlich ist. Goethe macht uns schon darauf aufmerksam: Dieses Völkchen glaubt dem Teufel nie, und wenn er es am Kragen hät-

[4] Franz von Sales, Theotimus XI, 21, 3–5 (Werke IV, 290 f.); s. Müller, 86 f.

te[5]. Ist das nicht ein wirklicher Teufelstrick? Wenn ich sage (ich glaube an die) Existenz und Wirksamkeit des Teufels, kann ich mich eher vorsehen und schulen. Und sagt uns nicht auch die Heilige Schrift – die Komplet weist uns täglich darauf hin –: Er geht (umher) wie ein brüllender Löwe und sucht, wen er verschlinge (1 Petr 5,8)? Weist nicht die Erfahrung von Jahrhunderten darauf hin, daß es der Teufel in psychologisch feiner Weise versteht, die schwachen Stellen unserer Natur auszukundschaften und sich und seine Macht damit zu verbinden und zu verschwistern? Deswegen können wir auch wohl verstehen, wie es ein Herzensanliegen des Teufels ist, die menschliche Seele in die Abgründe der Traurigkeit hineinzuwerfen. Der Teufel, der die Natur und ihre Urtriebe viel besser zu fassen und zu formen, zu lenken und zu leiten versteht als wir, weiß auch besser, wie gefährlich die Traurigkeit im Organismus des gesamten Seelenlebens und Berufslebens ist. Wir sagen nicht mit Unrecht: Im Trüben fischt der Böse. Deswegen sucht der Teufel mit allen Mitteln uns in die Abgründe der Traurigkeit hinabzuschleudern.
Wollen Sie eine zweite Quelle der Traurigkeit kennenlernen, dann lassen Sie sich erinnern an *das melancholische Temperament.* Viele von uns wissen aus Erfahrung, wie der Melancholiker ein ständiges inneres Bangen und Wanken sein eigen nennt. Wie das melancholische Temperament viel zu leicht dazu drängt, alles schwerzunehmen, zu schwer sich drücken zu lassen von Kreuz und Leid. (Wirkung:) Kreuzesflucht, Leidensflucht.
Die dritte Quelle der Traurigkeit sind *die Schicksals-*

[5] Faust, 1. Teil, Auerbachs Keller in Leipzig (Vers 2181 f.):
Den Teufel spürt das Völkchen nie,
Und wenn er sie beim Kragen hätte.

schläge des Lebens. Es ist menschlich zu verstehen: Die arme Natur möchte Freude haben, möchte Freude ihr eigen nennen, und nun kommen die Schicksalsschläge und zerschlagen alle Werke unserer Hände! Mit welcher Mühe wurde es getan, und mit welch seliger[6] Freude haben wir daran gehangen, und nun wollen sie keinen Fortschritt nehmen, werden angefeindet, werden über Nacht über den Haufen geworfen! Nun steht alles auf des Messers Spitze. Denken Sie an soviel schweres Leid und Enttäuschungen, die wir erleben müssen an unseren Seelsorgsbeflissenen: Man ist uns untreu geworden; die und die und der und der, die sind Verräter geworden an uns selbst und an unserer Persönlichkeit. Sehen Sie, Schicksalsschläge des Lebens. Oder ich breche mitten im Lauf zusammen, die Gesundheit hält nicht mehr stand, die Quellen unserer armen, kranken Natur sprudeln trübes Wasser, Versuchung um Versuchung sind mein Anteil. Bitte, bezeichnen Sie gefälligst Ihre eigenen Schicksalsschläge, und fragen Sie sich: Haben diese mich mürbe gemacht? Haben sie mir den Optimismus, die Freude geraubt, und liege ich wegen dieser Schicksalsschläge, die ich nicht genügend pariert habe, im Kerker der Traurigkeit? Der heilige Franz von Sales, der selbst so überaus milde ist, vergleicht Menschen, die sich so von den Schlägen des Lebens unterkriegen lassen, mit den Affen, die zu stark abhängig sind vom Mond[7]. Es ist wohl recht, wenn wir auf den Vergleich eingehen. Wir mögen manchmal sehr stark abhängig sein von

[6] Im Manuskript: seelischer.

[7] Theotimus XI, 21, 5; (Werke IV, 291): »Den weltlich Gesinnten hingegen ist die Traurigkeit etwas Gewöhnliches und verwandelt sich in Klagen, Verzweiflung und Verwirrung. Sie gleichen den Affen und Murmeltieren, die bei Neumond immer trübsinnig, traurig und schlechter Laune sind, sobald der Mond aber zunimmt, wieder hüpfen, tanzen und allerlei Possen treiben.«

der Welt, von der Natur, aber wir müssen auch die Kraft aufbringen, durch eine gesunde Erziehung den Pessimismus, die Traurigkeit, die Schwermut zu überwinden. – Da haben Sie die Quellen der Traurigkeit. Wollen Sie bitte einmal die Gedanken auf sich selbst anwenden!

Und nun *die eigengesetzlichen Gegenmittel.* Wenn es Ihnen recht ist, darf ich kurz alles zusammenfassen, was sich hier sagen läßt.

Erstlich: *Principiis obstare*[8]! Wenn Sie wirklich tiefgreifend überzeugt sind, daß Traurigkeit so ein Grundlaster wie Freudigkeit eine Sinnerfüllung der menschlichen Natur ist, daß Traurigkeit ein Grundübel in der organischen Einheit unseres Lebens, im Streben nach ernster Heiligkeit ist, dann ist es (eine) Selbstverständlichkeit: Principiis obsta!, dann müssen wir den ersten Anfängen der Traurigkeit Widerstand leisten – wie auch bei den Versuchungen gegen die heilige Reinheit, gegen den Glauben. Den ersten sich ankündigenden Anfällen Widerstand leisten, sie abweisen, das Ziel festhalten: Ich will ein freudiger Priester sein, und ein solcher darf die Anfälle der Traurigkeit nicht tief in seine Seele hineinlassen!

Trotz ernsten Strebens wird uns das lange Zeit nicht gelingen. Was müssen wir dann tun? Wohl ein Doppeltes.
Erstlich: Wir sprechen von der eigengesetzlichen Immunisierungskunst; wenn daher die Traurigkeit greifbare Ursachen, körperliche, *physische, psychische Ursa-*

[8] Den Anfängen wehren (Ovid, Remedia amatoris – Heilmittel gegen die Liebe, Vers 91: Principiis obsta! – Wehre den Anfängen!). Vgl. Müller, 89.

chen hat, trachten wir, sie zu *entfernen.* Körperliche Indisposition, was kann das sein? Ich darf das so klar sagen: nicht zum geringsten Teil Verdauungsstörungen. Auch hier dürfen Sie die großen Zusammenhänge nicht aus den Augen verlieren! Was werde ich deshalb tun? Sie entfernen! Aus dem Gedanken heraus – das Königsgestirn! –: Einen freudigen Priester (einen freudigen Geber) liebt Gott (vgl. 2 Kor 9,7) – und das muß ich werden. Deswegen: Weg mit der Traurigkeit, und auch weg mit den Ursachen!

Sehr häufig ist die Traurigkeit zum großen Teil schon überwunden, wenn wir die *Quelle der Traurigkeit kennen,* auch wenn wir sie nicht entfernen können. Sie gestatten, daß ich für die praktische Hirtentasche sage: Das gilt besonders für unsere Frauen und Mädchen. Die Lebenskurve der Frau macht ja jeden Monat eine starke Kurve nach unten durch. Das ist an sich eine Selbstverständlichkeit. Wo die Frau unter dem monatlichen Leiden steht, ist sie auch sehr stark angefochten von der Traurigkeit. Das zu wissen, ist auch zum großen Teil schon das entsprechende Gegenmittel.

Aber das alles wird letztlich nicht ganz zum Ziel führen. Und da erinnern wir uns mit großer Freude an das Rezept des heiligen Jakobus: Wenn jemand traurig ist, so bete er[9]. *Das Gebet* als das große Mittel, Traurigkeit zu überwinden. Letztlich sind wir aber hier schon an der letzten Quelle, am Zauberstab der Liebe; Gebetsinnigkeit als Ausdruck der Gottinnigkeit. Deswegen sollen wir uns auch im Gebet innig an Gott anschließen. Und die Gottesgelehrten, die Heiligen wissen hier Gesetze in ganz schöner Weise anzuwenden, wie sie die heutige Psychologie bestätigt.

[9] Jak 5, 13: Ist einer von euch bedrückt? Dann soll er beten. Ist einer fröhlich? Dann soll er ein Loblied singen.

Wenn der heilige Franz zum Beispiel sagt, wir sollten *unser inneres Gebet auch mit äußeren Akten*[10] *begleiten*: das Kreuz küssen, den Boden küssen et cetera, äußere Akte als Begleiterscheinungen dieser inneren Akte beifügen, wieviel feine Psychologie steckt da dahinter! Hören wir das Wort der alten Aszese von den Stoßseufzern! Unser Gemüt ist belastet: Durch Singen et cetera wird das Gemüt entlastet. Nicht etwa sagen: Das trage ich für mich, ich stehe allein! Morgen oder übermorgen bricht dann meine Natur zusammen; ich werde entladen, so daß meine ganze Umgebung zur Explosion gebracht wird. Immer auch die naturhaften Zusammenhänge sehen! Da haben Sie direkte Mittel, direkte eigengesetzliche Mittel, um die Traurigkeit zu überwinden. Immunisierungs- oder Wandlungskunst.

Wollen Sie auch *indirekte Mittel* kennenlernen, dann muß ich Ihnen im Sinne der alten Aszese sagen: Wir müssen sehen, daß wir *den traurigen Gedanken,* die uns überfallen, *die werdende und weckende Stoßkraft nehmen*[11]. Wodurch tun wir das? Wir tun das dadurch, daß wir uns an geeigneter Stelle bisweilen aussprechen (s. Anm. 10), vielleicht einen ständigen Beichtvater haben, dem wir alles mitteilen; oder etwa dadurch, daß wir unser Leid dem Papier anvertrauen – es gibt ja verschiedene Arten –; oder dadurch, daß wir uns bemühen, Arbeit zu leisten und uns zu zerstreuen, schöpferisch tätig zu sein. Das ist eine indirekte Art, uns vor der Traurigkeit zu bewahren oder die Traurigkeit, die über uns gefallen ist, mehr und mehr zu beseitigen.

[10] Philothea IV, 12 (Werke I, 227 ff.).

[11] Müller, 90: »Hand in Hand mit dieser direkten Bekämpfung geht ein zweites Heilverfahren: Den trüben Gedanken muß die psychische Energie entzogen werden; dann schrumpfen sie von selbst.«

Wollen Sie eine andere Art und Weise? Meine Herren, da stehen wir wieder vor dem Letzten, vor dem Zauberstab der Liebe. Da müssen wir das Wohlgefallen Gottes, den Wunsch und den Willen Gottes als das höchste Gut unseres Lebens schätzen lernen. Hören Sie immer wieder: Wenn es mir und uns glücken würde, das Wohlgefallen Gottes, den Wunsch Gottes als das höchste Gut anzuerkennen, dann stände das *Leid* nicht unter dem formalen Gesichtspunkt des Leides, des malum vor mir, sondern *unter dem Gesichtspunkt des Wohlgefallens Gottes,* als ein bonum. Und meine Seele hängt an dem Gut. Alles andere ist peripherisch. Deswegen wird es mir in dieser Weise auch wirklich möglich, den Wunsch, den Befehl des Apostels zu verwirklichen: Gaudete semper (vgl. Phil 4,4)!
Alles in allem: Wollen wir die Folgerung aus der im letzten Vortrag uns überzeugend eingegangenen Tatsache praktisch ziehen, dann heißt es, letztlich uns bemühen um den Zauberstab der Freude, und das ist der Zauberstab der Liebe (vgl. S. 68). Ich darf wiederum darauf hinweisen: Mit all dem bereiten wir den zweiten Teil der Exerzitien vor. Freude muß als Frucht genossen werden, und je mehr wir diese Frucht genießen, um so mehr müssen wir die Quelle der Freude, die Wurzel der Freude herausstellen. Der erste Teil der Exerzitien mag uns daher vorbereiten auf den zweiten Teil.
Ich fasse zusammen. Wir wollen Freudenerlebnisse suchen, das Freudenerlebnis in uns wecken und vertiefen.

b) Christliche Freudenquellen

Was müssen wir nun weiter tun? Wir haben den Freudenhunger in uns geweckt. Wir müssen die freudehungrig gemachte Seele etwas tiefer *hineintauchen in die Freudenatmosphäre.* Sie kennen die Freudenatmosphäre, die uns von Jahr zu Jahr immer etwas stärker umwandeln muß: die Heilige Schrift, das Leben der Heiligen, die Liturgie. Das sind die Freudenquellen, die so reichlich sprudeln; die uns ständig, ja fast pflicht- und berufsmäßig zur Verfügung stehen; Freudenquellen, die allerdings sehr häufig übersehen und zum Gegenteil verkehrt werden können. Der Grund: Quotidiana vilescunt – das Alltägliche wird schal. Das, was wir ständig benutzen – Brevier, Missale –, wie leicht wird das alltäglich, wie leicht kommt es dahin, daß wir ihren tieferen Sinn nicht mehr erfassen und fassen! Wir wollen deswegen versuchen, langsam aufsteigend die einzelnen Freudenatmosphären auf uns wirken zu lassen und auszutrinken.

Wir wollen beginnen mit der *Heiligen Schrift.* Ich will daran erinnern, daß die Heilige Schrift ein Paradies der Freude ist, daß ihre Freudenquellen unerschöpflich und reichlich fließen. Kleine und große sehen wir sprudeln, sowohl im Alten wie im Neuen Testament. Der liebe Gott hat vorgesorgt, daß gegenwärtig eine starke *Bibelbewegung*[12] durch unsere Reihen geht. Wir sehen darin nicht ein Mittel, damit mehr Bücher vertrieben und Gelder verdient werden. Wir sehen darin ein Mittel, um die Gläubigen auch zu den Urquellen der Gottesgedanken, der Gottesideen zu führen, wie sie in der Heiligen Schrift niedergelegt sind. Darf ich

[12] Nicht nur das auch durch die Päpste, vor allem Pius X. entfachte und erweckte allgemeine Interesse der Gläubigen an der Heiligen Schrift ist zu nennen – ein Interesse, das auch stark durch die Liturgische Bewegung inspiriert wurde –, sondern vor allem die katholische Bibelbewegung in Deutschland, aus der 1933 die Gründung des Katholischen Bibelwerkes hervorging.

darauf hinweisen, daß es unsere Pflicht ist, in dieser Bibelbewegung führend zu sein? Wenn wir auf der ganzen Linie Führer des Volkes sind, dann wohl zunächst und zutiefst in den Dingen, die dem Religiösen am nächsten liegen. Und wäre es nicht eine Schande, wenn unsere Gläubigen, die diese Bewegung tragen, mehr wissen, lebendiger aus der Heiligen Schrift leben als etwa wir?

Sie dürfen sich sagen lassen, Freudenerziehung – auch Freudenerziehung, wie wir sie uns angedeihen lassen wollen anhand der Heiligen Schrift – schließt ein Doppeltes in sich: Erstens, das Freudenorgan muß empfänglich gemacht werden; zweitens, gesunde Freudenquellen müssen erschlossen werden. Das *Freudenorgan* muß *empfänglich* gemacht werden. Was ist die reichlichste Freudenquelle? Wenn mein Organ aber abgestumpft ist? Dann muß die *Freudenquelle erschlossen* werden. Auch die Freudenerziehung durch die Heilige Schrift – in ähnlicher Weise gilt das für das Leben der Heiligen und der Liturgie – will und muß diese Aufgaben lösen. Und wie leicht ist das! Wollen Sie auf sich wirken lassen, was im einzelnen in der Heiligen Schrift an Freudenmomenten auf uns einstürmen will?

Ich bleibe zunächst stehen beim *Alten Testament.* Wenn ich darauf etwas näher eingehe, so verfolge ich die Absicht, nicht nur Begriffe zu klären und Freudenquellen zu erschließen und unser Freudenorgan zu schulen, nein, ich verfolge die Absicht, unser *Brevier* etwas sinngemäßer und kunstgerechter beten zu lehren. Wenn wir Brevier beten: Achten Sie bei den Texten aus dem Alten Testament und auch bei denen des Neuen Testamentes, wie ein ungemein starker Freudengehalt uns hier entgegenweht! Etwas besinnlich müssen Sie die Freude innerlich überprüfen, und was in der Heiligen Schrift geboten wird, im Brevier sich näherlegen.

Es ist wahr, der alttestamentliche Gott ist in hervorragender Weise der *Gott der Gerechtigkeit und der Furcht*[13], aber wir dürfen auch nicht übersehen, er ist auch gleichzeitig ein *Gott der Freude.* Es ist Ihnen gewiß lieb, wenn ich zusammenfassend die Freudenmomente des Alten Testamentes vortrage und es Ihnen dann überlasse, während des Jahres beim Breviergebet und bei der geistlichen Lesung hier tiefer einzudringen. Soweit ich sehe, lassen sich fünf tiefergehende Freudenquellen namhaft machen.

Erstlich: *Israel hat seinen Gott*! Was das wohl heißen mag? Unsere gotthungrige Seele, unsere gottinnige, gottergriffene Seele mag nachtasten, wieviel Freude für Israel in dieser einen großen Überzeugung rauschte! Sein Gott! Und dieser Gott war – Sie mögen es bei ungezählt vielen Stellen nachlesen – ein Gott der Freude, der sich selbst freut und überall Freude haben will, überall Freudenquellen rauschen lassen will. Wenn ich in diesen Tagen das Brevier bete und den Ausdruck Deus auf die Lippen nehme: klingt auch etwas mit in meinem Herzen? Darf ich mich fragen: Ist auch Gott der Dreifaltige, Vater, Sohn und Heiliger Geist, meine Freudenquelle? Und dann mag ich beten: Herrgott, sorge doch dafür, daß du immer der Gegenstand meiner Freude bist! Gaudete in Domino (Phil 4,4)! Gott: die Quelle, die tiefste Quelle, die höchste Gnade meiner tiefgehendsten, tiefquellenden sich verschenkenden Sehnsucht.

[13] In der nun folgenden Erschließung der Freudenquellen – zumal in Bibel und Heiligenleben, weniger in der Liturgie – hält sich P. Kentenich weitgehend an die entsprechenden Kapitel in Keppler, 63 ff.

Die zweite Freudenquelle. Hören Sie das Wort: *Israel ist von Jahwe zum auserwählten Volk ausersehen worden* und deswegen von ihm beschenkt worden mit dem Gesetz, deswegen von ihm beschenkt worden mit dem Tempel, beschenkt worden mit dem Gelobten Land. Hören Sie bitte wieder, wieviel Freudenquellen in diesem einen Satz enthalten sind!

Israel *das auserwählte Volk*! Bin ich nicht auch ein Glied, als Priester Mitglied eines auserwählten Volkes? Nicht ihr habt mich erwählt, sondern ich euch (vgl. Joh 15,16): herausgelesen aus Hunderten, aus Tausenden! So stehe auch ich da als ein Glied des auserlesenen, des auserwählten Volkes; als ein Glied, als ein Führer, als eine Persönlichkeit in der Kirche Gottes.

Und was hat Jahwe seinem auserwählten Volk gegeben? Lesen Sie bitte den Psalm 118 (119), und nehmen Sie sich selbst die Mühe, zu studieren, wie Israel *die Gebote Gottes* als seine tiefgreifenden Quellen der Freude erlebte und lebte. Ich denke an meine Pflichten: an die Gebote Gottes, an die Standesgesetze, an die Standestugenden, an die Gebote, die ich mir selbst auferlegt habe dadurch, daß ich freiwillig einer Gemeinschaft beigetreten bin, die bestimmte Bedingungen setzt. Sind diese Gebote, sind die Räte, die ich angenommen habe, auch für mich eine Quelle der Freude geworden? Wenn ich einem Orden angehöre, einer religiösen Gemeinschaft, dann sind es die Ordensvorschriften, die Tagesordnung. Lesen Sie bitte den 118. (119.) Psalm, und versuchen Sie, ob wir Kinder des Neuen Testamentes in unseren Geboten wirklich eine so tiefrauschende Freudenquelle entdecken, wie Israel sie entdeckt hat!

Israel hatte seinen *Tempel auf Sion*. An wen soll ich hier erinnern? An David? An Daniel? David: Eines begehre ich alle Tage meines Lebens ...[14] Stellen Sie sich vor: da haben Sie den kriegsgewandten David, den König. Und was will er? Mit einer mädchenhaften Zartheit: »Eines verlange ich alle Tage meines Lebens...« Wie hat er am Tempel, am Heiligtum gehangen! Kann ich das auch von mir sagen? Ich habe auch mein Heiligtum, mein Familienheiligtum in der Pfarrfamilie: die Kirche! Kenne ich die Freudenquellen? Hat mein Heiligtum mir bisher so viel Freude gemacht, wie Israel der heilige Tempel, und habe ich auch für es gesorgt? – Oder denken Sie an Daniel. Er ist in die Gefangenschaft geschleppt worden; aber nicht nur sein Geist, sondern auch sein Blick ist hingerichtet auf den Tempel. Der König hört davon und will ihm die Anhänglichkeit an seinen Tempel verbieten, und deswegen das Gesetz: Niemand darf um etwas gebeten werden als nur der regierende König. Daniel zieht sich auf sein Zimmer zurück, um den Staatsgesetzen nicht zum Opfer zu fallen. Aber auch hier geht sein Blick immer auf Sion (vgl. Dan 6,11)! Lassen Sie all die großen Freuden auf sich wirken, die in dieser schlichten Hingabe an seinen Tempel, an das Nationalheiligtum, liegen! Und dann frage ich mich immer besinnlich und ernst: Woher kommt es, daß mein Pfarrheiligtum, meine Kirche für mich so wenig der Gegenstand der Freude ist?

Israel als auserwähltes Volk hat *das Gelobte Land* zugedacht bekommen, das von Milch und Honig floß. Mein Gelobtes Land, was mag das sein? Das göttliche Leben! Das mag die Teilnahme am göttlichen Leben in der visio beata sein. Ist dies gelobte Land der Hingabe, der Verbundenheit mit Gott, für mich wirklich eine Quelle der Freude?

[14] Ps 27 (26), 4: Nur eines erbitte ich vom Herrn, danach verlangt mich: Im Haus des Herrn zu wohnen alle Tage meines Lebens, die Freundlichkeit des Herrn zu schauen und nachzusinnen in seinem Tempel.

Meine Herren, eine dritte tiefgehende Freudenquelle für Israel war *die Gnadenführung Gottes*; dies gesunde Spiel, diese gesunde Absonderung, wie wir sie in der Heiligen Schrift in der Führung des israelitischen Volkes vor uns haben: die zwar strenge, aber doch gütigweise väterliche Führung und *Vorsehung.* Fühle ich nicht auch in meinem Leben diese gütige Hand Gottes? Soll ich mir jetzt nicht den Nachgenuß gestatten, rückschauend in meine Vergangenheit und in die letzten Monate[15]? Kann ich nicht nachtastend fühlen, wie Gottes Hand die Fäden meines Lebens weitergesponnen hat, immer zu meinem Besten? Denen, die Gott lieben... (Röm 8,28). Hat Gottes weise Vaterhand nicht alles so gelenkt, daß es zu meinem Besten ausgegangen ist? Fühlen Sie, was dieses freudige Hingegebensein an diese unendlich gütige Vorsehung alles in sich schließt? Hinter der göttlichen Vorsehung liegt in dem Ausmaß, als wir uns ihr hingeben, eine ständig sprudelnde Freude. Da gibt es nichts, was uns länger erzittern, was die ganze Natur erbeben läßt, wenn der Grund der Seele immer beheimatet ist in der Urheimat, im Wohlgefallen Gottes, in der göttlichen Für(sorge) und Vorsehung.

Die vierte Freudenquelle, das sind *die verklärten Naturfreuden,* die Israel in ungemein einzigartiger Weise genossen hat. Ich meine – und Sie mögen mir recht geben –, daß es (diesbezüglich) wohl kaum etwas Schöneres gibt, als was wir im Alten Testament vor uns sehen. Die verklärten Naturfreuden! Hinter allem

[15] Leben aus dem Vorsehungsglauben: dies typische Anliegen P. Kentenichs und somit Hauptkennzeichen der originellen Spiritualität Schönstatts führte zu einer entsprechenden Betrachtungsmethode: Nachkosten (und Vorkosten) der göttlichen Liebeserweise, des Eingreifens Gottes ins eigene Leben.

weiß der Israelite Gott, den Gott der Freude, der selbst die Kreatur zur Freude erzieht, damit der Mensch eine gewisse Gleichschaltung sucht. Es hüpfen die Berge vor Freude[16], die ganze Natur[17]. Es ist ja alles personifiziert dargestellt, als ein einziges großes Freudenmeer! Denn der Mensch soll dadurch auch selbst verklärt, hineingetaucht werden in diesen Grund, in dieses Meer der Freude. Wenn Sie wollen, mögen Sie das einmal bei Keppler[18] nachlesen. Es ist ja essayartig zusammengetragen und läßt sich in Vorträgen auf Weniges zurückführen: Freuden in der Heiligen Schrift, Naturfreuden. Sie mögen das nachlesen auf Seite 83/84 in meiner Ausgabe. Es ist wohl vorbildlich.
Stehen nicht auch uns diese Quellen zur Verfügung? Weshalb erfreuen wir uns so wenig an der Natur? Ich war in Süddeutschland und habe da einen alten bekannten Kapuziner getroffen, der nachts aufblieb bis 11 und 12 Uhr, um Nachtfalter zu fangen. Weshalb? Er ist schon alt, hat schon ausgedient. Aber »ich bleibe jung, wenn ich mich an der Vielgestaltigkeit und wundersamen Pracht dieser Nachtfalter, die auch hier vorkommen, ständig ergötze.« Und dann fängt er an zu schimpfen über die jungen Lehrer und Lehrerinnen, die alle so nervös seien. Wer aber in der Natur lebe, habe auch Freude an der Natur. Derartige Dinge können ja leicht zum Fimmel werden, es steckt aber etwas Gesundes und Wahres in dieser Überlegung. Es

[16] Vgl. Ps 89 (88), 13: Nord und Süd hast du geschaffen, Tabor und Hermon jauchzen bei deinem Namen. Ps 98 (97), 8: In die Hände klatschen sollen die Ströme, die Berge sollen jubeln im Chor.
[17] Vgl. Ps 96 (95), 11 ff.: Der Himmel freue sich, die Erde frohlokke, es brause das Meer und alles, was es erfüllt. Es jauchze die Flur und was auf ihr wächst. Jubeln sollen alle Bäume des Waldes vor dem Herrn, wenn er kommt.
[18] Keppler, 65 f.

gehört aber auch eine gewisse Erziehung dazu, die Naturfreuden zu genießen.

Die letzte Freudenquelle für Israel ist seine *Messiashoffnung*. Auch da müssen Sie nachprüfen, wenn Sie das Brevier beten: Welch eine sprudelnde, tiefgehende Freude: Aus unsern Reihen wird der Erlöser der Welt hervorgehen, der sein Volk wieder mit Gott aussöhnt!
Meine Herren, sehen wir nicht heute in der weiten Welt neue Erlöser sich brüsten und auftauchen, verschiedenartig an Gestalt, neue Welterlöser? »Wir sind von Gott berufen, haben die Sendung, die Welt zu erlösen.« Demgegenüber müssen wir um so begeisterter, um so inbrünstiger emporschauen zu unserem Gott, hin auf unseren Messias in unseren Reihen. Diesen Messias dürfen wir und müssen wir heute hinaustragen in die vielbewegte Welt. Ja, Messiasschicksal darf auch unser Schicksal werden. Auch wir dürfen daran teilnehmen, dürfen unserem Messias, dem großen Gottmenschen helfen, die Welt und die Menschheit zu erlösen. Sehen Sie hier, wie viele Freudenquellen uns da entgegenrauschen!

Sie dürfen sich nicht daran stoßen, daß keine neuen Gedanken in unsere Seele hineingetragen werden. Es ist eine ruhige Atmosphäre. Es sind immer dieselben Gedanken. Aber wir müssen diese Gedanken nachprüfen, das, was an Erlebniskräften darin steckt, uns aneignen und deswegen, weil der Freudenhunger in uns geweckt ist, die freudenhungrige Seele hineintauchen in die Freudenatmosphäre der Heiligen Schrift, zuerst in das Alte Testament, so wie wir es Tag für Tag erleben.

Um das Freudenerlebnis in uns zu vertiefen, versuchen wir den Freudenhunger in uns zu wecken, um dann die freudenhungrig gewordene Seele tiefer einzutauchen in die Freudenatmosphäre. Gestern haben wir versucht, das Alte Testament nach dieser Richtung auf uns wirken zu lassen. Da müssen wir bei ruhiger Überlegung wohl gestehen: Ja, sogar das Alte Testament ist ein paradisus voluptatis[1], ein Paradies der Freude. Was dürfen wir dann vom *Neuen Testament* erwarten, dem *Testament der Liebe*! Liebe – so ahnen, so wissen wir, so werden wir später ausführlich miteinander überlegen – Liebe und Freude gehören zusammen wie Ursache und Wirkung. So mögen wir es denn auch wohl verstehen, wie das Neue Testament verkündet worden ist als *ein Testament der Freude* – »Ich verkünde euch eine große Freude« (Lk 2,10) –, werden auch verstehen, wie das Neue Testament innerlich still aufgenommen und empfangen worden ist mit dem Jubellied aus dem Mund der lieben Gottesmutter, mit dem *Magnificat* (Lk 1,46–55), einem Freudenhymnus, so lauter, so rein, so hellklingend, wie er seit Paradiesestagen wohl kaum gesungen worden ist.

Das macht uns verständlich, wie das Neue Testament *schlechthin die Frohe Botschaft* genannt wird, die Botschaft von der Freude. Wir wundern uns nicht, daß das *Grundgesetz* des Neuen Testaments *die acht Seligkeiten* sind[2]. Freilich werden wir uns auch bemühen,

[1] Garten der Wonne. Vgl. Gen 2, 8.15; 3, 23; s. Keppler, 62.

[2] Mt 5, 3–12 (12: Freut euch und jubelt: euer Lohn im Himmel wird groß sein). Vgl. Das volkstümliche Buch von J. M. Perrin OP, Die acht Seligkeiten als Botschaft der Freude (Originaltitel: L'Evangile de la Joie!), Freiburg 1959.

hier wohl tiefer zu schauen. Hier werden uns Quellen, Gegenstände der Freude namhaft gemacht, die dem natürlichen Menschen vielfach widerstreben: Armut, Reinheit, Geduld, Barmherzigkeit, Verfolgung. All das, so sagt uns das Grundgesetz des Neuen Testamentes, soll Gegenstand und Inhalt unserer Freude sein. Und wie das so hell in unsere heutige Situation, wie das so hell in unsere heutige bedürftige Zeit hineinklingt: Selig seid ihr, wenn euch die Menschen verfolgen und hassen! Ja, selig! Billigerweise dürfen wir uns dann fragen, ob wir bislang Verfolgung und Leiden als Quelle der Seligkeit, als Quelle des Glücks, als Quelle der Freude wirklich aufgefaßt und gekostet haben.

Wollen wir aus dieser allgemeinen Schilderung heraus einzelne Momente etwas stärker in den Vordergrund rücken lassen, so ergeben sich von selbst zwei Gesichtspunkte: Der Heiland und die Gottesmutter. Sie mögen, wenn Sie wollen, zumal wenn Sie während des Jahres die Gedanken in der Predigt oder bei anderen Gelegenheiten durcharbeiten, denselben Maßstab auch an das Leben der Apostel anlegen. Wir wollen für unsere Zwecke stehenbleiben beim Leben des Heilandes und seiner Mutter.

Der Heiland charakterisiert sein eigenes Leben am Schluß seiner Tätigkeit, unmittelbar vor seinem Leidensgang, einmal mit den Worten: Das alles habe ich euch gesagt, damit meine Freude in euch vollkommen sei[3]. Was will der Heiland damit sagen? Daß er selbst *ein Freudenmeister, ein Freudenmuster* sei! Daß meine Freude in euch vollkommen sei – stimmt unser Heilandsbild mit dieser Charakterisierung überein? Sehen

[3] Joh 15, 11: Dies habe ich euch gesagt, damit meine Freude in euch ist und damit eure Freude vollkommen wird.

wir nicht vielfach zu stark und zu einseitig den rex dolorosus? Steht der Heiland nicht sterbend vor uns als das Ideal der Freude, als der Freudenmeister und das Freudenmuster? Versuchen wir einmal zu studieren, was der Heiland mit den Worten sagen will: damit meine Freude in euch vollkommen sei. Es muß uns interessieren, wie seine Freude aussehen mag.
Ein ruhiges Überprüfen, unterstützt von dogmatischer Überlegung, mag uns sehr bald klar davon überzeugen, daß seine Freude eine einzigartige Mischung von göttlicher und menschlicher Freude darstellt – er war ja ständig mit der Spitze seiner Seele in der visio beata –, ein Gemisch von göttlich-seliger und beseligender und von menschlicher Freude, soweit ein reines Menschenherz dessen fähig ist. Wollen Sie nachprüfen, dann stellen Sie sich neben den Heiland als Kind, als Jüngling, als Mann in der Vollkraft der Jahre, da, wo er hinausgeht ins öffentliche Leben, seine Aufgabe zu lösen; begleiten Sie ihn in seinem Leidensleben, und bleiben Sie stehen, wo er triumphierend in den Himmel emporsteigt. Beachten Sie die einzelnen Züge der Freude!

Der Heiland *als Kind.* Über die Kindheit des Heilandes im Zusammenhang mit der Freude ist uns kaum etwas berichtet, was wir als sichere Nachricht ansprechen dürfen. Aber es mag unser gutes Recht sein, aus all dem, was später in der Heiligen Schrift von ihm steht, uns rückschließend ein Bild zu machen über die Art und Weise, wie er sich als Kind gegeben hat. Und wir müssen sagen: Es ist verkehrt, wenn man meint, der Heiland wäre immer in tiefer Traurigkeit gewesen, immer in dem Gedanken an das zukünftige Leid. Das widerspricht der gesunden Auffassung der echten und rechten Menschlichkeit. Er war doch auch ein Menschenkind, echt und ursprünglich! Wenn Sie darauf ein wenig Gewicht legen wollen – es ist ja kein strenger Beweis, was uns die apokryphen Evangelien berichten. Nach ihnen waren die Kinder, die Genossen seiner Jugend, die Nachbarskinder, die Bewohner von Nazaret, zum kleinen Jesusknaben gegangen, wenn sie ein Leid hatten, wenn sie traurig waren: Laßt uns doch hingehen zur Menschenfreundlichkeit, damit wir selber wieder froh werden[4].

Auch wenn wir uns den Heiland *in seinem Jünglingsalter* vorstellen, wissen wir nichts Sicheres, aber wir dürfen sinngemäß rekonstruieren. Wir dürfen und müssen annehmen, daß sich der Heiland, wie auch wir in diesem Alter, mit seinen Zukunftsaufgaben und -plänen auseinandersetzte. Aber vergessen wir nicht, was der Heiland später seiner Mutter zugerufen hat: Wußtet ihr nicht, daß ich in dem sein muß, was meines Vaters ist (Lk 2,49)? Was den Heiland auch hier trägt, war das unermeßliche Hingegebensein an das Wohlgefallen des himmlischen Vaters. Das künftige schwere Leid mag auf seiner Seele gelastet und gewuchtet haben, aber es wurde leicht tragbar, ja freudig erträglich durch das Bewußtsein: Der Vater, der Wunsch des Vaters hat dieses Leid für mich vorgesehen. Und wenn er später uns zuruft: Wußtet ihr nicht, mußte der Heiland denn das nicht alles leiden[5], dann fühlen wir, wie er so ganz echt menschlich denkt und empfindet. Er hat das Leid nicht nur ausschließlich als Leid gesehen, sondern auch unter dem Gesichtspunkt der Quelle der Freude für seine menschliche Natur, für die niederen Partien seiner Seele, für die ganze Menschheit. Muß deswegen nicht trotz aller schweren

[4] Keppler, 68.

[5] Lk 24, 26: Mußte nicht der Messias all das erleiden, um so in seine Herrlichkeit zu gelangen?

und ernsten Gedanken auf dem Antlitz des Heilandes der Glorienschein der Freude geleuchtet haben? Freilich, Freude und Lustigkeit sind zwei verschiedene Dinge. Lustig im gewöhnlichen Sinne des Wortes, so dürfen wir uns den Heiland nach den späteren Zeugnissen der Heiligen Schrift nicht vorstellen, aber tiefgründige, ernste, ruhige Freude, das entspricht dem Bild der Heiligen Schrift.

Und dann müssen wir wieder rückschließend aus dem späteren Leben annehmen, daß ein Großteil des Freudenbestandes seiner jungen Jahre in den *Naturfreuden* zu finden ist. Wie weiß er später die Natur zu schildern, in liebenswürdiger Kleinmalerei sich hineinzuvertiefen in die Natur! Dürfen und müssen wir nicht annehmen, daß er in jungen Jahren diesen Genuß, wie die Herrlichkeiten der Natur sie ihm boten, in vollen Zügen in sich aufgenommen hat? Es ist dies auch vom dogmatischen Standpunkt aus leicht verständlich. Er stand mitten in der herrlichen Natur seiner Umgebung: zunächst als Geschöpf, für das all diese Herrlichkeiten geschaffen worden sind; sodann als Schöpfer, der all diese Herrlichkeiten mit einem Wort seiner Allmacht ins Leben gerufen hat; endlich als Erlöser, der die Natur (er-)lösen wollte vom Fluch der Erbsünde. Sind nicht schon diese drei Gedanken eine ganze Quelle, eine tiefgehende Quelle der Freude?

Wollen wir uns jetzt neben ihn stellen, wo er *sein öffentliches Leben* beginnt! Da sind wir nicht mehr auf Konstruktionen, auf Vermutungen angewiesen. Hier steht sein Bild gesichert vor uns. Es ist wohl so, wie es der Heiland gezeigt hat: Er muß durchweg ernst gewesen sein wie ein Mann, der eine Ewigkeit, der eine Aufgabe, ja der einen Welterlösungsberuf auf seinen Schultern trug. Ist das nicht eigentlich auch unser Beruf? Müßte das nicht auch unsere dauernde Haltung sein, der Erlöserberuf, der Opferberuf? Müssen wir nicht in der jetzigen Zeit schwer tragen an diesem unserem Erlöserberuf, an diesem unserem Opferberuf? Und trotzdem: Mag sein, daß wir wissen, es ist so, der Heiland hat aus dieser Haltung heraus ernste Worte gesprochen, mit Donnerstimme die Menschen zurechtgewiesen, und doch: Immer wieder klingt eine Fröhlichkeit, eine Heiterkeit des Gemütes durch, um die wir, die wir ähnliche Schwierigkeiten und Leiden haben, ihn beneiden müssen.

Wenn er uns immer wieder sagt, der Vater ist immer mit mir[6], was will er damit sagen? Er ist immer mit dem Vater verbunden, hängt immer am Vater, und dieses *Gebundensein an den Willen des Vaters,* an den Wunsch des Vaters, erkannt als das höchste Gut, ist eine ganz tiefgründige, lautere Quelle der Freude. Und denken Sie an das bekannte Wort, das wir selbst schon oft zitiert haben: Es ist meine Speise, den Willen dessen zu tun, der mich gesandt hat (Joh 4, 34). Meine Herren, sind wir nicht berechtigt, aus dem organischen Zusammenhang heraus ein kleines Wort beizufügen: Es ist meine Freuden-Speise ...[7]? Das Ruhen im Willen Gottes (ist) seine Speise, woran er Genuß findet! Was ist das? Das ist der tiefe Sinn der Freude. Es ist meine Freudenspeise! Hören Sie es immer wieder! Auf dem dunklen Hintergrund des schwer lastenden und wuchtenden Erlöserberufes! Trotzdem die hellen Klänge: Im Willen des Vaters bin ich geborgen. Das ist die tiefste Quelle einer gesunden, echten Freude.

[6] Joh 8, 29: Und er, der mich gesandt hat, ist bei mir; er hat mich nicht allein gelassen, weil ich immer das tue, was ihm gefällt. 16, 32: Die Stunde kommt, und sie ist schon da, in der ihr versprengt werdet, jeder in sein Haus, und mich werdet ihr allein lassen. Aber ich bin nicht allein, denn der Vater ist bei mir.

[7] Zum Ausdruck »Freudenspeise« s. Keppler, 69.

Und wie war sein Verkehr mit den Menschen, seine Handlungsweise, seine Sprechweise? Wir mögen das alles im einzelnen überprüfen.

Sein Verkehr. Woher mag es gekommen sein, daß er die Menschen so an sich gezogen hat, daß seine Augen so strahlend gewesen sind, daß er durch das Auge so riesig viel Menschen an sich gefesselt hat? Vermuten wir nicht mit Recht, daß ein ganz eigenartiger Schimmer und Glanz nicht nur aus seinen Augen leuchtete, sondern über seine ganze Persönlichkeit ausgebreitet war? Wer das Leben kennt, wer weiß, wie die Menschen innerlich bewegt und umgewandelt werden, dem mag es nicht schwerfallen, als sicher anzunehmen, daß das Geheimnis, das vom Heiland ausging und die Menschen an sich zog, nicht zuletzt das Geheimnis der Freude war, das in seiner Persönlichkeit verkörpert war. Nicht nur Mädchen und Frauen und Kinder ließen sich von ihm binden, auch Männer folgten ihm auf ein einziges Wort und einen einzigen Blick hin. Und wenn die Massen später so elektrisiert sind, daß sie ihn zum König machen wollen, dann müssen wir prüfen, wieviel Liebreiz von seiner Person ausgegangen sein muß.

Erst recht, wenn wir *sein Leben* betrachten! Fühlen wir das nicht: Wenn er müde ist, dann sucht er seine Erholung auf den Bergen, *in der Natur.* Ist sie nicht eine Freudenquelle, ein Freudenmeer? Hat der Heiland es nicht verstanden, diese Freuden zu sehen und auszukosten? Immer wieder ruht er in der Natur aus; und immer wieder weisen die Bilder, die er zu benützen weiß, darauf hin, wie er selbst von der Natur innerlich erfaßt ist und daß er uns die Kunst wieder lehren will, die kleinen Naturfreuden zu genießen und uns anzueignen.

Wenn wir *seine Bilder, die er beim Sprechen gebraucht,* überprüfen, so finden wir einen großen Unterschied gegenüber dem heiligen Paulus und den anderen Aposteln. Beim heiligen Paulus sind es gigantische Züge, beim Heiland ist es etwas Hausfrauliches, etwas Einfaches: Immer wieder hinein in die kleinen und kleinsten Dinge des Alltags und der Natur! Was bevorzugt er als Bilder? Bilder aus dem Tier- und Pflanzenreich. Mit welcher Liebe mag er sich in alle Dinge hineinversenkt haben, und wie mag es ein Stückchen seiner Aufgabe gewesen sein, uns selbst wieder darauf hinzuweisen! Da spricht er von der Henne und den Küchlein[8], von den Vögeln des Himmels, die keine Sorge haben[9], von den Tauben und Schlangen[10]. Überlegen wir, ob diese Dinge uns nicht auch etwas zu sagen haben. Er spricht vom Ackerfeld (Mt 13,24–44), steigt in das Pflanzenreich, spricht von der Senfstaude (Mt 13,31 f.), vom Weinstock und den Rebzweigen (Joh 15,1 ff.). Wir mögen all diese Dinge erneut sehen; einmal aufhorchen, um das Bild des Heilandes als des Freudenbringers und Freudenmeisters tief in uns aufzunehmen, um uns davon einnehmen zu lassen. Freudenatmosphäre, mehr wollen wir nicht; wollen keine großen Gedanken. Darum mögen wir später ringen. Jetzt handelt es sich nur darum, daß wir, die wir mit Freudenhunger hergekommen sind, Freudenatmo-

[8] Mt 23, 37: Jerusalem! Jerusalem, du tötest die Propheten und steinigst die Boten, die zu dir gesandt sind. Wie oft wollte ich deine Kinder um mich sammeln, so wie eine Henne ihre Küken unter ihre Flügel nimmt; aber ihr habt nicht gewollt.

[9] Mt 6, 25 f.: Deswegen sage ich euch: Sorgt euch nicht um euer Leben und darum, daß ihr etwas zu essen habt, noch um euren Leib und darum, daß ihr etwas anzuziehen habt. Ist nicht das Leben wichtiger als die Nahrung und der Leib wichtiger als die Kleidung? Seht euch die Vögel des Himmels an: Sie säen nicht, sie ernten nicht und sammeln keine Vorräte in Scheunen; euer himmlischer Vater ernährt sie.

[10] Mt 10, 16: Seid daher klug wie die Schlangen und arglos wie die Tauben!

sphäre aufnehmen, damit wir wieder freudig werden, und (das) trotz und wegen dieser großen, ernsten Zeiten und unseres schweren Erlöserberufes, den wir mit dem Heiland tragen.

Und erst *sein Verkehr mit den Aposteln*! Hier sind wir am allerwenigsten auf Vermutungen angewiesen. Es steht ja in der Heiligen Schrift, daß das erste öffentliche Zusammensein mit den Aposteln bei Gelegenheit einer Hochzeit war (Joh 2,1–12). Und wie klar hat der Heiland dieses Zusammensein mit den Seinen auf der Hochzeit als Quelle der Freude für die Apostel aufgefaßt, ersehnt und dargestellt! Später machte man ihm den Vorwurf: Die Deinen fasten nicht! Und die Antwort? Solange die Freunde des Bräutigams bei ihm sind, freuen sie sich[11]. Daraus mögen Sie schließen, mit wieviel Freude das Zusammensein durchtränkt war! Weiter sehen wir auch, wie er sich väterlich freut, als sie zurückkommen von einer apostolischen Fahrt, von einer Missionsreise: Nun kommt und ruht ein wenig aus – ihr seid müde geworden – und erzählt[12]! Da fangen sie denn an zu erzählen. Wir können uns die Situation ausmalen, wie sehr die Apostel das Bedürfnis haben, sich auszusprechen. Und der Heiland, wie gütig mag er zugehört haben! Und wie ernst klingt es dann – da sehen wir den Welterlöser, der seinen Beruf ernst trägt –: Vater, ich danke dir, daß du das den Kleinen geoffenbart hast[13].

[11] Mt 9,15: Können denn die Hochzeitsgäste trauern, solange der Bräutigam bei ihnen ist?

[12] Mk 6,30 f.: Die Apostel versammelten sich wieder bei Jesus und berichteten ihm alles, was sie getan und gelehrt hatten. Da sagte er zu ihnen: Kommt mit an einen einsamen Ort, wo wir allein sind, und ruht ein wenig aus.

[13] Lk 10,21: In dieser Stunde rief Jesus, vom Heiligen Geist erfüllt, voll Freude aus: Ich preise dich, Vater, Herr des Himmels und der Erde, weil du all das den Weisen und Klugen verborgen, den Unmündigen aber offenbart hast.

So steht der Heiland vor mir in seinem öffentlichen Leben. Nun beginnt *sein Leidensweg.* Mag sein Leid seine Seele angefüllt haben mit Wehmut bis an den Rand, wir können uns nicht vorstellen, daß er diesem Leid ganz freudlos erlegen ist. Es war aber nicht Sonntagsfreude, die seine Seele erfüllte, es kann nur *Werktagsfreude* gewesen sein. So hat er ja auch die Apostel darauf hingewiesen: Das alles sage ich euch, damit meine Freude in euch vollkommen sei (vgl. Joh 15, 11). Überlegen Sie bitte einmal, was denn in dieser Situation Grund soviel tiefquellender Freude gewesen sein mag. Immer wieder derselbe Gedanke: das Wohlgefallen (des Vaters); das Bewußtsein: dem Vater gefällt das so; das Bewußtsein: mein Leid ist der Lösepreis für die Erlösung der Welt.
Könnten, sollten und müßten wir nicht auch all diese Leidensquellen als Freudenquellen in uns fließen lassen? Wieviel Leid, wieviel Kreuz und Leid mag uns bevorstehen, mögen wir tragen! Was ist das aber alles gegen das Leid, das der Heiland durch äußere Verfolgung, durch Mord, durch Totschlag und Sterben auskosten mußte! Wenn ich die Freuden des Heilandes vollkommen in mir haben will, muß ich auch die Freuden des Kreuzes und Leides kosten. Es sind meine Heilandsfreuden, die mich auf die visio beata vorbereiten sollen; die mich innerlich beschwingen, am Erlösungsberuf des Gottmenschen im einzelnen teilzunehmen.

Und später, *nach der Auferstehung,* wie steht es da mit der Freude im Heilandsleben? Da ist es eine ständige lautere *Sonntagsfreude,* die seine Seele anfüllt bis an den Rand; seine menschliche Natur, die niederen Partien seiner Seele sind durchsonnt, die visio beata bricht durch. Er ist durch und durch Freude: rex gloriae – König der Freude.

Erst recht jetzt *droben im Himmel*! Wir sollen uns mit ihm herzlich freuen, daß das Leid aufhört und daß er teilnimmt an der Freude Gottes. Der Gott der Freude nimmt teil an der Freude Gottes.

Es mag darum *für uns als Priester,* die wir den ernsten, schweren Erlöserberuf des Heilandes teilen und ihn vor uns sehen, der Mühe wert sein, daß wir uns fragen: Erliegen wir nicht doch zu stark der Wucht und dem Ernst unserer heutigen Aufgaben? Woher kommt es denn, daß der Erfolg in unserer Pastoration vielfach so gering ist? Wir können eine ganze Menge von Antworten geben. Aber ob wir nicht aus diesem gezeichneten Zusammenhang heraus mit großem Recht sagen dürfen: Grund für Mißerfolg besteht darin, daß wir selbst in der Seelsorge die Freude zu wenig kennen, daß wir selbst keine Freudenkünstler, keine Freudenmeister sind? Das ist an sich nicht undenkbar, wenn ich in meinem Leben, in meiner Seelsorge immer nur die schwarzen Seiten sehe! Gibt es nicht so viel werthafte Freude? Warum sehe ich sie nicht?
Schon allein in der tiefen und dauernden Dankbarkeit Gott gegenüber für unseren schönen Beruf, schon im Bewußtsein, daß auch mein Leid eine Freudenquelle sein darf für die immanenten Lebenskräfte des Christentums, daß Leid und Kreuz und Gebet mir in überreicher Weise zur Verfügung stehen, müßte unsere Freude sein. Sind es denn wirklich alle in der Pfarrei, die Steine auf mich werfen? Warum sehe ich immer nur das Traurige und das Trübe, nicht auch die hellen Seiten meines Berufes? Sehe ich nicht im Beichtstuhl und im persönlichen Verkehr, wieviel Gutes und Edles auf der Welt ist in den gepeinigten und gemarterten Seelen? Warum sehe ich immer so ganz einseitig auf das weniger Edle? *Wir müssen Freudenmeister, Freudenmuster sein,* müssen uns die Kunst aneignen, über jede

Kleinigkeit uns zu freuen auf dem Weg der kleinen Dinge.

Einer von den Herren, die auch jedes Jahr hier Exerzitien machen, hat sich vorgenommen, allabendlich sein Gewissen auf andere Weise zu erforschen als bisher, (nämlich) jeden Abend sich zu fragen: Habe ich jede Gelegenheit während des Tages ausgenutzt, um mich zu freuen? Und wie hat er nun seinen Vorsatz durchgeführt? Wenn er sich hinkniet und sich erforscht hat, dann fällt es ihm ein: Ich will es ja auf andere Weise tun! Was tut er da? Noch einmal, ein zweites Mal erforscht er sich: Habe ich jede Gelegenheit benützt, um mich zu freuen? Habe ich jede Gelegenheit benutzt, um auch Dankbarkeit und alles, was in der Dankbarkeit mitklingt, zu üben und zu pflegen? Ich darf Sie bitten, versuchen wir einmal, ob wir uns nicht auch in ähnlicher Weise bewußt und grundsätzlich mehr zur Freude erziehen müßten.
Freudenmeisterschaft fällt uns nicht in den Schoß. Von Haus aus sind wir zu wenig zur Freude erzogen, und das heutige Leben drängt nicht von selbst zur Freude. Wir wollen unterscheiden: Ich verstehe unter Freude nicht Lustigkeit, auch nicht eine ganz bestimmte abgerundete Form. Das mag jeder in seiner Art tun. Es genügt aber nicht, daß wir nur äußerlich aufgeräumt sind. Das Wichtigste ist die innere, geistige Freude: daß wir eine *freudige Grundeinstellung* haben, und wenn sie auch nur darin begründet ist, daß wir sagen: Ich bin in Gott gegründet; daß wir uns sagen: Die Vorsehung Gottes, die Weisheit Gottes führt mich Weisheitswege und gütige, barmherzige Wege. Wer den Vorsehungsglauben in seinem Leben hat, kann doch eigentlich nicht tiefer traurig sein, der muß immer die Werktagsfreude haben. Und diese besteht in der schlichten Ergebung in den göttlichen Willen.

Deswegen bewußte Pflege der Freude! Zum Freudenmeister und Freudenmuster will ich mich erziehen! Weshalb haben wir in der heutigen ernsten Zeit so wenig Erfolg? Darf ich Sie einmal fragen: Kommt nicht in unserem Leben zu häufig das Betrübliche vor, daß wir in der Art und Weise, wie wir mit unseren Seelsorgsbefohlenen verkehren, zu wenig Sonnenmenschen sind? Haben wir nicht gestern sagen dürfen, daß eine schlichte Freude der Zauberschlüssel ist, der die Herzen der Menschen aufschließen kann, eine Wünschelrute, die ganz geheimnisvolle Quellen der Kraft in unserem Gegenüber entdeckt und lebendig macht? Wir müßten *mehr Gewicht darauf legen, daß wir wirkliche Sonnenmenschen sind,* auch im Verkehr mit den uns Anvertrauten. Wie muß das die Menschen zwingen, wenn sie wissen: Wir selbst tragen schweres Leid, wir selbst leben immer in menschlicher Unsicherheit, und trotzdem: Mit menschlich abgeklärter, souveräner Ruhe, die nicht nur äußerlich etwas mimen will, sondern auch innerlich ist, stehen wir dem Leben, den Schwierigkeiten und den Gegnern gegenüber!

Und nun eine dritte Frage: Predigen wir auch über die Freude? Wenn die Freude ein wesentlicher Inhalt der christlichen Verkündigungslehre, eine Grundforderung ist, wie wir gestern darstellen durften, und auch Grundpfeiler, dann müssen wir in der heutigen freudearmen Zeit *immer wieder von der Freude predigen.* Darauf werden wir auch noch zu sprechen kommen dürfen, daß wir unserem heutigen Volk wohl den Ernst und die Wucht der Wahrheit nicht vorenthalten dürfen, aber mehr als sonst den Freudengehalt der Frohbotschaft erschließen müssen. Und ist nicht in jeder Lehre auch ein Freudengehalt? Da müssen wir Künstler der Darstellung sein, und wir werden so weit

Freudenkünder sein, als wir selbst eine tiefe, unerschütterliche Freude und einen ebensolchen Gleichmut in allen Lebenslagen unser eigen nennen.
Vielleicht genügen diese skizzenhaften Worte, um die Atmosphäre der Freude in unser Inneres aufzunehmen.

Darf ich ein zweites Bild aus dem Neuen Testament herausmalen und zeichnen? Für uns ist der Heiland immer verbunden mit seiner Mutter und seine Mutter immer verknüpft mit ihm. Wir wollen niemals die Frucht sehen ohne den Baum, aber auch den Baum nicht ohne die Frucht. Maßstab mag Sinn und Inhalt des Ave sein: ... und gebenedeit ist die Frucht deines Leibes, Jesus. Wir dürfen deswegen *die liebe Gottesmutter* neben den Heiland stellen. Ob wir nicht auch hier in unserem Denken und Fühlen uns ein klein wenig umorganisieren müssen? Sind wir nicht zu stark geneigt – es mag das wohl eine Folge unserer gesamten Erziehung, unserer ernsten Haltung sein – sind wir nicht zu stark geneigt, die Gottesmutter zu einseitig zu sehen als die mater dolorosa? Ist sie nicht auch die Freudenmutter, die *mater sanctae laetitiae,* die Mutter unserer Freude? Jubelt sie es doch hinaus und hinein in die Jahrhunderte: Hochpreiset meine Seele den Herrn, und mein Geist frohlockt in Gott, meinem Heiland (Lk 1,46 f.)! Was der Apostel später als Grundgesetz aufstellt – Freut euch! und immer wieder: Freut euch (vgl. Phil 4,4)! –, das hat die Gottesmutter gleich am Anfang des Neuen Testamentes, am Morgen des Neuen Testamentes in einzigartiger Weise getätigt: ... und mein Geist frohlockt in Gott, meinem Heiland. Halten Sie diesen Gedanken, dieses Bild fest, denn hier haben Sie einen ganz wesentlichen Zug im Leben der Gebenedeiten unter den Frauen. Wenn ich in ihrem Leben Leid und Freud vergleichen wollte, dann müßte ich mich entschließen zu erklären: *Die Freude hat ihr Leid weit überragt.* Weit! Weshalb? Ja wir ahnen es schon: Wenn der Heiland selbst Freudenmuster, Freudenkünder, Freudenmeister gewesen ist, dann muß die Gottesmutter als Spiegel der Gerechtigkeit, als das menschliche Wesen, das das Antlitz des Heilandes am vollkommensten ausgeprägt, die ja alle Strahlen, die von der Sonne der Gerechtigkeit ausgehen, in einzigartiger klassischer Weise in sich aufgefangen und verkörpert hat, auch all diese Strahlen in ihrem Leben verwirklicht haben.

Wollen Sie den Gedanken nicht nur a priori, sondern auch a posteriori auf sich wirken lassen, dann prüfen Sie, wie die Freude im Leben der Gottesmutter aussieht. Ich erinnere an die Einteilung von gestern: Werktags- und *Sonntagsfreude.* Wie sieht die Werktagsfreude in ihrem Leben aus, wie die Sonntagsfreude? Wundern Sie sich, wenn ich Ihnen gleich sage, was wir am Ende finden: Ein gegenseitiges Abwägen muß uns zur *Überzeugung* bringen, *daß die Sonntagsfreude ihre Werktagsfreude weit überwiegt,* so viel Freuden sind in ihrem Leben! Nur müssen wir den Inhalt der Freude etwas tiefer fassen: nicht als Lustigkeit, nicht etwa als so ein irgendwie starkes oder weniger starkes Gefühl der inneren Ersättigung und Befriedigung von Sinnengenüssen. Oder mag es sich um gutes Essen oder Trinken handeln? Nein: die Freude, wie Gott und der Heiland sie aufgefaßt und wie wir sie definiert haben.

Schauen Sie die *Werktagsfreude*! Worin besteht sie? Schlicht ausgedrückt: in dem starken Bewußtsein der Gleichförmigkeit mit dem göttlichen Willen. Da wurzelt mein ganzes Wesen ja in Gott und dem Göttlichen, Gleichförmigkeit mit dem göttlichen Willen! Wollen Sie Maßstäbe haben, Maßstäbe für die Werktagsfreude der lieben Gottesmutter, und diese Maßstäbe anwenden, dann mögen Sie sich um zwei *Maßstäbe* bemühen.

Schauen Sie zunächst hinein in das Leben der Apostel, besonders des Apostels Paulus. Wie versteht er es, uns eine ganze Reihenfolge von Kreuz und Leid aufzustellen! Was hat er doch alles ausgekostet: Schwierigkeiten zu Wasser und zu Land et cetera, er weiß das in seiner Art zu schildern[14], aber auch, daß am Ende doch die Freude steht, wo alles innerlich in uns befriedigt ist. Darum müssen wir auch bei der Freudenerziehung uns immer bemühen: Freudenerziehung auch bei schwerer Verfolgung! Und trotz all dieser Leiden: In all diesen Leiden fließe ich über von innerer Freude (2 Kor 7,4)! Und wenn das der Apostel von sich sagen kann, wie mag dann die Gebenedeite unter den Frauen, die ja viel größer vor uns steht, als Abbild des Heilandes das in ähnlicher Weise innerlich erlebt haben!

Oder einen anderen Maßstab: Sie wissen, Werktagsfreude besteht in der starken Gebundenheit an den Willen Gottes. Und wovon mag diese Gebundenheit an den Willen Gottes letztlich bestimmt werden? Wenigstens in etwa wird sie mitbestimmt von der starken Entbundenheit von der Kreatur. Nun ermessen Sie im Leben der Gottesmutter, wie stark sie von allem Widergöttlichen entbunden ist, und dann wissen Sie, wie stark sie gebunden ist an das Wohlgefallen Gottes. So muß die Gottesmutter die Werktagsfreude, das Gebundensein an den göttlichen Willen, die Ergebung in den göttlichen Willen ihr eigen genannt haben.

Wollen Sie einen anderen Maßstab anlegen, dann beten Sie still für sich den schmerzhaften Rosenkranz.

[14] Vgl. 2 Kor 6, 1–10; 11, 22–33.

Sehen Sie die Tatsache ihres Leids, gehen Sie es einzeln durch. Hier haben Sie jeweils das Leid des Heilandes, wie es aufgefangen und mitgelitten worden ist in ihrem Mutterherzen: der für uns im Garten Blut geschwitzt hat, gegeißelt worden ist et cetera. Sie mögen den Kreuzweg gehen mit dem Herzen, mit den Augen und dem Empfinden der lieben Gottesmutter, oder Sie mögen den schmerzhaften Rosenkranz beten, bloß damit Sie vor sich haben, wie groß das Leid in ihrem Leben gewesen ist: unermeßlich groß, werde ich sagen dürfen.

Aber es entsteht eine doppelte Frage: die Frage nach der *Eigenart ihres Leids* und wie sie in diesem Leid in Gott gegründet war, Werktagsfreude genossen hat. Die Frage nach der Eigenart ihres Leids mag für uns als Männer nicht überflüssig sein. Die Charakteristik: Erstens, es ist seelisches Leid, zweitens es ist seelisches Mitleid.

Seelisches Leid. So hat es Simeon prophezeit: Und deine Seele wird ein Schwert der Schmerzen durchbohren et cetera (Lk 2, 35). Nebenbei gesagt, für die Frau selbst ist jeweils das schwerste Leid nicht das körperliche, sondern das seelische. Seelisches Leid ist aber oft gar tief und zutiefst *seelisches Mitleid.* Ist es nicht auch in Simeons Prophezeiung eingeschlossen? Er wird vielen zum Fall und zur Auferstehung sein. Darum wird deine Seele ein Schwert durchdringen (vgl. Lk 2, 34 f.). Seelisches Mitleid, das ist die Art ihres Leides.

Wollen Sie aber nicht nur die Art, sondern auch das *Maß dieses Leides* wissen, dann haben wir auch schon den Maßstab für uns gefunden. Wonach wird Leid, seelisches Mitleid gemessen? Nach dem *Maßstab der Liebe.* Wer weiß das nicht aus Erfahrung? Wenn ich

jemand gern habe, werde ich mitleiden, wenn er zu leiden hat; wenn ich jemand nicht gern habe, kenne ich auch kein Mitleid. Wenn ich jemand endlos, grenzenlos gern habe, ist es da nicht selbstverständlich, daß auch mein Mitleid in ähnlicher Weise grenzenlos tief ist? Wollen Sie nun diesen Maßstab an das Seelenleid der Gottesmutter anlegen! Wie groß war ihre Liebe zum Heiland! Damit wissen Sie auch, wie groß ihr Seelenleid gewesen ist.
Wie groß war ihre Liebe zum Heiland? Drei Wortpaare darf ich dafür nebeneinanderreihen. Das erste Wortpaar: Mutter und Kind. Das zweite Wortpaar: eine unbefleckte Mutter und ein reines Kind und deswegen die gegenseitige reine Mutterliebe und Kindesliebe. Das dritte Wortpaar: das Kind ihres Schoßes ist gleichzeitig ihr Gott. Wollen Sie nachprüfen, wieviel Quellen der Liebe da vor uns stehen? Nun wissen wir auch, wie unermeßlich groß ihr Leid gewesen ist, nach der Gesetzmäßigkeit: Alles, was der Heiland gelitten hat an Leib und Seele, ist für das Empfinden der lieben Gottesmutter umgewandelt worden in mütterliches, frauliches Mitleiden.

Aber wir wollen nicht sprechen von ihrem Leid, sondern von ihrer Freude. Und das ist das Wichtigste für uns. *Wo zeigt sich* in diesem schweren Leid *die Freude*? Ja wir dürfen sagen, das Leid war so stark, daß rein menschliche Hände und Schultern das nicht tragen konnten. Das will heißen: Kein Sterblicher, kein rein Sterblicher hat einen solchen Leidenskelch wie die Gottesmutter bis zur Hefe getrunken. Ich glaube das eben nachgewiesen zu haben. Deswegen ist die Frage für uns so wichtig, die wir so viel Leid zu tragen haben: Wie offenbart sich auf dem dunklen Hintergrund des Leides die Freude ihrer Seele?
Wenn wir nicht auf Konstruktionen angewiesen sein

wollen, müssen wir hören, was sie so klar und hell zu sagen weiß: Mir geschehe nach deinem Wort. Ich bin die *Magd des Herrn* (Lk 1,38). In diesem »Magd des Herrn« liegt für sie die Quelle der Freude auch im tiefsten Leid. Nun müssen Sie mir gestatten, Ihnen das Wort »Magd« in doppeltem und dreifachem Sinn vor Augen zu stellen.

Nehmen Sie es wörtlich. Was liegt doch eine ganze Unsumme von Geborgenheit in der klaren Erkenntnis: Er, der Absolute, der Unendliche, kann mit seinem kleinen Geschöpf machen, was er will. Ich bin absolut von ihm abhängig. Gott hat absolute Hoheitsrechte über mich. Er kann sein Gefäß zerschlagen, zusammenleimen, wieder zerschlagen: Ich bin die Magd des Herrn! Hätten wir mehr dieses *Geschöpflichkeitsbewußtsein,* dieses tiefgründige Abhängigkeitsbewußtsein von Gott, Sie sollten einmal sehen, wie wir im schwersten Leid immer wieder geborgen wären im Wohlgefallen Gottes, gebunden an Gott!

Wollen Sie mir gestatten, das Wort »Dienerin« – wenn ich in das gesamte Leben der Gottesmutter hineinschaue und mich von der Dogmatik beraten lasse – auch zu deuten als *Braut des Herrn.* Siehe, ich bin nicht nur eine Magd und Mutter, sondern auch, wenn wir Scheeben folgen wollen[15], die Gemahlin des Heilandes. Brautschaft – Gemahlschaft: die innigste Schicksals- und Aufgabengemeinschaft zwischen zwei Personen. Wieviel Freude muß die Gottesmutter innerlich gelebt und erlebt haben in dem Bewußtsein: Er

[15] Wie meist in dogmatischen Fragen, folgt P. Kentenich der theologischen Auskunft Matthias Joseph Scheebens, besonders in der Mariologie; nach dessen Überzeugung ist der (übernatürliche) Personalcharakter der Gottesmutterschaft zutiefst die »göttliche Vermählung« der zweiten Person der Gottheit mit Maria. Vgl. die Bearbeitung der Mariologie Scheebens durch Carl Feckes: Die bräutliche Gottesmutter, Essen 1951, bes. S. 94 ff.

und ich! *Ich darf ihm helfen, seine Lebensaufgabe zu lösen,* die Welt zu erlösen! Wenn der Heiland schon seinen Aposteln sagt: Mußte denn der Menschensohn nicht das alles leiden, um so in seine Herrlichkeit einzugehen (Lk 24, 26), und wenn das schon für den Heiland ein Beweggrund in seinem Leiden war, die Freudenquellen sprudeln zu lassen: Muß das nicht bei der Gottesmutter noch viel stärker gewesen sein? Wenn die Frau gebiert, ist sie voll Traurigkeit; wenn das Kind aber vor ihr liegt, wieviel Freude muß dann das Herz der Frau durchzucken[16]! Mater dolorosa! Ihre Geburtswehen: Sie erzeugt geistig Kinder. Auch uns!

Meine Herren, nehmen Sie diese Gedanken nicht nur als billige Phrase! Hier müssen wir trinken, das sind die Quellen. Wenn auch ich als Saatkorn in die Erde gesenkt werde, um zu sterben, dann weiß ich, mein Sterben und mein Blut sind Saatkorn neuer Christen. Ich weiß, alle anderen Mittel mögen nicht verfangen, um fruchtbar im Weinberg des Herrn zu arbeiten. Die fruchtbarsten Mittel, Kreuz und Leid, müssen wir deshalb in gottgefälliger Weise tragen. Wollen Sie gefälligst die Werktagsfreuden der lieben Gottesmutter etwas tiefer auf sich wirken lassen. Meinen Sie nicht, wir müssen unserem Volk neben der Schmerzensmutter auch die Freudenmutter zeigen; in der heutigen freudearmen Zeit uns bemühen, am Bild der Gottesmutter Sinn und Wesen und Zweck wahrer Freude anschaulich zu zeigen? Das ist die Aufgabe des heutigen Christentums.

Und erst recht, wenn ich an ihre *Sonntagsfreuden* denke! Da haben wir eine viel stärkere Resonanz des Geborgenseins, der Ruhe unseres Strebevermögens in

[16] Joh 16, 21: Wenn die Frau gebären soll, ist sie bekümmert, weil

unserem Gut, der Ruhe des Gemütslebens. Darf ich Sie bitten, daß Sie gefälligst einmal den *freudenreichen* und glorreichen *Rosenkranz* durchdenken? Ich weiß nicht, ob es Zweck hat, es Ihnen in den einzelnen Gesätzen vorzumachen. Die Dinge sind klar. Wir müssen sie nur aufgreifen und unter dem Leitgedanken der Freude einregistrieren. Nicht neue Gedanken, sondern die Freudenatmopshäre ruhig in sich aufnehmen. Ich werde Ihnen später schon grundsätzlich die Linien und Prinzipien ziehen. – Ich weiß nicht, wo wir anfangen sollen.

Erstes Gesätz, die Verkündigungsszene: den du, o Jungfrau, vom Heiligen Geist empfangen hast (vgl. Lk 1,26–38). Prüfen Sie sich und stellen Sie es dem Volk dar, welch reichflutende Quellen der Freude im Leben der Gottesmutter hier zu suchen sind! Sie denken da an die *Freude der eigenen Auserwählung.* Wir müssen nicht so unmenschlich sein und etwa denken, das hätte bei der Gottesmutter nichts ausgemacht, die Freude über die eigene Auserwählung und über die Erlösung der Welt. Und da, wo die Gottesmutter erneut auftritt, kommt auch wiederum erneute Freude. Wo der Baum ist, muß auch die Frucht sein. Sie ist der Baum, und wo sie erscheint, muß auch die Frucht wirksam werden, muß die Erlösung wieder Wirklichkeit werden. Wollen wir nicht ihr die Freude machen, zu helfen, daß sie wiederum mitten unter dem Volk erscheint, daß die Freude auch in ihrer Seele stark wird an der Erlösung der heutigen Menschheit?
Zweites Gesätz (vgl. Lk 1,39–45). Prüfen Sie bitte einmal, was schon allein der Entschluß bedeutet, selbstlos zu dienen. Ein geistreicher russischer Dichter

ihre Stunde da ist; aber wenn sie das Kind geboren hat, denkt sie nicht mehr an ihre Not über der Freude, daß ein Mensch zur Welt gekommen ist.

meinte einmal, er hätte dem Hausdiener ein wenig geholfen, die Teller zurechtzustellen, und hebt dann hervor, wieviel Seligkeit er in seinem Innern als Echo empfunden hatte[17]. Denken Sie einmal menschlich: Die Gottesmutter eilt über das Gebirge, ist Tabernakel Gottes. Sie hat nicht das starke Drängen: Weg von den Menschen, weg in die Einsamkeit! Gott ist in ihr, und sie *möchte Gott zu den Menschen tragen.* Und was tut sie draußen? Hebammendienste. Sie ist die erste Familienpflegerin. Hebammendienste. Sie eilt über das Gebirge, und wir fühlen, wie ihr Dasein eine Quelle der Freude ist für die Frau und für den Mann. Der Mann kann jetzt wieder sprechen, die Frau fängt an zu prophezeien, und das Kind hüpft auf und wird gerechtfertigt. Sehen Sie, wie die Gottesmutter überallhin Freude bringt! Muß das nicht auch in der eigenen Seele uns durchdringen und durchtränken?

Drittes Gesätz[18]. Denken Sie einmal an ihre natürlichen *Mutterfreuden*! Und hier, wie sie im Glauben ihren Gott unmittelbar vor sich schaut! Denken Sie aber auch daran, wie sie sich mitgefreut hat über die Freude der Hirten, über die Freude der drei Könige, mitgefreut hat an der Freude all derjenigen, die dem Heiland einmal ihr Herz schenken wollen!

Viertes Gesätz: den du, o Jungfrau, im Tempel aufgeopfert hast (vgl. Lk 2,22–40). Auch hier mag es schwer gewesen sein, den Heiland herzugeben. Aber sie hing am Willen des Vaters, und sie wußte, der Heiland hat den Erlöserberuf. Und jede echte Mutter kennt *nichts Größeres, als dem Kind zu dienen,* in Abhängigkeit vom Wohlgefallen des Himmelsvaters; das Kind zu seiner Lebensaufgabe zu bringen, es ihr entgegenzuführen. Und wieviel Freude trotz des Leides!

[17] Iwan Turgenjew (1818–1883).

[18] Vgl. Mt 2, 1–12; Lk 2, 1–20.

Aber die Freude wird um so klarer, je mehr wir erkennen, daß ihre Seele angefüllt war mit wahrer, übernatürlicher Gottesliebe.
Fünftes Gesätz (vgl. Lk 2,41–52). Zunächst ein schweres Leid. Worin das Leid bestanden haben mag? Zum größten Teil darin, daß sie den Sohn verloren hat; zum größten Teil darin, daß sie im Augenblick des Wiederfindens sich sagen mußte: Das Kind hat ja nicht einmal Sehnsucht nach der Mutter gehabt! Und das ist für ein Frauenherz ein großer Schmerz. Sie selbst ist voll Sehnsucht und das Kind nicht. Er steht vor ihr: Wußtet ihr denn nicht...? Es ist die Quelle zu schwerem Leid. Und doch: Weil der Heiland es so klar sagt, weil er hinweist auf den Vater, weil der Vater von ihr verlangt, daß sie ein zweites Mal auf ihn verzichtet, daß sie ihn ein zweites Mal erzeugt, darum bringt sie das Opfer. Ja, ein zweites Mal mußte sie das Kind erzeugen: das erste Mal leiblich und jetzt in der Hingabe an Gott und die große Lebensaufgabe. Wußtet ihr denn nicht...? Da muß in der Seele das Wort mitgeklungen haben: Gottes Wille, drum sei stille! Der *Wunsch und* der *Wille des Vaters* ist die letzte Quelle, ist der tiefste Grund für dieses wahre Geborgenheitsbewußtsein.

Meine Herren, wollen Sie nicht selbständig und eigentätig diese Gedanken durchdenken? Es mag für uns eine große Selbstverständlichkeit sein, daß der *glorreiche Rosenkranz* ein einziges *Meer von Sonntagsfreuden* in sich schließt. Sie tun das bitte selbständig für sich!
Wenn wir dann alles nochmals auf uns wirken lassen, dann steht wohl eine ganz durchschwängerte Freudenatmosphäre vor uns. Es mag nicht nur der Begriff der Freude an diesem Anschauungsunterricht geklärt worden sein, es mag auch unsere Freudenemp-

fänglichkeit gestärkt und in die rechten Freuden gelenkt worden sein. Darum mag es gut sein, wenn wir diese Wertwelt ein ganzes Jahr bewußt festhalten und pflegen.
Wenn ich in mein eigenes Leben hineinschaue – Sie mögen das für sich selbst tun –, muß ich da nicht sagen: So wie die Geheimnisse des Rosenkranzes zehn Geheimnisse der Sonntagsfreude und nur fünf Geheimnisse der Werktagsfreude enthalten, ist so nicht *auch in meinem Leben,* bei Licht gesehen, *die Sonntagsfreude die weitaus größere?* Viele von uns meinen, sie hätten das Leid gepachtet: Der liebe Gott wolle nichts von ihnen wissen und er wolle ihnen das Leid kübelweise in ihr Leben schütten. Das sind Ausnahmen. So wie im Leben der Gottesmutter, muß auch proportionaliter in unserem Leben Sonntags- und Werktagsfreude verteilt sein.

Der heilige *Franz von Sales* – Sie werden das bei Tisch noch ausführlicher zu hören bekommen – hat einmal rückschauend gemeint: »Seit einiger Zeit wird meine Ruhe durch Widersprüche und geheime Verfolgungen von allen Seiten gestört.« Hören Sie jetzt, wie das wahre Gotteskind, der übernatürliche Mensch, diesen Dingen entgegentritt! Das können wir auch sagen: Seit einiger Zeit wird unsere Ruhe durch Widerspruch und geheime Verfolgungen von allen Seiten gestört; nicht nur dann und wann, sondern ständig. Und die Antwort? Das gibt mir aber »einen so süßen und lieblichen Frieden, daß nichts denselben übertreffen kann«. Meine Herren, verstehen Sie nicht, wie tief das geht? Wenn wir beim Leiden nur die Traurigkeit, den Schmerz sehen, halten wir das nicht aus. Gott will uns durch Leiden enttäuscht werden lassen an den Dingen, damit unsere Seele dahin gehe, wofür sie geschaffen ist: hineinfliege in seine Arme. Schweres und vieles

Leid soll uns vorbereiten auf die Vereinigung mit Gott und mehr und mehr für Gott erziehen[19].

Bei einer anderen Gelegenheit sagt derselbe heilige Franz: »Ich zittere zuweilen vor Furcht, daß mir Gott schon hienieden meinen Himmel gibt; denn ich weiß eigentlich nicht, was Widerwärtigkeit ist« – obwohl er doch so viel durchzumachen hatte! Wer sein Leben kennt, weiß es. Aber bei dem Menschen, der in Gott gegründet ist, ist das Leid immer eine Kleinigkeit, ist kaum der Mühe wert. So auch hier: »Ich zittere zuweilen vor Furcht, ... Die Leiden, die ich erfahren habe, waren nur kleine Einschnitte, die kaum die Haut ritzten. Die Verleumdungen, die über mich ergingen, waren luftige Kreuze, deren Andenken mit dem Laute verwehte. Wie unbedeutend waren alle Unfälle, die über mich kamen[20]!« Sehen Sie, wie viel der Heiland mir gegenüber gelitten hat! Was sind meine Leiden? Es sind kleine Einschnitte in die Haut, die Verleumdungen, die über mich ergingen.

Da haben Sie eine ganz *salesianische Aszese.* Die sieht immer das Positive, (sieht) immer Gottes Güte und Barmherzigkeit in endloser Weise die Arme nach ihm ausstrecken. Das andere, das Negative, das Leid, insofern es ein malum ist, wird auch erlebt, aber nicht formell betrachtet. Das ist *positive Aszese.* Sagen Sie nicht, das ist Spielerei! Das setzt eine große Gottesliebe voraus, eine sprudelnde Gottesliebe, eine Gottinnigkeit und Gottergriffenheit. So können wir verstehen, wie der heilige Franz in seinen Briefen immer wieder mahnt: Seid fröhlich! Und immer wieder: Seid

[19] Das angeführte Zitat ist der erste Teil eines Satzes, in dem es dann so weitergeht: ». . . und verkündet mir die nahe Vereinigung meiner Seele mit Gott, was, aufrichtig gesagt, nicht nur die größte, sondern auch die einzige Ehrsucht und Leidenschaft meines Herzens ist.« (Keppler, 99 f.).

[20] Ebd., 100.

fröhlich! »Lebe fröhlich, der Herr sieht auf dich und schaut dich an mit Liebe und Zärtlichkeit[21]«. Das ist der Grundton seiner ganzen Aszese. Der Zauberstab ist die Liebe. Ich fühle mich von Gott geliebt. Gewiß, wir als Männer haben nicht das rechte Gefühl für diese Dinge. Erst wenn wir älter werden, der Ehrgeiz nachläßt oder die natürlichen Triebe des Ehrgeizes nicht mehr befriedigt werden können, weil andere talentierter sind oder besser im Sattel sitzen, dann darf einmal der Liebestrieb – sich geliebt zu wissen – sich viel stärker entfalten. Ganz abgesehen davon, daß dann aber diese so eingestellte Liebe bisweilen in ganz niedriger Weise geschieht. Das aber war das Meisterstück beim heiligen Franz, daß er erklärte: Der Urtrieb in der menschlichen Natur ist ganz Liebe; und wenn das richtig erfaßt wird, wird der Mensch organisch und gesund wachsen. Deswegen immer wieder sein Rat: *Glaube dich geliebt, fühle dich geliebt, wisse dich geliebt!* Das Meisterstück ist das Bewußtsein: Gott ist es, der schneidet; der Vater reinigt[22]. Das Meisterstück: Ich glaube mich geliebt.

O glauben Sie nicht, daß das weichlich ist! Das scheint nur so. Probieren Sie es nur, wenn alles zerbricht, wenn man Steine auf Sie wirft: Der Vater reinigt. Sich geliebt wissen! Nicht nur die strafende Hand Gottes sehen, sondern auch Akte der göttlichen Liebe – das Meisterstück in der Erziehung, aber auch in der Freudenerziehung. Freude ist immer das Immer-in-Gott-geborgen-Sein. Der Vater hat mich gern. »Lebe fröhlich, der Herr sieht auf dich und schaut dich an«. Wer das zurechtbringt, der ist Freudenbringer, der ist Freudenmeister.

Einer Oberin schreibt er einmal bei Gelegenheit: »Le-

[21] Ebd., 99.

[22] Vgl. Joh 15, 2: Jede Rebe an mir, die keine Frucht bringt, schnei-

ben Sie in heiliger Freude inmitten Ihrer Töchter: zeigen Sie ihnen Ihr mütterliches Herz durch inneres Wohlwollen und liebliches Entgegenkommen, damit sie fröhlich Ihnen zueilen[23].«

Sehen Sie, das ist die Welt, die wir uns heute wieder aneignen müssen. Unser Volk wird von anderer Seite so stark von uns weggezogen, wir aber müssen es zu Gott emporführen. *Unser Volk muß Sie heute gern haben,* muß an Sie gebunden sein. Haben wir nicht im ersten Vortrag gesagt, der neue Seelsorgsraum verlangt neue Methoden? Das Volk ist gelöst von allen zweitletzten Dingen. Das Volk steht mir gegenüber, mir, dem Führer des Volkes, gegenüber. Da stehe ich und da die Masse des Volkes. Zwischenglieder werden schwinden. Wir müssen das rechte Verhältnis bekommen[24].

Unser Volk soll an uns gebunden sein, soll uns gern haben. Was schließt das in sich? *Auch wir müssen das Volk gern haben.* Wollen wir diese Liebe zum Volk mehr und mehr pflegen, müssen wir als Leitgedanken, als Parole haben: Erziehe dich und andere zur Freude!

Und wenn wir uns miteinander verständigt haben über das, was alles mitklingt bei dieser Überlegung, was wir alles in uns aufgenommen haben, dann müssen wir sagen:

> Die Welt wird schöner von Tag zu Tag,
> wer weiß, wie das noch enden mag[25].

det er ab, und jede Rebe, die Frucht bringt, reinigt er, damit sie mehr Frucht bringt.

[23] Keppler, 99.

[24] Vgl. S. 24, Anm. 4.

[25] Ludwig Uhland, Frühlingsglauben (Frühlingslieder, 2):
> Die Welt wird schöner mit jedem Tag,
> Man weiß nicht, was noch werden mag.

So müssen wir uns einstellen: Ob ich eine Kugel bekomme, ob ich in Schutzhaft komme, ob alles zerschlagen wird:

Die Welt wird schöner von Tag zu Tag,
wer weiß, wie das noch enden mag.

Oder mag sein, daß wir Schwierigkeiten mit der Haushälterin haben. Trotz der ernsten und großen Zeit gibt es auch noch solche Kleinigkeiten. Macht nichts:

Die Welt wird schöner mit jedem Tag,
wer weiß, wie das noch enden mag,

weil das ganze Leben eine große Gelegenheit zur Sonntagsfreude oder wenigstens zur Werktagsfreude ist.

Um in der heutigen freudenarmen Zeit unsere persönliche Freudenempfänglichkeit zu mehren und mit dem richtigen Freudenobjekt zu verbinden, bemühen wir uns, unsere freudenhungrige Seele tiefer hineinzutauchen in die Freuden der Heiligen Schrift, in die Freuden, so wie sie uns entgegentreten in den Aussprüchen der Heiligen und in der Freude der Liturgie. Was sich aus dem Leben der Heiligen grundsätzlich sagen läßt, mögen Sie heraushören aus der Tischlektüre: (mögen) wohl auch besonders in den einzelnen Fällen aus dem Leben der Heiligen sehen, von welcher Bedeutung dafür die Freudenatmosphäre ist. Auch das mögen Sie aus der Tischlektüre sich sagen lassen. Ich darf deswegen meinerseits zu dem letzten Gedanken übergehen, der uns *das Freudenerlebnis klären und vertiefen* soll, um dann im nächsten Vortrag grundsätzlich Stellung zu nehmen zu all den Fragen, die die Freude in irgendeiner Weise berühren.

Wir ringen also um *die liturgische Freude.* Meine Herren, wir alle, die wir das heutige Leben kennen, unter seinen Schwierigkeiten leiden, die wir aber auch mit der Zeit gegangen sind, die wir Gottes Absichten aus der Zeitströmung schnell und leicht erkannt haben, gerade wir haben uns mehr und mehr um den Altar gruppiert. Das ist richtig. Je mehr und größer die Gefahr ist, daß zweitletzte Dinge uns genommen werden, um so stärker müssen wir uns in der Seelsorge gruppieren um den Altar.
In dem Zusammenhang hat *die Liturgische Bewegung* einen tiefen und gesunden Sinn. Und wir haben von hier aus[1] uns ja jahrelang schon bemüht, die Grundla-

gen, die dogmatischen Grundlagen für unser eigenes Leben und für die Seelsorge möglichst tief zu legen. Alles, was wir darum getan haben, um die liturgische Grundhaltung bei uns und anderen zu schaffen – Kindschaft, Gliedschaft, Geisterfülltheit im Sinne des Wortes: per Christum ad Patrem in Spiritu Sancto –, all das ist neuzeitliche Seelsorge im eminenten Sinne des Wortes. Wenn wir besonders stark in der Liturgischen Bewegung mitmachen, müssen wir uns nur hüten, daß wir nicht wieder in das Peripherische hineinkommen.
Es ist recht, wenn wir die Liturgische Bewegung in den Mittelpunkt stellen. Aber wenn wir nicht mit der Zeit ernst und tief hinarbeiten, daß im Volk *liturgische Haltung* vorbereitet wird, so wird die neue liturgische Form wieder zur Formel werden, und es muß wiederum eine neue Bewegung kommen, die diese Formel wiederum zerschlägt. Nicht, als wenn wir die Form überspitzten. Denn auch die Form, die Liturgie, kann und wird und muß stark erzieherisch zurückweisen auf die Gestaltung und Formung der Seele, denn auch in der Form ist ein Wert enthalten.

Es wäre also der Mühe wert, wenn wir noch mehr Gewicht legen wollten auf die sogenannte *Meßopfererziehung*. Ich nenne zwei Teile: Opfererziehung und Kommunionerziehung – wenn Sie wollen: Eucharistieerziehung. Hier müssen wir uns mehr darauf einstellen, daß wir als Erzieher und Seelsorger klare letzte Prinzipien festhalten; aber auch den Mut aufbringen, durchzuhalten, bis diese Prinzipien durchgeführt werden, denn das ist im allgemeinen nicht unsere seelsorgliche Art: warten zu können. Schauen Sie in die

[1] Zumal in den pädagogischen Tagungen; vgl. J. Kentenich, Marianische Erziehung (Mai 1934), Vallendar 1971, 111 ff.

heutige Zeit, die so stark aufgewühlt ist! Wir kommen mit einem klaren Blick, einem klaren Ziel, das wir unentwegt anstreben, menschlich gesprochen nicht auf einmal zu diesem Ziel. Sie dürfen daher auch nicht erwarten, daß wir von heute auf morgen tiefer und erfolgreicher in die Meßopfererziehung hineinkommen. Aber auch hier nicht schematisch werden!

Ich kann *anfangen bei der eucharistischen und Kommunionerziehung,* darf aber nicht stehenbleiben, sondern muß zur Opfererziehung gelangen. Wir müssen uns nur in acht nehmen, daß wir nicht zu schnell Früchte sehen wollen. Vielleicht werden wir es in unserer Generation nicht fertigbringen, unser Volk um den Altar zu gruppieren[2]. Wie lange haben wir doch gebraucht, bis wir diese natürlichen Wahrheiten erst einmal wertgesättigt erfaßt haben! Daher wird es der Volkspsychologie im allgemeinen am besten entsprechen, wenn man mit der Kommunion- oder eucharistischen Bewegung anfängt, später dann erst tiefergeht, um auch vorzudringen in die Opferbewegung oder, wenn wir das tiefer sagen wollen, in die große Wirklichkeit der Gliedschaft. Wer aber umgekehrt angefangen hat – gleich mit der Opferbewegung –, muß sich in acht

[2] Immer wieder betont P. Kentenich, daß man in der Gemeindepastoral, wenn man sie – wie er postuliert – als Erziehungsauftrag versteht, nicht zu schnell mit »Erfolgen« rechnen kann und darf. Immer geht es ihm um die Sicht in allen Zusammenhängen: Erziehen ist ein Lebensvorgang, der den Gesetzmäßigkeiten des *organischen* Wachstums folgt. Im letztjährigen Kurs war davon die Rede: 1. Es wächst das Ganze hin zum Ganzen, 2. *langsam,* 3. von innen heraus (Lebensweisheit I, 1). – Wie sehr er solche Lebensgesetze beachtet und beachtet wissen will, zeigt der Hinweis auf die konkrete Länge der Zeit, die eine Erziehung des Volkes verlangt. Erst von da her erscheint seine Lehre realistisch; freilich gehört hinzu und wird vorausgesetzt, daß wir »aus letzten Prinzipien heraus sicher greifen« (S. 184).

nehmen, daß diese Dinge nicht mit der Zeit Form werden: wenn nämlich nicht das ganze geistige Leben tief fundiert ist. Das alles mag uns bekannt sein, und wir mögen uns noch tiefer und tiefer einstellen auf die heutigen Seelsorgsforderungen; worauf es uns aber hier ankommt, ist der Freudengehalt der Liturgie.
Ich weiß nicht, ob uns das schon einigermaßen aufgegangen ist: *Liturgie und Freude.* Muß ich darauf aufmerksam machen, daß der Mensch, vor allem unser einfaches, schlichtes Volk, ohne Freude auf die Dauer nicht in gottgefälliger Weise existieren kann? Wenn wir ehrlich sein wollen, müssen wir das auch auf uns anwenden. Auch wir können nicht ohne Freude sein. Und wir fühlen das, wenn unser Freudenorgan in der heutigen Zeit so leicht verkümmert, und wir bedauern und betrauern, daß wir in unserer Umgebung vielfach so wenig Freudenquellen sprudeln sehen. Um so mehr darf ich sagen: Wenn die Liturgie eine Freudenquelle ist, wollen wir aus der Liturgie uns die Fähigkeit holen, uns wirklich zu freuen, und aus der Liturgie und anhand der Liturgie uns zeigen lassen: Wie sieht die Quelle, der Gegenstand und der Inhalt der Freude aus?

Wenn wir in der heutigen Zeit von Freudenerziehung sprechen, so mögen wir in besonderer Weise hängenbleiben bei unserer Jugend. Sie steht ja am allerstärksten im Mittelpunkt des Kampfes. Eine Jugenderziehung ohne Freudenerziehung ist aber schwer, ist unmöglich. Hier liegt vielleicht die tiefe Tragik unserer heutigen Situation. Auf der anderen Seite hat man sich instinktiv – vielleicht bewußt – nach der Seite ausgestreckt. Alles, was der Jugend Freude machen kann – ihre originellen eigenen Freuden –, will man ihnen im anderen Lager geben. Da haben wir die Jugend dann wohl nur, um sie hineinzuführen in eine ernste

Welt. Nehmen Sie einmal an, die Bischöfe brächten es nicht fertig, die Ausführungsbestimmungen des Konkordates[3] so zu gestalten, daß wir die Jugend auch äußerlich betreuen dürfen, und zwar in einer jugendtümlichen Weise, dann sind wir menschlich gesprochen auf einer schiefen Ebene mit unserer Jugend. Jugenderziehung ohne Freudenerziehung ist nicht denkbar. Was müssen wir tun? Wir müssen sehen, daß unsere Jugend in der Kirche alles bekommt, was sie nötig hat, um tiefer erzogen und geformt zu werden. Das würde heißen: Wir müssen *den Gottesdienst auch für unsere Jugend zu einer Quelle der Freude machen.* Es ist das außerordentlich schwer, die Jugend religiös freudig zu erfassen und nach oben zu führen. Deswegen aber auch viel Gewicht darauf legen: Was kann ich tun, damit die Jugend aktiver wird bei der heiligen Messe und bei den Andachten?
Es geht eine geistige Strömung durch Deutschland, die dic Andachten mehr dem Empfinden des Volkes entsprechend getalten will. Hier sollen wir uns nicht wehren. Wenn wir unserer Jugend nicht in der Liturgie, in der Kirche, am Altar eine Freudenquelle erschließen, wenn wir nicht alle Mittel gebrauchen, um die Jugend mit großer Freude in die Kirche zu bringen: ich darf Sie bitten, wie wollen Sie dann die Jugend auf die Dauer halten und erziehen! Immer nur durch dies harte »Du mußt«, »Wehe«, mit Himmel und Hölle und wer kennt nicht all diese Drohungen? Die gehen vorüber, aber Sie haben sofort die Spaltung. (Der) Urtrieb der Freude steckt in besonderer Weise in der Jugend. Und wenn die Jugend ihren Freudentrieb in der Ganzheit nicht befriedigen kann beim Religiösen und Sittlichen, was wird die Wirkung sein? Sie sucht schlankweg und mit einer großen Gier

[3] Siehe S. 24, Anm. 3.

nach dem Sinnlichen, und die weltlichen Freuden sind der Sieger.
Es ist nicht meine Aufgabe, einen liturgischen Kurs zu halten, aber ich darf mir trotzdem da und dort einen Hinweis gestatten, weil wir heute auch unsere Selbsterziehung vielfach hineinbauen müssen in den Rahmen der Fremd- und Pfarrerziehung. Je mehr gesunde Atmosphäre um uns weht, desto mehr sind auch wir davon erfaßt. Deswegen ist die seelsorgliche Überlegung ein Mittel zur persönlichen Selbstbildung und Selbsterziehung.

Wir wollen weitergehen. Auch unser Volk als ganzes genommen ist ein großes Kind, kann deswegen doppelt und dreifach nicht ohne Freude existieren. Wiederum, was müssen wir dem Volk geben, wenn wir ihm selbst nicht nahekommen können wie bisher, wenn wir es um den Altar gruppieren wollen? Ja schon um die Liturgie, um die liturgische Bewegung zu popularisieren, müßten wir uns mühen, *den Freudengehalt der Liturgie dem Volk zugänglich zu machen.* Wenn das Volk sich in der Kirche erfreut, hängt es auch am Altar. Sie müssen prüfen, was da zu geschehen hat. Mir kommt es ja nur auf die grundsätzliche Einstellung an.

Wenn Sie mich nun fragen: Was läßt sich hier von der Liturgie sagen, von Liturgie und Freude, dann bringen Sie mich in eine große Verlegenheit. Denn wir haben hier ein großes Gebiet vor uns für einen ganzen Exerzitienkurs. Das geht aber nicht, weil wir wegen der heutigen Zeitlage auch mit vielen anderen Dingen uns auseinandersetzen müssen, die uns die Kraft geben, zwölf Monate lang das Leben zu meistern und zu sichten. Sie müssen deswegen schon zufrieden sein, daß ich Ihnen in der Darstellung der Verhältnisse zwi-

schen Liturgie und Freude zwei Momente herausstelle. Mehr grundsätzlich wollen sie aber gesehen sein, mehr Triebkräfte in uns wecken, um in der Liturgie und durch die Liturgie auch mehr und mehr uns wahrhaft freuen zu lernen und zu lehren. Ich glaube, Sie sind zufrieden, wenn ich Ihnen erstens die liturgische Freude ein wenig klarer charakterisiere und zweitens, soweit die Zeit reicht, Ihnen einige Kostproben vorstelle und vorlege.
Am meisten Gewicht möchte ich legen auf die *Charakterisierung der liturgischen Freude.* Darf ich nochmals daran erinnern, welche Aufgabe die Freudenerziehung zu lösen hat? Es ist immer eine doppelte: das Freudenorgan muß geweckt und geschult werden und Freudenquellen müssen erschlossen werden. Damit wissen Sie, unter welchem doppelten Gesichtspunkt ich Ihnen die liturgische Freude vor Augen stellen darf. Ich kann darum zusammenfassend sagen: Liturgie ist erstens eine Freudenquelle, zweitens eine Freudenschule. Eine Freudenquelle will heißen, sie zeigt uns, von welcher Art rechte Freude ist; eine Freudenschule will heißen, sie erzieht unser Freudenorgan zur rechten Empfänglichkeit, macht uns empfänglich für das echte, rechte Sich-Freuen. Ich weiß nicht, was ich von diesen beiden Gedanken Ihrem Bedürfnis entsprechend besonders stark herausheben darf.

Wir bleiben stehen bei der *Liturgie als Freudenquelle.* Um möglichst klar zu sprechen, muß ich die Disposition klar herausheben. Liturgie eine Freudenquelle oder: die Liturgie erstens eine unerschöpfliche, zweitens eine reine und bewährte Freudenquelle, drittens eine christusgeeinte, mitopfernde Festtagsfreude.
Was ich mit den einzelnen Worten sagen will, darf ich Ihnen schnell etwas ausführlich auseinandersetzen.

Ich nenne die *Liturgie eine unerschöpfliche Freudenquelle*[4] und gebe für diese Behauptung einen doppelten Grund an: einen *philosophischen* und einen historischen. Nun dürfen Sie bitte nicht erwarten, daß ich mich lange auseinandersetze mit dem Sinn der Liturgie. Das haben wir im Laufe der letzten Jahre so häufig getan. Sie dürfen nur erwarten, daß ich altes Gedankengut unter einem ganz bestimmten Gesichtspunkt zuspitze und zuordne.

Ich darf Sie deswegen fragen: Was verstehen wir unter Liturgie, dem *Wesen der Liturgie,* zugespitzt auf unsere augenblicklichen Verhältnisse und Bedürfnisse?
Ist es recht, wenn ich Ihnen sage – es ist nur eine beschreibende Definition –, wenn ich Ihnen die Definition sage: Die Liturgie ist *ein Menschenwerk und ein Gotteswerk*[5], ist also das Werk der gegenseitig gestei-

[4] Keppler, 57: Das Sakrament des Altars birgt einen unendlichen Reichtum mystischer Freuden.

[5] Von Interesse und Wert dürfte die Wesensdefinition der Liturgie sein, die dieses Zueinander von Gottes- und Menschenwerk genauer umschreibt (in dem Kurs »Liturgische Werktagsheiligkeit«, den P. Kentenich 1938 gehalten hat, 3. Vortrag): »Katholische Liturgie ist ein geheimnisvolles, heiliges Tun des Gottmenschen Jesus Christus als Haupt seiner Kirche und das geheimnisvolle Mitagieren seiner Braut, der Kirche, um die Welt zu entteufeln, zu entsündigen, zu verklären und den Vater zu verherrlichen.« Ebenso interessiert dürfte die Übereinstimmung mit der Aussage des Zweiten Vatikanischen Konzils sein, das in Sacrosanctum Concilium, Art. 7 feststellt: »In der Tat gesellt sich Christus in diesem großen Werk, in dem Gott vollkommen verherrlicht und die Menschheit geheiligt werden, immer wieder die Kirche zu, seine geliebte Braut. Sie ruft ihren Herrn an, und durch ihn huldigt sie dem ewigen Vater. – Mit Recht gilt also die Liturgie als Vollzug des Priesteramtes Jesu Christi; durch sinnenfällige Zeichen wird in ihr die Heiligung des Menschen bezeichnet und in je eigener Weise bewirkt und vom mystischen Leib Jesu Christi, d. h. vom Haupt und den Gliedern, der gesamte öffentliche Kult

gerten Liebe in Christus. Genauer gesagt: Hier sind zwei Ringe zu berücksichtigen: Gott, der unendlich große Gott, und wir Menschen. So dürfen Sie es annehmen. Was tun wir in der Liturgie? Wir arbeiten zusammen. Aber wie und in welchem Sinn? Ein gemeinsames Werk sollen wir wirken, und dies Werken und Wirken ist der Ausdruck gesteigerter Liebe in Christus und wird von starker Liebe zu Gott getragen. Wir schenken dem Vater den Heiland, und der Vater, von starker Liebe zu uns getragen, schenkt uns den Heiland wieder zurück. Sicher, ich darf nochmals darauf hinweisen, wie lange wir Erziehungsarbeit leisten müssen, bis unser Volk ähnliche Gedankengänge versteht. Sie dürfen nicht übersehen, dürfen nicht meinen, wenn wir ihm eine Menge liturgischer Formen beigebracht haben, wir hätten es erzogen. Formen kann ich beibringen. Aber wenn die liturgische Erziehung eine tiefgreifende werden soll, muß das ganze geistige Leben ein tiefschürfendes sein. Überlegen Sie darum nochmals, wieviel Arbeit wir an uns selbst haben, bis wir das klar und tief erfaßt haben, daß die Liturgie wirklich *das gemeinsame Werk einer gegenseitigen Liebe in Christus* ist.

Was will ich nun? Ich will die Freudenquellen eröffnen, will beweisen, daß die Liturgie eine unerschöpfliche Freudenquelle ist. Wissen Sie denn – was wir später ausführlich darstellen –, daß die Quelle der Freude die Liebe ist? *Wo Liebe, da ist Freude.* Was ist Liebe letztlich? Was ist letztlich Freude?, so muß ich besser fragen. Freude ist genießende Liebe. Wenn die Liturgie nun das gemeinsame Werk einer gegenseitig gesteigerten Liebe ist, ist es selbstverständlich: In dem

vollzogen. – Infolgedessen ist jede liturgische Feier als Werk Christi, des Priesters, und seines Leibes, der die Kirche ist, in vorzüglichem Sinn heilige Handlung.«

Ausmaß, als Liebe wirksam ist, haben wir auch eine Freudenquelle. Und wenn Sie den objektiven Gehalt der liturgischen Haltung herausstellen, so werden Sie finden: die Haltung der Heiligen und Heiligkeit wird vorausgesetzt. Und der Heilige hat einen hochgesteigerten Grad der Liebe. Und deswegen werden Sie finden: die Liturgie ist eine unerschöpfliche Freudenquelle, weil sie eine unerschöpfliche Lebensquelle voraussetzt. Es mag nun Ihre Aufgabe sein, diese Gedanken nachzuprüfen, wenn Sie Stellen bringen oder dem Volk die einzelnen Texte erklären.

Es wird uns aber auch nicht entgangen sein, daß die liturgische Freude auch einige *günstige Momente* zu verzeichnen hat, die uns noch leichter die Behauptung erklärlich machen, daß die liturgische Quelle eine unerschöpfliche ist. Darf ich Ihnen zwei Worte nennen: Gemeinsamkeit und Rhythmus.

Jede Liturgie ist ja das gemeinsame Werk, eine *Gemeinsamkeit.* Da denke ich nicht nur an den Vater und an mich und im Mittelpunkt den Heiland – durch Christus zum Vater –, nein, ich denke auch daran, daß ich als Glied des Heilandes auch eine ganze Menge anderer Glieder neben mir habe. Gemeinsamkeit! Wir bringen in der Gemeinschaft, in der Gemeinsamkeit, aus Gemeinschaft die tiefgehende Gottesliebe dem Himmelsvater zum Opfer dar. Und wir wissen es aus Erfahrung: Gemeinsamkeit beschwingt. Freilich, wir wissen auch: Gemeinschaft kann wohl auch gemein machen.

Wollen wir die Freudenquellen, die da in der Gemeinschaft oder Gemeinsamkeit zum Ausdruck kommen, sprudeln lassen, so wird unsere liturgische Volkserziehung darauf Gewicht legen müssen, daß die heilige Messe erlebt wird, getätigt wird als ein Werk der Gemeinschaft, als ein wirkliches Werk der Gemeinschaft.

Das Volk wird zu erziehen sein, daß es mitamtiert, selbst innerseelisch mitlebt, mit dabei ist; daß aber auch die Gemeinschaft als solche als Ganzheit dieses innere Miterleben mehr und mehr erstrebt. Wenn ich weiß, neben mir sind soundso viele, die denken und fühlen wie ich, dann wissen wir aus Erfahrung, wie das alles geeignet ist, unsere Freude zu erhöhen. Auch hier darf ich darauf aufmerksam machen: Wenn wir gemeinsame Handlungen in unserer Gemeinde fertigbringen, meinetwegen gemeinsamen Opfergang, gemeinsames Sitzen und Knien, das mag schon etwas sein. Aber es ist nicht der Kern der Sache: Es muß ein *innerpersönliches Mitgehen* an den Altar erreicht werden. Ich hebe das so stark hervor, weil die heutige Zeit von uns verlangt, daß wir zum Letzten vorgehen. Wäre es nicht ein Jammer, wenn wir auf halbem Wege stehenblieben? Wir können es nicht erreichen in zehn Jahren. Aber das Ziel muß ich vor Augen haben, und die nachkommende Generation wird meine Arbeit aufnehmen. Es wird erst das etwas Richtiges, was gewachsen ist.
Denken Sie auch an den *Rhythmus* im Gesang, in den Zeremonien. Der heilige Augustin, der eine ganze Menge kirchlich-göttlicher Dinge innerseelisch für sich verarbeitet hat, kämpft einmal in seinen Bekenntnissen einen inneren Kampf durch. Er erinnert sich an die Zeit, wo er in Mailand den Kirchengesang gehört hat. Und nun wägt er ab in seiner diskursiven Denkart: Wieviel Freude hat mir der Gesang gemacht, der Rhythmus! Wie bin ich innerlich berührt worden[6]! Aber ist nicht auch die Sinnlichkeit berührt worden? Sie müssen das verstehen aus der ganzen Höhenlage

[6] Augustinus, Bekenntnisse IX, 6: »Wie weinte ich bei den Hymnen und Gesängen auf Dich, mächtig bewegt vom Wortlaut dieser Lieder Deiner Kirche.« (Zit. nach Joseph Bernhart.)

seiner Haltung. Wäre es nicht viel besser, daß der Kirchengesang verschwände? Dem geistigen Gott unsere geistige Liebe! Er wägt ab, für und wider, und kommt zum Schluß: Wir müssen alles benützen, um dem Volk, dem Katholiken Freude zu machen, mit Freude ihn an den Altar und an das Göttliche zu binden[7].
Meine Herren, hier wollen Sie bitte selber Ihr Latein machen. Meinen Sie nicht, es wäre der Mühe wert, wenn wir das Volk mehr und mehr um den Altar gruppieren wollen? Und wenn in den Vereinen die Freudenquellen nicht mehr fließen, meinen Sie nicht, es wäre der Mühe wert, auch auf den Gesang zu achten? Gesang erfreut das Herz des Menschen. Rhythmus bei der heiligen Messe, beim Gesang, bei der Liturgie. Ich sage, auch bei den Andachten. Ich bin nicht der Meinung, daß all das, was im Mittelalter entstanden ist, in die Rumpelkammer geworfen werden soll. Wir müssen das ganze Volk erfassen und unser ganzes Volk wieder erneut dazu bringen, religiöse Freudenquellen zu erschließen. Sie müssen nach der Richtung wissen, was Sie zu tun haben. Freudenquelle ist die Liturgie, eine unerschöpfliche. Der Beweis ist mehr philosophischer Natur.

Ich habe aber auch einen *historischen Beweis* angekündigt.
Es wird vielleicht wenig Zweck haben, wenn wir uns in dem Zusammenhang lange im Urchristentum aufhalten. Wenn Sie hier das Material voll durchstudie-

[7] Dieses Ringen wegen der »voluptates aurium« (der Sinnenfreuden fürs Ohr) siehe ebd. X, 33 mit dem nicht uneingeschränkten Schluß: ». . . aber ich neige mehr dahin, den Brauch des Singens in der Kirche gutzuheißen: auf daß sich durch die Freuden des Hörens auch ein schwaches Gemüt zu affektbetonter Hingabe erheben kann – ut per oblectamenta aurium infirmior animus in affectum pietatis adsurgat«.

ren könnten, würden Sie sagen: Das Urchristentum hat die Liturgie, hat die Messe in einer Weise als Freudenquelle aufgefaßt, wie wir es heute nicht mehr können. Ich denke an die Art und Weise, wie das *Urchristentum* die ewigen Wahrheiten dem Volk zum großen Teil besonders im Bild vorzeichnete, im Bild vorzuhalten trachtete. Wir können es leicht verstehen. Es war *ganz getragen von der Parusie* des Gottmenschen: Gott, Herr, komm (vgl. Offb 22, 10)! Du bist hinaufgefahren in den Himmel; es wird die Zeit kommen, da wirst du uns an dich ziehen, und die schweren Verfolgungen werden vorübergehen. Und deswegen das Bestreben, den Freudengehalt der Liturgie auszumessen, soweit es möglich ist.
Leben wir nicht in ähnlichen Zeiten? Müssen wir uns nicht auch bemühen, den Freudengehalt des Christentums stärker herauszustellen als sonst? Wir wollen die ernsten Wahrheiten nicht unterdrücken und verschweigen, aber auch hier steckt Freudengehalt. Das wäre unsere Aufgabe für ein ganzes Jahr, in unseren Predigten und Katechesen alleweg den Freudengehalt herauszustellen. Wir künden mitten in den Verfolgungen, in den Schwierigkeiten des heutigen Lebens ein christliches, *ein liturgisches Freudenjahr.*

Darf ich Sie erinnern, daß es, wie es bei uns die alten Bücher sagen, eine Selbstverständlichkeit war, daß *beim* Sterben und *Begräbnis das Alleluja* freudig gesungen wurde[8]? Das können wir jetzt gut verstehen. Was

[8] Wie sehr auch das frühe Christentum den Freudengehalt der Liturgie erhob, zeigt z. B. Johannes Chrysostomus († 407) in einer Predigt: »Früher gab es für die Toten Kundgebungen des Schmerzes und Wehgeschrei. Heute sind es Psalmen und Hymnen ... Damals war der Tod eben das Ende. Jetzt ist es nicht mehr so: man singt Lieder, Gebete, Psalmen, und all das zum Zeichen dafür, daß es ein freudiges Ereignis ist.« (PG 50, 634.) –

bedeutet das Sterben? Es ist weiter nichts als das Durchstoßen des Toten in die Ewigkeit zur innigen Vereinigung mit Gott. Ist das nicht Freudenquelle? Ich kann den Tod wiederum unter einem doppelten Gesichtspunkt sehen: Formell, als Weg zur Auflösung und deswegen als Mittel zum Schmerz; ich kann den Tod aber auch auffassen als ein Mittel, das mich unmittelbar in die innigste Verbindung mit Gott bringt. Meinen Sie nicht auch, auch wir müßten so denken? Die Natur mag sterben; wenn Sie sich nur bewußt werden: Was wird mir zuteil? Sehen wir aber das Allerletzte, dann können all diese Dinge uns nicht tiefgehend erschaudern und erschrecken, sie alle sind für uns eine Freudenquelle. Wenn wir die Liturgie vor uns sehen, so, wie wir sie heute haben, mögen wohl diejenigen recht haben, die sagen: So außerordentlich wie im Urchristentum sprudelt sie heute nicht mehr, aber auch heute doch noch überreichlich, wenigstens für den, der nicht Zaungast ist, der heimisch geworden ist in der ganzen Gedanken- und Wertwelt, wie sie in der Liturgie, insonderheit bei der heiligen Messe uns entgegentritt.

Schlagen Sie gefälligst die liturgischen Bücher auf, das Rituale. Verfolgen Sie bitte, bloß um das eine oder andere namhaft zu machen, einmal den Taufritus oder, was Sie da alles finden bei Gelegenheit des Absterbens eines Menschen. Hören Sie die Freudenklänge, die auch hier klingen! Wir hören ja – wie oft haben wir das gebetet, wenn wir einem Sterbenden beistanden –, wie die Engel aufgefordert werden: Venite[9]! Ist das

Durch das Vaticanum II ist auch das im Ostergeheimnis gründende Halleluja in der Totenliturgie wieder betont: »Der Ritus der Exsequien soll deutlicher den österlichen Sinn des christlichen Todes ausdrücken . . .« (Sacrosanctum Concilium, Art. 81).

[9] Beim Einzug in die Kirche wird nach der Antiphon »Exsultabunt

nicht ein Hinweis auf die kommenden Freuden? Und hören Sie bitte beim Taufritus, wie das Kind mit Freuden empfangen wird. Schlagen Sie bitte die Bücher auf, das Rituale Pontificum, da stehen *die Sakramente als Freudenquellen* da. Das wäre eine Aufgabe für sich: Freudenquellen der Sakramente aufdecken und dem Volk zum Bewußtsein bringen. Ich will ja nur wecken, will nur charakterisieren, einige Hinweise geben auf das oder jenes, damit wir während des Jahres Gelegenheit haben zu tiefergehender Arbeit.

Es mag aber im Sinne unserer Exerzitien gelegen sein, wenn ich besonders auf ein Sakrament als Freudenquelle in dem Zusammenhang hinweise, weil wir später nicht mehr Gelegenheit dazu haben und es jetzt hierher paßt: *das Sakrament der Buße.* Buße *als Freudenquelle*[10] – ist es in der objektiven Ordnung so? Zweifellos! Auch in der subjektiven Ordnung? Das ist eine Frage.

In der objektiven Ordnung, ist da die Buße wirklich eine Freudenquelle? Sie mögen sie vor sich sehen als Sakrament als Gnadenmittel, als Bußmittel, als Erziehungsmittel. Da haben Sie drei Gesichtspunkte. Wollen Sie die Gedanken mehr benutzen in der Anwendung auf das eigene Leben!

Domino ossa humiliata – Mein Gebein wird jubeln, das du, o Herr, zerschlagen« gesungen: »Subvenite, Sancti Dei, occurrite, Angeli Domini . . . – Kommet zu Hilfe, ihr Heiligen Gottes, eilet entgegen, ihr Engel Gottes . . .«

10 »Die Feier der Buße nach dem neuen Rituale Romanum« zeigt ihren Charakter als Freudenquelle schon durch die Wortwahl: nicht nur, daß von »Feier« die Rede ist, sondern »Feier der Versöhnung«.

Die heilige *Beichte* erstens als *Gnadenmittel.* In der objektiven Ordnung steht Gott vor mir als der Ozean der Güte und Barmherzigkeit und der Verzeihung. Ist das nicht Freudenquelle, wenn ich mir sagen darf: Gott spricht das »Ich spreche dich los«, wenn der Priester es spricht; wenn Gottes Barmherzigkeit, wenn Gottes Güte meine Armseligkeit so tief innerlich berührt und zu sich emporzieht?

Zweitens, ein *Bußmittel.* Vielleicht tun wir gut, wir, die heutigen Menschen, daß wir uns wieder stärker bewußt werden – nachdem wir größere äußere Bußwerke nicht mehr verrichten können, weil wir dafür zu müde, zu schwach und gelähmt sind und zu nervös –, daß wir den Bußcharakter wieder stärker in unser Leben hineinbauen. In der objektiven Ordnung! Was schließt das in sich? Buße – so haben wir schon im vorigen Jahr sagen dürfen – Buße ist das Zurückziehen des Willens vom Schlechten oder weniger Guten mit der Absicht, es nicht mehr zu tun. Ich ziehe meinen Willen zurück, tue Buße; ich löse ihn vom Schlechten und weniger Guten und binde ihn wieder an Gott[11]. Wenn Sie so die Philosphie klar vor sich haben und

[11] Vgl. etwa folgende Sätze über die »heilende und heiligende Kraft der Reue«: »Ich habe eine wertlose Handlung gesetzt, eine gegen die Sittenordnung. Nun kommt die Reue. Welche Wirkung für Gegenwart und Zukunft? Erstens die negative: Die Reue löst die Seele von der Anhänglichkeit an die wertlose, unwertige Handlung, ich möchte fast sagen: nimmt der bösen Handlung das böse Herz; darin liegt die heilende Kraft der Reue. Zweitens die heiligende Kraft, die positive Wirkung nach vorn: Die Handlung bekommt durch die Reue eine positive Stoßkraft, d. h. das Gut, das durch die unwertige Handlung verneint wurde, wird durch die Reue bejaht mit der ganzen Kraft der Seele. Hier müssen Sie stehenbleiben. Deswegen nicht nur Zerknirschung finden in der Reue, hinzu muß kommen ein größeres, positives Umfassen des Gutes, das ich vorher verneint habe.« (Lebensweisheit IV, 1.)

Bußgesinnung erwecken: merken Sie nicht, wie so erfaßte Buße eine wirkliche Freudenquelle ist? Ist es nicht Freude, wenn mein Triebleben entbunden wird vom Widergöttlichen und stärker gebunden wird an Gott und das Göttliche?

Wollen Sie die Buße etwas tiefer analysieren, dann steckt in der Buße ein *dreifaches konstitutives Element*: ein gewisser Schmerz, Scham und Furcht. Sind das nicht drei Elemente, die, richtig zueinander und in Gott geordnet, eine einzigartige Freudenquelle und eine tiefgehende Freudenquelle darstellen?

Buße: Ich habe gefehlt und gesündigt. Auch jetzt, in den Exerzitien: Ich soll ja Freudenerlebnis haben, will auch Freude erleben; Freude, die mitklingt in der Buße und Bußgesinnung. So mag ich mich vorübergehend bemühen, rückschauend in meine Vergangenheit das ganze Heer meiner Leidenschaften nochmals in Reih und Glied zu sehen. Nicht, um alle Entgleisungen zu beichten! Beileibe nicht! Die sind schon mehrmals gebeichtet. Es soll nur geweckt werden, wie stark in meiner Natur das Trübe, das Schmerzliche meines Lebens vorhanden ist. Das ist ein äußeres Element der Buße. Und wenn ich das vertiefe mit Rücksicht auf Gott, liegt dann nicht eine Freude darin: Ich armseliges Geschöpf, ich Nichts, ich sündhaftes Geschöpf, wie stehe ich dem urgewaltigen, dem reinen Gott gegenüber? Ich freue mich, Gott, du Dreifaltiger, daß du so rein, so lauter bist, dieweilen gerade durch meine Armseligkeit deine Größe um so klassischer zum Ausdruck gebracht wird. Aber rein psychologisch: Es liegt – das werden die Melancholiker bestätigen können – im *Schmerz*, wenn er richtig und gesund getätigt wird, an sich eine gewisse Seligkeit und Freude; mehr und mehr wird aber dieses schmerzliche Zurückerinnern in große Zusammenhänge Gottes gestellt.

Ein zweites Element, die *Scham*. Wir sollen uns bemühen, dieses Sich-Schämen nicht zu verlieren vor Gott und vor uns selbst. Es ist so: Sobald die Natur entgleist ist, zittert ein einzigartiges Schamempfinden durch meine Natur[12]. Und wiederum: Wenn ich dieses Schämen mit Rücksicht auf den lieben Gott ganz vertiefe, wieviel Glück und Seligkeit liegt darin! Wenn ich aber das Schamgefühl in mir niedertrete, so wird meine Natur wild und verwildert und verliert die wahre Empfänglichkeit für rechte Gottesfreude.
Und das dritte Element, das wirksam wird, ist eine gewisse *Furcht*. Furcht nicht so sehr vor Gott, sondern vor mir selbst. Ich fürchte mich vor mir. Ich weiß aus Erfahrung: Wozu wäre meine Leidenschaft nicht fähig, wenn ich sie ruhig über das Stoppelfeld jagen ließe, wenn Gott sie nicht bindet, wenn Gott mir nicht seine Gnade gäbe! Wahre, echte Furcht schließt in sich die Liebe zu Gott. Furcht vor uns, aber Liebe und Vertrauen zu Gott. Wissen Sie, außerordentliche Furcht vor sich macht krank. Wenn ich aber Furcht mische mit dem starken Vertrauen auf Gottes Güte – mir kommt es darauf an, daß wir möglichst klar sehen, wie auch all diese Dinge, die wir selbst in den herbsten Wahrheiten innewerden, ausgewertet werden können –, dann ist sie auch eine unerschöpfliche Freudenquelle. Objektiv sollte es so sein.

[12] In seiner aus seelsorglicher Erfahrung erwachsenen Psychologie, die den feinsten, verletzlichen seelischen Realitäten nachgeht, weil sie für die innerlich freie Persönlichkeit und ihren gottgewollten Adel entscheidend sind, und sie im Sinne der Pädagogik der Liebe auswertet, spielt auch die rechte Beachtung des naturhaften Schamgefühls eine wichtige Rolle; in der Tugend der Schamhaftigkeit soll seine seismographische Funktion geläutert und gesichert sein. Vgl. J. Kentenich, Vom Reichtum des Reinseins, Vallendar 1970, 77 ff.

Vielleicht wäre es gut, während ich die Dinge so nenne, daß wir einmal, rückschauend auf das ganze Heer unserer Fehler und Entgleisungen – es muß nicht schwer Sündhaftes sein, es genügt dem edlen Menschen, sich dem Weltgeist hingegeben, sittliche Unvollkommenheiten begangen zu haben –, probieren, dieses dreifache Element der gesunden Bußgesinnung innezuwerden. Versuchen wir einmal, ob wir nicht in diesen Tagen die Buße innerlich erleben dürfen und können als Freudenquelle!
Sie werden nicht viele Auseinandersetzungen von mir erwarten. Die Zeit ist zu kurz. Hätten wir mehr Zeit, müßten wir hier einsetzen. Aber es genügt der Hinweis. Wir sind ja alt genug, es durch Gebet zu begleiten und mehr und mehr zu erleben: So müßte es objektiv sein. Wie es subjektiv ist, damit soll sich jeder persönlich auseinandersetzen. Nochmals: die Buße eine Freudenquelle.

Drittens ist die Buße auch ein *Erziehungsmittel.* So die heilige Beichte auffassen als Selbsterziehungsmittel! Sie deswegen auch so gestalten, daß sie uns formt! Deswegen, wie wir das früher gelernt haben, bei der Anklage auf die Gründe eingehen, mehr eine Art Rechenschaft über das PE damit verbinden! Wenn mir vom Beichtvater auch wenig erwidert wird, wenn der Beichtvater, wie das meist der Fall ist, sich auch wenig um mich kümmert: schon die Anklage allein drängt mich, nach welcher Richtung ich mich leiten lassen muß. Gesunde, tiefgehende Selbsterziehung will mir helfen, daß das Triebleben unter den Geist geordnet ist. Ruhiger Friede – schließt das nicht gleichzeitig eine tiefe Ruhe ein? Wenn wir das Triebleben unter das Geschirr des Willens gestellt haben, ist da die Seele nicht freudig gestimmt? Trifft nicht das Wesen der Freude hier zu: Ruhe unseres Strebevermögens im Besitz eines Gutes; eines sittlichen Gutes, eines bonum honestum; des übernatürlichen Gutes, des bonum supernaturale: des dreifaltigen Gottes, der Gnade und wie das alles heißen mag? Buße als Freudenquelle in der objektiven Ordnung.

In der subjektiven Ordnung: Weshalb ist die Buße für mich so wenig eine Freudenquelle? Wollen Sie bitte die Frage einmal selbst beantworten.
Ein Weg zur Beantwortung ist bereits gezeichnet: Habe ich die drei Bedingungen, diese drei formellen Gesichtspunkte, bisher bei der Buße praktisch berücksichtigt? Wenn Sie es nicht getan haben, dann verstehe ich auch, daß die Buße schwerlich eine Freudenquelle sein kann.
Oder wollen Sie einen anderen Weg haben, so darf ich Sie wohl fragen: Haben wir es vielfach nicht zu leicht, zu oberflächlich genommen mit der Vorbereitung und Danksagung, und ist unsere Anklage vielfach nicht zu wenig aus tiefgläubigem Geist erfolgt?
Mit der *Vorbereitung* nehmen wir es gern zu leicht, sehen zu wenig tief hinein in die Schächte, in die Wirklichkeiten unserer Natur und legen zu wenig Gewicht auf eine tiefergehende Reue und Bußstimmung. Wissen Sie, wenn ich mir bewußt bin: Der da vor mir sitzt ist der Abglanz des Himmelsvaters, der Abglanz des Heilandes, die Barmherzigkeit Gottes, die verkörpert vor mir steht – müßte mir das nicht helfen, daß die Buße eine tiefgehende Freudenquelle wird?
Und die *Nachbereitung,* das erhöhte sittliche Ringen, stark abhängig zu sein von Gott und seinem Wunsch und Gesetz, läßt das nicht durchweg bei uns allen viel zu wünschen übrig? Oder wenn da und dort die occasio proxima in unser Leben eingetreten ist, und wir können sie nicht beiseite schieben: Versuchen Sie aber, sie zur occasio remota zu machen! Aber wie we-

nig können wir das! Und weil wir die Buße nicht so benützen, kann sie bei uns auch nicht zur Freudenquelle werden.
Fragen Sie auch: Woher kommt es, daß die Beichte *für unser Volk* nicht so stark Freudenquelle ist, wie es in den Büchern steht? Schauen Sie das wirkliche Leben: Wieviel Not und Mühe hat unser Volk dem Beichtstuhl gegenüber! Wird nicht in weiteren Kreisen der Beichtstuhl als ein Marterinstrument aufgefaßt? In den Büchern steht es anders! Meine Herren, ich darf von morgen ab, wo wir den Kern der Exerzitien herausstellen, darauf eine Antwort geben. Wir wollen uns in diesem Jahr einstellen auf eine Überwindung des heutigen Zeitgeistes, und weil man uns vorwirft, daß der Katholizismus den deutschen, den arischen Menschen zu einem Sklaven macht, so wollen wir prüfen, ob und wieweit das wahr ist. Denn wenn die Beichte uns so furchtbar furchtsam macht, ist es dann nicht wegen des Gedankens: Wenn ich gefehlt habe, bekomme ich etwas (heimgezahlt)? (Und genau) das ist nicht damit gemeint! Aber ist im Volk nicht auch eine schlotternde Furcht damit verbunden? Hat es hier nicht mehr Angst als vor etwas anderem? Morgen die Antwort! Hier darf ich nur hinweisen: Wollen wir unserem Volk Freudenerziehung angedeihen lassen, dann überlegen Sie: Wie kann das Bußsakrament eine wirkliche Freudenquelle werden?
Es hängt viel davon ab, daß die Meßopfererziehung auch eine entsprechende Beichterziehung im Gefolge hat. Wir müssen die Dinge immer im Organismus sehen. Wenn Sie nur das eine wollen, ohne das andere zu berücksichtigen, werden Sie lendenlahm. Es war bei einer anderen Gelegenheit so gemacht worden, in Holland wird das durchgeführt: Ich mache es auch! In Amerika wird es so durchgeführt: Ich mache es auch! Meine Herren, da läßt man keine Zeit zum Anwach-

sen! Wir müssen *organisch denken* lernen *und aus letzten Prinzipien* heraus *sicher greifen* und zehn, zwanzig Jahre warten können. Es kommt die Zeit! Gott ist mit uns. Wenn ich Lebensgesetze beachte und ihnen in der Seelsorge diene, komme ich zum Ziel. Ein festes Ziel vor Augen haben, nichts laufen, pendeln lassen! Ein festes Ziel, das ich vor Augen habe und unnachsichtlich erstrebe. – Vielleicht habe ich mich zu lange bei den Gedanken aufgehalten, aber wir wollen überlegen, wie, rein historisch gesehen, auch heute Liturgie wirklich Freudenquelle ist.

Was ich von der Buße sagte, mögen Sie auch überlegen vom heiligen Opfer: nicht als Sakrament, sondern *Eucharistie* auch *als Nahrung für unseren Freudenhunger* und den unseres freudenarmen Volkes. Muß es nicht Freudenquellen haben? Muß ich denn unser Volk immer wieder zurückwerfen, immer wieder vom Leid sprechen und es vermehren? Wollen Sie andere Gesichtspunkte haben, dann können wir das in den paar Stunden nicht durchsprechen. Für die Arbeit des Jahres aber – damit der Eindruck möglichst tief wird: Liturgie ist wirklich eine unerschöpfliche Freudenquelle –, da mögen Sie einmal von einem anderen Gesichtspunkt die Liturgie betrachten. Gehen Sie einmal durch: die Weihnachtsfreuden, die Adventsfreuden, die Fastenzeit, meinetwegen auch die Oster- und Pfingstzeit. Sehen Sie die einzelnen Texte an! Es ließe sich leicht anhand der liturgischen Texte machen, ständig von der Freude zu predigen. Es wäre der Mühe wert, wenn wir einmal probierten, die heilige Messe in den Mittelpunkt zu stellen.
Dieser Tage hat mir der Verfasser – (Alphons Maria) Rathgeber, Das heilige Meßopfer – sein Buch gesandt. Es ist eine an sich edle und volkstümliche Schrift. Und es wäre der Mühe wert, in irgendeiner

Weise in einer größeren Gemeinschaft – einem Dekanat oder darüber hinaus – nach der Richtung gemeinsame Arbeit zu leisten und es auszuwerten. Denn es muß System in unsere Arbeit hineinkommen, aber auch Zielstrebigkeit!
Oder andere Gesichtspunkte für Sie: Holen Sie die Freudenmomente in der Jungfrauenmesse, in der Märtyrermesse, in der Kirchweihmesse heraus! Sie ahnen nicht, wieviel Freude hier widerklingt; schon rein textlich, ohne den Inhalt. Doch alles in allem: praktisch genügen diese Gedanken, um uns von der Echtheit der Behauptung, Liturgie eine unerschöpfliche Freudenquelle, zu überzeugen.

Ich habe eine zweite und dritte Behauptung aufgestellt: *Liturgie* ist aber auch *eine reine und bewährte Freudenquelle.*
Reine Freudenquelle. Sie wissen, weshalb. Was ist Freude? Die Ruhe des Strebevermögens et cetera. Welche Güter werden uns in der Liturgie angeboten? Die höchsten Güter. Wenn unsere Seele doch ruhen könnte in diesen Gütern, die uns hier, in der Liturgie, angeboten werden! Ich spreche zumeist, wenn ich von Liturgie spreche, von der heiligen Messe. Das Gesagte gilt aber auch in der gesamten Universalität von der gesamten Liturgie. Wenn ich in der Liturgie ruhen kann, beseligend ruhen kann in den mir angebotenen Gütern, was ist das eine reiche Freude!
Eine *bewährte* Freudenquelle. Weshalb? Weil die Güter, die mir hier vor Augen gehalten werden, im Licht des Glaubens gesichert sind. Da sehe ich im Licht des Glaubens, der mir klar sagt: Das Gut heißt soundso, in der Hierarchie der Werte will es soundso gesehen und gewertet werden.
Es ist wahr: Liturgie eine reine und bewährte Freudenquelle. Nicht wahr, da müssen wir allerdings langsam

und stetig *vordringen von der äußeren Freude zu der inneren Freude,* wie wir sie etwa durch die Zeremonien aufnehmen dadurch, daß die Ministranten ihre Sache nett machen oder der Gesang schön ist. Durch diese äußeren Freuden müssen wir das Volk hindurchführen zum Wesen der äußeren Güter. Der heilige Augustin hat es uns schon gesagt. Wir sollen diese Dinge also nicht ausschalten und nicht sehen, sondern sie sollen das Mittel sein, um zur letzten und tiefsten Freude in und mit Gott vorzudringen (vgl. S. 173 f).

Wie tief das ist, werden Sie in der dritten Behauptung sehen: *Liturgische Freude ist (eine) christusgeeinte, eine mitopfernde Festtagsfreude.*

Festtagsfreude! Wir haben vorher den Ausdruck geprägt: Sonntagsfreude. Ich sage jetzt absichtlich Festtagsfreude. Ich möchte die Sonntagsfreude um einen kleinen Grad erhöhen. Festtagsfreude[13] weshalb? Ist denn nicht jede heilige Messe ein hochgradiges Mittel

[13] Zur gesamten Thematik »Liturgie und Freude« und besonders zur »Fest-Freude« sei auf einen philosophischen Traktat (»eine Theorie des Festes«) hingewiesen, der nicht nur die Grundwahrheiten des Festes, sondern auch die Aktualität solcherart feiernder Freude eindringlich vor Augen führt: Josef Pieper, Zustimmung zur Welt, München 1963. Etwa S. 52 f.: »Ein Fest feiern heißt: die immer schon und alle Tage vollzogene Gutheißung der Welt aus besonderem Anlaß auf unalltägliche Weise begehen.« Nach dieser definierenden Feststellung folgt der Hinweis auf das »mindestens latente immerwährende Fest« und daß »die Liturgie der Kirche in der Tat nur Feiertage kennt«, und schließlich die »mehrstufige Konsequenz«: »Erstens: es kann unmöglich eine Zustimmung zur Welt geben, die so radikal wäre wie das Gotteslob, die Preisung des Schöpfers dieser gleichen Welt. . . . zweitens: das kultische Fest ist die festlichste Gestalt des Festes überhaupt. . . . drittens: in der Welt kann es keine tödlichere, hoffnungslosere Zerstörung des Festes geben als die Verweigerung

der gegenseitig gesteigerten Liebe? So ist es objektiv. Müßte es nicht auch subjektiv so sein? Was wird in der heiligen Messe getätigt und vollzogen? Ist es nicht der höchste Grad der gegenseitigen Liebe? Wo ich einen derartig gesteigerten Akt der sprudelnden Liebe vor mir sehe, muß ich da nicht mithelfen? Deswegen will auch jede heilige Messe so aufgefaßt werden. In der heiligen Messe haben wir jeden Tag Sonntag und Feiertag und dürfen uns daher aufrichtig freuen. Zeremonien, die Ministranten, eine gewisse äußerliche Feierlichkeit ist notwendig. Aber die Konsequenz darf nicht vergessen werden: wenn es Festtagsfreude ist, müßte ich auch ringen um eine *Festtagsstimmung* und um eine *festtägliche Haltung* in meinem ganzen Gebaren.

Ich weiß wohl, gesagt sind die paar Worte schnell. Aber führen wir es auch aus? Sonst mag viel Plackerei kommen, aber die heilige Messe – dasselbe gilt auch vom Brevier – sollte mich mit Festtagsstimmung erfüllen! Deswegen auch in den Kleidern und Schuhen ein Festtagsgewand anziehen! Besonders notwendig, daß mein äußeres Gebaren, die Gewandung der Feierlichkeit des Aktes entspricht. Wollen wir das nicht ein wenig durchdenken; uns daran erinnern, daß es unserer Sorge anvertraut ist, daß auch die Kirche, wenigstens maßvoll, immer ein Festtagsgepräge hat, daß die Gewänder rein und proper sind, die Kirche gereinigt ist und die Kirche als solche das Gepräge eines feierlich geschmückten Ortes trägt? Sie verstehen, was ich meine. Ich meine nicht: jeden Tag Festtag. Ich sehe das von der negativen Seite, besonders auf dem Land, wenn wir alles stehen und laufen lassen und die Kir-

der kultischen Preisung; dies Nein tritt noch den Funken aus, von dem her sich sogar die schon niedergebrannte Flamme des Festes neu entfachen könnte.«

che als Ablagerungsplatz benutzen, so daß ein fremder Priester Abwehrgefühle hat. Haben wir Festtagsfreude!

Aber das ist noch nicht das Letzte: *mitopfernde Festtagsfreude*! Da stehen wir auf dem Höhepunkt unserer Überlegung. *Liturgische Freude ist im Kern Opferfreude.* Opfernde Festtagsfreude! Bitte überlegen Sie theologisch, besser philosophisch und psychologisch; überlegen Sie bitte, was es heißt: Wahre Freude ist der Ausdruck wahrer, tiefer Liebe; Freude (ist der Ausdruck) der genießenden Liebe, der ruhenden Liebe.

Darf ich Ihnen das schlichte Wort der Heiligen Schrift anführen: Eine größere Liebe hat niemand... (Joh 15,13). Wissen Sie, was das heißt? Es ist so wichtig, daß wir es theoretisch verstehen: *Die höchste Liebe ist die Opferliebe.* Hier steht es. Deswegen ist die höchste Freude die Opferfreude. Hören Sie es nicht nur philosophisch! Ist die höchste Freude Opferfreude? In der objektiven Ordnung ist es so. Aber wir müssen diese Freude in der heutigen Zeit auch besonders stark herausheben, damit wir nicht etwa durch das Ringen um Freude schwächlich werden und zusammensinken. Nein, nein, Freudenerziehung setzt eine ganz tiefgehende und tiefgreifende Opfererziehung voraus!

Was haben wir in der heiligen Messe? Eine größere Liebe kennt doch niemand...! Gibt der Heiland nicht in der heiligen Messe in höchster Weise jedesmal erneut sein Leben dem himmlischen Vater und damit auch für uns hin? Wissen Sie, was das Höchste ist? Opferfreude! Was werde ich tun müssen? Ich muß die heilige Messe erfassen als Ausdruck und Steigerung meiner Opferkraft. Es ist doch wohl so: Wenn ich einmal mein eigenes Leben – und jeder mag es tun – überprüfe, dann werde ich finden: *Für die erbsündlich belastete Kreatur sind die Freuden immer die genußreichsten, die mit einem Opfer verbunden sind.* Die Natur zeigt das.

Mitopfernde Festtagsfreude! Der Heiland opfert sich, und ich opfere mit ihm; aber auch mich selbst. (Das ist) meine mitopfernde Festtagsfreude. Meine Herren, hier müssen wir stehenbleiben. Wo man in der heutigen Zeit, die so ernst und bitter ist, sagt: Liturgische Bewegung ist recht; mag vorübergehend sein; die Gefahr des Ästhetizismus ist groß; in der heiligen Messe müssen wir aber mehr das Schöne und Abwechslungsreiche sehen – warum nicht? Nur müssen wir im Hinterkopf den Gedanken haben: Es ist immer die mitopfernde Festtagsfreude, eine Opferfeier. Es ist so: Ich opfere mich mit dem Heiland, so ganz wie ich bin, dem Himmelsvater, oder, wenn Sie wollen: Der Heiland opfert sich in mir oder ich (opfere mich) mit dem Heiland dem Himmelsvater erneut auf.

Da haben Sie die Quelle der Kraft. Und Sie können verstehen, wie das Urchristentum von den Altären in die Arena hingeeilt ist. Wie das so verwandt klingt und in unserer Seele Akkorde anschlägt! Sehen Sie den heiligen Ignatius! Er ist auf dem Weg, und nun heißt es: Hinein in die Arena! Und wie es da klingt: Ich bin ein Saatkorn, ein Weizenkorn Gottes...[14]!

Bitte, wir wollen diese Dinge nicht als Phrase auffassen, sondern grundsätzlich wollen wir sagen: Auch wenn meine arme Natur erbebt: Ich bin das wirkliche Weizenkorn Gottes! Und wenn es wahr ist, daß ich morgens während der heiligen Messe *nicht nur mitop-*

[14] Ignatius von Antiochien, Brief an die Römer, 4, 1: »Laßt mich eine Speise der wilden Tiere werden; durch sie ist es mir möglich, zu Gott zu kommen. Brotkorn Gottes bin ich, und durch die Zähne der Tiere werde ich gemahlen, damit ich als reines Brot Christi erfunden werde.« (BKV, Apostolische Väter, 138)

fernder Priester, sondern auch mitgeopferte Opfergabe bin, dann heißt das konkret: Ich hänge (am Kreuz) und lasse mich jeden Morgen mit dem Heiland ans Kreuz hängen. Und wenn während des Tages ein Opfer gefordert wird, und wäre es das schwerste, dann bin ich bereit. Und ziehe ich mich zurück: heißt das nicht vom Kreuz herabspringen? Wir begehen alle einmal derartige Fehler, aber grundsätzlich müssen wir anerkennen: Das ist gegen das gesunde objektive Naturgesetz und -empfinden. Sooft ihr kommuniziert und zelebriert, sollt ihr den Tod des Herrn verkünden, bis er wiederkehrt[15]. Das darf ich auch in der heutigen Zeit, wo man vom Führer, von unserem Führer, so wenig wissen will, von unserem Gottmenschen, hochgelobt in Ewigkeit. Ich darf den Tod des Herrn verkünden, sooft ich kommuniziere.

Wo muß ich nun, fragen die Exegeten, den Tod des Herrn verkünden? In der heiligen Messe mich mit dem Tod des Herrn abgeben und auch ein äußerlich ehrfürchtiges Gebaren an den Tag legen, so daß Außenstehende erbaut werden von unserer Haltung und merken und fühlen: Es wird ein heiliger Akt vollzogen. Den Tod des Herrn verkünden! Der wichtige Inhalt: Ich soll die Wunden des Heilandes – ich, der zelebriert und kommuniziert, soll die Wundmale des Heilandes an meiner Seele, in mir tragen. Jeden Morgen nehme ich die neue Pflicht auf mich, heute mit dem Heiland zu sterben, vierundzwanzig Stunden lang. Ich verkünde vierundzwanzig Stunden lang den Tod des Herrn, bis er wiederkehrt in der erneuten

[15] 1 Kor 11, 26: Denn sooft ihr von diesem Brot eßt und aus dem Kelch trinkt, verkündet ihr den Tod des Herrn, bis er kommt. – In der erneuerten Liturgie wird im Sinne der weiter unten betonten Zuordnung von Opferleben und Verklärung in der Akklamation nach der Konsekration die »Verkündigung des Todes« mit der »Feier der Auferstehung« als Einheit gesehen.

heiligen Messe. Täglich sterbe ich. Können wir das Wort nicht auch in dem Sinn auffassen: *Ständig sterbe ich meinem Ich*? Wenn ich das als tiefste Freudenquelle ernst nehme, ist auch in meinem eigenen Leben die Opferfreude auf- und eingebaut. Was mag die liturgische Erziehung und Freude für mich eine überaus fruchtbare, unermeßlich fruchtbare Freudenquelle sein!

Wollen wir uns nicht bemühen, zumal die jüngere Generation aus uns, die vielleicht zu einseitig aus einer einseitig liturgischen Bewegung herkommt, das auszuführen? Es war einmal (so Mode), daß zumal viele von der jüngeren Generation von einem Verklärungsfimmel erfaßt waren: (daß sie) die Liturgie verklärten, Christus verklärten. Ja, aber ich trage die Verklärung im sterblichen Leib, und Christus ist nicht nur der Verklärte, sondern auch der sterbende, der mystisch in der heiligen Messe stirbt! Deswegen die *Verklärung durchs Sterben,* durch ein Opferleben erobern! Ohne Opfer gibt es keine tiefgehende und umfassende Verklärung der Natur und Umgebung. – Ich mag nicht auf Einzelheiten eingehen, um nicht zu ausführlich zu werden; ich habe die Zeit überschritten.

Sie müssen weiter überlegen: *christusgeeinte, mitopfernde Festtagsfreude.* Der Ausdruck »christusgeeint« ist von mir, damit die Gedanken der Christusgliedschaft stärker zum Ausdruck kommen, obwohl das Wort schon genügend gekennzeichnet ist mit »christusopfernde« Festtagsfreude.

Vielleicht gestatten Sie mir, Ihnen auch den zweiten Gedanken noch schnell zum Bewußtsein zu bringen: *Liturgie eine* Freudenquelle und *Freudenschule.* Freudenschule. Haben wir eben gesucht und gesehen, daß uns hier Freuden erschlossen werden, so müssen wir uns jetzt daran erinnern, daß wir auch geschult werden, daß unser Organ geschult wird, sich richtig freuen zu lernen. Es ist etwas anderes, Freudenquellen zu sehen und ein geschultes Organ zu haben, um das auch wirklich aufzunehmen und zu genießen.

Zwei Worte weisen uns den Weg und die Richtung: Liturgie ist eine Lern- und eine Übungsschule für die Freude.

Lernschule. Weshalb? Hier lernen wir die höchsten Freuden als solche kennen und anerkennen. Und welches sind die höchsten Freuden? Die Opferfreuden. Weil die Opferfreude in der Liturgie so außerordentlich stark zum Ausdruck kommt, brauchen wir dieses Exempel, um ständig darauf hinzuweisen. Wir sehen in unserer Umgebung: Die sieht ihre Freude woanders, sieht nicht die Opferfreude als die höchste an. Wohl kennt man das Wort vom helfenden Menschen, der für sich nichts will, weil das Individuum nichts ist, die Gemeinschaft aber alles. Solche Menschen findet man aber nicht auf der Straße. Es ist leicht gesagt. Aber wir heutigen Menschen, die wir ein gut bürgerliches Leben geführt haben und noch heute führen, wie sehr sind wir in Gefahr, daß wir die Hierarchie der Werte so leicht umorganisieren! Wir brauchen diese Lehren. Was ist die höchste Freude? Die Opferfreude! Wir tun gut, diese Gedanken nicht nur durchzudenken und nachzuprüfen, nein, auch zu beten, daß wir diese Gedanken auch machtvoll in unser Leben einbauen. Das gibt nichts Stümperhaftes, das gibt kraftvollen Umformungsprozeß unseres ganzen Lebens. Nochmals: Wir haben eine Lernschule nicht nur für die höchste Freude, sondern auch für die *Hierarchie der Freude;* und es gibt auch hier eine Hierarchie. Es ist das ein Gedanke, den ich eben schon herausgehoben habe: Liturgie will uns zeigen, daß das Peripheri-

sche, das an die Massen Gebundene, das Menschliche des Alltags nicht das Höchste ist. Ich sage nicht, es sei nicht zu beachten, sondern: Es ist nicht die Hauptsache. Die Dinge sollen nur Mittel sein. Der Kern bleibt das Übernatürliche, die Opferfreude!
Liturgie ist aber auch eine *Übungsschule.* Das will heißen, während der heiligen Messe – dasselbe gilt auch für die Zelebration –, während dieser Zeit üben wir uns in der rechten Freude, im rechten Sich-Freuen. Und wenn wir das die eine halbe Stunde geübt haben, mit dem Seelengrund bei all diesen Wirklichkeiten gewesen sind, glauben Sie nicht, daß damit die ganze Zeit, das ganze Tagewerk durch diese halbe Stunde aus der Indifferenz gerissen wird? Aber wir dürfen nicht damit zufrieden sein, uns und andere zu erziehen zur Liturgie, sondern auch durch die Liturgie. Zur Liturgie, das verstehen wir alle und müssen es verstehen. Durch die liturgische Freude muß dann mit der Zeit das ganze große Tagewerk ein einziges Freuen, eine große Freude werden. Rechnen Sie dazu das Brevier und die Volksandachten. Wo sie schon so gefeiert werden, da zielstrebig weiterarbeiten, wochenlang, monatelang, damit wir Gegengewichte schaffen gegen die heutige freudlose Welt! Und wenn wir unterstützt werden durch die Gnade, müssen wir etwas erreichen.

Ich habe also recht, wenn ich sage, hier haben wir eine Freudenatmosphäre, der wir uns aussetzen und in der wir uns schulen müssen. Wissen mag wertvoll sein, aber noch wertvoller ist es, dieses Wissen auch in die Tat, in das Leben umzusetzen.

Was wir jetzt im Vortrag nicht vollenden konnten, darf ich vielleicht ganz am Anfang fortsetzen. Nachdem wir die Charakterisierung der Liturgie und der liturgischen Freuden in uns aufgenommen haben, mag es der Mühe wert sein, *einige Kostproben der liturgischen Freude* in uns aufzunehmen. Sie wollen bitte mit ein paar Worten zufrieden sein. Wir können selbstverständlich auch hier den Wortgottesdienst vom Opfergottesdienst unterscheiden. Die lebendige und sprudelnde Freudenquelle muß für den liturgisch Geschulten der Opfergottesdienst sein. Der Form, dem Wortlaut nach finden Sie aber beim Wortgottesdienst eine schier unerschöpfliche Quelle von Freudenmotiven, von Freudengedanken, mögen Sie nun das Ordinarium Missae ansehen oder die beweglichen Teile in sich aufnehmen.

Wenn Sie einmal die Probe aufs Exempel machen wollen, so ist es gleich beim *Staffelgebet.* Kaum haben wir uns in die Gegenwart Gottes versenkt, sind uns unserer Sendung im Namen des dreifaltigen Gottes bewußt geworden, so folgt auch gleich der starke Hinweis auf die Freude: auf »Gott, der meine Jugend erfreut[1]«. Beobachten Sie einmal, wie oft dieser Gedanke wiederkommt: zwei-, dreimal. Und am Schluß, nachdem das Misereatur mit allem Drum und Dran gebetet ist, wiederum der Hinweis auf die Freude: Und dein Volk wird sich erfreuen[2]. Wir dürfen wohl

[1] Ps 43 (42), 4: Introibo ad altare Dei: Ad Deum qui laetificat iuventutem meam. In der Übersetzung des »Psalmenbuches« (Beuron) heißt es noch prägnanter: »Und ich trete hin zu Gottes Altar, zum Gott meiner Freude.«

[2] Deus, tu conversus vivificabis nos. Et plebs tua laetabitur in te. –

sagen, im Staffelgebet haben wir bei diesem Freudenhinweis die Grundeinstellung der ganzen heiligen Messe.
Einzelne Meßformulare werden vielfach bestimmt durch den *Tenor des Eingangs*(-liedes). Auch hier mögen Sie nachprüfen, wie oft direkt und indirekt Freudenmotive im Eingang mitgeklungen sind.

Es darf uns nicht irremachen, sondern wir dürfen uns freuen, daß das *Freudenerlebnis eingebettet* ist *in das tiefgreifende Schuldbekenntnis.* Haben wir uns schon im letzten Vortrag ein wenig belehren lassen, dieses Schuldbekenntnis praktisch zu betätigen, so wollen wir es bei Gelegenheit des Confiteors noch mehr tun. Es wäre der Mühe wert, nachzuprüfen, wie in diesem kirchlichen Schuldgebet, im Bekenntnis und Misereatur, ganz tiefe Freudenklänge mitklingen. Confiteor und Misereatur. Mitten in freudiger Umgebung auf einmal das Schuldbewußtsein, das Schuldbekenntnis. Vielleicht darf ich Sie bitten, dieses Bekenntnis tiefinnerlich für sich abzulegen.
Wir haben uns nicht so sehr um das Schuldvolle, sondern um das Postive, das Gott uns geschenkt hat und noch schenken will, bemüht und werden es von morgen ab noch viel stärker tun. Sie werden bemerken, daß es für die Grundhaltung unseres Kurses wesentlich ist. Aber weil jeder Exerzitienkurs eine Reform unseres ganzen Seelenlebens enthält, weil auch das *Schuldbewußtsein und* das *Schuldbekenntnis eine Freudenquelle* ist, dürfen wir Schuld und Sühne nicht beiseite schieben. Sie dürfen mir nicht übelnehmen, daß ich im Vortrag so lange (dabei) stehenbleibe. Aber es gibt ja auch viele andere Dinge, die braucht man nur

Gott, wende dich zu uns und gib uns neues Leben: Dann wird dein Volk in dir sich freuen = Ps 85 (84), 7.

namhaft zu machen; aus dem gesamten Organismus wirken dann solche Hinweise stärker, als wenn wir es ausgedehnt täten.
Ich darf Sie bitten – vorübergehend auch heute abend, weil wir uns vorbereiten auf die Exerzitienbeichte –, den Hinweis zu erwägen: Es ist recht, wenn ich mein Leben im Organismus sehe, aber es kann auch nicht schaden, wenn ich an meine Brust schlage: Mea culpa et cetera. Meine eigene Schuld will ich sehen im verflossenen Jahr: Mea culpa! Schuld habe ich mir zugezogen nicht nur dem großen dreifaltigen Gott gegenüber – »Ich bekenne Gott...« –, nein, Schuld habe ich mir auch zugezogen – ich bin ja Glied in der Gemeinschaft der Heiligen: Gliedschaftswirklichkeit – den Engeln und Heiligen gegenüber, auch meinen Mitmenschen gegenüber! Deswegen *Sühne*! Ich möchte Sühne leisten, gesunde Sühne vor Gott, vor der Gottesmutter, vor den Engeln und Heiligen. Sühne möchte ich auch leisten vor meinen Mitmenschen. Deswegen: Mea culpa!

Sie müssen nun selbst rückschauend in das verflossene Jahr Ihre Sünden, Ihre Fehler, Ihre Nachlässigkeiten, Ihre Entgleisungen nochmals vor Ihr geistiges Auge hinstellen, soweit Sie das für vernünftig halten und sich innerlich angeregt fühlen. Dann mag es aber auch der Mühe wert sein, gerade in unserem Kurs sich zu sagen: *Die Sünden,* die wir begangen haben, sind in dem Ausmaß, als wirklich etwas Sündhaftes daran enthalten ist, die einzige *Freudenmörderin* unseres Lebens. Aber wohlweislich auch nur im Augenblick der Sünde; nur in diesem Augenblick ist die Sünde Freudenmörderin. Ich darf darauf hinweisen: Wenn die Sünde meine Neigungen und Leidenschaften aufgebrochen hat, dann mordet die Sünde die Ruhe und Freude, die etwa bisher in der Harmonie meiner Leidenschaften zu suchen war. Oder ich denke an die Beunruhigung meines Gewissens. Freudenmörderin! Sie ist die Qual meines Gewissens. Sie mordet. Oder wenn ich mich psychologisch einstelle: Wenn ich die verbotene Frucht genossen habe, schlürfe ich Zuckerwasser mit Wohlbehagen. Aber ich habe auch Arsenik geschluckt. Meine Natur ist krank geworden. Freudenmörder ist die Sünde, soweit etwas Sündhaftes darin steckt. Ich weiß auch – ich denke an die schwere Sünde –, wenn sie mein eigen bleibt bis zum Augenblick, wo ich meine Augen schließe, dann wird sie ihren Lohn und ihre Strafe in der Hölle finden, und damit steht die Sünde ganz eklatant als Mörderin vor mir.

Ich muß aber, schon allein, um klar und objektiv zu bleiben, hervorheben: Wenn wir sündigen, und die Sünde ist getätigt, und wir benutzen die Sünde in der rechten Weise, so ist *die Sünde,* vielfach gerade die schwere Sünde, *eine ganz tief sprudelnde Quelle der Freude.* Wir kommen später darauf ausführlich zu sprechen, hier muß ich es in Erinnerung zu bringen suchen. Denken Sie an die Bosheit der Schuld. O felix culpa Adae! Denken Sie an die positiven Folgerungen, die wir nach getätigter Sünde ziehen sollen. Was will Gott, wenn wir eine Sünde begangen haben und wieder zurückkehren? Welche Güter will er uns da schenken? Ganz hervorragende! Und durch die Sünde werden sie uns ganz sicher geschenkt: werden die Wunder der Demut, des Vertrauens, der Geduld und der Liebe unser (Eigen)[3]. Sind das nicht hohe Werte? Und wenn

[3] Im vorjährigen Exerzitienkurs werden nach dem Erlebnis der heilenden und heiligenden Kraft von Schuld und Reue (vgl. dazu auch Anm. 11 im vorigen Vortrag) unter der Überschrift »Erlebe die Kunst, aus deinen Fehlern Nutzen zu ziehen« zwei Folgerun-

die Sünde uns all diese Werte mit einer gewissen Sicherheit gibt, sofern wir uns Gott zu Füßen werfen, dann dürfen und müssen wir sagen: Ist die Sünde einmal geschehen, und wäre sie auch das größte Übel, dann besteht unsere Aufgabe darin, aus der Sünde, aus dem Übel etwas gar Großes herauswachsen zu lassen, sie zur Quelle der Freude zu machen. Hier erwarten Sie nicht, daß ich es dogmatisch-philosophisch nach allen Richtungen darstelle. Weil ich das nicht tue, könnten Sie – wer mich nicht aus anderen Vorträgen kennt – wohl sagen: Weil sie eine Freudenquelle ist, deswegen sündige ich. Das wäre verkehrt. Aber *damit* die Sünde eine Freudenquelle werden kann, müssen wir die Sünde mit allen Mitteln auch zu meiden suchen und so auch tief die Bosheit der Sünde erleben. Somit spreche ich auch in Ihrem Interesse, wenn ich diesen ersten großen Gedankengang als abgeschlossen erkläre.

2. Philosophie der Freude

Was wollen wir? Wir wollen uns bemühen, die Freude erstlich erlebnismäßig ein wenig zu kosten. Wieweit das geglückt ist, kann ich nicht sagen. Jedenfalls, wer so einigermaßen den Gedanken gefolgt ist und sie begleitet hat mit Gebet und einer gewissen Ehrlichkeit, mag wenigstens einen starken Freudenhunger haben, mag das Bewußtsein haben: während des Jahres weiß

gen gezogen: Was wir nicht tun sollen (uns nicht wundern; nicht mutlos werden; nicht heimisch werden) und was wir tun sollen (ein Wunder der Demut werden; ein Wunder des Vertrauens werden; ein Wunder der Geduld, der Milde und der Güte werden). (Lebensweisheit IV, 1.)

ich, wie ich mir Freudenschulung angedeihen lassen darf und wo die Freudenquellen für mich rauschen.

Es wäre ein Zweites zu überlegen. Schauen Sie einmal zurück. Wenn ich das wissenschaftlich wiedergeben darf, müssen wir sagen: Wir haben uns eine Psychologie und Theologie der Freude erarbeitet. Eine Theologie: biblische und liturgische Theologie. Was fehlt uns noch? Eine Philosophie und eine Pädagogik der Freude. Was natürlich für uns am wichtigsten ist, muß wohl als Pädagogik der Freude bezeichnet werden. Wir wollen das bitte nicht übersehen: *Freude setzt einen ganzen Baum voraus, ist eine köstliche Frucht.* Wie heißen die Wurzeln dieses Baumes? Die Wurzel, um die wir uns in besonderer Weise bemühen müssen, ist die Liebe. Pädagogik der Freude ist die Pädagogik der Liebe. Das ist der Höhepunkt unserer Exerzitien. Was wir bisher besprochen haben, mag als erster Teil beachtet und betrachtet werden. Aber auch als eine sinngemäße Vorbereitung des zweiten Teiles. Wir wollen ringen um eine *Philosophie der Freude.* Wir wollen eine Wesensdefinition der Freude uns erarbeiten.

Es eignet sich das zunächst verzweifelt wenig für die Betrachtung, wenigstens für solche Typen, die mit abstrakten Gedanken nicht viel anzufangen wissen. Es gibt aber auch solche Typen, die bei abstrakten Gedanken am liebsten betrachten. Damit auch die andern auf ihre Rechnung kommen, will ich die Philosophie der Freude gegen Schluß etwas mehr anschaulich darstellen, in disponierter Art anhand der acht Seligkeiten. Ich darf aber stehenbleiben bei der nüchtern nackten Philosophie der Freude. Was wir bisher zerstreut gesagt, was wir vorausgesetzt, was wir berührt haben, muß jetzt in ein System gegossen werden.

Wenn wir vom Wesen der Freude philosophisch einen klaren Begriff haben wollen, müssen wir uns daran erinnern, daß wir nicht schlechthin von der Freude, sondern von der vollkommenen priesterlichen Lebensfreude sprechen. Damit haben Sie die Einteilung begründet. Ich frage erstens nach dem Wesen der Freude schlechthin, zweitens nach dem Wesen der vollkommenen priesterlichen Freude.

Wesen der Freude. Ich gebe eine Definition und analysiere diese. Wesen der Freude. Wir knüpfen an die bisher schon ständig benützte Definition an und suchen diese etwas zu ergänzen und wissenschaftlich zu begründen. Was ist Freude? Die Ruhe des Strebevermögens im Besitz eines entsprechenden Gutes. Philosophische Köpfe[4] meinen, man müßte wohl noch ein Wort beifügen, damit die Definition eine vollwertige, eine vollgültige sei. Sie ergänzen: *Freude ist die Ruhe des Strebevermögens in der sicheren Erwartung oder im Besitz eines entsprechenden Gutes.* Das ist recht. In der Hoffnung steckt auch Freude. Wenn ich also an die visio beata denke oder daran, welch ein Segen ausgehen mag von meinem Leid, dann erwarte ich diesen Segen. Sehen Sie, mein Strebevermögen kann auch ruhen nicht nur im Besitz, sondern auch in der Erwartung eines entsprechenden Gutes. Aber wir müssen gleich beifügen: dann wird dieses Gut nicht so sehr als ein entferntes, sondern als ein in der Erwartung schon gegenwärtiges gesehen. Deswegen sagen wir ja auch Ruhe des Strebevermögens in der sicheren Hoffnung. Ich habe die sichere Hoffnung – etwas Gegenwärti-

[4] Thomas von Aquin (S.th. I–II, 2, 6) fügt zur »sicheren Erwartung« und dem »tatsächlichen Haben« noch die »Erinnerung« hinzu: »Ex hoc enim aliquis delectatur, quia habet bonum aliquod sibi conveniens vel in re, vel in spe, vel saltem in memoria.«

ges –, daß das Gut mir in Zukunft sicher zuteil wird.
Sie mögen andere Definitionen sehen, die schon mehr in das Gesamtgefüge des Kurses hineinfließen: *Freude ist ruhende Liebe.* Tasten Sie einmal nach, wieweit das stimmt. Mein Strebevermögen hat sein obiectum proprium[5]. Und die Verbindung des Strebevermögens mit seinem obiectum proprium bedeutet eine Befriedigung des Liebestriebes. Es drängt etwas, das Gut zu besitzen. Und wenn ich es besitze, was habe ich dann? Die genießende Liebe, die im Besitz ausruht, und das ist Freude. Liebe, insofern sie den Gegenstand besitzt und genießt, ist Freude. Freude ist ruhende, genießende Liebe. Wenn wir uns darum im wesentlichen Teil unserer Exerzitien auseinandersetzen mit der ganzen Ökonomie der Liebe, wenn wir ringen um eine ganz durchgreifende göttliche Liebe, so müssen wir uns immer sagen, daß das Ruhen in dieser Liebe Freude ist. Das hebe ich nachher nicht mehr hervor[6].

Ich suche nun die Definition ein wenig zu *analysieren.* Es ist das mehr ein zergliedernder Vorgang. Ich bleibe bei der Definition wie bisher, um nicht zu kompliziert zu werden: Freude ist die Ruhe des Strebevermögens im Besitz eines entsprechenden Gutes. Was haben Sie da? Zwei Pfosten der Definition. Die Definition gruppiert sich um *zwei Momente.* »Ruhe des Strebevermögens«, das heißt, ich kann die Freude auffassen sub ratione subiecti und betrachte dann den Träger der Freude. Fasse ich sie auf »im Besitz eines Gutes«, dann ist es ratione obiecti. Den Gegenstand der Freu-

[5] Seinen (dem Streben entsprechenden) eigenen Gegenstand.
[6] Obwohl im Leitgedanken nur die Freude thematisiert ist, ist im zweiten Teil, dem Hauptteil, der als »Pädagogik der Freude« gekennzeichnet ist, nur noch von der Liebe die Rede. Hier ist die evidente Begründung dafür auch ausgesprochen.

de kann ich aber auch zum Ausgangspunkt meiner Analyse machen. Sie können beides tun.

Ratione subiecti. Ich sehe den *Träger der Freude,* das Strebevermögen. Ich darf Sie im Sinne des letztjährigen Kurses schnell erinnern, daß wir im Menschen drei Lebens- und Seinsschichten unterscheiden können, drei Strebevermögen[7]. Die unterste Schicht: der Triebmensch. Die zweite Schicht: der Geistesmensch. Die oberste Schicht: der Gottesmensch. Oder, um geläufige Ausdrücke zu gebrauchen: die unterste Schicht: das *Tier* im Menschen. Die zweite Schicht: der Geistesmensch, der *Engel* im Menschen. Die dritte Schicht: der Gottesmensch, das *Gotteskind.*
Jede Schicht hat nun auch *ein eigenständiges,* originelles *Strebevermögen*[8]: die unterste Schicht, der Triebmensch, den appetitus sensitivus; die zweite Schicht den appetitus intellectivus; die dritte Schicht den appetitus divinus[9], wir sagen dafür die eingegossene Tugend der Liebe.

Sehen Sie, meine Herren, hören Sie nochmals die Definition: Ruhe des Strebevermögens. Welches Strebevermögen kann nun ausruhen? Alle drei.
Es kann der appetitus sensitivus ausruhen im Besitz

[7] Unter der Überschrift »Sinn und Bedeutung des erhöhten Lebens« spricht dort P. Kentenich über die »drei Seinsschichten im Menschen«. Die beiden ersten, die des »Tieres« und des »Engels«, sollen zur »Achsendrehung« um die dritte Seinsschicht, die des »Gotteskindes«, gelangen (Lebensweisheit I, 3).

[8] Diese ausführlichen Erläuterungen im Sinne der Schichtentheorie dienen allein der Überwindung ihrer falschen mechanistischen Sinnbestimmung und Anwendung, in unserem Fall: sie dienen der Vorbereitung des rechten Verständnisses der »organischen Freude« (s. S. 206).

[9] Sinnliches, geistiges, göttliches Strebevermögen.

seines Gutes. Wie nennen wir diese Freude? Streng philosophisch müßten wir sagen amor late sensibilis. Aber im Deutschen hat das Wort »sinnliche Freude« oder »sinnliches Gut« einen üblen Beigeschmack. Deswegen sagen wir, um uns und andere nicht in die Irre zu führen, gefühlsmäßige Liebe, *gefühlsmäßige Freude.* Noch tiefer – dann klingt allerdings der ganze Organismus mit: *gemütsmäßig.* Mit »strenggenommen sinnlich« meinen wir, was wir sonst sensibel oder sentimental nennen. Aus der Moral wissen wir, der amor sensitivus kann hinabgleiten zum amor sensibilis; noch tiefer: zum amor sexualis.
Welches Strebevermögen kann noch ruhen im Besitz eines Gutes? Der appetitus intellectivus. Dann sprechen wir von *geistiger Freude*; im ersten Fall von sinnlicher Freude = gefühlsmäßiger Freude, im zweiten Fall von geistiger Freude. Also der Wille ruht aus im Besitz eines entsprechenden Gutes.
Auch der übernatürliche Liebestrieb, die eingegossene Tugend der Liebe, kann ausruhen und dann sprechen wir von der *geistlichen Freude.* Da haben Sie die drei Arten, je nachdem der Träger verschieden ist: gefühlsmäßige, geistige, geistliche Freude.

Ich darf auch gleichzeitig daran erinnern – weil wir das für später brauchen –, daß *der appetitus eine blinde Fähigkeit* ist und daß wir deswegen ein Licht brauchen, das uns die Qualität der einzelnen Güter zeigt. Der appetitus sensitivus braucht ein Licht: das sinnliche Wahrnehmungsvermögen, das innere und das äußere. Sie mögen das beim Tier oder beim unmündigen Kind verfolgen. Der appetitus intellectivus braucht ein Licht, in dem er das Gut, die Qualitäten des Gutes wahrnimmt. Was ist das? Das ist der geistige Verstand, das geistige Wahrnehmungsvermögen. Der appetitus divinus braucht ein Licht: das Glaubenslicht.

Ratione obiecti. – Ich erkläre ja nur die Definition. – Es gibt auch hier drei Seins- und Lebensschichten, *drei Güterarten.* Das dem Triebmenschen entsprechende Gut nennen wir das sinnliche, sinnlich wahrnehmbare Gut: ein Apfel oder was es sein mag. Für die zweite Seinsschicht, den Geistesmenschen, gibt es ein entsprechendes Gut: geistige Güter. Was mögen das für Güter sein? Wahrheit, Gerechtigkeit, Treue et cetera. Für die oberste Seinsschicht und das (oberste) Seinsleben gibt es auch ein entsprechendes Gut: ein übernatürliches Gut.

Jetzt hören Sie einmal: Jetzt kann ich sprechen von einer geistigen Freude, von einer sinnlichen oder gefühlsmäßigen Freude und von einer geistlichen Freude. Wenn Sie genauer überprüfen, werden Sie sagen: Es ist sehr gut *möglich, daß ratione subiecti eine Freude late sensibilis*[10] *ist, ratione obiecti aber übernatürlich.* Sie müssen jetzt ein wenig mit den Gedanken spielen, nicht um Philosophie zu treiben, sondern um die Dinge im praktischen Leben sicher greifen zu können.
Zum Beispiel ein bonum supernaturale. Was mag das sein? Der dreifaltige Gott. Nebenbei gesagt: nicht Gott schlechthin, sondern der dreifaltige Gott. Unsere Gegner verlangen, daß wir Gott in den Mittelpunkt unseres Lebens stellen. Wenn sie aber keinen Gott annehmen, dürfen wir trotzdem nicht damit zufrieden sein, Gott schlechthin zu zeigen, sondern den dreifaltigen Gott. Sie verfolgen die Literatur unserer Tage[11]! Wenn heute Gott genannt wird, muß ich es offen sagen: Ich ringe um die Offenbarung Gottes, und zwar

10 Im weiteren Sinn sinnlich, das heißt gefühlsmäßig.

11 Vgl. z. B. Bernhard Bartmann, Positives Christentum in katholischer Wesensschau, in: Akademische Bonifatius-Korrespondenz 49 (15. Nov. 1934) 3, 100–132, bes. 103–108.

des dreifaltigen Gottes; und nicht das Geheimnis verschleiern oder entwerten wollen! Nicht Gott als natürlichen Gott, sondern als den dreifaltigen Gott darstellen! Ich hänge am Sohn, ich liebe ihn. Was mag das sein? Ratione obiecti eine übernatürliche, geistliche Freude. Der Gegenstand ist ein geistlicher. Ratione subiecti kann und soll es ein amor late sensibilis, eine gefühlsmäßige Freude sein. Vielleicht bringe ich die Gedanken nochmals schematisch nebeneinander.

Ratione subiecti kann ich unterscheiden: geistige, geistliche und gefühlsmäßige Freude. Ratione obiecti kann ich dasselbe: kann ich sinnliche, geistige und geistliche Freude unterscheiden. Wenn ich jetzt beide miteinander in Verbindung bringe, ist es sehr leicht möglich, daß die übernatürlichen Güter nicht nur mit dem Willen, mit dem übernatürlichen Willen erfaßbar sind, sondern auch mit dem appetitus sensitivus. Das ist sogar das Ideal! Das entspricht der Ganzheit des Menschen. – Vielleicht genügt das Gesagte, um den Begriff der Freude ein wenig zu analysieren.

Tiefer muß uns die Frage nach dem Sinn der vollkommenen priesterlichen Lebensfreude interessieren. Vielleicht darf ich hier die Gedanken schnell in eine Form gießen, von der wir ausgehen. *Die vollkommene priesterliche Lebensfreude ist ein hoher Grad organisch geistlicher Freude.* Sie müssen den Ausdruck öfter wägen: hoher Grad organisch geistlicher Freude.

Vollkommen soll die Freude sein. Inwiefern? Erstens dem Grad nach, zweitens dem Inhalt nach, drittens dem Umfang nach. Vollkommen ist sie dem *Grad* nach: hoher Grad. Dem *Inhalt* nach: Geistliche Freude hat ja zum Gegenstand das übernatürliche Gut, ist also offenbar die höchste Freude: Gott der dreifaltige und alles, was damit zusammenhängt: Gnade und Glorie. Dem *Umfang* nach: deswegen das Wort »organisch geistliche Freude«. Hier müssen Sie länger stehenbleiben.

Sie wissen, wie *das Originelle* unserer hiesigen Aszese in alleweg *das Organische* ist. So auch hier das Organische: organisch geistliche Freude ein Gegenstück von mechanisch geistlicher Freude, die darin besteht, daß ich nur geistliche Freude zulasse, aber nicht andere Freuden erkenne und anerkenne. Wenn ich aber spreche von organisch geistlicher Freude, dann will die Freude sowohl ratione subiecti als auch ratione obiecti im Organismus des Gesamtgefüges der menschlichen Natur gesehen werden. Hier haben Sie eine praktische Einordnung des großen Grundgesetzes: Gratia non destruit, sed perficit et elevat naturam[12]. Die geistlichen Freuden wollen die anderen Freuden ratione subiecti und obiecti nicht zerstören, sondern vervollkommnen.

Hier möchte ich alles, was hierhergehört, drehen und wenden, um das Wort »organisch geistliche Freude«. Wenn ich davon spreche, meine ich selbstverständlich einen hohen Grad, aber das brauche ich nicht immer zu wiederholen. Organische Freude ratione subiecti et obiecti.

Ratione obiecti. Da werde ich *nicht nur die geistlichen,* übernatürlichen Güter in mein Streben hineinziehen, *sondern auch die geistigen und die gottgewollten sinnlichen Güter.* Sehen Sie, dann steht mir auch das große Feld der gottgewollten sinnlichen Freuden offen. Ich kann meine Zigarre rauchen, meinen Wein trinken: das ist auch Freude für das Gotteskind, aber immer

[12] Unter »natura« ist also der »Organismus des Gesamtgefüges« des Menschengeschöpfes verstanden, das heißt konkrete Realität, nicht physische Abstraktion.

nur in der *Hierarchie der Freude.* Die geistlichen Güter sind die höchsten, die anderen müssen als Teilwerte gesehen werden und in gottgewollter und gottgefälliger Weise auch als solche gesucht werden. Dasselbe gilt auch von den geistigen Werten, von der sittlichen Tugend. Hier heißt es, in einer Zeit, die so einseitig mechanisch denkt, immer wieder den Organismus herausstellen, für sich selbst klar sehen und unser Volk klar regieren und führen.
Weiter: organisch geistliche Freude *ratione subiecti.* Wann ist meine Freude vollkommen, organisch vollkommen? Wenn ich einen Gegenstand *nicht nur mit* dem übernatürlichen Gut *der eingegossenen Liebe* umfange, mit meinem geistigen Wollen, *sondern auch mit meinem Gefühl.* Da haben Sie wissenschaftlich in Form gegossen, was ich Ihnen gestern morgen ausführlich darstellte, als ich Sie auf die Bedeutung des Gefühls- und Gemütslebens hinwies.

Wollen wir einmal prüfen, von welcher *Bedeutung* denn nun jeweils diese vollkommene geistliche Freude *für uns* ist oder sein mag? Meine Herren, von welcher Bedeutung? Ich glaube, ich kann und muß Ihnen drei Momente stark herausstellen, damit wir dadurch angeregt werden, auf die Suche zu gehen.

Erstens, organisch geistliche Freude ist *ein sicheres Schutzmittel für den natürlichen Freudengehalt,* den wir aus den Gütern dieser Welt herausholen und herausfinden können und dürfen. Ob das wohl wahr ist? Hier darf ich wieder scheiden: die Freude sub ratione subiecti und obiecti.
Die Freude ratione subiecti. Wenn ich mit meinem Freudentrieb nicht an Gott und an das Göttliche gebunden bin – Sie sehen die ganze Skala vor sich –, dann ist die Gefahr sehr groß, daß der amor sensibilis

sehr leicht sensualis oder sexualis wird. Nehmen Sie ein Beispiel: Ich hänge an einem Menschen. Wenn ich nicht an Gott in diesem Menschen hänge oder durch diesen Menschen an Gott hänge, wenn also meine Liebe und damit meine Freude kein höherer Grad organisch geistlicher Freude ist, werde ich mich mit der Zeit in der sexuellen Liebe wiederfinden. Ich weiß, es ist klug, wertvoll und erstrebenswert, daß ich einen Menschen auch mit dem Herzen und dem Gefühl gern habe. Das ist nämlich so, meine Herren: Wer zu stark eine geistliche Liebe sucht – überprüfen Sie auch das praktische Leben, ob Sie es nicht erfahren haben – wer *eine zu geistliche Liebe* sucht, wird sich wiederfinden in der niedersten sexuellen Liebe. Es sind ernste Fragen, die uns da und dort Licht und Leitsterne sind. Wer zu vergeistigt an Dingen hängt, findet sich in gewissen Höhenlagen seines Lebens mehr als wahrscheinlich im sexuellen Gewoge und in der sexuellen Freude. Der gesunde ganze Mensch darf den Menschen lieben. Auch Gott! Es heißt ja: Du sollst den Herrn, deinen Gott, lieben mit deinem ganzen Herzen, mit deiner ganzen Seele und mit deinem ganzen Gemüt[13]! Sehen Sie, deswegen ist es klar: Ich darf einen Menschen mit dem Gefühl gern haben, einerlei, wie der Mensch heißt (= ob Mann oder Frau). Wenn diese Freude aber nicht stark in Gott gegründet ist, gleitet der Liebestrieb und damit der Freudentrieb nach unten, immer tiefer. Die erste Stufe: amor sensualis. Wir sagen dafür Weichlichkeit im Empfindungsleben, nicht Weichheit. Und wir wissen es aus Erfahrung: dieser amor sensualis bereitet den amor sexualis vor. Ich unterscheide zwischen Menschen, die von Gott das Recht haben, auch diese Freuden zu genießen, und uns, die das nicht dürfen. Wenn ich ver-

[13] Dtn 6, 5; Mt 22, 37; Mk 12, 30.

heiratet bin, ist der amor sexualis ein hoher sittlicher Wert. Aber für uns scheidet das aus. Aber (auch) *wo der amor sexualis* nicht an Gott gebunden ist, *nicht hochragende geistliche Liebe und Freude erstrebt,* da ist die *Gefahr,* daß der amor sexualis *leidenschaftlich gottwidrig extrem* wird. Die Freudenquellen werden geschützt und bewahrt durch diese hochragende Liebe.

Auch ratione obiecti. Ich darf (mir) die Arbeit etwas erleichtern, indem ich mich zurückbesinne und auch Sie (zurückerinnere) an das vorige Jahr: wie *in jeder Lebensschicht eine Vergeistigung der Werte möglich* ist. Die Objekte stehen vor uns. Wir haben gesprochen von dem vitalen, von dem hedonischen und dem ökonomischen Menschen. Das sind Verwurzelungen in der Seins- und Lebensschicht des Volkes. Der vitale Mensch, der heute zur Herrschaft gelangt, möchte die niederen Werte, die körperlichen Gefühle als die höchsten Werte aufgefaßt wissen: Blut und Boden, körperliche Gesundheit, gesunde Glieder. Das sind aber nicht die höchsten Werte auf der Skala. Aber heute heißt es: Es sind die höchsten. Wenn wir vollkommene priesterliche Lebensfreude sagen, so werden wir als die höchsten Freuden die geistlichen Freuden in Gott und dem Göttlichen auffassen und uns alle sagen: Auch der vitale Mensch ist von seinem Thron enthoben. Die vitalen Freuden darf ich aber auch genießen. Ein gesundes Körpergefühl ist auch erstrebenswert, aber nicht das Höchste.

So mögen Sie sehen: Organische Freude hilft uns, die natürlichen Freudenquellen genußreich zu gestalten, hilft uns, die natürlichen Freudenquellen vor dem Vergiftet- und Verpestetwerden zu bewahren.

Die Herren, die im vorigen Jahr den Kurs mitgemacht haben, mögen ihn weiter durchdenken in Rücksicht auf die einzelnen Menschen: auf den ethischen, auf den logischen, auf den ästhetischen Menschen. Das sind alles Verabsolutierungen von Werten, die in der objektiven Ordnung als Werte angesprochen sind, die aber nicht vergötzt werden dürfen. Da haben Sie die erste Wirkung.

Die zweite Wirkung: Hochgradig organische Freude eröffnet uns auch eine weite, sprudelnde *Quelle neuer Freuden.* Wissen Sie, was das heißt? Organisch hochgradige und geistliche Freude leben ja aus dem Licht des Glaubens. Deswegen wird diese Freude uns auch *in den natürlichen Freudenquellen* neue Grundbeziehungen, *neue Werte* entdecken und offenbaren. Wir denken an das, was wir vor vielen Jahren so oft miteinander besprochen haben: die Durchsichtigmachung des Geschöpflichen im Licht des Glaubens. Wenn ich ernst um die Freude, um die Liebe aus dem Glauben ringe, dann sehe ich in den Geschöpfen die Spuren Gottes, (den) Abglanz der Herrlichkeit Gottes. Dadurch wird das natürlich Freudige noch freudiger, weil es einen neuen Zuwachs an Werten bekommt. Durchsichtigmachung des Geschöpflichen, Durchsichtigmachung des Geschlechtlichen, Durchsichtigmachung auch des Sündhaften. Im Licht des Glaubens werden all diese Gegenstände durchleuchtet, bekommen ein neues Licht, einen neuen Wert.
Eine unerschöpfliche neue Freudenquelle wird uns aber *auch in der übernatürlichen Wertwelt* erschlossen. Da haben Sie die zweite Bedeutung. Ich darf erinnern an die Freuden des Altarssakramentes, an die Freuden der Marienverehrung, an die Freuden im Heiland, in der heiligsten Dreifaltigkeit. Sie wollen das bitte durchdenken.

Dritte Bedeutung. Damit nähern wir uns wieder dem Gesichtspunkt, der für diesen Tag für uns der wichtig-

ste ist: Die organisch geistliche Freude, hochgradig erstrebt, gibt uns auch den *Zauberstab* in die Hand, *um aus all den erlebten Übeln eine Freudenquelle zu machen.* Wie ich das meine? Rein philosophisch betrachtet halten wir das für eine Selbstverständlichkeit: Das Leid, das Übel, in sich betrachtet, kann nicht Quelle der Freude sein. Leid und Übel kann nur Quelle der Freude sein, wenn wir es fertigbringen, *im Bösen auch ein Gutes* zu entdecken.
Wie bringe ich das nun fertig? Nehmen Sie einmal ein sinnliches, geistiges, übernatürliches Übel!

Sinnliches Übel, sinnfälliges Übel: Krankheit, körperliche Krankheit, Lungenkrankheit, Kopfschmerzen et cetera. Will ich ständige Freude mein eigen nennen, was muß ich dann tun? Ich muß es fertigbringen, *dieses malum unter dem Gesichtspunkt des bonum* zu *sehen.* Ich muß mich selbst so erziehen.
Zweite Möglichkeit. Ich steigere mich in den Gedanken hinein: Was bist du arm! Die andern können alles; was bringst du aber fertig mit deinen Talenten? Die Folge? Ich lasse die Fittiche hängen. Als sittlich freier Mensch kann ich mir aber die Richtung angeben! Was werde ich tun? Das bonum in diesem malum entdekken. Ich kann mir sagen: Wenn ich es fertigbringe, trotz dieses schwachen Körpers etwas zu leisten, was wächst da die Kraft meines Charakters! Wenn ich es fertigbringe, mich zu bescheiden, was wächst da der Reichtum meines Gemütes! Das ist das ernste Streben, im malum ein bonum zu entdecken und damit das Wort des Apostels wahr zu machen: freuet euch, gaudete (Phil 4,4)! Das ist das Meisterstück, daß wir *im Leid die Freude üben.*
Ich kann Ihnen aber auch ein anderes Mittel angeben, das viel leichter und schneller jedes malum zum bonum wandelt: ein hoher Grad übernatürlicher Gottes-

liebe. Sehen Sie, wenn ich einen hohen Grad der Gottesliebe mein eigen nenne, dann erlebe ich: Gott ist Vater, Gott ist gut, gut ist alles, was er tut. *Ich erlebe, daß auch das schwerste Kreuz* und Leid der *Ausdruck* des göttlichen Wohlgefallens, *der göttlichen Liebe ist.* Ich hänge nicht am Leid als Leid, sondern als Ausdruck des göttlichen Wohlgefallens und am Wohlgefallen selbst. Alle Lebensrätsel werden praktisch für den gelöst (der so lebt und liebt), aber auch alle. Theoretisch mögen Sie leiden, aber praktisch werden sie (= diese Lebensrätsel) gelöst von dem Menschen, der eine hochgradige Gottesliebe sein eigen nennt.

Dasselbe gilt auch, wenn ich an andere Übel denke, an *geistige Übel.* Man hat mich verleumdet, oder ich fühle mich so furchtbar bedrängt bei meiner Talentierung, bin meines Amtes ungerechtfertigterweise entsetzt worden. Sehen Sie, bitte: Wieviel Verbitterung steckt heute in unseren Kreisen, weil wir derartige Enttäuschungen so stark zur Quelle des Leids und der Traurigkeit werden lassen! Ich bin in Schutzhaft genommen worden; die Behörde hat sich nicht genug bemüht; ich hätte das aber doch verdient! Was muß ich tun? Immer wieder das Meisterstück: Jedes malum auch zum bonum werden lassen! Sonst werden wir keine dauernde Freude in unser Leben hineinbringen. – Welche Mittel? Die verschiedensten.

Die natürlichen: Unabhängig will ich werden von Menschengunst, fest dastehen, eine geschlossene Persönlichkeit sein. Das ist ein ethisches Gut, und, je nachdem die Anlage ist, mag eine derartige Einstellung leicht hinweghelfen über die Traurigkeit.

Aber auch hier – das Kernstück ist immer dasselbe –: Wie einfach wäre die ständige, dauernde Freude, wenn wir uns zu einer ständigen Gottesliebe erzogen hätten! Der Zauberstab: die tiefgründige, herzliche

Gottesliebe. Es ist derselbe Gedanke: Auch diese Leiden sind Ausdruck des göttlichen Wohlgefallens. Das, was ich leide, tut zwar weh, aber ich richte darauf nicht stier den Blick. Es wird mir nicht ganz gelingen, aber ich werde den Blick immer wieder hinlenken auf Gottes Wohlgefallen. Gott ist Vater, Gott ist gut, gut ist alles, was er tut.

Wenn Gott ein Leid schickt, hat er immer eine Absicht dabei, auch beim *geistlichen Leid,* selbst bei der schweren Sünde. Auch hier wieder: Alle Lebensrätsel sind praktisch gelöst in dieser ganz einfältigen, schlichten, hochragenden Gottesliebe. Dasselbe gilt auch, wenn wir Sünden begangen haben. Es ist immer dasselbe.

Was muß ich nun tun, wenn die Sünde getätigt ist? Nicht zu lange und zu einseitig und dauernd die Sünde als malum sehen, sondern auch als bonum! Wir haben ja fast jedes Jahr von diesen Dingen gesprochen. Aber damit die Herren, die zum erstenmal da sind, es nicht (als) zu absonderlich empfinden, sage ich es auch mit dem heiligen Bernhard: Dünger ist Zersetzung. Aber, was machen wir in der Landwirtschaft ohne Zersetzung[14]? So steckt ein ganz starkes bonum im malum der Sünde. Wir müssen nur die positive Seite des mysterium iniquitatis herausholen.

Wo liegt unmittelbar *der Zauberstab*? Formell ist es *das Glaubenslicht.* Denn jeder appetitus, auch die natürliche Liebe, ist angewiesen auf ein entsprechendes Licht. Und hier müssen wir vom Glaubenslicht sprechen. Ohne das Glaubenslicht werden wir im malum

[14] Vgl. WH, 124, wo der Bauersmann gemäß dem Thema des Abschnitts »Die prophetische Dinggebundenheit« feststellt: »Dünger ist Zersetzung. Was täten wir in der Landwirtschaft ohne diese Zersetzung! So betrachtet auch der liebe Gott meine Unvollkommenheiten und Fehler und Dummheiten als Dünger, damit die wahre Demut daraus hervorwachsen kann.«

das bonum nicht entdecken. Aber wir wissen es alle aus Erfahrung: Das Licht genügt nicht. Die Formel des Zauberstabes: *die Gottesliebe.* Wie oft wissen wir, das wäre so zu deuten; und wenn ich mich mit theologischen Dingen auseinandersetze, so kann ich einem anderen sagen: soundso ist es; aber mir selbst ist das malum doch noch nicht zum bonum geworden! Deswegen: Ich habe die Erkenntnis, kann andere davon überzeugen, mir aber mangelt die Liebe, das tiefere Gebundensein an Gott. Das Wissen allein tut es nicht. Das liebevolle Gebundensein an den göttlichen Willen muß hinzukommen.

Wir haben dadurch aber auch noch einen anderen großen Vorteil zu gewärtigen. Teils wissen wir es aus Erfahrung, teils sagt es uns die Psychologie der Heiligen. Der heilige Paulus hat das Wort: in caritate radicati et fundati (in der Liebe verwurzelt und auf sie gegründet. Eph 3, 17). Wenn ich in der Liebe tief wurzelhaft gegründet bin, so ist es selbstverständlich, daß ich leicht die Länge und Breite und Tiefe der Liebe erkenne – *Liebe als Förderungsmittel für die Erkenntnis.* Je mehr ich in Liebe und aus Liebe alles tue und sehe, in dem Ausmaß wächst auch die tiefere Erkenntnis.

Alles in allem, damit stehen wir an sich schon vor den Toren der *Pädagogik der Freude.* Worin liegt das Wichtigste in der Freudenerziehung? Wir haben ja keine Zeit in der heutigen ernsten Lage, uns mit peripherischen Dingen auseinanderzusetzen. Pädagogik der Freude, sie ist der *Weg zur ständigen Liebe.* Pädagogik der Freude ist Pädagogik der Liebe.

Somit stehen wir vor dem *zweiten wichtigen Teil unserer Exerzitien,* haben wir die Freude, die Frucht, verkostet und müssen uns nun bemühen um die Quelle, die Wurzel der Freude. Was ist das, die Wurzel des herrlichen, schönen Freudenbaumes? Das ist die Liebe. Und darum müssen wir morgen mit großem Ernst und großer Ruhe beginnen; und wir können es doppelt und dreifach leicht tun nach der Beichte, um uns um die Erkenntnis und das Verständnis zu bemühen, um das Wachstum einer tiefgehenden übernatürlichen Gottesliebe. – Das ist die mehr systematische, nüchterne Darstellung vom Sinn der vollkommenen priesterlichen Lebensfreude.

Es mag nun der Mühe wert sein, das Gesagte an der Heiligen Schrift nachzuprüfen. Tun Sie es gefälligst selbst anhand der *acht Seligkeiten* (Mt 5, 3–12). Sie studieren, wie und wann und in welchem Zusammenhang uns Freude versprochen wird. *Hier haben Sie die vollkommene priesterliche Lebensfreude.* Sie überprüfen: Selig..., selig..., selig... Wie werde ich selig? Wie wird meine ganze Natur innerlich durchzittert von Freude? Der Heiland sagt es uns. Achten Sie bitte darauf: Hier werden objektive Güter angegeben, die nach rein natürlichem Empfinden zumeist als malum empfunden werden: Armut, Geduld, Sanftmut, Verfolgung. Und trotzdem, hier heißt es in allem: Wollt ihr glücklich sein, versucht doch all diese mala im Licht des Glaubens und getragen von der Liebe zum Gegenstand der Freude zu machen! Wenn Sie die Gedanken durcharbeiten wollen, so können Sie in jedem Betrachtungsbuch eine Darstellung und Einteilung darüber finden, meist eine Dreiteilung.

Mir kommt es darauf an, daß wir einen klaren Begriff von der Freude haben, die Freude als genußreich vor uns sehen, vielleicht die Freude ein wenig verkostet haben, damit dadurch in uns der Trieb geweckt wird: Ich will alles tun, um *mein Leben zum Ausdruck einer einzigen großen Freude* zu *gestalten.* Und was muß ich da tun? Ringen um eine tiefgehende, innerliche, göttliche Freude!

III. WELTGRUNDGESETZ DER LIEBE

Wir haben bisher versucht, erlebnis- und erkenntnismäßig etwas tiefer hineinzuwachsen in das Reich der vollkommenen priesterlichen Lebensfreude. Vielleicht sind wir trotz der ganz starken positiven Einstellung, die uns während dieser Tage begleitet hat, doch auch gleichzeitig tiefer hineingewachsen in den Ernst, die Wucht unseres Erlöserberufes. Das dürfen wir nicht übersehen: Wir können und dürfen und müssen teilnehmen am Erlöser-, am Messiasberuf des Gottmenschen. So verstehen wir dann wohl auch, wie er uns zurufen kann, hinweisend auf sein eigenes Beispiel und Leben: Eine größere Liebe hat niemand, als wenn er sein Leben hingibt für seine Freunde (Joh 15, 13)! Daraus folgt für uns, meine Herren – ganz abgesehen von der eigenen Lebenserfahrung und -beobachtung –, daß die höchste Freude immer die Opferfreude ist; daraus folgt aber auch, daß die *Quelle der Opferfreude die Opferliebe* ist. Und damit stehen wir vor der Pädagogik der Freude.
Haben wir uns bisher eine Psychologie, eine Theologie – eine biblisch-liturgische Theologie –, eine Philosophie der Freude erarbeitet und dadurch unsern Geist und unser Herz mehr eingestellt, sehnsüchtig eingestellt auf die Frucht der Freude, dann mögen wir um so mehr eingestellt, vorbereitet sein auf die Frage: Wie kommen wir nun zur Freudenerziehung, *wie* können wir *Freudenmeister,* Freudenmuster, ja, wie können wir Freudenapostel sein? Der organisch psychologische Zusammenhang ist an sich leicht ersicht-

lich: Die Quelle der Freude muß in unserer Seele rauschen. Will ich Freudenmeister werden, Freudenapostel, Freudenkünstler, dann muß ich ein Künstler, ein Apostel, ein *Meister einer tiefgründigen und hochstrebenden Gottesliebe* sein.

Meine Herren, so wollen wir von jetzt ab ringen, in ähnlicher Weise wie bisher tiefer und innerlicher und aufrichtiger ringen um einen hohen Grad der Gottesliebe. Weil wir aber auch gleichzeitig unsere Aufgabe darin sehen, in der heutigen so stark ideenhaft aufgewühlten Zeit ideenmäßig und gedanklich Klarheit zu schaffen über all die Fragen, die heute aktuell sind, deren Lösung für unsere apostolische, pastorale Arbeit, auch für unsere eigene Arbeit, für die Arbeit am eigenen Herzen, von großer Bedeutung ist, und Stellung zu nehmen, so wollen Sie es mir gestatten – und ich glaube Ihnen damit einen Dienst zu erweisen: wenn ich Ihnen die Quelle der Freude, *die hochragende Gottesliebe,* in einem ganz modernen Zusammenhang zeige; wenn ich Ihnen die Gottesliebe darstelle als *das urgewaltige, grandiose Weltgrundgesetz*[1].

[1] Der Ausdruck, die Liebe sei das »Weltgrundgesetz«, stammt wohl von Michael Müller (a.a.O., 44). Er spielt in der Terminologie P. Kentenichs eine Schlüsselrolle. Wort und Inhalt werden immer auf Franz von Sales zurückgeführt. Ein Text für viele: In einer Studie (1961) spricht P. K. von den »Grundlagen des Schönstätter Erziehungssystems« und verweist an dritter Stelle auf Franz von Sales: »Er spricht von der Liebe als Weltgrundgesetz und folgert daraus, daß die Liebe unser Lebens- und Erziehungsgrundgesetz werden muß.« Vgl. auch WH, 180; Kentenich, Das Lebensgeheimnis Schönstatts II, Vallendar 1972, S. 32 ff. – Bei Franz von Sales findet sich meines Wissens weder der Begriff »Weltgrundgesetz« noch die gestraffte Inhaltsbestimmung »alles aus, durch, für Liebe«; jedoch gibt es zahlreiche Formulierungen, die letztere in solcher Kurzfassung als authentisch salesianische Lehre erweisen, z. B. im Vorwort zum Theotimus,

Meine Herren, wenn wir schon allein das Wort hören, ahnen wir, die wir das Leben kennen und uns – bald mit, bald ohne Erfolg – um Stellungnahme zu heutigen Komplexen und Problemen bemüht haben, daß wir hier eine Behauptung vor uns haben, die von tiefgreifender praktischer und theoretischer Bedeutung ist. Wenn ich mich wirklich auf den Boden des Weltgrundgesetzes stelle, dann müssen mir, wie wir nachher sehen, alle Fragen, alle schweren und schwersten Probleme, die heute die Menschenherzen und die Geister durcheinanderbringen, leicht und sicher als gelöst erscheinen.

Ich weise nur, um einiges namhaft zu machen, hin auf die ernste, verwirrende Frage: Woher kommt es, daß die Schlechten, die Lügnerischen triumphieren und die Wahrhaften, die Schlichten, die Gottesgetreuen unterliegen? Woher kommt das? Wo ist die letzte Antwort zu finden? Woher kommt es denn, daß wir so riesig viel ernste, schwere Schicksalsschläge auszuhalten haben, so viele Hammerschläge? Haben wir es verdient, und wie haben wir es verdient? Was will Gott mit all diesen Dingen? Die Antwort? Wir werden sie leicht geben können, wenn wir aus ganzer Seele erfassen, was wir ausdrücken wollen mit der Behauptung: die Gottesliebe ist das Weltgrundgesetz.

Ja weiter: Nicht nur theoretische Bedeutung hat dieses Gesetz, es hat ganz tiefreichende praktische Bedeutung. Sie werden das auch ahnen. Wer sich wirklich mit ganzer Seele auf den Boden dieses Gesetzes stellen kann, hat damit nicht nur einen Grundpfeiler, sondern den Grundpfeiler seiner Lebensgestaltung, seiner

Nr. 1 (s. Anm. 18, S. 242); oder wenn er schreibt, es sei der Wille Gottes, »daß im Menschen wie in ihm selbst alles durch die Liebe und auf die Liebe hin geordnet sei.« (Theotimus I, 6, 4; Werke III, 63.)

Lebensauffassung, seiner Lebensformung vor sich. Und es mag sein, daß wir am Ende des Kurses das Gefühl und das Bewußtsein haben, als wäre in unserer Seele etwas in Umformung begriffen.
Das ist für mich auch in diesem Jahr mit das schönste Ziel des Kurses, Sie nicht nur hinausgehen zu lassen mit einer Menge neugefärbter und klarer Gedanken, sondern mit dem Anfang der *Umformung des Lebensgefühles*[2]. Unser Lebensgefühl muß umgeformt werden! Ich wende mich da besonders an die Herren, die schon Jahr für Jahr hergekommen sind, denen es aber nicht glückt, daß sie eine Wende in der Seele schaffen. Ob es uns in diesem Jahr nicht glückt, unser Lebensgefühl stärker umformen zu lassen im Sinne Gottes und der heutigen Zeit?

So mögen Sie es verstehen, wenn wir uns bemühen, dieses Weltgrundgesetz sachlich möglichst exakt und klar darzustellen, methodisch aber stufenweise und stufenmäßig emporzusteigen.
Um möglichst klar zu sprechen, gleich die Disposition. Wir bleiben den Linien am Anfang treu und bemühen uns um ein Doppeltes: erstens eine allgemeine Einfühlung in dieses große Weltgrundgesetz. Ist diese allgemeine Einfühlung zur Genüge getätigt, dann fangen wir an (zweitens), das Weltgrundgesetz gedanklich glaubensmäßig zu durchdringen. Es sind dieselben Linienführungen wie im ersten Teil, nur mit einer klein wenigen Umschaltung. Wenn wir im ersten Teil sehr stark Gewicht legen durften auf die Einfühlung, auf das Erlebnismäßige, und nur in einem Vortrag das Gedankliche zusammentrugen, so wollen wir jetzt zufrieden sein mit einem Vortrag, der uns allgemein ein-

[2] Schönstatt will ja nicht erstlich Ideenbewegung, sondern Lebensbewegung sein.

führen will, und die anderen Tage dazu benützen, um tiefer im Licht des Glaubens und der Gnade das Gesagte zu durchdenken.

1. Allgemeine Hinführung

Meine Herren, die allgemeine Einfühlung, um die wir zu ringen haben, will ich in allgemeinen Linien mit dem Sinn und der Bedeutung des Weltgrundgesetzes auseinandersetzen. Sinn und Bedeutung des Weltgrundgesetzes! Sie wollen dann bitte nicht übersehen: Es handelt sich hier nicht um eine Begründung des Weltgrundgesetzes, sondern bloß um eine Klärung und Erklärung und infolgedessen um eine *Vorbereitung des seelischen Bodens* für die allgemeine Einführung.

Hören Sie erst einmal. Was will denn die Frage: Was ist das Weltgrundgesetz? Das Weltgrundgesetz? Wir wissen das! Der liebe Gott hat für alles, was er tut, einen Grund. Wir suchen nun nach diesem Grund, der ihn etwa angetrieben hat, die Welt zu schaffen, zu regieren, zu führen, zu erlösen. So viele Fragen, die uns heute so ganz praktisch auf den Leib zugeschnitten sind, die so viele Schwierigkeiten und Krisen bereiten können – selbst uns, nicht nur dem Volk –, die wollen hier alle berührt und durchgesehen werden, zurückgeführt werden auf den Grund, der den lieben Gott bewogen hat, so oder so zu handeln. Weshalb hat er die Welt geschaffen, oder weshalb läßt er jenes zu, weshalb dieses, weshalb das?
Aber wir fragen nicht nur nach dem eigengesetzlichen Grund[3], sondern nach dem Weltgrundgesetz, nach

[3] Im Manuskript: nach dem Gesetz.

dem Urgrund, nach dem letzten Grund all dieser Gesetze. Wir können verhältnismäßig leicht für alles Weltgeschehen mehr oder weniger einen Grund angeben. Woher kommt zum Beispiel der Wechsel der Jahreszeiten – wo liegt der Grund? Oder wir können leicht sagen: Gott hat Schicksalsschläge geschickt. Warum das? Ich fühle es aus dem Leben meiner Familie: Das oder jenes mag der Grund gewesen sein, weshalb Gott das direkt gewollt hat. Nach diesen zweit- oder drittletzten Gründen fragen wir nicht. Wir fragen nach dem Weltgrundgesetz, nach dem Grund, nach dem letzten Grund, dem *Urgrund aller Gründe in Gott,* der ihn bewogen hat, so oder so zu handeln, das oder jenes zu unterlassen. Meine Herren: Weltgrundgesetz! Wo ist der Beweggrund, der letzte Beweggrund, der in Gott alles andere, der alles, was er tut oder unterläßt, in Bewegung setzt? Wo ist die Eigenschaft, die mir alles erklärt, was ich weiß oder nicht weiß? Wo ist in Gott der Punkt, der zuletzt und zutiefst erst eine Theodizee möglich macht? Theodizee ist ja, von uns aus gesehen, weiter nichts als eine Rechtfertigung Gottes. Wo ist der Punkt, von dem aus es uns leicht wird, Gott zu rechtfertigen? Ich spreche vom menschlichen Standpunkt! Weshalb hat er das getan? Weshalb die großen Krisen unter den Völkern und Nationen? Woher die bolschewistische Gefahr in der ganzen Welt? Das ist die Frage nach dem Weltgrundgesetz.

Und die Antwort, die wir geben können und dürfen, meine Herren, die Antwort heißt: Das Weltgrundgesetz ist die Liebe.

Muß ich nochmals daran erinnern: Sie wollen nicht von mir erwarten, daß ich das jetzt beweise. Das tue ich später. Jetzt kläre und erkläre ich nur. Das Weltgrundgesetz ist die Gottesliebe. Hören Sie, was das im

einzelnen heißt. *Gottesliebe.* Wägen Sie das Wort! Das kann erstens heißen *Liebe Gottes zu mir,* zweitens *meine Liebe zu Gott*!
Da haben wir es schon, die zwei wesentlichen Seiten des Weltgrundgesetzes. Das Weltgrundgesetz kennt eine göttliche und kennt eine menschliche Seite. Und hüben und drüben, sowohl die göttliche als auch die menschliche Seite, wird *dirigiert von einem Dreigestirn:* Alles *aus* Liebe, alles *durch* Liebe, alles *für* Liebe.

Die göttliche Seite: Weshalb hat Gott alles getan? Wenden Sie es sofort an auf die kleinste Arbeit des Tages: Alles aus Liebe, alles durch Liebe, alles für Liebe. Was folgt daraus für die menschliche Seite des Weltgrundgesetzes? Was folgt für mich? Für die Selbst- und für die Fremderziehung? Dasselbe: Alles aus Liebe, alles durch Liebe, alles für Liebe.
Sehen Sie bitte den wundersamen geschlossenen Reif, den *Strom der Liebe,* der durch den Himmel und durch die Menschen und durch die Welt mehr und mehr fließt und flutet! Fast möchte ich darauf hinweisen: Da haben wir das Wasser; es verdunstet, nachdem es in das Meer geflossen ist, steigt in die Wolken und fließt wieder als Regen auf die Erde. Da haben wir den großen, urgewaltigen Wasserstrom, der die Welt durchzieht. So können wir auch sprechen von einem urgewaltigen Lebens- und Liebesstrom, der Gott und Menschen und Welt miteinander verbindet und ständig in Verbindung hält.

So sehen wir »*aus Liebe*«, die göttliche Seite. Wollen wir da zunächst flüchtig erwägen und dann nachher, soweit die Zeit reicht, uns auch allgemein einfühlen in die menschliche Seite des Weltgrundgesetzes. Die göttliche Seite. Was haben wir hier? Was ist das Weltgrundgesetz? Die Antwort: Das ist die Gottesliebe.

Wollen Sie den Gedanken sofort in größere Zusammenhänge stellen? Ich darf zunächst einen anderen, leichter verständlichen Ausdruck der Gottesliebe gebrauchen, wenn ich Ihnen sage: das ist der *Verschenkungswille Gottes,* das ist der Mitteilungswille Gottes. Wissen Sie, was ich damit sagen will? Ich sage absichtlich nicht der Verschenkungstrieb, der Mitteilungstrieb. Sehen Sie, hier klingt oder klänge zu stark die Abhängigkeit Gottes mit. Das ist nicht Trieb. Bei Gott ist alles bewußter Wille, klares, selbständiges, innerliches freies Wollen. Deswegen auch hier Gottes Liebe als Mitteilungswille, als Verschenkungswille. Was Sie daraus folgern dürfen?

Nebenbei gesagt: Wir tun heute insgesamt gut, uns mit den Fragen der *Theodizee* auseinanderzusetzen; nicht theoretisch, sondern mehr als heißbegehrte Antwort auf so viele schwere Fragen der heutigen Zeit. Deswegen hat wohl auch Leibniz Unrecht mit seiner actio optima. Es ist nicht so, daß Gott total abhängig ist von seinen letzten Gedanken, von den pensées éternelles. Wäre Gott so abhängig, hätte er notwendig in der Auswirkung seines Verschenkungswillens die beste Welt schaffen müssen[4], dann könnten wir nicht von einer Freiheit, von einer vollendeten Freiheit sprechen. Deswegen wähle ich den Ausdruck so stark: Verschenkungswille, Mitteilungswille. Oder wenn wir Scheeben[5] hören: Er weist darauf hin, daß in Gott der

[4] Das behauptet Leibniz mit der actio optima [die beste (Schöpfungs-)Tat]. In dieser Argumentation, mit der sich Pater Kentenich unter die traditionellen Kritiker von Leibniz begibt, eröffnet sich auch der philosophische Zugang zu seinem Gottesbild im Sinne des »Deus caritas est«. Vgl. ferner Franz von Sales, Theotimus II, 5, 1; Werke III, 111.

[5] An sich verteidigt Scheeben dauernd die absolute Freiheit Gottes in seinem Wollen. Vgl. sein Handbuch der kath. Dogmatik I, Freiburg 1933, S. 720: »Dagegen bringt diese Unendlichkeit (der

Trieb zum Schenken so elementar sei, daß er nicht mehr Widerstand leisten könne. Hier ist eine Wahrheit, die aber überspitzt ist. Das darf ich nicht annehmen, weil Gott so seine souveräne Freiheit verlieren würde.
So halten wir fest: Weltgrundgesetz ist der Mitteilungswille Gottes. Sie mögen vielleicht, wenn Sie die Dinge etwas *durchbeten*, die Worte ein wenig durchdenken. Denn wir tun besser, das Wort, das wir hören, auch noch zu überprüfen: Was besagt das? Sonst sind die Worte abgegriffen und greifen mit ihrem Inhalt nicht mehr in unser Seelenleben. Deswegen verstehen Sie dann auch besser, was ich sagen will mit der göttlichen und menschlichen Seite. Mit der göttlichen Seite: Alles aus Liebe will heißen, alles aus dem Mitteilungswillen, aus dem Verschenkungswillen; alles aus Liebe, alles durch Liebe, alles für Liebe.

Ich tue Ihnen einen Dienst, wenn wir jetzt *zu den einzelnen Teilen* jeweils uns so viel sagen lassen, als notwendig ist, um eine allgemeine Einfühlung in die Gedanken- und Wertwelt zu bekommen.

Was heißt das, *alles aus Liebe*? Ich will jetzt den Ausdruck Liebe gebrauchen, damit wir schneller zum Ziel kommen. Causa motiva efficiens all dessen, was Gott tut, ist seine Liebe. Ich glaube, das muß ich jetzt deutlicher sagen: Ich muß sagen, das Hauptmotiv, das

Freigebigkeit und Barmherzigkeit Gottes) keineswegs mit sich, daß auch der *thatsächlichen Wirksamkeit* der Güte und Barmherzigkeit Gottes *an und in den einzelnen Creaturen* keinerlei Schranken gesetzt seien, als ob er jeder Creatur alle Güte und Barmherzigkeit erweise, die er ihr erweisen könne, oder gar, um barmherzig zu bleiben, erweisen müsse; vielmehr ist die Ausdehnung der Werke der Barmherzigkeit wesentlich durch den weisen Rathschluß der göttlichen Freiheit festgesetzt.«

Weltgrundgesetz, das *Hauptmotiv* bei allem Weltgeschehen – bei der Weltschöpfung, Welterlösung, Weltregierung und wie das alles heißen mag – ist Gottes Liebe. Das hindert nicht Nebenmotive. Es gibt auch Nebenmotive, die ihn bewegen und begleiten. Begleitmotive mögen wir sie nennen. Das ist seine Gerechtigkeit und seine Allmacht. Wir sagen dafür: sein schöpferischer Gestaltungswille und sein Gerechtigkeitssinn. Wir tun überhaupt gut, die alten Ausdrücke hie und da einmal umzuformen. Darf ich nochmals proklamieren: Wenn ich sage, Weltgrundgesetz von Gott aus gesehen heißt »alles aus Liebe«, dann heißt das: Der Hauptbeweggrund, der Zentralbeweggrund ist die Liebe, Nebenbeweggründe mögen andere sein. Der schöpferische Gestaltungswille – was habe ich hier? Die Allmacht Gottes. Oder die Gerechtigkeit Gottes: den Gerechtigkeitssinn Gottes.

Wenn Sie so ein klein wenig sich mit der modernen religiösen Kulturströmung auseinandergesetzt haben, so finden Sie, daß *Kierkegaard*[6] seinerzeit in seinen Untersuchungen für das, was ich so schlicht formte, andere Ausdrücke gefunden hat. *In Gott* gibt es verschiedene *Beweggründe für seine Tätigkeit.* Es sind deren drei: der ästhetische Beweggrund, der ethische Beweggrund, der religiöse Beweggrund.
Der ästhetische Beweggrund. Was ist das? Hier ist der schöpferische Gestaltungswille wirksam. Ich setze das nachher ein wenig auseinander. Sie wissen, der Künstler hat – oder wenn ich selbst male oder spreche, habe ich – einen starken Gestaltungswillen. Der ästhetische Beweggrund ist in Gott der Gestaltungswille. Der

[6] Vgl. seine Werke »Entweder/Oder« und »Furcht und Zittern« (deutsch bei Eugen Diederich, Düsseldorf 1964 ff.: Gesammelte Werke 1–4).

ethische Beweggrund ist sein Gerechtigkeitssinn. Der religiöse Beweggrund, das ist die Liebe, die Gottesliebe.
Schauen Sie bitte einmal, wie diese Gedankengänge an eine Untersuchung anklingen, die der heilige Bernhard angestellt hat. Die Betrachtung würde drei Grade kennen: Erstens admiratio divinae maiestatis – die Allmacht, der allgewaltige Gott, der schöpferische Gestaltungswille. Zweite Art der Betrachtung: Betrachtung der Wohltaten Gottes, der Liebe Gottes. Drittens admiratio iustitiae divinae. Was haben wir hier? Den Gerechtigkeitssinn Gottes.
Ob wir uns damit schon ein wenig in den Gedankenkomplex, in den Problemkreis eingefühlt haben? Es ist unsere Aufgabe, wenigstens einmal zu hören und tiefer nachzutasten, was das heißt. Ich darf also sagen – ich drehe den Gedanken um –: Es ist klar, daß Gott bei allem, was er tut, auch als Nebenmotive das Ästhetische und das Ethische kennt. Aber es dreht sich darum: Diese dürfen nicht als das Hauptmotiv, als das Zentralmotiv aufgefaßt werden, nicht als das Weltgrundgesetz.

Gehen Sie die Gedanken ein wenig durch! Denken Sie an *das ästhetische Motiv,* an den schöpferischen Gestaltungswillen Gottes. Ist es nicht selbstverständlich für den, der die Welt nur ein klein wenig mit offenen Augen betrachtet, der für die wundersamen Naturerscheinungen ein wenig aufgeschlossen ist, für die Ordnung, die Gott eingebaut hat in seine Kreatur – ob ich das Ganze von mir aus sehe oder in den Einzelgliedern, den Menschen, ist einerlei –, der sieht, wie er alles geschaffen hat, wieviel Schönheit Gott ausgegossen hat; ist es nicht selbstverständlich, daß ein solcher zum Schluß kommt: Der das tut, muß zweifellos einen außerordentlich starken, schöpferisch starken Gestaltungswillen sein eigen nennen, muß ein großer Künstler sein, muß einen außerordentlich starken Schönheitswillen haben?

Denken Sie an den Ausdruck: Zeus spielt[7]. Es ist der Spieltrieb, der Gestaltungstrieb Gottes. Und weil Gott spielt, wirft er die Herrlichkeiten in das Universum. Lesen Sie im Buch der Weisheit: Ehe denn die Welt war, spielte sie schon vor Gott. Es spielten die Menschen vor Gottes Antlitz, ehe die Dinge waren (vgl. Spr 8,22–31).

Es ist also selbstverständlich, es muß wohl angenommen werden – es ist so klar, daß wir uns darüber nicht einmal auseinanderzusetzen haben –: Es muß bei der schöpferischen Gestaltungswirksamkeit Gottes auch der ästhetische Wille mittätig gewesen sein, sagen wir der Künstler in ihm. Aber Weltgrundgesetz kann das ästhetische Motiv nicht sein. Weshalb? Wie sollten Sie sonst Kreuz und Leid und Unrecht erklären! Es sei denn, Sie würden behaupten, der liebe Gott würde oder hätte ohne jegliches Verantwortungsbewußtsein einfach gespielt, hätte seinen schöpferischen Gestaltungswillen einfach spielen lassen ohne Rücksicht auf die Wirkung, auf den terminus[8]. Das anzunehmen widerspricht meinem eigenen persönlichen Gefühl. Wer unter uns würde annehmen, daß ein Mensch so handeln würde, ohne Rücksicht auf das, was gestattet wird! Um wieviel weniger dürfen wir das bei Gott annehmen! – Neben-, Begleitmotiv ist das ästhetische Motiv, aber nicht Zentralmotiv.

[7] Vgl. dazu (nach Hugo Rahner, Der spielende Mensch, Einsiedeln [4]1957, S. 20), den Mythos vom jungen Zeus, »dem die Amme Adrastea die Sphaira, den schönen Weltball, verfertigt, mit dem das Kind in der idäischen Grotte spielt«.

[8] Das Ziel (das damit angegangen wird).

Nehmen Sie den Gerechtigkeitssinn Gottes, *das ethische Motiv.* Gott ist der Gerechte, zweifellos. Das sehen wir sehr leicht in allem Weltgeschehen, vor allem da, wo Gott strafend in das Geschehen eingreift. Strafe, Schuld, Sühne, all diese Dinge können wir hier leicht erklären, wenn wir die Gerechtigkeit, den Gerechtigkeitssinn Gottes als Weltgrundgesetz anerkennen würden. Wenigstens darf ich also erklären: Gerechtigkeitssinn ist zweifellos Begleitmotiv, mitwirksam bei der Weltregierung, bei der Welterlösung. Aber dürfen wir die Gerechtigkeit auffassen als Weltgrundgesetz, als letzten Grund in allem Handeln und Denken und Wollen in Gott? Darf ich drei Antworten geben?

Erstens, *das wäre Gottes nicht würdig.* Freilich, ich müßte hier, um das Wort zu erklären, um es wertgesättigt zu machen, stark zurückgreifen auf Kant[9], der diese Ansicht so überaus stark vertritt. Das wäre aber Gottes nicht würdig! Wie müßten wir uns Gott vorstellen, wo diese Auffassung extrem vertreten wird? Da steht Gott vor uns, ständig bedacht auf seine Ehre! Er hat nur eines als letztes Ziel: Er macht Gesetze und

[9] So etwa in Die Metaphysik der Sitten VI, 488 f.:
»Den göttlichen Zweck in Ansehung des menschlichen Geschlechts (dessen Schöpfung und Leitung) kann man sich nicht anders denken als nur aus Liebe, das ist daß er die Glückseligkeit des Menschen sei. Das Prinzip des Willens Gottes aber in Ansehung der schuldigen Achtung (Ehrfurcht), welche die Wirkungen der ersteren einschränkt, das ist des göttlichen Rechts, kann kein anderes sein als das der Gerechtigkeit. Man könnte sich (nach Menschenart) auch so ausdrücken: Gott hat vernünftige Wesen erschaffen, gleichsam aus dem Bedürfnisse, etwas außer sich zu haben, was er lieben könne, oder auch von dem er geliebt werde. – Aber nicht allein ebenso groß, sondern noch größer (weil das Prinzip einschränkend ist) ist der Anspruch, den die göttliche Gerechtigkeit im Urteile unserer eigenen Vernunft, und zwar als strafende, an uns macht.«

ist eifersüchtig darauf bedacht, daß nur ja kein kleines und kleinstes Gesetz übertreten wird. Ständig steht er da mit der Erziehermiene, mit der Peitsche in der Hand. Wenn die Gerechtigkeit Weltgrundgesetz wäre, müßten wir diese kantsche Auffassung wohl teilen, und das ist Gottes unwürdig. Ich will nicht beweisen, nur klären und erklären.
Zweitens, *die Dinge würden ihre Eigengesetzlichkeit verlieren.* Sehen Sie die Natur; die Bäume, die Pflanzen, die Tiere und Menschen. All diese Dinge würden ihre Eigengesetzlichkeit verlieren, wenn die Gerechtigkeit bis zum äußersten Weltgrundgesetz wäre.
Drittens, ich darf an die große Gefahr erinnern; die Menschheit ist seit Jahrhunderten dieser Gefahr schon zum Opfer gefallen. Wenn Gott dasteht und den Menschen zur sittlichen Autonomie erziehen will, daß ich eine gesunde Art habe, eine tiefgehende reife Persönlichkeit bin, ist das recht. Aber wenn das zugespitzt wird, wie es in der Literatur geschehen ist, so ist die *Gefahr* groß, *daß es Gott verboten wird, in die Welt hineinzuregieren*[10] und daß er in die Ecke bugsiert wird: So, da bleibe, wir haben unsere eigenen Gesetze und möchten sie selber gestalten! Deswegen wollen wir die Liebe festhalten.

Ich weiß, daß ich die Probleme bloß angerührt habe, aber mehr brauche ich ja auch nicht. Was ist die Liebe? Weltgrundgesetz! Das Letzte ist nicht die Gerechtigkeit, der Gestaltungswille Gottes, das Letzte und Tiefste für alles Weltgeschehen, für alle Erlösung und Weltregierung und -gestaltung ist die Gottesliebe, ist die Liebe. Die Liebe inspiriert die Gerechtigkeit, sie inspiriert den Gestaltungswillen.
Wissen Sie, weshalb wir jetzt so stark auf diese Dinge

[10] Deismus.

achtgeben müssen? Sie werden es später heraushören: Das sind die Probleme der heutigen Zeit[11]. Den Gestaltungswillen können wir nachher fallenlassen; darum ringen wir nicht. Das Problem der heutigen Zeit ist das: Ist Gott primär der gerechte oder der gütige Gott? Bitte, wir müssen heute unser Volk immunisieren gegen die Zeitströmungen, gegen die kranken Zeitströmungen. Deshalb für alles in der Dogmatik und in der Philosophie den Grund suchen! *Eine entgegengesetzte Geistesbewegung schaffen!* Nicht Massenbewegung mit Massenbewegung beantworten, sondern geistige Strömungen schaffen! Dafür müssen wir uns aber selbst umorientieren, ein anderes Lebensgefühl uns erwerben, um andere Formen ringen.

So steht das Letzte und Tiefste von Gott aus vor mir, das Weltgrundgesetz. Alles, was Gott tut – Krieg, Revolution, alles, was wir können –: das Letzte ist seine Liebe. Ich denke an mich. Wo ist das Leid, das mich niederdrücken will? Die Schicksalsschläge, wo kommen sie letztlich her? Wir dürfen nicht auf praktische Dinge hindrängen wollen. Jetzt heißt es nur, sich zu überzeugen: Es ist so, die göttliche Liebe ist wirklich das Weltgrundgesetz! Was ist die Wirkung? Wenn ich davon überzeugt bin, habe ich die Lösung aller Rätsel. Wenn ich es nur ideenmäßig habe, schwingt mein inneres Leben nicht mit. – Da haben Sie den ersten Teil: Alles aus Liebe.

Der zweite Teil: *Alles für Liebe* – causa finalis. Welchen Zweck verfolgt Gott mit allem, was er tut und zuläßt, wie er die Welt geschaffen hat, in der Art sei-

[11] Wohl im Blick auf die grausame Willkürmacht totalitärer Regimes gesagt. Vgl. die menschliche Seite des »Alles aus Liebe«, S. 232 ff.

ner Regierung? Alles für die Liebesvereinigung mit ihm! Sie merken jetzt, es ist eine ganz einheitliche Auffassung, um die wir ringen. Sonst sagt man: für die Verherrlichung[12]. Hier haben Sie ganz klare Linien herausgemeißelt als Weltgrundgesetz. Liebe ist Anfang, Liebe ist Mitte, und Liebe ist Ende. Das *Ziel: Liebesvereinigung mit uns!* Das will er. Er liebt sich und will sich mit uns in Liebe vereinigt wissen. Was mag das heißen? Wenn ich so in Liebe mit Gott verbunden bin, ist es für ihn die höchste Ehre und für mich die höchste Beseligung. Damit haben wir uns alte, gewohnheitsmäßige Gedankenbeweise eingegliedert. Wir müssen alles durchdenken von dem Gesichtspunkt der Liebe. Alles für die Liebe, für die tiefgehende und tiefgreifende Liebesvereinigung mit ihm; für seine Liebesvereinigung mit uns.

Dritter Teil: *Alles durch Liebe.* Wie will der liebe Gott uns zu dieser tiefgehenden Liebesvereinigung mit sich bringen? Wodurch? Durch *Liebeserweise.* Durch anschauliche, greifbare, große, gigantische Liebeserweise. Sie müssen heraushören: das Wort »Liebe« bekommt, je nachdem es gebraucht wird, einen etwas umakzentuierten Inhalt. Später werde ich Ihnen zeigen, worin das begründet ist, woher das kommt. Fühlen wir jetzt schon ein klein wenig den Inhalt? – Die göttliche Seite des Weltgrundgesetzes: Alles aus Liebe, alles durch Liebe, alles für Liebe. Ordo essendi! Wir sehen den großen Liebesstrom, das ganz große Geschehen.

[12] Vgl. das benediktinische Motto »Ut in omnibus glorificetur Deus – Auf daß in allem Gott verherrlicht werde« (1 Petr 4, 11) und das jesuitische Motto »Omnia ad maiorem Dei gloriam – Alles zur größeren Ehre (Verherrlichung) Gottes«.

Jetzt sehen wir uns auch gemeinsam einmal *die menschliche Seite* des Weltgrundgesetzes an. Wenn das Weltgrundgesetz für Gott bestimmend ist, muß es auch für mich bestimmend sein. Wie muß ich den Kreis weiterziehen, wie muß ich denken und lieben? Auch in meinem Leben muß das Dreigestirn immer klar und hell vor mir stehen: Alles aus Liebe, alles durch Liebe, alles für Liebe.

Alles aus Liebe! Meine Herren, ich glaube, jetzt können wir besser verstehen, was damit gesagt sein soll. Das will heißen: Der Hauptbeweggrund in meinem ganzen Handeln und Tun ist die Gottesliebe. Der Hauptbeweggrund! Das schließt aber nicht, beileibe nicht aus, daß auch andere Motive dabei mitklingen und mitschwingen. Es kann die Furcht vor Gott mitschwingen: Gott ist der Gerechte. Die Dankbarkeit gegen Gott: Gott ist auch der große Schöpfergott, der mich mit Wohltaten überhäuft hat. Aber überlegen Sie: Wenn das alles stimmt, was ich in die Formel gegossen habe »Weltgrundgesetz«, dann muß ich nicht nur theoretisch, sondern auch praktisch in meinem Leben es tätigen. Das Zentralmotiv muß wirkliche *Gottesliebe* sein. Das ist *die Dominante.* Alles andere muß mehr oder weniger zurücktreten. Es darf wohl da sein, darf aber nicht Zentralmotiv sein.

Wollen Sie nicht in Ihr eigenes Leben hineinschauen und sich einmal fragen: Kennen Sie denn viele Menschen – kennen Sie sich selbst; und wenn Sie sich kennen, fragen Sie einmal, überprüfen Sie einmal –: Wer von ihnen kann Ihnen sagen – und auch Sie sich selbst –: In meinem Leben ist es so, in meinem Leben ist Gott und die Gottesliebe wirklich der Hauptbeweggrund all meiner Handlungen? Und wenn Sie das auch sagen, werde ich Ihnen schroff die Antwort geben: Ich glaube es Ihnen nicht, daß Sie viele entdekken, die das sagen können; daß Sie viele überaus strebsame Menschen kennen, die mit Bestimmtheit sagen: In meinem Leben ist die Liebe das Zentralmotiv!

Wenn Sie mir bitte ein paar ganz schroffe Ausdrücke gestatten – und ich meine, das müssen Sie, weil es mir darauf ankommt, unser ganzes Lebensgefühl mit der Zeit stärker umzuformen –, so kann ich sagen: In meinem Verhältnis Gott gegenüber, was bin ich da? Ich bin ein Gottesgeschöpf, ein Gotteskind, ein Gottessklave – nehmen Sie es mir nicht übel, wenn ich zur Steigerung noch einen schrofferen Ausdruck gebrauche –, ich bin ein Gotteshund[13]. Was ist die Haltung des heutigen Christen dem lieben Gott gegenüber? Lebt nicht die allergrößte Anzahl, auch von strebsamen Christen – vielleicht können wir uns selbst nicht einmal ausnehmen – so, als wäre das Weltgrundgesetz die Gerechtigkeit? Sie müssen hier länger stehenbleiben, nicht nur nein oder ja sagen! Sie müssen Ihren ganzen Erfahrungskreis fragen. Leben sie nicht praktisch, selbst wenn man anders spricht, so, als wäre die Gerechtigkeit das Weltgrundgesetz? *In meinem Leben,* ist da *die Furcht vor Gott* auch das Weltgrundgesetz? Hören Sie einmal die Skala der Ausdrücke: Gottes Kind, Gottes Geschöpf, Gottes Sklave, Gottes Hund. Wie viele fühlen sich heute von Gott behandelt wie ein verprügelter oder zu verprügelnder Hund! Gehen Sie durch die Reihen unserer Gläubigen! Darf ich Ihnen für Ihr Denken, für Ihr Überprüfen ein paar Hinweise geben?

[13] Vermutlich ist dieser »schroffe Ausdruck« mitinspiriert durch M. Müller, der (S. 67) die Beziehung zwischen Gott und Mensch nach bestimmten Autoren als Gegensatz von Herr und Hund bezeichnet.

Sie schauen in das Leben unserer Kinder. Woher kommt es, daß so riesig viele *Erzieher*[14], wenn sie (selbst) nicht mehr vorwärtskommen, den Kindern hilflos gegenüberstehen, kein besseres Mittel kennen, als den lieben Gott als den Prügelmeister, den Höllenhund zu zeigen? Ist das praktische Leben nicht so, wo überhaupt noch religiös erzogen wird? In vielen Gegenden und Familien ist es überhaupt nicht mehr der Fall (daß erzogen wird); aber wo es geschieht, wie oft drohen die Eltern, wenn sie selbst nicht mehr zum Ziel kommen, mit dem großen Wauwau Gott! Der liebe Gott ist der große Wauwau, der muß es machen. Woher mag es kommen? Die Dinge müssen Sie ruhig überlegen, weil es sich nicht nur darum handelt, selbst innerlich umgeformt zu werden, sondern Sie müssen auch die große Aufgabe vor sich sehen: Wir müssen einen Idealstaat schaffen nach dem Wort des heiligen Augustinus: Utamur haereticis... (vgl. S. 34). Was will Gott von uns? Uns immunisieren gegen die Zeitirrtümer!

Wo liegt der Grund für diese Erscheinungen? Ich nenne einen psychologischen und einen theologischen Grund.

[14] P. Kentenich kommt wieder zu einem seiner zentralen Anliegen, die auch die Sendung Schönstatts kennzeichnen. In der – organischen – Korrespondenz zur Erfahrung des Gottes der Liebe soll der Erzieher in Sein und Verkündigung und Handeln den liebenden Vatergott bezeugen. Sowohl aufgrund schmerzlicher Selbsterfahrung in Kindheit und Jugend als auch durch die eigene, Irrtum und Fehlform überwindende pädagogische Aktivität (als Lehrer und Spiritual), hat P. Kentenich diese »Zeitströmung« erkannt und überwunden – zumal durch seine originelle, an der Seinsordnung orientierte Pädagogik: die Idealerziehung, in der statt Gesetzes- und Übungs- die Vertrauens- und Gesinnungspädagogik primär ist. – Hier und im Folgenden steht also der Gottesauftrag des Gründers zur Debatte und sollte mitbedacht werden. Vgl. Anm. 1, S. 217 f.

Der psychologische Grund. Vielleicht sind wir alle diesem Irrtum – ich weiß nicht, ob ich es Irrtum nennen darf –, vielleicht sind wir alle dem Irrtum verfallen, daß wir annehmen, *der wesentliche Urtrieb* in der menschlichen Natur sei *die Furcht.* Hören Sie, was ich damit sagen will? Demgegenüber behaupte ich aber – und das ist die wesentliche Konsequenz und Folgerung aus dem Weltgrundgesetz –, daß der wesentliche Urtrieb in der menschlichen Natur nicht die Furcht, sondern die Liebe ist. Ich habe das Bewußtsein: wenn ich die Furcht des Menschen gepackt habe, dann habe ich den Menschen. Ist nicht wahr! Der Urtrieb ist die Liebe! Und weil wir von dem Gedanken zehren: Haben die Menschen Angst, dann habe ich sie – deshalb handeln wir auch danach. Urtrieb ist nicht Furcht, sondern Liebe!
Wo liegt *der theologische Grund,* daß so viele Eltern ihre Kinder so behandeln? Weil sie einen verkehrten Vaterbegriff, einen *verkehrten Gottesbegriff* haben. Wo liegt das Verkehrte? Weltgrundgesetz ist ihrer Ansicht nach die Gerechtigkeit, nicht die Liebe.

Merken Sie, von welcher Bedeutung unsere Überlegungen sind? Die wollen nicht von der Hand gewiesen werden. Nicht: Wir wollen den lieben Gott ein wenig lieben – nein, wir müssen unser Lebensgefühl umformen und daraus auch unserem Volk helfen, daß es in vielen Dingen eine andere Auffassung bekommt, die es fähig macht, das Leben zu überwinden, die Irrtümer der heutigen Zeit von innen heraus zu überwinden.

Ein paar andere Hinweise, die Sie leicht vermehren können. Darf ich an Sie oder an mich denken oder an uns alle? Hatten wir nicht in vielen Epochen unseres Lebens – vielleicht habe ich sie zum großen Teil auch heute noch – diese Einstellung: wenn Gott mir ein Leid irgendwelcher Art schickt, dann lautet, sofern ich nicht abgestumpft bin, die erste Frage: *Wie habe ich das verdient*? Was klingt hier mit? Weltgrundgesetz ist die Gerechtigkeit. Da steht er oben, der gerechte Gott; jetzt hat er mich wieder und kann mich peitschen, soviel er will. Sie müssen das hören: die Richtung geht da hin. Das mag zwar beim einzelnen nicht haarscharf zu trennen sein, aber die Richtung geht da hin.

Oder, wenn wir ein *feines Gewissen* haben, gefehlt und gesündigt haben: Woher kommt es, daß bei strebsamen Naturen nach Fehlern und Sünden dieses Zusammengeklapptsein Gott weiß wie lang dauert, monate- und jahrelang? Ich liege in der Ecke und komme nicht mehr zu Atem. Woher kommt das? Wieviel steckt von dieser Auffassung in unserem Gemüt! Vorübergehend ist das gesund, aber wenn es zu lange dauert, dann ist es unsere eingefleischte Überzeugung, dann sind wir lebensmäßig eingestellt – ob bewußt oder nicht ist einerlei –: Das Weltgrundgesetz, von Gott aus gesehen, ist die Gerechtigkeit; von uns aus ist es die Furcht vor Gott. Wir können nicht mehr nach oben, wir bleiben hängen.

Und nun wissen Sie, rückschauend auf den ersten Teil: Wer sich so lange der zitternden und hündischen Furcht vor Gott hingibt, sucht irgendwie *durch Leistungen den Erfolgswillen* zu *bestätigen.* Mir scheint, daß der liebe Gott durch die heutige Häresie uns in der Theodizee helfen will, wieder einen klaren, reinen Gottesbegriff zu bekommen. Es handelt sich nun darum, den Willen Gottes schnell zu sehen. Schimpfen tut es nicht (d. h. löst die Probleme nicht); das dürfen wir, wenn wir allein sind. Aber darüber hinaus heißt es, gemeinsame Arbeit leisten, zumal auf Konferen-

zen! Was können wir tun? Wir stehen der Welt nicht hilflos gegenüber. Nur hören müssen wir: Was will Gott? Gott will, daß wir ihn geistiger auffassen, alle tiefer als Gesamtheit hineinwachsen in das ganz große Weltgrundgesetz der Gottesliebe.
Und wenn wir *gebeichtet* haben, wie oft kommt dann der Gedanke: Ob die Sünden auch verziehen sind? Ob? Woher kommt das? Das mag vorübergehend in Erscheinung treten; aber wenn eine religiöse Natur nicht darüber hinauskommt, immer wieder wiederholt, ist dann nicht erlebnismäßig die Überzeugung in Fleisch und Blut übergegangen: die göttliche Seite des Weltgrundgesetzes ist die Gerechtigkeit, von mir aus die Furcht? Woher kommt das? – Suchen Sie tiefere Gründe?

Der psychologische Grund? Das mag eine eigene *naturhafte Anlage* nach der Richtung sein. Der psychologische Grund weist auch, wie wir das im ersten Vortrag (S. 77) schon einmal angedeutet haben, darauf hin, daß diese Anlage in den meisten Fällen außerordentlich verstärkt worden ist durch ein *einseitiges Vatererlebnis.* Ich darf Sie wirklich bitten, Ihre eigene Erfahrung zu überprüfen, wenn Sie Vorträge halten, wenn Sie im Beichtstuhl sind oder wenn Sie Exerzitien und Missionen zu halten haben und Sie Menschen vor sich haben, die über Gott als den strengen Richter nicht hinauskommen; wenn Sie Menschen vor sich haben, die mit dem Begriff Vatergott nichts anzufangen wissen.
Halten Sie bitte fest: die Schwierigkeiten der heutigen Zeit liegen meist im Gemüt, nicht im Verstand. Die Menschen haben einen verkehrten, einseitigen – nicht Vaterbegriff, sondern ein verkehrtes Vatererlebnis. Was das heißt? Das junge Menschenkind ist ein zartes Gebilde, und wenn empfindungsmäßig durch überaus

harte Behandlung des Vaters das Vatererlebnis so gefärbt ist, dann fällt es schwer – es glückt nur in wenigen Fällen, wenn wir nicht bewußt unsere ganze Volkserziehung darauf einstellen –, das Vatererlebnis in dieser schwarzen Färbung später wieder etwas weiß werden zu lassen, das Bild von dem gerechten Vater als dem primären in das Bild des gütigen Vaters umzuwandeln.
Und *der theologische Grund*? Der *einseitige Vaterbegriff.* Was werden wir für eine Unsumme von Arbeit haben, schon bei uns selbst, und wieviel mehr beim Volk, bis wir es wieder eingestellt haben auf das Bewußtsein: Weltgrundgesetz ist die Liebe! Das ist der Vatergott! Fürchten Sie nicht, daß damit einem weichlichen Gottesbegriff das Wort geredet wird. Ich habe es Ihnen ja schon gesagt: wenn der Zentralbeweggrund die Liebe ist, so klingt doch mit: Ich darf Scheu vor Gott haben, aber es darf nicht hündische Scheu sein.

Darf ich zusammenfassen? Ich will es absichtlich etwas schroff zuspitzen. Wie ist vielfach unser Gottesbegriff? Gott steht vor uns als der Deus tremendae maiestatis[15], der furchtbare Gott, der auf Sion Wut schnaubt unter Blitz und Donner, der das einzige Bestreben hat, Gesetze zu machen und uns zu überwachen, daß sie bis ins einzelnste erfüllt werden. Wehe, wenn es nicht bis ins einzelnste erfüllt wird! Dann zeigt er die kalte Schulter, wirft sein Volk von sich. So ist es. Denken Sie nur, wie wir vielfach leben. Der kleinste Fehler, und schon wieder das Bewußtsein: Gott mag mich nicht mehr. Und erst die Ordensleute! Die haben es erst recht schwer mit unserm Herrgott! Da ist er nicht zufrieden mit den gewöhnlichen Geset-

[15] Gott in seiner schaudererregenden Majestät.

zen, da hat er noch eine ganze Welt von kleinen und kleinsten Gesetzen ersonnen, und wehe, wenn sie es nicht fertigbringen, wehe, was mit ihnen noch werden wird! Und wenn sie ihm hier entschlüpfen, in der Ewigkeit kriegt er sie doch, im Fegfeuer oder in der Hölle. Aber wir können doch beichten! Aber ob es stimmt? Darum jetzt nochmals und nochmals gebeichtet! Das ist schroff, aber ist nicht nach der Richtung unser religiöses Lebensgefühl eingestellt?
Haben wir da nicht eine große Aufgabe? So müssen wir die Zeitaufgabe sehen, so unsere Umformung, die uns zuteil werden soll. Nicht nur politisieren und schimpfen! Führen wir unserem Volk einen Gottesbegriff zu, wie Gott ihn niedergelegt hat in der Heiligen Schrift und ihn in den heutigen Zeitverhältnissen abverlangt! – Da haben Sie den einen Teil, die eine menschliche Seite: Alles aus Liebe.

Zweitens, *alles für Liebe.* Ich soll alles tun und unterlassen, um zu einer tiefen und innigen Liebesvereinigung mit Gott zu gelangen, hier auf Erden und endlich dort oben in der visio beata.

Drittens, *alles durch Liebe.* Wodurch will ich das erreichen? Durch eine *starke Liebesbewegung.* Wodurch will ich tiefer hineinkommen zur Gottinnigkeit, so daß mein ganzes Handeln ständig getragen wird von der Liebe, nicht so sehr von der Gerechtigkeit? Sehen Sie die Menschen, die sich Gesetze gemacht haben oder (die Gesetze) bekommen haben und in einer religiösen Gemeinschaft sind! Kennen Sie nicht solche Menschen – wenn ich es einmal schroff ausdrücken darf –, die nur die einzige Lebensaufgabe haben, Regeln zu halten? Die den ganzen Tag Regeln halten? Das hat wohl einen tiefen Sinn. Aber im Zusammenhang: Es gibt mehr als die Gerechtigkeit, die nur sagt, es ist vorgeschrieben! Es muß alles im Hintergrund das Zentralmotiv der Liebe haben! Die Liebe will helfen, daß die einzelnen Punkte, die mir vorgeschrieben sind, aus dem Motiv der Liebe getätigt werden. Ich will nicht sagen »ich liebe«, und dann alles über den Haufen werfen. Die *Liebe drängt* und inspiriert in mir *die Gerechtigkeit, die Furcht,* die Abhängigkeit. Sie merken, was wir sagen wollen: Weltgrundgesetz!

So steht das Weltgrundgesetz in der allgemeinen Einstimmung vor uns. Hören Sie es. Die göttliche Seite: Alles aus Liebe, alles durch Liebe, alles für Liebe! Die menschliche Seite: Alles aus Liebe, alles durch Liebe, alles für Liebe!

Vielleicht erwidern Sie mir – besonders die, die sich auch später als Priester mit theologischen Fragen noch länger auseinandergesetzt haben –: Gibt es denn nicht Theologen, die die *Weisheit* in Gott als das Weltgrundgesetz auffassen? Da haben Sie nicht recht gelesen. Es gibt wohl Theologen, die der Weisheit in Gott eine ganz besondere Bedeutung beimessen. Das heißt aber, die Weisheit ist der adäquate, und zwar der eigentümliche *Ausdruck für das gesamte Leben Gottes.* Das ist der adäquate Ausdruck; aber hier ist nicht dazu Stellung genommen, was im Leben Gottes letzter Beweggrund ist. Das sind Fragen, die nicht zusammengehören.

Zum Schluß! Es kommt darauf an, daß wir wissen, wohin wir hinauswollen. Machen Sie die Probe aufs Exempel! Das tun Sie dadurch, daß Sie *andere Ausdrücke* setzen. Erst die Substanz, der Kern; und dann: Was ist das? Ich spiele jetzt mit den Ausdrücken: *Caritas urget*[16]. Suchen Sie einmal das Gesagte zu gruppie-

[16] Die Liebe (Christi) drängt (uns) (2 Kor 5, 14). Dies ist das Motto

ren und auf sich wirken zu lassen! Die göttliche Seite, da sagt Gott: Caritas urget me principaliter et non omnipotentia et iustitia[17]; die anderen Motive mögen auch dabei sein. Und was sage ich? Was drängt mich in hervorragender Weise? Das ist der amor. Caritas drängt mich, und nicht timor oder tremor. Sie müssen das klarhaben! Viele von uns müssen besonders stark festhalten, daß Gott das fascinosum und augustum ist. Das hindert aber nicht, ihn zu lieben. Das alles muß als Organismus gesehen werden.
Andere Ausdrücke, die die göttliche Seite mehr volkstümlich ausdrücken: *Gott ist Vater, Gott ist gut, gut ist alles, was er tut.* Was ist das? Das Weltgrundgesetz von der göttlichen Seite her. Ich darf Sie wiederum bitten: Wenn das eine uns glückt, unser Volk und uns selbst tiefinnerlich zu überzeugen von dieser Wahrheit, dann mögen Schicksalsschläge auf Schicksalsschläge auf uns niederprasseln, wir sind immunisiert. Gott ist Vater, Gott ist gut, gut ist alles, was er tut.

Und die menschliche Seite? Ja wenn ich einen paulinischen Ausdruck hersetzen soll – er ist nicht volkstümlich, läßt sich aber volkstümlich deuten –: *Denen, die Gott lieben, gereichen alle Dinge zum besten* (Röm 8,28). Was heißt das? Wenn es richtig ist, so habe ich in der heutigen ernsten Zeit nur ein einziges zu tun: Gott gern haben. Denen, die Gott lieben... Was kommt nach der Saarabstimmung? Antwort: Denen,

der SAC, der Gesellschaft der Pallottiner, und auch des Apostolischen Bundes, als »Außenwerk« der Schönstätter MC im Studienheim der Pallottiner 1919 in Hörde bei Dortmund gegründet.

[17] Liebe drängt mich vor allem, nicht Allmacht und Gerechtigkeit. – Und die menschliche Seite: Liebe (amor), nicht Furcht (timor) und Zittern (tremor).

die Gott lieben... Was könnte kommen, wenn es eine Verfolgung gibt? Ich brauche keine Angst zu haben. Ich weiß: Was kommt, ist Ausdruck des göttlichen Wohlgefallens. Das ist bombensicher, sicherer, als wenn ich einen Freund in der Regierung hätte oder wir noch unsere Parteien hätten. Wir müssen nur Ernst machen mit dieser Wahrheit! Und deswegen: Denen, die Gott lieben, gereichen alle Dinge zum besten. Ich habe nur eines zu tun: Gott gern zu haben. Sonst sagt man auch: Suchet zuerst das Reich Gottes et cetera (Mt 6, 33). Weshalb? Denen, die Gott lieben... Fühlen Sie bitte, wie das Weltgrundgesetz mir hilft, die Probleme zu lösen; mir die Kraft gibt, trotz schwacher Nerven, trotz schwerster Schicksalsschläge, trotz schwerster Verantwortung still und ruhig meinen Weg zu gehen, als wäre sonst nichts los. Das ist einfach zu sehen. Aber will Gott nicht, daß wir die Ziele auch zu verwirklichen suchen? Denen, die Gott lieben, gereichen alle Dinge zum besten.

Nehmen Sie wieder andere Ausdrücke. Es ist ein Ausdruck des heiligen Franz von Sales. Er meint einmal bei Gelegenheit: In der Kirche geschieht alles aus Liebe, alles durch Liebe, alles für Liebe[18].

Oder, wieder in anderer Form, mehr die menschliche, die weltliche Seite. Es ist auch ein Gedanke, den wir wirklich ernst überprüfen müssen. Wiederum sagt der heilige Franz von Sales: *Wie der Leib für die Seele, so ist die Seele für die Liebe*[19]. Wissen Sie, was das heißt?

[18] »Alles gehört der Liebe, alles liegt in der Liebe, alles ist für die Liebe, alles ist aus Liebe in der heiligen Kirche.« (Theotimus, Vorwort, 1; Werke III, 36.)

[19] Vgl. Theotimus II, 22, 5 und 6; Werke III, 159 und 160: »So wie unsere Seele, die zwar dem Körper das Leben gibt, aber in ihm nicht ihren Ursprung hat, sondern kraft Gottes natürlicher Vorsehung unserem Körper eingegossen wird, so entstammt auch die

Der Urtrieb meiner Seele ist die Liebe. Das Schwergewicht, die Schwerkraft meiner Seele, was ist das? Die Liebe[20]. Das ist die weltliche, die menschliche Seite. Und wenn Sie den einen Gedanken schon klarhaben: Der Urtrieb ist nicht die Furcht, sondern die Liebe – dann garantiere ich Ihnen: unsere ganze Seelsorge würde revolutioniert werden[21]. Wir sind immer nur eingestellt: Weltgrundgesetz ist die Furcht.

Eine große Klerikerversammlung fand statt. Man hatte das Thema: Wie stellen wir heute Gott dar? Man sprach über das und jenes, zwischendurch kam es aber immer wieder: »Aber nur ja nicht den timor Domini vergessen!« Das brauchen wir nicht zu vergessen. Nicht, als gehörte das nicht dazu; mich nicht mißverstehen! Auch in Volksmissionen all die ernsten Wahrheiten von der Hölle und dem Gericht et cetera bringen! Aber es ist etwas anderes, wie die Gedanken ausgeschlachtet werden. Ist es die Absicht, dem Volk die Furcht einzuhämmern, oder soll es nur Nebenbeweggrund sein? Alles auch hinführen auf die Liebe!

Das mag genügen. Somit haben wir uns in allgemeinen Umrissen in das Weltgrundgesetz, die Gottesliebe, eingeführt. Vergessen Sie aber bitte nicht, zu beten, damit wir die Dinge klar sehen. Aber auch *beten, daß unser Lebensgefühl etwas umgestaltet werde,* denn wir sind alle, mehr als wir wissen, von einer andern

Liebe, die unserem Herzen Leben spendet, nicht diesem, sondern strömt in unser Herz als himmlische Gabe«. »Ist aber die Seele zugleich mit ihrem Leib eine Welt im Kleinen, so ist die Liebe die Sonne, die alles schmückt, alles erwärmt und alles belebt.« – Vgl. auch S. 305.

20 Augustinus, Conf. XIII, 9 (PL 32, 848): pondus meum amor meus – meine Schwerkraft ist meine Liebe.

21 Im Manuskript: ... würde revoltieren oder Revolution machen.

Form des Lebens erfaßt. Wenn unser Lebensgefühl aber umgestaltet ist, dann fällt es uns leicht, die Frohbotschaft von Gott in gottgefälliger und gottwohlgefälliger Weise besser zu verkünden.

Das große Weltgrundgesetz ist das Gottesgeheimnis der Liebe, der Gottesliebe. Nachdem wir dieses Geheimnis, dieses Gesetz heute morgen in allgemeinen Umrissen dargestellt haben, um uns in den Stand zu setzen, langsam organisch uns hineinzufühlen und -zuleben, müssen wir nunmehr versuchen, es tiefer zu durchdringen.

Wir ahnen ja wohl, daß wir hier ein Problem berühren, dessen Lösung uns in den Stand setzt, die größten pastorellen Schwierigkeiten in der heutigen Zeit zu überwinden. Meine Herren, was ist wohl das Problem, das uns heute in der Seelsorge so auf der Seele brennt? Wenn ich Ihnen sage: *das Vorsehungsproblem,* sind Sie da mit mir einverstanden? Vorsehungsproblem? Wir denken daran, daß der liebe Gott von Ewigkeit alles, was in der Zeitlichkeit vor sich geht, vorhergesehen hat, in seine großen Pläne, in seine Welterlösungspläne eingegliedert hat. Und nun sagen wir: Alles, was der liebe Gott so geordnet hat, hat er aus Liebe getan.

Gottesliebe. Ja, sie löst uns als Weltgrundgesetz das tiefgehende Vorsehungsproblem. Wäre unser Volk, wären wir wieder ganz tief erfaßt von der göttlichen Vorsehung, von der kindlichen Hingabe, von der *rückhaltlosen kindlichen Hingabe an die göttliche Vorsehung,* so könnte uns gar nichts tiefinnerlich auseinanderbringen, würden wir mit großer Ruhe unsern Weg gehen, unsere Nerven nicht unnötigerweise aufregen lassen, würden nicht gelähmt werden in unserer Tatkraft, würden nicht Pessimisten sein. Ja ich könnte sagen: Je stärker es um uns herum brandet und wogt, um so stärker fühlen wir uns geborgen im Schoß Gottes. Geheimnis der göttlichen Liebe.

Wir tun vielleicht gut daran, bisweilen in unsere Zeitschriften und Zeitungen hineinzuschauen, um einmal zu lesen, was da und dort meist für Vorträge gehalten werden. Schauen Sie aus den letzten Tagen den Inhalt der Akademikertagung an[1]! War nicht im vorigen Jahr die Grundhaltung des katholischen Menschen die Gottesliebe? Merken Sie, wo das hinausgeht? Wenn Sie das in der Zeitung einmal nachprüfen, werden Sie finden: es ist dieselbe Problematik, mit der auch wir uns auseinandersetzen müssen.

Und noch ein zweites Problem, das uns hier besonders stark zur Lösung vorgelegt wird. Sie sind soweit orientiert in der gegnerischen Strömung und wissen, daß *Rosenberg* und all seine Nachbeter und Nachtreter es dem Christentum als das höchste Verbrechen anrechnen, daß es die Liebe auf den Schild erhoben hat. Wenn ich im Sinne Rosenbergs sprechen wollte, mit unseren Ausdrücken, müßte ich sagen: *Weltgrundgesetz* ist die Ehre, *die naturhafte Ehre*[2].
Hören Sie, was ich immer wieder möchte: die Wahrheiten, die wir so stark herausstellen, sind (dazu da), unser Volk gegen die Zeitirrtümer zu immunisieren. Je mehr ich dem Volk das zum Bewußtsein bringe,

[1] Zum Beispiel berichtet die Akademische Bonifatius-Korrespondenz 49 (15. Nov. 1934) 3, S. 152 von den Veranstaltungen der Akadem. Bonifatius-Einigung im Jahr 1934, worin auch das nahe Koblenz als Veranstaltungsort genannt wird.

[2] Alfred Rosenbergs »Mythos des 20. Jahrhunderts« (München 1939) – aus dem »Mülleimer des 19. Jahrhunderts«, wie Karl Barth meinte – wendet sich ausdrücklich gegen die Liebe (und das Mitleid), worin es »kein wirklich starkes volk- und staatenbildendes Element« (150) gebe, die keine Führerpersönlichkeiten bilde (168), und predigt: »Die Idee der Ehre – der Nationalehre – wird für uns Anfang und Ende unseres ganzen Denkens und Handelns. Sie verträgt kein gleichwertiges Kraftzentrum gleich welcher Art neben sich, weder die christliche Liebe . . .« (514).

»ich erlebe das Weltgrundgesetz«, desto stärker ist unser Volk gefeit gegen die Irrtümer, gegen die Häresien, gegen andersgeartete Formen. Für den Priester ist es nun wertvoll, daß er bei seiner Tätigkeit diesen großen Zusammenhang auch immer vor Augen hat. Dann sind wir nie einsam, werden nicht müde, werden in den Zeitschwierigkeiten immer Ausblicke sehen. Nicht die Zeitschwierigkeiten über uns hinauswachsen lassen, so daß wir vor ihnen zusammenfallen! Nein, jeder kann in seinem Kreis die Welt, die Zeit überwinden helfen, wir müssen nur ein Gefühl, eine Instinktsicherheit haben für all das, was durch die Zeit geistert.

Es wäre ein sehr wertvoller Gegenstand für einen Exerzitienkurs, das *Buch von Rosenberg* in positiver Weise überwinden zu helfen, das heißt praktisch, den erlösten Menschen einmal darzustellen. Sie wissen, um was es sich hier letztlich handelt: Gewiß, der Mensch soll sich erlösen; er soll es aber selbst tun. Es gibt keine Fremd-, sondern nur Selbsterlösung. Worin liegt unsere Erlösung? Sie besteht darin, daß wir rassenrein bleiben[3]. Das reine Blut ist das Sakrament. Haben wir das, dann sind wir erlöst. Nach der Richtung – wenn ich die Dinge weiß – klingen dann auch all meine Vorträge und Predigten durch. Was ich von der Erlösung sage, ist mitten hineingetaucht in Geist und Blut der heutigen Zeit. Ob wir das nicht mehr tun müßten: uns frei machen von approbierten Texten, um die letzten Wahrheiten tief hineinzuhämmern in das Herz unserer Gemeinden und unserer Gefolgschaft? Wollen Sie in die gegnerischen Lager schauen,

[3] Vgl. Mythos, a.a.O., 697: »Die rassengebundene Volksseele ist das Maß aller unserer Gedanken, Willenssehnsucht und Handlungen, der letzte Maßstab unserer Werte.«

mit welcher Inbrunst da Schulungen[4] gehalten werden! Was müßte da unsere Predigt und unsere Katechese sein! Dann geht unsere Gemeinde auch hinaus im Bewußtsein: Jetzt weiß ich, was ich will, jetzt habe ich eine Antwort.

Freilich, meine Herren, wir werden des Weltgrundgesetzes als *Lösung* all dieser und noch viel anderer Probleme nur so weit und so tief innewerden – Sie dürfen sich nicht wundern über diese scheinbar gegensätzliche Aneinanderreihung der Gedanken –, (es wird) *nur insoweit* eine Lösung für mich bedeuten, *als ich selbst schon tief von der Liebe erfaßt werde.* Sonst ist all das, was Sie vom Weltgrundgesetz hören, etwas für den Verstand, aber nicht für den Willen und das Herz. Das ist es ja, was wir müssen: Es genügt nicht, daß wir nur mit neuen und klaren Begriffen hinausgehen; diesmal müssen wir uns den Gedanken der Exerzitien so tief aussetzen und sie mit Gebet begleiten, daß wirklich der Anfang einer Umformung unseres Lebensgefühles erreicht wird. Wer in der Liebe lebt, der wird das Weltgrundgesetz auch viel klarer und tiefer erfassen und seiner als wirkliches Problem innewerden, nicht nur gedanklich, sondern auch lebensmäßig.
Paulus hat es uns so wunderschön gesagt: Wer in der Liebe fundiert, hineingewurzelt und verwurzelt ist, der wird leicht die ganze Höhe und Breite und Tiefe der Liebe Gottes in Christus erkennen (Eph 3, 17 ff.). Es ist das wohl eine andere Formung des bekannten Wortes: Wer die Wahrheit tut, kommt an das Licht

[4] Vgl. hierzu den Artikel »Nationalsozialismus« im Großen Herder [4]1934, Bd. 8, bes. Sp. XI–XVI (zwischen Sp. 984 und 985 eingeschoben).

(Joh 3,21). Das Licht, in unserem Fall das Licht als Erkenntnisquelle, ist die Lösungsquelle für soundso viele Probleme in einer Zeit, die vom einseitigen Individualismus den Weg gefunden hat zum extremen Gegenteil, zum Totalen[5]. In einer solchen Zeit müssen wir etwas mehr die Liebe betonen und genügend erkennen. Deswegen aber nicht sagen, ich müßte meine grundsätzliche Einstellung umformen; ich kann bleiben, was ich war, wenn es nur gesund ist. Aber umschalten!

2. Die göttliche Seite

So wollen wir versuchen, gleich unmittelbar in das Problem hineinzuschreiten und zunächst *die göttliche Seite* des Weltgrundgesetzes tiefer zu durchdringen suchen. Die göttliche Seite: Gott hat alles aus Liebe getan, Gott will in allem, was er tut, eine tiefe Liebesvereinigung mit seiner Kreatur und erstrebt dieses Ziel durch starke, anschauliche Liebeserweise.

Wir beginnen gleich mit dem ersten Teil: *Alles aus Liebe.* Aus Liebe hat Gott alles getan. Wir kommen hier sofort in die aszetischen Probleme und werden beim Überschauen des Wertmaterials und der Gedanken sa-

[5] Vgl. etwa diese demaskierende Maxime: »Die nationalsozialistische Bewegung erstrebt nicht eine Totalität des Staates, sondern die Totalität der nationalsozialistischen Weltanschauung auf allen Gebieten.« (Rosenberg, Gestaltung der Idee, München 1938, 230.) – Zum (weltanschaulichen) Kollektivismus vgl. diese programmatische Äußerung Hitlers: »Der christlichen Lehre von der unendlichen Bedeutung der menschlichen Einzelseele und der persönlichen Verantwortung setze ich mit eiskalter Klarheit die erlösende Lehre von der Nichtigkeit und Unbedeutendheit des einzelnen Menschen ...« (H. Rauschning, Gespräche mit Hitler, Zürich o. J., 212).

gen dürfen, es ist hier ein Dreifaches, was uns interessiert: die Tatsache, der Umfang und die Auswirkung des Weltgrundgesetzes.

Erster Gedanke, *die Tatsache.* Was will ich damit sagen? Ich muß Ihnen nachweisen, daß der liebe Gott wirklich alles, was er tut und unterläßt, aus Liebe tut. Das ist der erste Gedankengang. Mit dem wollen wir uns in diesem Vortrag auseinandersetzen. Genauer zugespitzt: »Alles aus Liebe« heißt dann, das Hauptmotiv, das den lieben Gott antreibt bei seiner Welterschaffung, bei seiner Weltregierung – Hauptmotiv ist seine Liebe. Da wirken und spielen auch Nebenmotive mit. Welche? Heute morgen haben wir es gehört: der schöpferische Gestaltungswille und der Gerechtigkeitssinn.
Was werde ich Ihnen also darstellen dürfen, meine Herren? Erster Gedanke, daß tatsächlich die Liebe das Zentralmotiv ist bei Gott. Zweiter Gedanke, daß auch Nebenmotive mitspielen, aber von der Liebe getragen werden. Dritter Gedanke, die Harmonie zwischen Liebe und Nebenmotiv.
Wenn ich von Nebenmotiven spreche – da der Kurs praktisch eingestellt sein soll –, wollen wir den schöpferischen Gestaltungswillen beiseite lassen. Für unser heutiges Denken, für unser heutiges katholisches Leben mitten im Wirrwarr der Zeit ist das Problem das Verhältnis zwischen dem sich verschenkenden und strafenden Gott, ist das Problem die Spannung zwischen der Liebe Gottes und der Gerechtigkeit. Daher wollen wir bei unseren Überlegungen den schöpferischen Gestaltungswillen beiseite lassen und *sehen als Nebenmotiv nur seine Gerechtigkeit.* Daher sehen wir zuerst das Zentralmotiv, seine Liebe, zweitens seine Gerechtigkeit als Nebenmotiv, drittens die Harmonie zwischen beiden.

Sie dürfen jetzt zunächst nicht viele praktische Anwendungen erwarten, denn das ist die große Gefahr. Ich darf Sie bitten, zumal solche, die noch wenig hier waren: Entsagen Sie Ihrem Drang, sogleich praktische Vorsätze zu fassen! Das hemmt die Frucht der Exerzitien. *Erst Haltung,* nicht sogleich: Wie habe ich es getan? Denn dann konzentriert die Seele ihre Kraft auf die Vorsätze und nicht auf die Haltung. Am Schluß der Exerzitien kommen die praktischen Vorsätze von selbst. Ich darf Ihnen dann behilflich sein, daß es schneller vor sich geht, kann mir dann aber denken, daß dieses Herausarbeiten von einer Haltung eine gewisse Entspannung auslöst. Aber sich doch nicht stark verlieren in Kleinigkeiten, lieber warten! Sonst kommen wir dazu: Das weiß ich schon alles. Wir aber wollen nicht Dinge wissen, sondern überzeugt sein! Diese wesentlichen Dinge möchten wir ganz neu in die Seele aufnehmen, damit unser Inneres umgestaltet, damit unser ganzes Lebensgefühl innerlich umgestaltet wird.

Also erster Gedanke: *Zentralmotiv* bei allem, was Gott tut, ist seine Liebe. Ich muß das schnell beweisen. Woher darf ich die Beweise nehmen? Selbstverständlich aus der Offenbarung. Ich bleibe bei der Heiligen Schrift stehen. Ich fasse es in einer These zusammen; bin mir aber bewußt, daß es nur eine große Disposition ist und darf Sie bitten, die Gedankengänge, die Sie nebeneinander in sich aufnehmen, jetzt wohl als großen Wurf mitzunehmen, aber später während des Jahres im einzelnen durchzubeten, am besten, indem Sie darüber predigen. Denn es ist so: Ein Vortrag, selbst gehalten, ist mehr wert als zwanzig gehörte. Wenn ich die Gedanken selbst anwenden muß auf das Leben, dann wächst meine eigene Kraft, meine Liebe, die Umformung der eigenen Seele.
Ich darf Ihnen zusammenfassend sagen: *Der originelle*

Inhalt des Neuen Testamentes ist die Frohbotschaft von der ganz ausgeprägten Vaterliebe Gottes. Ich spreche vom originellen Inhalt des Neuen Testamentes. Wenn Sie das Wort Neues Testament hören, so klingt sofort als Echo in der Seele mit Altes Testament. Ist denn ein Unterschied zwischen dem Inhalt des Alten Testamentes und des Neuen Testamentes? Unterschied wohl, aber kein Gegensatz. Gegensatz kann nicht sein, weil ja die Quelle von beiden derselbe Geist Gottes ist. Worin liegt der Unterschied zwischen dem Inhalt des Neuen Testamentes und dem des Alten Testamentes?

Ich meine, ich muß Ihnen zuerst *das Alte Testament* zeigen, damit wir nachher um so besser das Originelle des Neuen Testamentes vor uns haben. Altes Testament! Zwei Etappen: eine weit vorchristliche und die christliche Zeit, das heißt das Judentum zur Zeit Christi.

Wenn wir die *vorchristliche Zeit*, meinetwegen die klassische Blütezeit des Messiasglaubens, vor uns sehen, so müssen wir herausstellen: so riesig viel Unterschiede zwischen dem Inhalt der Heiligen Schrift des Alten Testamentes und des Neuen Testamentes sind doch nicht vorhanden, wie wir das gemeiniglich darstellen. Auch da finden wir ganz ausgeprägt die Vaterliebe Gottes zum Ausdruck gebracht. Freilich, die *Dominante* ist die *Gerechtigkeit Gottes.* Und es mag uns interessieren, aus diesem Zusammenhang eine ganze Anzahl von Stellen des Alten Testamentes gut und besinnlich zu lesen. Es sind klassische Stellen. Aber Sie dürfen nicht übersehen: auch damals wurde Gott empfunden als der Gott der Barmherzigkeit und der Liebe. Studieren Sie bitte einmal im Alten Testament die entsprechenden Stellen nach, lassen Sie sie auf sich wirken. Sie finden nur den einen Unterschied: was dominiert, ist der gerechte und allgewaltige Gott, sekundär ist es der barmherzige und gütige Gott. Und wie offenbart er sich? Im wesentlichen gegenüber der Masse des Volkes; da ist nicht das Individuum. Deswegen steht Jahwe da: sein Volk ist die *Braut des großen Bräutigams.* Wir denken an Osee, an den 44. Psalm, an das Hohelied[6]. Da haben wir die Zeit, die klassische Zeit der danielschen Religiosität.

Die Zeit des Verfalls zur Zeit Christi, die *christliche Zeit,* das christliche Alte Testament. Was wir damit wohl sagen wollen? Die Religion war stark verfallen. Israel erwartete zwar einen Erlöser, aber einen Erlöser von politischer Knechtschaft. Wir heutigen Menschen mögen uns hineindenken können in die damalige Situation. Einen Erlöser von politischer Knechtschaft; und nun sieht das Volk das Gegenteil. Die politische Knechtschaft wurde größer und größer, und desto stärker das Bewußtsein: Der Messias will die jetzige Generation nicht benutzen, um sein Volk zu befreien. Der Messias sieht die jetzige Generation, kümmert sich aber nicht darum. Und sehr häufig wurde der Messias in den Himmel verbannt, und er überließ die Menschen dem Absterben, dem Untergang. Und nun kommt mitten in diese Situation der Heiland mit seiner Frohbotschaft. Und so mögen Sie verstehen, wie gerade die Apostel, die im Alten Testament verwurzelt waren, das Originelle des Neuen Testamentes am besten erfaßten. Hören wir den Apostel Paulus, wie er hinausruft: Nicht den Geist der Knechtschaft, sondern den Geist der Kindschaft (haben wir empfangen)

[6] Müller, 63. – Hos 14, 5 f.: Ich will ihre Untreue heilen und sie aus lauter Großmut wieder lieben . . . Ich werde für Israel dasein wie der Tau, damit es aufblüht wie eine Lilie; Ps 45 (44), 12: Der König verlangt nach deiner Schönheit; er ist ja dein Herr, verneig dich vor ihm! – Vgl. S. 76.

– und wie tief klingt es in seiner Muttersprache –, »in dem wir sprachen: Abba, lieber Vater!« (Röm 8,15).

Nun überprüfen wir einmal auf diesem Hintergrund den originellen Inhalt des Neuen Testamentes. Er ist im wesentlichen angedeutet. Um ihn aber genauer und tiefer zu erfassen, müssen wir überprüfen und examinieren: erstens *Lehre und Leben des Heilandes,* zweitens Lehre und Leben der Apostel. Wir wollen mit diesen beiden Momenten zufrieden sein und wollen uns bemühen, die Gedankenwelt kraftvoll herauszumeißeln; die Gedankenwelt, die uns hier entgegenleuchtet, wirklich tiefinnerlich zu erfassen und zu verarbeiten.

Wenn ich an die *Lehre des Heilandes* denke, was finde ich da? Ganz ausgeprägt: Gott ist Vater! Gott ist Vater – ja was will das heißen? Ein Doppeltes.

Gott hat eine überaus tiefe *väterliche Gesinnung,* nicht nur gegenüber der Masse des Volkes, sondern auch gegenüber den Individuen. Aber das genügt nicht einmal: väterliche Gesinnung auch gegenüber den kleinsten Kleinigkeiten jeglichen Individuums. Hören Sie die Gegensätze! Wie das gewirkt haben muß in der damaligen Zeit, auf dem dunklen Hintergrund der damaligen Zeit! Schauen Sie bitte in das Neue Testament: wie bemüht sich der Heiland, den Vaterbegriff mit allem, dessen er tragfähig ist, zu füllen; mit wieviel Liebe, Barmherzigkeit, Treue! Das klingt immer so voll, wenn er vom Vatergott und seiner väterlichen Gesinnung spricht, ja es gibt gar keine menschliche Vaterschaft, die nur in etwa dieser göttlichen Vaterschaft das Wasser reichen könnte. Wenn ihr Menschen, die ihr euch Vater nennt, wenn ihr euern Kindern gut seid, um wieviel mehr euer Vater im Himmel (vgl. Lk 11,13)!

Und wie bemüht sich der Heiland, diese Vaterliebe Gottes, diese väterliche Sorge gegenüber den einzelnen Menschen in den kleinsten Kleinigkeiten überall, ja überstark herauszuheben! Manchmal scheint es, als wolle er der Gerechtigkeit Gewalt antun, bloß um die Barmherzigkeit des Vaters in besonderer Weise herauszuheben. Wir denken nur einmal an die Arbeiter im Weinberg (Mt 20,1–16). Die letzten Arbeiter bekommen denselben Lohn. Ist das nicht scheinbar eine Ungerechtigkeit? Was will er zeigen? Die Güte und Barmherzigkeit Gottes. Wir denken an all die andern Gleichnisse. Der Heiland, was tut er? Er läßt die neunundneunzig, um dem einen nachzugehen (Mt 18,12 f.). Und darüber hinaus, wie bemüht der Heiland sich, erneut darzustellen: Der Vater läßt die Sonne überall scheinen (vgl. Mt 5,45)! Und wenn er erst anfängt, die Sorge des Vaters um das Individuum mit seinen kleinen Nöten und Sorgen zu schildern, dann weiß er die poetischsten Bilder, die reichsten Worte zu gebrauchen. Es ist wohl mit die klassischste Stelle der ganzen Weltliteratur. Er spricht von den Vögeln des Himmels, von den Lilien des Feldes; sie säen nicht, sie ernten nicht... Um wieviel mehr sorgt er dann für euch (Mt 6,25 ff.)! Hören Sie, das ist eine neue Botschaft auch für die heutige Zeit! So steht die überaus klar herausgemeißelte väterliche Gesinnung des Vaters vor uns. Aber das reicht noch nicht.

Worin wurzelt diese Gesinnung? Wie wir das in der Heiligen Schrift so klar dargestellt bekommen! In der *wirklichen Vaterschaft.* Gott ist wirklich unser Vater, wir sind wirklich seine Kinder. Hier wäre es der Mühe wert, frühere Kurse[7] erneut durchzuarbeiten oder auf

[7] P. Kentenich hat in den 30er Jahren viele Kurse über Kindlichkeit gehalten, z. B. schon 1932 (1.–7. August über die Gotteskindschaft).

dem Weg zu sein, sie sich zu erarbeiten. Das Bewußtsein, Gott ist wirklich unser Vater, wir wirklich seine Kinder! Videte, videte, welche Liebe der Vater hat, daß wir seine Kinder sind und heißen (vgl. 1 Joh 3, 1)! Wir sind wirklich Kinder Gottes, freilich nicht eingeborene Kinder Gottes. Wir sind Kinder Gottes, ja, wir haben, wie wir seinerzeit ausführlich darstellen durften, in der natürlichen Ordnung überhaupt kein Analogon, das uns den ganzen Sinn und Gehalt dieser Kindschaft darstellt, sondern wir sagen Adoptivvaterschaft und Adoptivkindschaft[8]. Das trifft aber nicht den Kern, weil der Adoptivvater seinem Kind nur etwas Äußerliches mitgeben kann: seinen Namen und sein Vermögen, aber nichts von seiner Natur. Bei uns aber heißt die Kindschaft Gottes: Teilnahme, innewohnende Teilnahme, Mitteilung des göttlichen Lebens. Wir nehmen in geheimnisvoller Weise teil am Leben Gottes, am Leben des Vaters.

Es ist nicht meine Aufgabe, hier diese Wirklichkeiten, die der heutigen Zeit so notwendig sind, nachzuweisen, ich darf nur erinnern; um Sie zu bitten, diese Welt zu erobern, wenn Sie predigen, wenn Sie geistliche Lesung halten. Da haben Sie unsere Zeit. Der Heiland lehrt so deutlich: Gott ist wirklich Vater, und wir sind wirklich Kinder; zweitens, der Vater liebt uns mit überaus zärtlicher, väterlicher Gesinnung.

Welche *Konsequenz* zieht der Heiland aus dieser doppelten Wahrheit? Was verlangt der Vater von uns? Eine *kindliche Gesinnung,* die die allerschwersten Belastungen der tiefsten und schwersten Schicksalsschläge

[8] Vgl. WH, 29 f. P. Kentenich beruft sich in dieser Lehre immer auf M. J. Scheeben, der schon in »Natur und Gnade« (neu hrsg. München 1922, S. 129–160) sehr eingehend darüber handelt, auch von 1 Joh 3, 1 ausgehend.

aushält. Das verlangt er von uns, diese Kindergesinnung. Ja der Heiland kann da und dort sogar einmal – mag uns das wundern? – scherzhaft werden. Wir kennen die Situation. Nun sorgt nicht in ungeordneter Weise! Wer von euch kann denn mit seiner Sorge – gemeint ist eine unzeitige, ungeordnete Sorge – seiner Leibeslänge eine Elle zusetzen (Mt 6,27)! Paßt das nicht für die heutige Zeit? Weshalb Beine ausreißen über die Not und Sorge? Wenn wir das Unsere tun, Schluß der Vorstellung! Wo ist der, der alles andere für uns tut? Das ist der Vater. Ich habe mich nur schlicht zu bemühen. Das andere werde ich meinerseits erreichen, wenn ich mit kindlicher Gesinnung die Vatergüte Gottes auf mich herunterziehe. Deswegen rät er uns an, immer wieder zu bitten. Suchet, und ihr werdet finden; klopfet an, und es wird euch aufgetan (Mt 7,7; Lk 11,9 f.). Ja selbst da, wo es scheint, daß der Vater nichts Rechtes von uns wissen mag, immer wieder rufen, immer wieder arbeiten! Es wird der Vater schließlich doch zu uns kommen und uns in etwa rechtfertigen.

Deshalb auch *das schlichte Kindesgebet, das Vaterunser*[9]. So sollt ihr beten: Vater unser. Wie das Wort so schlicht und zart klingt! Nun werden die einzelnen Bitten aneinandergereiht. Hier wird die wesentliche Grundhaltung geoffenbart. Pius X. meinte einmal: Meine Politik ist das Vaterunser. Kann ich das auch sagen: Meine politische Sorge ist das Vaterunser? Sehen Sie einmal, wie viele Sorgen, ja eine Hierarchie der Sorgen, im Vaterunser widerklingen! Beten Sie es bitte einmal langsam durch, und fragen Sie sich: Sind das wirklich meine Sorgen? Geheiligt werde dein Name! Das Kind sorgt sich um den Vater, damit er anerkannt werde. Vaterunser, das ist meine Politik in der

[9] Mt 6, 9–13; Lk 11, 2–4.

heutigen schweren Zeit. Es wetterleuchtet. Eine neue Zeit ist am Geborenwerden. Und meine Sorge, ist sie nicht zu stark und zu einseitig eine Brotbitte: Unser tägliches Brot gib uns trotzdem? Die Bitte müssen wir wohl stellen, besonders die, die wirtschaftliche Verantwortung haben. Aber der Heiland will uns auch zurufen: Nicht diese unzeitige Sorge! Könnt ihr denn eurem Leib eine Elle beimessen? Wäre es nicht besser, meine Politik das Vaterunser sein zu lassen, all die Werte und Wirklichkeiten, die hier uns entgegenwehen, auch zu den meinen zu machen, in kindlicher Hingabe und Gesinnung? Das ist die Lehre des Heilandes, kurz umrissen.

Und sein Leben? Schauen Sie einmal das *Leben des Heilandes* an! Sie mögen, wenn Sie wollen, die drei wesentlichen Bestandteile seines Lebens unterscheiden, die ja auch wir ihm nachleben dürfen und können. Ich denke an sein Arbeiten, an sein Beten und an sein Leiden. Durchmustern Sie bitte einmal diese drei Bestandteile seines Lebens.

Sein Arbeiten. Was war die Grundeinstellung bei allem, was er tat? Der Apostel hat uns das gesagt, wenn er uns das Morgengebet des Heilandes vorbetet: Schlacht- und Sühnopfer hast du nicht gewollt, aber einen Leib hast du mir gegeben; siehe, ich komme, deinen Willen zu erfüllen[10]. Was ist das, meine Herren? Was ist seine Grundhaltung? Deinen Willen zu erfüllen. Das ist die zarte Kindesgesinnung dem Vater gegenüber. Und das erste Wort, das die Heilige Schrift uns aus seinem Mund zu berichten weiß: »in dem, was meines Vaters ist« (Lk 2,49). Ahnen wir nicht, daß die Seele des Heilandes in ihrem Grund

[10] »Morgengebet«: Darum spricht Christus *bei seinem Eintritt in die Welt:* . . . (Hebr 10, 5–7).

sich ständig mit dem Vater auseinandergesetzt hat, ständig beim Vater war? Und später, da schlingt er gleichsam einen Goldreifen um sein ganzes Leben: Was dem Vater gefällt, tue ich immer (vgl. Joh 8,29). Was dem Vater Freude macht, nicht nur, was er befiehlt und will. Und wiederum bei anderer Gelegenheit: »Es ist meine Speise, den Willen dessen zu tun, der mich gesandt hat« (Joh 4,34). Ja, Petrus hat zum erstenmal ein starkes, aufrechtes Bekenntnis an seine Gottheit abgelegt im Namen der übrigen Apostel – wie jauchzt da seine Seele auf! Aber alles Große ist wieder mit dem Vater in Verbindung gebracht. »Nicht Fleisch und Blut hat dir das geoffenbart, sondern mein Vater, der im Himmel ist« (Mt 16,17). Draußen – so erzählt man ihm – sind deine Mutter und deine Brüder. Und die Antwort? Wer ist meine Mutter? Wer sind meine Geschwister? Wer den Willen meines Vaters tut, der ist mir Mutter und Bruder und Schwester (vgl. Mt 12,46–50).

Ähnliches sehen wir *im Gebetsleben.* Wir wissen, wie er sich in seinem Gebet immer an den Vater wandte. Den Kleinen offenbarst du es, den Stolzen hast du es aber verschlossen (Mt 11,25; Lk 10,21). Deswegen auch sein letztes Wort: »In deine Hände empfehle ich meinen Geist« (Lk 23,46). Wollen Sie tiefer hineinschauen in sein Gebetsleben, in seine Haltung dem Vatergott gegenüber, so studieren Sie bitte das hohepriesterliche Gebet (Joh 17).

Und erst *in seinem Leiden*! Wie schwer muß es gedrückt haben, am schwersten aber in der Ölbergstunde. Und hier, wie kindlich: Vater, laß den Kelch an mir vorübergehen (Lk 22,42)! Aber sogleich die große Ergebung: Nicht mein Wille geschehe, sondern der deine.

Was haben wir hier vor uns? Das Leben und die Lehre

des Heilandes. Da werden wir so ganz ausgeprägt als Kinder Gottes in den Mittelpunkt gestellt.

Wollen wir eine Station weitergehen, wollen wir auch einmal *die Apostel befragen*? Der Einheitlichkeit und der Einfachheit halber bleiben wir stehen bei der *Lehre des Apostels Paulus.* Hier wird das bisher Erarbeitete um zwei tiefe Wahrheiten ergänzt. Nicht, als hätte der Heiland uns sie nicht gelehrt, aber sie werden von den Aposteln besonders stark aufgegriffen, weitergebildet, vom Geist Gottes inspiriert und mit großer Inbrunst gefördert.
Der Apostel gibt uns Antwort auf die Frage: Wie werden wir *Kinder Gottes*? Und die Antwort lautet: dadurch, daß wir *Glieder Christi*[11] werden. Hier haben Sie den Gedanken – ja ich darf sagen, d e n Gedanken –, das ist sein PI[12] –: Christusgliedschaft. Christusgliedschaft: Glied Christi. Und dadurch, daß wir Glieder Christi werden, werden wir Kinder des Vaters der Barmherzigkeit, werden wir Brüder des Eingebo-

[11] Vgl. Röm 12; 1 Kor 12; Eph 5, 30.

[12] PI = Persönliches Ideal. Wegen der eminenten Bedeutung in der schönstättischen (Ideal-)Pädagogik wird diese allen bekannte Abkürzung für das wesentliche, gotterdachte Ich des Menschen verwandt, das P. Kentenich auf einer Tagung 1927 (Allgemeine Prinzipienlehre der Apostolischen Bewegung von Schönstatt, 3. Kap.) von der Theologie, Philosophie und Psychologie her definiert: »Nach der theologischen Definition ist das Persönliche Ideal eine originelle Nachahmung der göttlichen und gottmenschlichen Vollkommenheiten ... Und es gibt eine philosophische Definition. Nach ihr ist das Persönliche Ideal die idea exemplaris in mente divina praeexistens ... Die psychologische Definition will uns die ganze Form und Gestalt der Seele unter dem Einfluß des Persönlichen Ideals zeigen. Deshalb lautet sie: Das Persönliche Ideal ist der gottgewollte Grundzug und die gottgewollte Grundstimmung der begnadeten Seele, die – getreulich festgehalten – in organischer, gnadenvoller Entwicklung sich ausreift zur vollen Freiheit der Kinder Gottes.«

renen. Diese Christusgliedschaft macht unsere Seele aber, wie wir früher ausführlich durchbeten durften, zur Gottesbraut.

Da haben Sie den zweiten Ehrentitel. (Der erste:) Gottes Kind, und (der zweite:) meine Seele *Gottes Braut*[13], und zwar in viel tieferem Sinn, als man es gemeiniglich in der Predigt sagt. Gottes Braut – Paulus ist so stark davon erfüllt, daß er den Gedanken, den der Heiland und Johannes so stark betonen, den Gedanken des Gottesreiches auf Erden, fast außer acht läßt und ganz erfüllt ist von dem Gedanken der Christusgliedschaft.

Und auch ein Drittes, das nicht nur Paulus hat, sondern auch die andern. Was der Heiland erwiesen hat – seine Gottheit –, das predigen die Apostel mit großer Wärme und Inbrunst. Christus, dessen Glieder wir werden, ist gleichzeitig Gott! Und der Heiland als *Gott hat uns zu seinen Freunden* erkoren: Nicht mehr nenne ich euch Knechte, sondern meine Freunde[14]. Deswegen auch der Ehrentitel, der aber für uns durchaus reale Basis hat: Wir sind auch Gottes Freunde.

[13] Der Ausdruck »meine Seele Gottes Braut« ist zwar in der Christusgliedschaft gemeint und begründet, aber in solcher Formulierung weder von Paulus noch von der Heiligen Schrift überhaupt expliziert. Erst in der Tradition – zumal der Kirchenväter – werden entsprechende Texte der Bibel – zumal des Hohenliedes – so gedeutet und angewandt. – Hier ist als Bildaussage für das Wesen der Seele, sowohl »Braut Gottes« als auch »Freund Gottes«, wohl entnommen aus Müller, 69.

[14] Joh 15, 15. – Für Gottesfreundschaft gilt dasselbe wie für den Brautschaftsgedanken (vgl. die vorhergehende Anm.). Da die Anrede Jesu in den Abschiedsreden kein Privileg für die Zwölf gewesen sein mag, ist zu vermuten, daß sie »mit großer Wärme und Inbrunst« auch davon kündeten; aber in ihren Schriften steht es nicht. Siehe auch WH, 31 f. Vgl. Müller, 127: »Der hl. Thomas erkannte das Wesen der Gottesliebe in der Freundschaft zwischen Mensch und Gott.« (S.th. I–II, 28, 2.)

Da stehen wir – und sollen stehen bleiben – in tiefer Ehrfurcht vor uns selber: Gottes Kind, Gottes Braut, Gottes Freund. Was will das heißen? Steht nicht hier in ganz ausgeprägter Weise Gott in seiner Liebe und Barmherzigkeit mir gegenüber, wenn er mich so hoch über meine arme Natur erhoben hat, zu seinem Kind, zur Brautschaft Gottes, zum Gottesfreund gemacht hat? Ja, mit welcher Dankbarkeit und Gegenliebe muß ich all das Große erwidern!

Meine Herren, wenn Ihnen das liegt und Sie nicht zu müde macht oder wenn Sie sich ein klein wenig vorbereiten wollen auf Gedanken, die wir morgen durchbeten, mögen Sie still für sich eine Betrachtung anstellen – ich weiß nicht, ob über den Ausdruck Gottes Kind, Gottes Braut oder Gottes Freund. Ich schlage Ihnen vor, wir bleiben bei dem letzten Ausdruck: *Gottes Freund.* Betrachten Sie, was es heißt! Was müssen wir tun, wenn wir den Gedanken zergliedern wollen? Was schließt er in sich? Gott, Freundschaft, Gottesfreundschaft.

Gott. Wenn wir das doch mehr fertigbrächten, wir heutigen Menschen, wir, denen so viele Dinge aus der Hand geschlagen werden, wenn wir es fertigbrächten, wieder mit unseren Gedanken, Wünschen und Empfindungen um Gott zu kreisen! Ja wer ist Gott? Glauben Sie nicht, wir sollten unsere Betrachtungen wieder mehr auf Göttliches einstellen, die Stoffe aus der Theodizee[15] wählen; konkret: wieder mehr betrachten über die Eigenschaften Gottes? Wer ist Gott? Ich kann Gott in seinen Eigenschaften wertgesättigt erfassen lernen *in der Betrachtung,* wenn Sie wollen, in den Zeiten des konzentrierten Hingegebenseins an Gott.

[15] Gemeint ist offensichtlich Theologie im engeren Sinn: die Lehre von Gott als solchem.

Ich kann aber – und es sind sicher viele unter uns, die das tun – außer dieser geordneten Betrachtungszeit vielfach noch tiefer hineinwachsen und hineinkommen in Gott. Denken Sie einmal: *während des Tages* sehe ich irgend etwas Großes, irgend etwas Schönes an einem Menschen, etwas Wertvolles. Ich hänge an einem Menschen. Es bestrickt mich an ihm seine Liebenswürdigkeit, seine Geistreichigkeit et cetera. Ich bin an Menschen und Dinge gebunden. Was will ich jetzt? Nicht nur gedanklich, sondern auch gesinnungsmäßig mehr und mehr mich durchringen zum Leben und Erleben: Was ist das alles gegenüber der Herrlichkeit Gottes! Und mich dann innig bemühen, durch das Hängen an den Dingen noch inniger an Gott zu hängen. Wer ist Gott? Ich muß Gott gern haben nicht nur mit meinen Gedanken, sondern auch mit meinen Herzensaffekten; (ich muß) mit meinem Triebleben in Gott, mit meiner Innigkeit an Gott gebunden sein.

Und was ist *Freundschaft*? Ja Freundschaft, meine Herren – hier kommen wir schon in die Nähe der Psychologie der Liebe, die wir mogen ausführlich durchbesprechen werden –, Freundschaft ist *ein innerliches Ineinandersein von zwei gleichartigen Wesen.* Der Freund ist ein alter ego (ein zweites Ich). Wer nicht (Bescheid) weiß, wer nicht plötzlich persönliche Liebe erfahren hat, der mag es als Übertreibung ansehen, was uns seinerzeit schon der alte Aristoteles gesagt hat: Alle Güter auf dieser Welt mögen wertvoll sein; am allerwertvollsten aber ist eine treue Freundschaft[16]. Das ist nicht ein Neben- oder Gegeneinander; Freundschaft bedeutet ein innerliches, seelisches Ineinandersein, einen Gleichklang der Herzen, der

[16] Nikomachische Ethik 9, 4.

Empfindungen. Selbst die Heilige Schrift weiß das Loblied auf einen treuen Freund zu singen (Sir 6).
Und nun darf ich sagen: Auch ich bin *Gottes Freund.* Wollen Sie das wieder tiefer durchdringen und durchdenken, was das heißen will, Gottes Freund? Freundschaft bedeutet Gleichheit der Natur, Gleichheit der Eigenschaften und Gleichheit der Güter. – Vielleicht sind die Gedanken zu abstrakt hingeworfen, als daß wir sie jetzt schon durchbeten könnten. Aber ich will sie trotzdem so vortragen. – *Gleichheit der Natur.* Haben wir diese Gleichheit? Besteht Ähnlichkeit der Natur zwischen mir und Gott und dem Gottmenschen, Teilnahme an der göttlichen Natur? *Gleichheit* auch *in den Eigenschaften*? Ja will nicht der Heiland als treuer Freund uns all seine Eigenschaften schenken? Will er mir nicht ein Stück seiner Weisheit, seiner Liebe, seiner Gerechtigkeit schenken und geben? Es ist so: Wenn ich sein Glied, wenn ich sein Freund bin, so kann ich auf die Dauer nicht anders: durch seinen Umgang muß ich Teilnahme bekommen an all seinen Eigenschaften. *Teilnahme an seinen Gütern.* Was will er mir nicht alles anbieten! Er schenkt mir seine Natur, sein Leben, seine Liebe. »Eine größere Liebe hat niemand...« (Joh 15,13). Sie wollen die einzelnen Dinge weniger hören, als vielmehr aus der Erkenntnis der einzelnen Dinge vordringen zu dieser kraftvollen, wertgesättigten Haltung: Gottes Freund bin ich. Welch eine Größe, welch ein Ideal! Schade, daß wir diese Welten zu wenig durchdringen, zu wenig durchdenken, zu wenig innerlich erleben und leben! Wir wissen so vieles andere, viele Dinge mögen im Verstand einen Platz haben, in unserem Leben sind sie nicht das Triebrad, das sie sein sollen!
Gott gibt mir sein Leben, schenkt mir *seine Sendung,* schenkt mir seine Gegenwart. »Wie mich der Vater gesandt hat, so sende ich euch« (Joh 17,18; 20,21).

Ich nehme teil an seiner Sendung. Er schenkt mir *seine Gegenwart, seine Mutter.* Sehen Sie bitte einmal die Gottesmutter als Freundschaftsgeschenk des Heilandes. Ist es nicht im wirklichen Leben, im Alltagsleben auch so? Zwei Freunde, die innig miteinander verknüpft sind, teilen sich instinktiv auch im Besitz der Mutter. So steht die *Freundschaft des Heilandes* mir gegenüber. So steht sie vor mir. Es wäre der Mühe wert, diese mehr abstrakten Gedankengänge während des Jahres auch Leben annehmen zu lassen. Ich müßte mich bemühen, wenn ich irgendwelche Freundschaftserlebnisse habe, auch zu empfinden: Ich darf lieben und werde geliebt. Und dann müßte ich nicht nur gedanklich, sondern auch lebensmäßig emporreifen zu dem Gedanken: Was ist das, Heiland, gegen deine Liebe! Wie kann ich dich wiederlieben? Wir müssen unsere Freundschaftsliebe, unser eigenes Wesen hier hineinbauen, sonst bekommen wir kein neues Lebensgefühl, werden wir nicht die heutige Zeit überwinden. Wir müssen unser Leben und Denken basieren lassen auf den dogmatischen Wahrheiten.
Oder wenn ich sehe, wie wenig die Menschen die Liebe des Heilandes erwidern, so darf ich das nicht nur sehen, sondern (ich muß es) auch durch innere Affekte bedauern: den Heiland bewundern, daß er das alles aushält; mich aber bemühen, nicht das geringste zu tun, um mich dagegen zu verfehlen. Ich müßte mich sorgfältig bemühen, ihm Freude zu machen in Kleinigkeiten. So müssen wir diese große Wahrheit wieder lebendig einbauen in unser Alltagsleben. Ist das nicht überreichlich Stoff für unsere Arbeit während des Jahres, für unsere Predigten und Betrachtungen?

Es mag wohl recht sein, wenn ich eingangs behauptete, der Zentralbeweggrund für den lieben Gott ist die Liebe. Und der Nebenbeweggrund? Wir müssen uns in acht nehmen, daß wir jetzt nicht einseitig übertreiben, um Zeitbedürfnissen abzuhelfen. *Gott* ist nicht nur der Gott der Liebe, *nicht nur der Gebende,* der sich Verschenkende, er ist *auch der Fordernde.* Deswegen müssen wir auch in unserem Gottesbild der Gerechtigkeit einen Spielraum lassen. Der gerechte Gott – hat der Heiland nicht auch den Himmelsvater als gerechten Gott gezeichnet? Steht er nicht selbst nach Ausweis der Heiligen Schrift und nach seiner Selbstschilderung als der Gerechte vor uns? Er weist darauf hin: der liebe Gott verlangt etwas! Er verlangt: Wer zwei Talente bekommen hat, soll zwei andere hinzugewinnen; wer fünf Talente bekommen hat, soll fünf andere hinzugewinnen (Mt 25, 14 ff.). Er verlangt etwas.

Ich meine, es wäre jetzt nicht der Mühe wert oder nicht Problem, in diesem Jahr das *Bild des gerechten Gottes* zu zeichnen. Ich müßte sonst hinweisen auf die Weltgeschichte als das Weltgericht; ich müßte hinweisen auf das Fegfeuer, auf die Hölle. Das sind auch Wahrheiten, und zwar Wahrheiten, die in der objektiven Ordnung existieren, die auch in unserem Leben einen Spielraum haben wollen, die das Leben formen sollen. Es soll auch *eine wirkliche Furcht* in unserer Seele lebendig bleiben. Aber diese Furcht vor dem gerechten Gott, das Hingegebensein an den gerechten Gott darf eben auf die Dauer nicht die Dominante in unserem Seelenleben sein. Vorübergehend mag es sein, aber die Grundhaltung ist die Liebe, weil Gott alles zentral, unmittelbar und formell tut aus Liebe. Es mag wohl Ihre Sache sein, meine Herren, wenn Ihnen das liegt, hier der Gerechtigkeit Gottes etwas mehr Aufmerksamkeit zu widmen. Sie wollen mich davon dispensieren; aber nicht meinen, weil ich so wenig davon spreche, würde ich diesen Wahrheiten nicht Gewicht beimessen. Wir sind davon stark erfüllt, aber wir müssen die Liebe betonen, weil sie das Primäre, das Weltgrundgesetz ist.

Der dritte Gedanke: *Harmonische Verbindung zwischen Gerechtigkeit und Liebe.* Heute, wo das Seelische so stark zerfasert ist, sollen wir uns bemühen, möglichst zu einem einheitlichen, einfachen Gedanken zurückzukehren[17]. Wie das überhaupt für den denkenden Menschen, zumal für den Priester, von Wert sein soll, seine Lebens- und Weltauffassung immer möglichst einfach zu sehen und auf letzten Prinzipien basieren zu lassen. Muß es nicht stören, wenn ich nebeneinander den gerechten Gott und den barmherzigen Gott sehe? Ich meine, meine Herren, das Richtige wäre für das Gemüt, wenn wir als den *zentralen Wertbegriff den Vatergott* festhielten. Dann muß aber der Begriff ein umfassenderer sein.
Vatergott und Vaterbegriff ist kein weichlicher. Er kann wohl auch weh tun. Er ist lautere Liebe, er ist aber auch Recht, Gerechtigkeit. Wenn irgendwo das Gesetz verletzt worden ist, dann weiß der Vater auch weh zu tun. Aber *er tut weh aus Liebe.* Das ist sein Meisterstück. Wir kennen das im praktischen Leben zu wenig. Wir erleben den Vater und den Menschen und erleben in ihm den gerechten Gott, trennen aber die Gerechtigkeit zu stark von der Liebe. Deswegen

[17] In dieser Erörterung mag einmal mehr deutlich werden, was organisches Denken leisten soll: das konkrete Zueinander von Gerechtigkeit und Liebe im Denken und in der Erfahrung in einem Letzten vereint zu sehen; in der für P. Kentenich immer gegenwärtigen pädagogischen Ausrichtung drängt dieses Zueinander zu jenem einfachen Wertkomplex, in dem alles vom Vatergott her und auf ihn zu verstanden und gelebt wird, der in der Dominanz der Liebe – im lebendigen Kontext des Ideals der Kreuzesliebe in der Nachfolge Christi – mehr und mehr als der barmherzig liebende gesehen wird.

sind die Dinge heute – ich wiederhole das nochmals, weil so riesig viel Zerfaserung in unserer Denkweise ist – deshalb sind die Dinge von großer Bedeutung. Deshalb auch immer dieselben Worte, denselben Zentralgedanken gebrauchen! Das Volk kann es nicht vertragen, wenn ich einen Leitgedanken habe, ihn aber immer wieder ändere. Deswegen *Einheit im Denken, Leben und Fühlen*! Und das muß der heutigen Zeit gezeigt werden, daß wir den Vatergott immer in den Mittelpunkt stellen. Aber dem Vatergott die Züge geben, die auch die Heilige Schrift hineingemalt hat, die Züge der Liebe und Gerechtigkeit. Der Vater ist streng, aber streng aus Liebe; er ist gut, aber seine Güte dirigiert auch seine Gerechtigkeit[18].

Damit habe ich Ihnen wohl in sehr abstrakter Weise, fast zu abstrakt für die Exerzitien, eine große Dispostion von Gedankengängen vorgetragen. Wenn wir daraus nur wenigstens den Eindruck bekommen: Gott ist wirklich Liebe; es ist so, das Weltgrundgesetz ist und bleibt die Liebe. Alles aus Liebe. Er muß es aus Liebe tun.

Nun versuchen Sie bitte, in diesen Gedanken sich ein wenig zu bewegen. Aber ich darf nochmals bitten: keine praktische Anwendung! Wenn Sie jetzt Ihre Kraft konzentrieren auf praktische Anwendung der Vorsätze, dann verpuffen Sie die Kraft, die notwendig wäre, um *Haltung* zu *schaffen*. Beten Sie das durch! Lernen Sie es glauben, und bitten Sie um die Gnade, daß Sie es tiefer erfassen, das Weltgrundgesetz: Nichts kommt

[18] Das zu starke Trennen von Gerechtigkeit und Liebe in Gott: daß nicht mehr zusammengesehen werden kann, was zusammengehört, ist Ausdruck jener epochalen Krise, die P. Kentenich immer mit der mechanistischen Denk- und Lebensweise gekennzeichnet hat, in welcher solcherart »Zerfaserung« besteht. Sie wird überwunden werden durch das wahre katholische Denken.

von ungefähr, von Gott(es Güt') kommt alles her. Gottes Wille, drum sei stille. Gott ist Vater, Gott ist gut, gut ist alles, was er tut. Laß es mich erkennen, wenn ich es noch nicht im eigenen Leben erkennen kann, um dann nachher alles in meinem Leben und dem anderer durchzuführen!

Um unsere ganze Lebensauffassung, um unser ganzes Lebensgefühl langsam umformen zu lassen im Sinne des Weltgrundgesetzes, tun wir gut daran, die ganzen Gedanken und die ganze Wertwelt, die wir in uns aufnehmen, nicht so leicht stören zu lassen durch andere Einflüsse. Wir haben im letzten Vortrag versucht, die Tatsache nachzuweisen, daß der liebe Gott wirklich als Hauptmotiv bei all seinen Handlungen die Liebe hat, die Vaterliebe.
Wir wollen nun in diesem Vortrag den zweiten und dritten angesagten Gedanken ein wenig durchdenken und durchbeten. Nachdem wir die Tatsache einigermaßen ermittelt, muß unser ruhiges, ernstes philosophisches Denken wohl auch die Frage stellen nach dem Umfang dieser Tatsachen und nach ihrer Auswirkung im praktischen Leben.

Der Umfang dieser Tatsache. Meine Herren, der Mitteilungswille Gottes, der *Verschenkungswille Gottes* vollzieht sich *in vielfacher Stufenfolge*[1] – wir suchen ja eine gleiche, einheitliche Weltauffassung. Suchen Sie es so lange durchzudenken, bis es sich in Ihrem Denken und Fühlen wirklich zu einer geschlossenen Einheit auswirkt.

Wollen wir die erste Stufe des göttlichen Mitteilungswillens kennenlernen, dann müssen wir *im Schoß des dreifaltigen Gottes* beginnen. Der Vater teilt dem Sohn seine Natur mit durch die Zeugung, und von beiden

[1] Müller, 41; Franz von Sales, Theotimus II, 4; Werke III, 108–110.

erhält der Heilige Geist dieselbe Natur. Der Mitteilungswille Gottes ist also auch der Grund für die Dreiheit in der Einheit.
Das genügt dem Mitteilungswillen Gottes aber nicht. Gott ist auch die vollendete Personifizierung, der vollendete personifizierte Mitteilungswille, Verschenkungswille. Er bleibt zwar frei, mag aber und will und möchte über die Ränder des dreifaltigen Gottes hinaus einen neuen terminus, ein neues Organ schaffen für seinen Mitteilungswillen. Was tut er deswegen? Er schafft *die menschliche Natur des Gottmenschen* und verbindet diese menschliche Natur mit der Person des Sohnes Gottes zu einer Einheit, zur *unio hypostatica.* Der tiefere Grund dafür: der Mitteilungswille Gottes. Der dreifaltige Gott will eine geschaffene Natur teilnehmen lassen an der ganzen Glorie und Herrlichkeit des Unerschaffenen, Ewigen.
Auch das genügt noch nicht. Der Mitteilungswille Gottes ist noch nicht zufriedengestellt. Er schafft *Menschen und Engel.* Weshalb? Um sie in geheimnisvoller Weise teilnehmen zu lassen an der Gnade und Glorie, an der Herrlichkeit des Eingeborenen.
Und für die Menschen geht sein Mitteilungswille noch eine Stufe weiter. Für die Menschen schafft er wieder aus demselben Grund *die Welt*: die Pflanzen, die Tiere, die organische Welt, um den Menschen seinen Mitteilungswillen zu zeigen und ihnen Gelegenheit zu geben, durch den *Genuß* dieser Dinge oder durch den *Verzicht* emporzusteigen, freigewählt und freiwillig emporzusteigen, zurückzusteigen, zurückzufluten zur Mitteilung Gottes, zur Liebe Gottes.

Meine Herren, ich darf Ihnen sagen, diese schroffe Ineinanderreihung ist das Meisterstück des heiligen Franz von Sales. Hier haben Sie die Grundlinien der salesianischen Weltauffassung[2]. Wenn Sie nochmals

zurückschauen auf diese vier Teile: Was daran originell ist, das ist die Liebe; die ganz schroffe, fast einseitige Zurückführung der ganzen Welt und des Weltgeschehens auf den Mitteilungswillen Gottes. Es ist klar: was ich Ihnen in vier Gedanken hingeworfen habe, ist nicht erlebnismäßig und gedankenmäßig geklärt und durchdacht. Wir müßten vier Wochen haben, um in diese Welt einzudringen, daß unser Lebensgefühl umgeformt würde. Ich darf Sie aber bitten, diese Gedanken richtunggebend aufzufassen für die Arbeit des Jahres.
Wenn Sie die vier Stufen überprüfen wollen, lesen Sie, wenn Sie wollen, seine Werke, weil sie uns emporführen in den Himmel. Wir aber sprechen vom Weltgrundgesetz. Wir suchen nun bei der Auslegung des Mitteilungswillens hier auf Erden, des Weltgrundgesetzes, *das Zentrale,* den Mittelpunkt dieses seines Mitteilungswillens. Die Antwort wird uns leicht ersichtlich sein: das ist *die Person des Gottmenschen.* Ihr sollen wir eingegliedert werden. Der Vater sucht das Pléroma Christoû, die Fülle des Leibes Christi[3]. Der Vater will, daß möglichst viele Menschen den Eingeborenen im Menschenantlitz tragen und daß wir ihm eingegliedert werden, wir in ihm vorgestellt werden, bis er am Ende der Zeiten alles in einem und eins in allem ist.

Sie wissen, zurückschauend auf die Streitigkeiten im Lager unserer Theologen, daß hier eine Diskussion

[2] Michael Müller (41) erklärt im Blick auf 1 Joh 4, 8.16 und Kol 1, 15 ff.: »Diese beiden Gedanken bilden die Grundpfeiler der salesianischen Weltanschauung.« Diese Christozentrik ist im Folgenden betont.

[3] Vgl. Eph 3, 19: ... und die Liebe Christi zu verstehen, die alle Erkenntnisse übersteigt. So werdet ihr mehr und mehr von der ganzen Fülle Gottes erfüllt. – Vgl. Kol 2, 9.

ansetzt. Es gibt zwei Strömungen. Die Frage, die uns hier interessiert, mag uns wohl bekannt sein. Die Frage heißt: Wäre der Eingeborene Mensch geworden, wenn Adam und Eva nicht gesündigt hätten[4]? Christus ist der Mittelpunkt, der Gott-Mensch, der die menschliche Natur hypostatisch mit der Gottheit verbunden hat. Wäre der Mitteilungswille Gottes in diesem Sinne Wirklichkeit geworden, wenn Adam und Eva nicht gesündigt hätten? Sie werden mir vielleicht zunächst entgegenhalten: Ach was, das ist Spielerei, damit wollen wir uns nicht auseinandersetzen! Ich muß aber ein paar Worte dazu sagen, damit Sie ein Gespür bekommen für die Geschlossenheit einer Auffassung.

Es ist wahr, die Heilige Schrift sagt uns nach der Richtung nichts Festes und Sicheres, gibt sich nicht mit Spekulationen ab; sie zeigt uns nur den ordo essendi. Und das wissen wir: Adam und Eva haben gesündigt, und die Sünde hat eine Wirkung auf die Menschwerdung ausgeübt. Worin es im einzelnen besteht, mag der Theologe und Dogmatiker diskursiv untersuchen. Aber die Streitfrage ist nicht rein spekulativ. Sie greift hinein in das praktische Alltagsleben. Hier klingen die beiden Anschauungen durch. Welche?

Wenn ich mich auf den Boden der allgemein angenommenen Ansicht stelle, so darf ich sagen: Gott, das Verbum divinum, hätte die menschliche Natur nicht angenommen, wenn Adam und Eva nicht gesündigt hätten[5]. Was klingt hier mit? *Der gerechte Gott.* Er *ver-*

[4] Müller, 39 ff.; 141 ff. Danach steht vor allem das »thomistische System« dem skotistischen gegenüber. Thomas: Erlösung ist Zweck der Menschwerdung; Skotus: Menschwerdung ist Zentrum des Weltenplanes.

[5] Von Augustinus (Sermo 215, 4; PL 38, 1074) an gibt es diese Tradition (besonders Anselm von Canterbury).

langt Sühne. Nun kommt der Eingeborene und sagt: Ich will Sühne leisten. Da steht ganz stark die Gerechtigkeit Gottes im Mittelpunkt. Ob nicht viele theologische Auffassungen sehr stark von dieser zentralen Auffassung der Gerechtigkeit Gottes inspiriert sind?
Nehmen Sie die andere Auffassung. Nebenbei gesagt, es ist nicht nur die salesianische. Es ist interessant, nachzustudieren, wie Franz von Sales sich hier durchzuringen hatte, auch die Franziskaner. Es steht in Reinkultur als *Zentralgeheimnis die Liebe* da. Aus Liebe, aus Mitteilungswillen; nichts anderes wäre in diesem Falle mitwirkend gewesen, nur die Liebe, der Mitteilungswille. Es ist nur ein konstruierter Zustand: Die Liebe hat den Vater veranlaßt und hat den Eingeborenen die menschliche Natur annehmen lassen.

Ich darf Ihnen das nur schnell zeigen; wir haben in ein paar Strichen die *Begründung* für diese Ansicht. Wollen wir zuerst eine biblische hören, dann eine ratio theologica und dann schnell die Schwierigkeiten. Ich mag das in Form (philosophischer Schlußfolgerung) tun, damit wir zu Ende kommen.
In der *Heiligen Schrift* könnten wir diese Auffassung so ratiozinieren. Stellen der Heiligen Schrift: Gott ist die Liebe (1 Joh 4,8.16) Andere Stellen: Wir finden bei Paulus, wie er so stark darstellt, daß Christus der Erstgeborene ist vor jeglicher Schöpfung (Kol 1,18); hören von ihm: Alles ist euer, ihr seid Christi, Christus ist Gottes (1 Kor 3,22 f.). Atqui: Derartige Stellen, so könnte ich kalkulieren, bekommen erst ihren Vollsinn, wenn ich die salesianische oder, wenn Sie wollen, die franziskanische Anschauung annehme. Ergo[6]. Es ist kein vollgültiger Beweis.

[6] Atqui – ergo: wenn nun – dann also; philosophische Terminologie zur Beweisführung.

Stärker könnte die *ratio theologica*[7] sein. Überlegen Sie: wenn ich sage, Adam und Eva haben gesündigt; hätten sie es nicht, dann hätte die zweite Person die menschliche Natur nicht angenommen – dann ist die Menschwerdung die Folgeerscheinung der Sünde. Dann wäre also das Schlimmste und Schlechteste, das existiert, die Ursache des Höchsten und Vollendetsten. Ist das denn nicht für die ganze Natur der Schlüssel, die Vollendung und Krönung: die Menschwerdung des Gottmenschen? Und wenn die Sünde eine derartig starke Beeinflussung auf etwas derartig Großes hatte, dann müßte ich etwa dem Theologen darin widersprechen. Vielleicht können Sie aber sagen, das wird immer zweifelhaft bleiben.
Die *Schwierigkeiten.* O felix culpa Adae[8]! Weshalb ist die Schuld eine beseligende? Weil die Sünde Adams und Evas die menschliche Natur des Gottmenschen leidensfähig gemacht hat. Hier sehe ich also, dieweil der Gottmensch leidet, in anschaulicher, gigantischer Weise seine ganze Liebe und Barmherzigkeit. O felix culpa Adae! Wenn ich der Exegese des heiligen Franz folgen will, so darf ich ein zweites Moment beifügen, anschließend an paulinische Gedankengänge: Da die Sünde überfließend war, floß auch die Gnade über[9].

[7] Theologische Begründung.

[8] O beseligende Schuld Adams! (Exsultet der Osternacht); vgl. Theotimus II, 5, 3; Werke III, 112.

[9] Der hl. Franz von Sales ergeht sich in dieser typischen Argumentation: »*Gottes Barmherzigkeit wurde durch die Sünde Adams nicht besiegt* – im Gegenteil! Sie wurde nur um so mehr herausgefordert und in die Schranken gerufen.
Der Anblick ihrer Gegnerin (der Sünde) entfachte in ihr einen beseligenden und liebestrunkenen Widerspruch und Kampfgeist. Sie erneuerte förmlich und riß sozusagen all ihre Kräfte zusammen, um den Sieg über die Gegnerin davonzutragen, und hat dort die Gnade überfließen lassen, wo die Bosheit nur zu reichlich floß (Röm 5, 20)« (Theotimus II, 5, 3; Werke III, 112 f.).

Und das exegesiert der heilige Franz so: Jetzt, im augenblicklichen Zustand, in dem wir uns befinden, ist die aktuelle Gnade überreichlicher, als sie im (vor-) erbsündlichen Zustand gewesen wäre[10]. O felix culpa! Deswegen hat die Schuld Adams doch einen ganz starken Einfluß auf die Art und Weise der Menschwerdung. – Immerhin, mir kommt es darauf an, die Gedankengänge zu hören, da wir für uns im heutigen Wirrwarr der Zeit stark um eine möglichst geschlossene Weltaufassung ringen.
Das genügt, um den zweiten Gedanken im Rahmen unseres kurzen Kurses zu erörtern. Damit haben wir den Umfang dieses Weltgrundgesetzes, den Umfang des göttlichen Mitteilungswillens in vierfacher Stufenfolge.

Und die letzte Frage, die greift etwas mehr in das praktische Alltagsleben. Welche *Auswirkung* müssen wir denn wohl von *dieser Tatsache* in dem entsprechenden Umfang der geschilderten Tatsache erwarten? Darf ich Sie erneut bitten: Darf ich Ihnen sagen, aufgrund dieser großen Wirklichkeit müssen wir künftig soundso beten, müssen wir künftig die Betrachtung soundso einstellen? Nein, das will ich nicht sagen. Worauf kommt es zunächst an? Auf eine Umgestaltung unseres Denkens und Fühlens. Deswegen dürfen Sie von mir erwarten, daß ich als Folgerung aus der großen Tatsache Fingerzeige gebe und geben darf für die Gestaltung einer neuen Grundhaltung unseres Le-

[10] Vermutlich wird hier ein Gedanke Franz von Sales' wiedergegeben, wonach der vor-erbsündliche Zustand gemeint ist: »Unser Verlust brachte Gewinn, denn die menschliche Natur hat in der Tat mehr Gnade durch die Erlösung des göttlichen Heilands empfangen, als sie durch Adams Unschuld, wäre er in ihr geblieben, je hätte erhalten können.« (Ebd.)

bens. Einzelne Vorsätze fassen Sie bitte nicht! Erst später! Wenn Sie Ihre seelische Kraft konzentrieren auf Vorsätze, so hilft das Ganze zu wenig, um das Leben zu gestalten. Lieber ein wenig Spannung ertragen!
Ich darf Ihnen sagen, die Folgeerscheinung dieser Tatsache ist für uns eine vierfache Grundhaltung, eine vierfache Grundeinstellung.

Erstens gibt uns die Tatsache, wie wir sie geschildert haben, nicht eine wundersame *einheitliche* Weltauffassung und eine überaus *zeitnahe Lebens- und Weltauffassung*? Wundersam einheitlich. Ich meine, die Einheitlichkeit dieser ganz geschlossenen Auffassung Ihnen eben zur Genüge dargestellt zu haben.

Was für uns selbst von besonderer Bedeutung ist, ist die Tatsache, daß wir eine zeitnahe Lebensauffassung haben, das heißt eine Lebens- und Weltauffassung, die in ganz klarer Weise Antwort gibt auf heutige besondere Bedürfnisse. Wir sprechen heute ja so stark von der Renaissance der Natur. Wir müssen das Wort von der *Vergottung der Natur* wiederholen. Der heutige Mensch, so wie er am Werden und zum Teil schon geworden ist, ist Feind jeden Dualismusses. Einheit möchte er haben. Dieses Ganzheitsbestreben ist im Menschen so stark, daß er das Göttliche so stark in das Menschliche herabzieht und dadurch das Göttliche aus der Welt hinauswirft. Das ist nicht mehr Dualismus, sondern Einheit, Gleichheit zwischen Gott und den Menschen und der Kreatur, das ist Vergottung der Natur. Die Natur als solche ist Einheit.
Demgegenüber müssen wir zunächst nicht so sehr die Transzendenz, sondern die *Immanenz Gottes* stark betonen, aber wohl achtgeben, daß wir nicht einseitig werden. Ich weiß, Gott ist nicht nur transzendent,

sondern auch immanent. Denn das ist das Drängen des religiösen Menschen: Er möchte Gott nicht so sehr getrennt sehen und erleben im Tabernakel, sondern er hat auch das starke Bestreben, Gott inkarniert zu sehen im Menschen, Gott im Menschen zu sehen. »Ich habe Gott im Menschen gesehen[11].« Der Mensch möchte wissen, daß das Göttliche heute noch in die Welt hineinragt.

Ist das nicht äußerst stark in der geschlossenen Auffassung zum Ausdruck gebracht? Wie stark ist die Natur der Abglanz des göttlichen Mitteilungswillens! Ich darf die Dinge genießen. Gott hat sie mir aus Liebe gegeben, und aus Gegenliebe benutze ich sie oder aus Gegenliebe verzichte ich auf sie. Hier dürfen Sie sich erinnern, daß heute wirklich diabolische Kräfte mit göttlichen Kräften ringen. Das Weltgeschehen sichten wir nicht richtig, das Weltgeschehen beeinflussen wir nicht richtig, wenn wir nur menschliche Kräfte in die Waagschale werfen, wo auf der anderen Seite so starke diabolische Kräfte am Werk sind.

Gehen Sie die Gedanken nochmals durch! Es handelt sich darum, die Inkarnation des Göttlichen im Menschlichen mehr und mehr Wirklichkeit werden zu lassen. Ich kann mir denken, daß im katholischen Lager gehuft wird: Achtung, nicht Immanenz, sondern Transzendenz! Aber es handelt sich für den Pädagogen – auch für den Seelsorger – darum: Was ist zu betonen? Somit ist es wichtig, daß wir erleben, inwiefern die Durchsichtigmachung des Geschöpflichen im Licht des Glaubens als Wirklichkeit hinter uns steht. Im Prinzip müssen wir uns, wenn wir unsere Seelsorge

[11] Gelehrter aus Paris über den Pfarrer von Ars. Vgl. S. 40; WH, 14; ferner etwa die Berichte aus der Biographie von Henri Ghéon, Der heilige Pfarrer von Ars, Einsiedeln 1930, 4. Kap.: Im Strahlenbereich des Glaubens, besonders S. 92–102.

umorganisieren wollen, sehr ernst bemühen, die Hände nach dieser Wirklichkeit auszustrecken, das Volk in diesem Sinne zu erziehen.

Muß ich erneut darauf hinweisen, wie von der Gegenseite Schulungskurse gehalten werden, mit welcher Begeisterung die Teilnehmer geworben werden für den neuen Glauben? Wie ist das bei uns? Wie viele Apostel, die dann hinausgehen für die Wahrheiten, die doch Gott heute von uns will, erziehen wir durch unsere Predigten?

Hier haben Sie die erste Folgerung: eine geschlossene, einheitliche, zeitnahe Lebensauffassung.

Die zweite Folgerung. Haben wir erst von der Lebensauffassung gesprochen, so möchte ich das Wort Leben ein klein wenig anders deuten. Ich spreche von einem *gottähnlichen Lebensgefühl und* einer *gottähnlichen Lebenssicherheit.* Fühlen Sie wieder den Versuch, so ganz mitten in das heutige Leben hineinzugreifen? Gottähnliches Lebensgefühl! Sie dürfen, wenn Sie die dogmatischen Abgrenzungen vor Augen haben, ruhig dafür sagen, göttliches Lebensgefühl und göttliche Lebenssicherheit.

Göttliches Lebensgefühl[12]. Die Unterlagen habe ich Ihnen eben umrissen. Was bin ich? Was zeigt mir die Heilige Schrift, was formt stärker mein Wissen, meine Dogmatik? Was bin ich? Gottes Kind, meine Seele

[12] Vgl. Lebensweisheit II, 1: »Wer das erhöhte Leben lebt, muß ein göttliches Lebensgefühl sein eigen nennen. Hätten wir das, wie ruhig gingen wir dann durch dieses Leben. Das schließt in sich ein außerordentlich großes Standesbewußtsein: Standesbewußtsein des Gotteskindes. Ich muß ständig Gottesdienst halten im Innern . . . So, meine ich, wachse ich allmählich in eine große göttliche Perspektive, in göttliche Ausmaße. Ich sehe das Leben von Gott aus und meistere es von Gott aus.«

Gottes Braut. Was bin ich? Gottes Freund. Was bin ich deswegen? Habe ich nicht etwas Göttliches, etwas Gottähnliches in mir? Was müßte meine Erziehung bewerkstelligen? Wie müßte ich Gott gegenüberstehen? Wir müssen auch lebensmäßig, unserm Lebensgefühl nach, uns wirklich als Gottes Kinder fühlen, als Gottes Freund, als Gottes Braut. Darf ich jetzt wieder den Hintergrund in Erinnerung bringen, den wir heute morgen gezeigt haben? Wie viele von uns fühlen sich aber als gotteshörig, als Geschöpf Gottes, als Gottes Sklave, als Gottes Hund!

Meine Herren, Lebensgefühl, göttliches, gottähnliches Lebensgefühl! Wir brauchen es heute! Wenn Sie die heutige Zeitlage klar vor sich haben, klar empfinden, wo das hinausgeht, dann werden Sie finden: der Mensch wird heute nicht nur zur Bestie, sondern mehr und mehr zum Stückchen einer Maschine. Das muß ich wissen, um die katholische Lehre zu haben. Utamur haereticis! Was muß ich herausstellen aus dem Schoß der katholischen Wahrheiten? Die, die dem Menschen ein starkes Selbstgefühl geben, ein gottähnliches Lebensgefühl. Auf der einen Seite, da ist es letztlich die Struktur des Massenmenschen, ein Stück einer Maschine. Wollen Sie sich nicht täuschen lassen und sagen: Ach was, das Meisterstück ist eben, das sind Glieder einer Gemeinschaft. Es gibt aber verschiedene Arten von Massenmenschtum. Die Tendenz der anthropologischen Häresie geht darauf hinaus, das Individuum zu entwerten bis zum äußersten: sonst bekommen wir keine Masse. Was kann ich tun? Alles herausheben, um den Menschen wieder groß werden zu lassen. Gottähnliches Lebensgefühl!

Wenn ich da recht sehe, glaube ich sogar sagen zu dürfen, »der kleine Mensch gegenüber dem allgewaltigen Leben«, das muß umgedreht werden. Jetzt muß es heißen *»das kleine All gegenüber dem Menschen«*. Nicht die Selbstherrlichkeit des Menschen, die Größe des Menschen, nein: deshalb ist das All klein gegenüber dem gewaltigen Menschen, weil der Mensch die Teilnahme am göttlichen Leben sein eigen nennt – Gottes Kind, Gottes Braut, Gottes Freund. Wie wenige von uns machen mit diesem Ausdruck Ernst: Umformung des Lebensgefühls! Ein göttliches Lebensgefühl müßte ich mir mehr und mehr aneignen. Dann stehe ich *frei* da *gegenüber den Cäsaren,* dann stehe ich frei da gegenüber der ganzen Welt. Nicht stolz, aber frei in Gott! Mir selbst gegenüber steht das All klein da. Göttliches Lebensgefühl! Wie ist meine Haltung gegenüber dem eigenen Körper, gegenüber dem anderen Geschlecht? Das ist es, was wir in der Erziehung viel stärker betonen müssen: gottähnliches Lebensgefühl.

Wenn Sie ein klassisches Beispiel haben wollen für eine praktische konsequente Anwendung derartiger Gedankengänge, dann studieren Sie Franz von Sales! Er denkt diese Gedanken als seine Lieblingsgedanken durch[13]. Sklave, Höriger, Knecht – wie faßt er die Seele, wenn das alles stimmt, was ich Ihnen gesagt habe? Gottes Kind, Gottes Braut, Gottes Freund! Da ist die Menschenseele eine Königin, die Königin neben dem König. »Bereits in einem Briefe vom Jahre 1604 tröstet er eine kranke Dame: ›Als unser Herr am Kreuze hing, wurde er sogar von seinen Feinden als König erklärt. Die Seelen, die unter einem Kreuze leiden, sind die erklärten Königinnen[14].‹« Wollen Sie bitte nachstudieren, wie Franz von Sales Ernst macht mit diesen Gedanken. Das Buch ist heute[15] herausgekom-

[13] Müller, 66 ff.

[14] Brief an die Äbtissin Rose Bourgeois vom 22. 11. 1604 (Werke VII, 267), zitiert nach Müller, 67.

[15] »Heute« ist offenbar nicht wörtlich gemeint. Das Buch ist in seiner 1. Aufl. 1933 erschienen. Wir zitieren die 2. Aufl. 1968.

men: Frohe Gottesliebe, Das religiös-sittliche Ideal des heiligen Franz von Sales, von Michael Müller. Es ist bei Herder erschienen. Es ist mehr eine Metaphysik der salesianischen Aszese. Zumal, wenn Sie den Kurs gemacht haben, lesen Sie das Buch in einem Wurf. Sie finden darin eine Ergänzung dessen, was ich Ihnen sagte. Ich habe einzelne Gedanken herausgenommen, die sein System stark beleuchten. Andere große Gedanken mögen Sie selbst studieren. Da heißt es zum Beispiel, wie der heilige Franz von Sales die Seele auffaßt[16] – freilich sind das Formulierungen, die uns nicht liegen; aber das macht nichts, die Kerngedanken können wir herausholen –: Als der Heiland am Kreuze hing, wurde er zum König erklärt. Später, bei einer anderen Gelegenheit, spricht er von der »jungen Prinzessin, die von ihrem Gemahl ... geliebt wird«.

Er setzt den Gedanken »Seelenkönigin«, »Seelenprinzessin« in einer eigenen Parabel auseinander: »›Ein großer, hochgemuter König hatte sich mit einer jungen, überaus liebenswürdigen Prinzessin vermählt. Eines Tages führte er sie zu trauter Unterredung in ein abgelegenes Gemach. Kaum hatte er einige Worte gesprochen, da sah er sie jäh erbleichen und ohnmächtig niedersinken. Ach, zutiefst erschrocken, wäre er beinahe selbst in Ohnmacht gefallen; denn er liebte sie mehr als sein Leben. Aber eben die Liebe, die ihn mit so fürchterlichem Schmerz schlug, gab ihm auch allmählich die Kraft, den Schmerz zu ertragen. Sie weckte seine Tatkraft. Aufs schnellste suchte er dem Übel seiner teueren Lebensgefährtin abzuhelfen. Rasch öffnete er einen Schrank, ... entnimmt ein äu-

[16] Müller, 67: »In der Introduction schildert er die Seele unter dem Bild einer ›jungen Prinzessin, die von ihrem Gemahl aufs innigste geliebt wird‹«. (Philothea, IV, 3; Werke I, 214.)

ßerst kostbares Herzwasser, füllt damit seinen Mund, öffnet gewaltsam die zusammengepreßten Lippen und Zähne der heißgeliebten Prinzessin und haucht und träufelt die kostbare Flüssigkeit aus seinem Mund in den der armen Ohnmächtigen. Er besprengt mit dem Rest des Fläschchens ihr Antlitz, benetzt ihre Schläfe und ihr Herz, bis sie schließlich wieder zu sich kommt. ... Sanft richtet er sie auf. ... Langsam erhebt sie sich wieder auf die Füße, geht sachte mit ihm auf und ab, aber noch nicht ohne seine Hilfe. ... Doch als sie ihre erste Gesundheit wieder ganz erlangt hat, da konnte sie wieder aus eigener Kraft allein gehen. Der liebe Gemahl hielt sie nicht mehr so fest. Seine Hand lag nur sanft in ihren Händen, sein Arm bog sich um den ihren, um ihre Brust[17].‹«

»›Die Seele‹, erklärt Franz[18], ›die sich im Stande der

[17] Theotimus III, 3, 1; Werke III, 167, zit. nach Müller, 68 f.

[18] Zum folgenden Text, den P. Kentenich nach Müller, 68 f. wiedergibt, sei der genaue Wortlaut aus Theotimus (III, 3, 3–5; Werke III, 168 f.) beigefügt: »3. Die Seele des Gerechten ist die Braut unseres Herrn. Weil aber eine Seele nur dann gerecht ist, wenn sie sich im Stande der heiligen Liebe befindet, so ist sie auch nur dann eine Braut des Herrn, wenn sie zuvor eingeführt wurde in jenes Gemach voll lieblichen Wohlgeruches, von dem im Hohen Lied die Rede ist (HL 1, 3). Begeht nun eine Seele, der diese Ehre zuteil war, eine Sünde, so fällt sie in eine geistliche Ohnmacht. Und dieser Unfall kommt wirklich unvermutet. Denn wer könnte sich vorstellen, das ein Geschöpf seinen Schöpfer, der zugleich sein allerhöchstes Gut ist, um so geringer Dinge willen wie die Lockungen zur Sünde, verlassen will? Das setzt sogar den Himmel in Erstaunen; ja wäre Gott Leidenschaften unterworfen, so würde er darüber zusammenbrechen, wie er ja in seinem irdischen Leben am Kreuze starb, um uns loszukaufen.
4. Sieht nun der Herr eine Seele, die in die Sünde gefallen ist, so ist es zwar nicht mehr erforderlich, daß er aus Liebe zu uns erneut sterbe, aber er eilt herbei, der Seele zu helfen, und öffnet mit unbeschreiblicher Erbarmung die Pforten ihres Herzens durch Empfindungen und Mahnungen des Gewissens. Diese läßt er aus verschiedenen Erkenntnissen und Regungen entspringen

Rechtfertigung befindet, ist die Braut unseres Herrn. ... Begeht sie eine Sünde, so fällt sie in geistige Ohnmacht.‹ Der Gottmensch wurde ›von diesem Unglück so ergriffen, daß er am Kreuze starb, um uns davon zu erlösen‹. Jetzt ist es allerdings nicht mehr nötig, daß seine Liebe sich im Tode für uns erweise; doch ›eilt er der Seele zu Hilfe‹. In unvergleichlichem Erbarmen öffnet er die Pforten ihres Herzens durch Re-

und flößt sie der Seele gleich wohlriechenden und herzstärkenden Mitteln ein, um sie wieder zum Bewußtsein, d. h. zum Guten zurückzuführen.

Dies alles, mein Theotimus, *wirkt Gott ›in uns‹, ›ohne uns‹,* durch seine unendliche Güte, die uns mit zarter Liebe zuvorkommt (Ps 20, 3). Käme sie uns nicht zuvor, so würde die Seele sich nicht aus der Sünde erheben können und verloren gehen – gleich wie jene Fürstin ohne die Hilfe ihres Gemahls in ihrer Ohnmacht gestorben wäre. *Willigt nun die Seele* nach diesem Antrieb *in die Anregungen der Gnade ein,* gibt sie also ihre Zustimmung der zuvorkommenden Eingebung und nimmt sie die für sie notwendigen Heilmittel an, die Gott ihr reicht, dann wird er sie auch weiterhin stärken und sie durch die verschiedensten Regungen des Glaubens, der Hoffnung und der Buße zur völligen Genesung und geistlichen Gesundheit führen, die nichts anderes ist als die Liebe.

Solange Gott eine Seele erst zu jenen Tugenden führen muß, die auf die Liebe vorbereiten, führt er sie nicht nur, sondern *er stützt sie,* und zwar in der Weise, daß, während sie wohl geht, so gut sie kann, er sie doch dabei trägt und ihr andauernd hilft. Und man kann eigentlich nicht recht unterscheiden, ob die Seele geht oder ob sie getragen wird. Sie wird nämlich nicht so getragen, daß ihre eigene Tätigkeit des Gehens ausgeschaltet wäre, jedoch könnte sie andererseits keinen Schritt selbständig machen, würde sie nicht gleichzeitig getragen. Mit Recht kann daher eine solche Seele mit dem Apostel ausrufen: ›Ich gehe, doch nicht ich, sondern die Gnade Gottes mit mir‹ (1 Kor 15, 10).

5. Gelangt aber eine Seele durch die Heilkraft der Liebe, die der Heilige Geist ihr als kostbares Heilmittel ins Herz gelegt hat, zur vollständigen geistlichen Gesundheit, *dann kann sie allein stehen und gehen,* aber kraft der Gesundheit und heiligen Stärke, die die Liebe ihr gibt.«

gungen und Vorwürfe des Gewissens, ... durch heilsame Gedanken. ... Wie durch wohlduftendes und lebenweckendes Wasser bringt er die Seele wieder zu sich. ... Folgt nun die Seele willig den Anregungen der Gnade, ... dann führt sie Gott ›durch die Regungen des Glaubens, der Hoffnung und Buße zur wahren geistigen Gesundheit zurück, zur Liebe‹. Dann vermag die Seele auch wieder ›selbst zu gehen und sich auf den Füßen zu halten‹, aber ›kraft dieser Gesundheit und der Gabe der heiligen Liebe, die der Heilige Geist in ihr Herz gelegt hat‹«.

Meine Herren, das ist das göttliche Lebensgefühl. Und lassen Sie sich nicht irremachen, wenn in absehbarer Zeit Strömungen kommen: »Wir müssen uns als Katholiken in acht nehmen, daß wir nicht den Pantheismus mitmachen!« Das hat damit nichts zu tun! Es ist das von uns eine große Vernachlässigung, daß wir sofort wieder fürchten, wir könnten zu weit gehen. Deswegen, strenggenommen: gottähnliches Lebensgefühl; wir dürfen aber sagen göttliches Lebensgefühl, soweit wir teilnehmen am göttlichen Leben.

Ich habe weiter beigefügt: nicht nur göttliches Lebensgefühl, sondern auch *göttliche Lebenssicherheit.* Wollen Sie einen anderen Ausdruck? Es ist der bekannte: Geborgenheitsbewußtsein in Gott. Ja weshalb denn? Es heißt Ernst machen mit dieser großen Wahrheit Lebenssicherheit, gottähnliche Lebenssicherheit. Ich bin sicher über Sinn und Zweck meines Lebens; bin geborgen, komme, was will; fühle mich geborgener, als wenn ich mich selbst tragen würde, weil soundso viele Legionen mir zur Verfügung stehen. Der tiefere Grund: das Weltgrundgesetz. Gott ist Vater, Gott ist gut, gut ist alles, was er tut. Wenn der liebe Gott also irgend etwas vor- und vorhergesehen hat, wenn ein

Schicksalsschlag mich trifft, was müßte meine erste Antwort sein? Das hat Gott für mich vorbereitet. Was habe ich eine Sicherheit, daß alles aus Liebe, zu meinem Besten ist! Und was will denn ich? Ich kann nichts anderes tun als mein Bestes. Und wer sucht mein Wohl inniger, erleuchteter und kraftvoller als der Vatergott? Gott ist Vater, Gott ist gut, gut ist alles, was er tut.
Aber nicht nur das, nicht nur schlechthin den Schicksalsschlägen gegenüber diese ganz tiefgreifende Geborgenheit, nein, besonders stark und tiefgehend in Kreuz und Leid! Hier hat der heilige Franz ein wunderschönes Bild[19] gemalt. Es ist in zartem Empfinden

[19] Dieses Bild hat P. Kentenich unzählige Male in seinen Vorträgen, wenn es darum ging, Kreuz und Leid von der göttlichen Liebe her zu verstehen und zu bejahen, ja zu ersehnen, wiederholt. Da es für alle seine Hörer und Leser von Interesse sein dürfte, sei hier einmal der genaue Wortlaut dieser Parabel aus Theotimus IX, 15, 2 (Werke IV, 159 f.) mitgeteilt: »Die Tochter eines ausgezeichneten Arztes und Chirurgen litt an ständigem Fieber. Da sie wußte, daß ihr Vater sie mit einer einzigartigen Liebe liebte, sagte sie zu einer ihrer Freundinnen: ›Ich leide sehr viele Schmerzen, aber ich denke an kein Heilmittel, denn ich weiß nicht, was meiner Genesung dienen könnte. Es könnte sein, daß ich mir etwas wünsche und dabei etwas anderes bräuchte. Tue ich da nicht viel besser, alle diese Sorge meinem Vater zu überlassen, der alles weiß, kann und will, was für meine Gesundheit erforderlich ist? Es wäre nicht recht, wenn ich daran dächte, denn er wird für mich genügend daran denken. Ich täte Unrecht, etwas zu wollen, denn er wird alles das wollen, was für mich gut ist. Ich werde also nur darauf warten, daß er das wolle, was er für geeignet hält, und werde nichts anderes tun, als ihn anschauen, wenn er bei mir ist, ihm meine kindliche Liebe bezeigen und ihm mein volles Vertrauen zu erkennen geben.‹
Bei diesen Worten schlief sie ein. Ihr Vater aber, der es für angezeigt hielt, sie zur Ader zu lassen, bereitete alles Nötige dazu vor. Als sie bei ihrem Erwachen wieder zu sich kam, frug sie der Vater zuerst, wie sie sich nach dem Schlaf fühle, und dann, ob sie sich zur Ader lassen wolle, um gesund zu werden. Da antwortete

einer schlichten Seele so ganz nachgefühlt. Er weist darauf hin, wir sollten uns einmal vorstellen, ein schlichtes, einfaches Kind ist krank. Der Vater soll Arzt sein. Er sagt dem Kind: Du bist krank, du mußt operiert werden. Es weiß, wenn der Vater operiert, ist es recht. Der Vater tut es. Selbstverständlich, die Operation bereitet große und tiefe Schmerzen. Aber was ruft das Kind während der Operation? – Ob Sie das nachfühlen können, wie tief das strebsamen Seelen nachgefühlt ist? – »Vater, wie hast du mich doch lieb!«

Wenn ich diese Haltung mein eigen nenne, so bin ich wirklich vom Weltgrundgesetz erfaßt. Der Vater reinigt die Rebe, damit sie mehr Frucht bringt (Joh 15,2). Was auch kommen mag, was auch mein Liebstes ist, der liebe Gott mag es nehmen, wenn auch mein Lebensglück zerstört ist. Das Kind, das eine Lebenssicherheit sein eigen nennt, wie ist das so geborgen! So sollen auch wir von *göttlicher Sicherheit* getragen werden. Und so muß auch unser Grundaffekt sein: Vater, was hast du mich lieb! Daß das auch weh tun kann, wissen wir, sonst wäre ich kein Mensch. Aber die Dominante muß sein: Was ist das für ein

sie: ›Vater, ich bin ganz dein, ich weiß nicht, was ich wollen soll, um gesund zu werden. An dir ist es, alles für mich zu wollen und zu tun, was dir gut dünkt. Mir genügt es, dich von ganzem Herzen zu lieben und zu ehren, so wie ich es tue.‹

Auf diese Antwort hin wurde ihr Arm unterbunden und der Vater öffnete mit einer Lanzette die Ader. Während er den Schnitt ausführte und das Blut hervorquoll, warf das liebe Mädchen nicht einmal einen Blick auf den verwundeten Arm, noch auf das aus der Ader fließende Blut, sondern richtete immer nur seine Augen auf das Antlitz seines Vaters. Es sagte nichts anderes, als hie und da ganz leise: ›Mein Vater liebt mich sehr und ich bin ganz sein.‹ Und als alles vorüber war, dankte es ihm nicht, sondern wiederholte bloß noch einmal die gleichen Worte der Liebe und des kindlichen Vertrauens.«

Ausdruck der göttlichen Liebe, was muß ich ein ausnehmendes Objekt deiner göttlichen Fürsorge sein!
Und das gibt die Lebenssicherheit in wirtschaftlichen Nöten und Sorgen. Ich meine, hier heißt es ja im Sinne der heutigen Welt, den Willen (Gottes), wie er auch dokumentiert wird durch die heutigen Zeitverhältnisse, zu verwirklichen in der Umformung besonders unseres ganzen Denkens und Wollens. Was hat der Heiland uns sagen lassen? Denen, die Gott lieben, gereichen alle Dinge zum besten (Röm 8,28). Die wirtschaftliche Not kann mir nichts anhaben. Die notwendige Sorge habe ich angewandt, aber nicht diese schlotternde Unruhe, dies Hasten und Fasten. Ich habe nur Gott zu lieben. Suchet zuerst das Reich Gottes... (Mt 6,33). Wenn ich euch hinausschickte, hat euch da etwas gefehlt (Lk 22,35)? Viele unterliegen. Haltung müssen wir uns aber wieder aneignen!
Jetzt nicht Vorsätze fassen, sondern beten um diese *Haltung* und sich sagen lassen, daß sie die *ausgeprägte christliche, katholische* ist. Was will Gott dadurch, daß er so viel zerschlagen läßt? *Weg mit dem Zweitletzten,* hin zum Allerletzten[20]! Er will wirkliche, ausgeprägte Gotteskinder aus uns machen, will uns mehr und mehr dem Bild seines Sohnes (Röm 8,29) gleich machen. Denken wir an diese Worte des Eingeborenen; wie der Eingeborene als Mensch hier auf Erden auch in ähnlicher Situation war. Das ist die zweite Haltung.

Die dritte: ein überaus stark beschwingendes *Heim- und Heimwehbewußtsein,* ein kräftiges *Pilgerbewußtsein* und ein sieghaftes *Zeugnisbewußtsein.* Die Ausdrücke mögen zunächst etwas fremd klingen, sind aber der Heiligen Schrift und einem gesunden psychologischen Denken entnommen.

[20] Vgl. die Ausführungen des Exerzitienmeisters im 1. Vortrag, S. 40.

Heim- und Heimwehbewußtsein. Was sagt uns der Heiland vor seinem Heimgang zum Vater? Ich gehe zum Vater; aber ich muß es, sonst kommt der Tröster nicht[21]. Menschlich gesprochen müssen wir es bedauern, daß die Apostel vom Trennungsschmerz so stark bedrängt waren. Sie haben sich nur dem Schmerz hingegeben, haben sich gar nichts vom Vater sagen lassen. Ich gehe zum Vater; ich bin vom Vater ausgegangen[22]. Da haben Sie den Kreislauf hin zum Vater. Wo ist mein Vater, wo ist meine Heimat? Ein kräftiges, beschwingendes Heim- und Heimwehbewußtsein. Ja, ich möchte ein besonders tiefgreifendes Heimweh nach dem Vater haben. Das ist uns angeboren. Unsere Seele hat keine Ruhe, bis sie zu Hause ist. Nostra conversatio in caelis – unser Wandel ist im Himmel[23], nicht so stark hier auf Erden. Unser Wandel ist im Himmel! Das ist meine Urheimat: der Schoß des dreifaltigen Gottes.

Je mehr es mir glückt, hier zu Hause zu sein, desto mehr überwinde ich die Welt, desto mehr bin ich fähig, anderen Menschen eine Heimat zu bieten. Und der heutige Mensch, der so heimatlos und wurzellos geworden ist, er braucht Menschen, die ihm eine Heimat bieten. Glauben Sie, die Geselligen und Lustigen sind es nicht! Nein, ich fühle mich da zu Hause, wo ich vor einem Menschen stehe, von dem ich fühle, daß er *in Gott gegründet* ist. Je mehr ich selbst in Gott zu Hause bin, desto mehr kann ich durch meine ganze Persönlichkeit *Heimat werden* für ungezählte Men-

[21] Joh 16, 7: Es ist gut für euch, daß ich fortgehe. Denn wenn ich nicht fortgehe, wird der Beistand nicht zu euch kommen; gehe ich aber, so werde ich ihn zu euch senden.

[22] Joh 16, 28: Vom Vater bin ich ausgegangen und in die Welt gekommen; ich verlasse die Welt wieder und gehe zum Vater.

[23] Phil 3, 20 nach der Vulgata; nach dem griech. Urtext: Unsere Heimat aber ist im Himmel.

schen: für die bolschewistischen modernen, wurzellosen Menschen, für meine ganze Gefolgschaft. Ob Sie sich mit Recht und Ernst sagen, von welcher Bedeutung eine derartige Haltung ist? Versuchen Sie einmal, in Ihrem Leben diese ausgesprochene Haltung zu vollziehen. Das gibt eine ganze Umformung.

Damit hält gleichen Schritt das kraftvolle und kräftige *Pilgerbewußtsein.* Hier ist nicht meine Heimat, sie ist im Himmel. Pilgerbewußtsein! Pilger sind wir! Und wie das Alte Testament es uns so häufig sagt: Sind unsere Jahre auch noch so viele und zahlreiche, gute und schlechte und böse, wir wissen, die Heimat ist nicht hier, ist im Schoße Gottes[24]. Was heißt das, Pilgerbewußtsein? Das sorgt dafür, daß wir uns nicht versklaven an die Dinge der Welt, gibt uns Stoßkraft mitten hinein in das Göttliche, mitten hinein in die Urheimat, in Gott. Das haben die alten Völker, die nicht im Licht des Glaubens wandelten, schon klar erkannt. Es wird erzählt von einem großen Weisen, der das Orakel befragte, wie er von seiner Sinnlichkeit befreit würde. Die Antwort: Geh und frage die Toten unter den Gräbern! Denke an die Vergänglichkeit, heißt das. Vanitas vanitatum[25]! Geh hin und frage die Toten!
Wenn ich unter dem Eindruck der Vergänglichkeit, wenn ich aus dem Pilgerbewußtsein heraus lebe, wie viele Neigungen und Leidenschaften sind in mir im Keim erstickt, wie viele beiseite geschoben, bevor sie schaden können! Pilgerbewußtsein. Wir lesen von den alten Völkern, Königen und Siegern. Wie viele von ih-

[24] Vgl. Ps 84 (83), 6 f.; 31 (30), 11; 90 (89), 10; 102 (101), 25–29; Sir 18, 8 ff.; Weish 4, 7 f.

[25] Koh 1, 2: Windhauch, Windhauch, sagte Kohelet, Windhauch, Windhauch, das ist alles Windhauch.

nen haben sich, wenn sie ruhmgekrönt nach Hause kamen, in einem Becken die Asche der Toten mitnehmen lassen. Aus welchem Grund? Damit sie nicht stolz würden. Wir sagen, damit sie das Pilgerbewußtsein festhielten. Nicht selten lesen wir in den alten Büchern ähnliches, wie auch sehr wichtige Versammlungen so abgehalten wurden. Weshalb? Aus demselben Gedanken: Vanitatum vanitas (Koh 1,2)!

Und der Apostel weist hin, daß wir Pilgrime sind und deswegen den Lüsten des Fleisches, den Freuden der Welt nicht nachgehen sollten[26].

Wer von uns, meine Herren, nun das starke Bedürfnis hat, diesen ernsten, ewigen Wahrheiten etwas mehr nachzugehen, der hat hier Gelegenheit dazu. Und ich glaube, wir alle haben an sich das Bedürfnis, von dem *Vergänglichkeitsschimmer des ganzen Weltlich-Kreatürlichen* uns in der heutigen Zeit etwas stärker bescheinen zu lassen. Wie das der Seele so wohl tut, wenn sie ihren Flug zu Gott genommen, wenn sie von oben, vom heiligen Berge, alles tief unter sich sieht! Alles vergänglich! Die Werke meiner Hände – morgen und übermorgen werden sie zerschlagen. Was soll meine Antwort sein? Ein Schimpfen gegen Gott? Ein Rechten? Nein! Gott will mir Heimwehbewußtsein geben: das alles ist nicht Gott. Wie dankbar müssen wir ihm sein, daß wir in der heutigen Zeit leben! Wie werden wir insgesamt enttäuscht an allen Dingen, die nicht Gott sind[27]! Deo gratias! Deswegen nicht dem Welt-

[26] Vgl. 1 Petr 2,11: Geliebte, ich ermahne (euch): Als Fremdlinge und Pilger enthaltet euch von den fleischlichen Begierden, da sie ja wider die Seele streiten (Übers. der Herder-Bibel).

[27] P. Kentenich spricht im Zusammenhang der via negativa des Vorsehungsglaubens sogar von der Enttäuschungs*funktion* alles Geschöpflichen.

schmerz nachgehen! Nein! Aber *die Dinge wägen auf der Waage Gottes*: nur so hoch werten, wie Gott es tut. Dann bin ich freier, glücklicher Mensch, stehe mit Gott auch der ganzen Welt unserer Gegnerschaft mit freiem Blick, mit körperlich freier Haltung gegenüber. Dann sind wir in Gott gegründet, sehen und werten die Welt, wie sie ist.

Ich habe ein drittes Wort beigefügt: ein *sieghaftes Zeugnisbewußtsein.* Was hat der Heiland den Aposteln gesagt? Sie sollen nach Jerusalem gehen und im Coenaculum bleiben, bis der Heilige Geist käme, und dann hinausgehen und Zeugnis von ihm ablegen[28]. In dem Zusammenhang will ich sagen: Meine Herren, wir müssen nicht nur an den Himmel dort oben denken, wir haben auch als Katholiken, als Christen die Pflicht, zu sorgen, daß die Erde *ein Stück Himmel* wird[29]. Wir müssen hier nicht Weltschmerz haben, sondern Sehnsucht nach dem Himmel! Es muß unsere Aufgabe sein, dafür zu sorgen, daß die Erde ein Stück Himmel wird. Wir werden das nicht erreichen, aber es ist eines jeden Aufgabe. Deswegen weg mit der Müdigkeit, mit dem Pessimismus! Nicht warten, bis eine Schlacht geschlagen wird. Ich habe noch mein Reich:

[28] Lk 24, 46 ff.: So steht es in der Schrift: Der Messias wird leiden und am dritten Tag von den Toten auferstehen und in seinem Namen wird man allen Völkern, angefangen in Jerusalem, verkünden, sie sollen umkehren, damit ihre Sünden vergeben werden. Ihr seid Zeugen dafür. Und ich werde die Gabe, die mein Vater verheißen hat, zu euch herabsenden. Bleibt in der Stadt, bis ihr mit der Kraft aus der Höhe erfüllt werdet. – Vgl. Apg 1, 8.

[29] Hier ist erneut die Idealvorstellung P. Kentenichs für seine Gründung als ein »Idealstaat«, den es heutigentags zu schaffen gilt, ausgesagt (vgl. Einstimmung, S. 44). »Ein Stück Himmel« – deshalb ist Schönstatt »Sionsstadt« genannt. In den letzten Jahren seiner Tätigkeit nach 14jähriger Verbannung durch die Kirche sprach er mit Vorliebe von der »Kolonie des Himmels«.

meine Pfarrgemeinde, meine Pfarrfamilie, den Beichtstuhl. Wofür schaffe ich? Damit *hier ein Paradies* werde, ein Gottesreich! Oder Sie sagen: Utopie! Das ist nicht möglich! Aber unsere Seligkeit besteht darin, daß wir uns ernst bemühen, das Paradies zu schaffen. Und jedes ernste Streben schafft das Paradies. Und so werden wir schaffen und uns bemühen, Familie zu schaffen. Das wahre Glück besteht darin – soweit wir es genießen können –, dafür zu sorgen, immer weiter dafür zu sorgen, daß wir einen Himmel, ein Paradies auf Erden, eine Gottesfamilie, einen Gottesstaat zuwege bringen. Ob Sie wohl herausfühlen, daß es sich hier doch um ein wirklich umgeformtes Lebensgefühl handelt? Wenn es uns nur glückt, diese Wahrheit ganz tief in uns aufzunehmen.

Ich habe noch eine vierte Haltung, von der ich sprechen muß. Das ist unsere *Grundhaltung in der Erziehung,* in der Seelsorge, die wesentlich bestimmt wird durch das Weltgrundgesetz. Wie soll sie sein? Unsere ganze Erziehungstätigkeit soll weiter nichts sein als die Fortpflanzung, als die Fortsetzung des Weltgrundgesetzes, als die Fortsetzung der schöpferischen Tätigkeit Gottes, der erziehenden und erlösenden Tätigkeit Gottes. Was ist Gottes Grundhaltung? Die schöpferische Kraft der Liebe. Das muß dann auch meinerseits die Grundhaltung sein: *die schöpferische Kraft der Liebe.* Früher haben wir dafür Väterlichkeit gesagt, priesterliche Väterlichkeit[30]. Studieren Sie bitte nochmals: Inwiefern ist die Liebe eine schöpferische Kraft in Gott? Hat die schöpferische Kraft der Liebe nicht seinen Gestaltungswillen, seine Gerechtigkeit geschaf-

[30] Zu denken ist an die Priester- und Erziehertagungen P. Kentenichs in den 20er und 30er Jahren, z. B. Ethos und Ideal in der Erziehung, Tagung 1931, Vallendar 1972, S. 168.

fen, geformt und gestaltet? Denken Sie an die vier Stufen des Mitteilungswillens Gottes. Schöpferische Kraft der Liebe aber auch in der Erziehung! Morgen wollen wir dann wieder auf Prinzipien zurückgehen. Hier handelt es sich ja nur um Haltung (die zu) schaffen (ist), um stetige, grundsätzliche Überlegung.

Darf ich hinweisen auf das Beispiel, auf die Haltung, auf das Testament eines Don Bosco; wir dürfen sagen, eines heiligen[31] *Don Bosco.* Es ist der Mühe wert für unsere Seelsorge, einmal das Erziehungssystem Don Boscos nachzuprüfen. Er ist zweifellos ein Genie. Worin bestand sein Geheimnis? Zwei Worte: Seine Erziehung war *Erziehung zur Freude* und der Freude und *Erziehung zur Liebe* und der Liebe. Wenn Sie das nachstudieren, dann finden Sie: Er hat den Seinen verwehrt, die Jungen mit körperlichen Strafen zu traktieren. Und es hat sich hier nicht um edle Jungen gehandelt; das waren Vagabunden und Straßenräuber! Was war für ihn selbst die allergrößte Strafe – das mag nur der verstehen, der die Psychologie der Liebe kennt –, was war die größte Strafe? Daß er abends einem Jungen den Gutenachtgruß versagen mußte. Was setzt das ein zartes Verhältnis voraus, daß ein Junge darin eine Strafe erblickt, daß er nicht die Hand bekommt, nicht Gute Nacht gesagt bekommt! Es ist ausgeprägte Pädagogik der Liebe. Was heißt das? Hören Sie sein Testament: Wollt ihr eure Jugend tugendhaft haben, sie zum Gehorsam erziehen, dann rate ich euch, sorgt doch dafür, daß die Jugend euch gern hat, daß sie euch lieb hat. Und das macht so: Ihr müßt eure Jungen erst selbst gern haben; aber nicht nur gern (haben): sie müssen auch fühlen, daß ihr sie gern habt.

[31] Ende 1934 wurde er heiliggesprochen.

Und wie sollt ihr sie fühlen lassen, daß ihr sie gern habt? Das muß euch der gesunde Instinkt zeigen[32]. Aus dem Gesagten können Sie das verstehen. Väterlichkeit, schöpferische Kraft der Liebe, das ist das wesentliche Erziehungsprinzip. Der tiefere Grund dafür? Weil der Urtrieb im Menschen die Liebe ist. Habe ich einmal den Liebestrieb im Menschen gebunden und gefunden, dann kann ich den ganzen Menschen leicht nach oben ziehen.

Selbstverständlich kennt diese Liebe – hier darf ich als Pädagoge sprechen – auch *gesunde Grenzen.* Soll ich zwei Grenzen nennen? Die sind an sich keimhaft in der Liebe schon enthalten: Spannung zwischen Liebe und Ehrfurcht, Spannung zwischen Liebe und Kraft. Haben wir nicht damals, im allgemeinen pädagogischen Kurs, schon einmal grundsätzlich dazu Stellung genommen[33]?

Die *Liebe und Ehrfurcht.* Liebe was ist das? Eine hinführende Linie: sie drängt hin zum Menschen. Ehrfurcht ist eine rückläufige Linie. Liebe ohne Ehrfurcht ist nichts, ist keine Liebe. Jede Liebe, so möchte ich als Psychologe sagen, hat als Wesensbestandteil auch die Ehrfurcht. Deswegen den Ausdruck Väterlichkeit nicht verkehrt deuten: nicht Großväterlichkeit! Väterlichkeit kennt weise Ehrfurcht, ist nicht ständig Liebesbekenntnis und Liebesgeständnis. So ist das nicht gemeint, Liebe und Ehrfurcht. Deswegen kennt Väterlichkeit aus Ehrfurcht in alleweg auch die äußere

[32] Siehe Nikolaus Endres S.D.B., die psychologische Begründung der Erziehungsmethode Don Boscos als Ursache seiner pädagogischen Erfolge, als Mskr. gedr. (Dissertation), München 1951, S. 31 und 93.

[33] J. K., Ethos und Ideal, S. 233 ff.

Unberührtheit, der wir ja in unserem modernen Erziehungssystem so riesig viel Gewicht beilegen müssen. Die *Ergänzung der Liebe* ist *die Kraft.* Liebe ist an sich schon Kraft. Das sage ich aber nochmals, damit Sie nicht meinen, Liebe sei etwas Weichliches. Liebe schließt Kraft in sich, weiß, daß der Junge auch in seinem Dienstwillen erfaßt sein will. Die Dinge sind keine Gegensätze. Ich weiß es, die Liebe muß alles andere inspirieren. Was aber für uns nüchterne Menschen, die wir aus dem Zeitalter des Individualismus und Intellektualismus herauskommen, von besonderem Interesse ist, ist der Gedanke, daß der Zögling meine Gemeinschaft auch fühlen darf: daß wir sie gern haben. Sagen Sie nicht, daß wir in unseren Pfarrgemeinden nicht darauf angewiesen seien! Heute müssen wir erst organismieren und dann erst organisieren; erst (einen) Mittelpunkt in der Gemeinde schaffen, und das muß der Kristallisationspunkt sein. Die Gemeinde muß fühlen, daß wir sie gern haben. Wenn ich jeden Sonntag schimpfe, was das Zeug hält, donnere und blitze, kann das wohl aus Liebe geschehen, aber es darf keine ständige Unbeherrschtheit zum Ausdruck kommen. Die Liebe kennt auch ein klein bißchen Geduld. Das Volk hat es gern, wenn es massiv angefaßt wird, aber es muß immer wieder herausklingen hören: es steckt Liebe hinter dem Ganzen.

Und wie können und wollen Sie für sich die Haltung der Liebe als Anwendung des Weltgrundgesetzes *praktisch* verwerten? Das müssen Sie selbst wissen. Ich denke an die Familien- und Hausbesuche. Wieweit sie Sinn haben, müssen Sie selbst wissen. Aber wenn schon, muß immer, wo Sie hingehen, mit Ihnen gehen die Haltung der schöpferischen Kraft der Liebe, eine *gesunde, tiefgehende, alles umfassende Väterlichkeit.*
Ich glaube, jetzt haben wir den ersten Teil des Welt-

grundgesetzes von der göttlichen Seite aus genug besprochen: Alles aus Liebe. Morgen wollen wir für das praktische Leben vielleicht noch tiefer gehen und überlegen, was es heißt: Alles für und alles durch die Liebe.

Um die widergöttlichen Strömungen des heutigen Zeitgeistes in unserem Arbeitskreis überwinden zu helfen, tun wir gut daran, zunächst dafür zu sorgen, daß wir selbst ein Stück Ideal des modernen Erlösten darstellen, das heißt, wir müssen diese Zeitströmung vor allem in uns selbst überwinden und *das vollendete Gegenstück zu dem modernen bolschewistischen Menschen* darzustellen suchen. Das mag am besten dadurch getätigt werden, daß wir uns mit Leib und Seele auf das Weltgrundgesetz einstellen. In dem Ausmaß, als es uns glückt, erhalten wir, erarbeiten wir uns ein wirklich neues, neuartiges Lebensgefühl.
Das Weltgrundgesetz haben wir von der göttlichen Seite aus aufgefaßt: Der liebe Gott hat alles geschaffen aus Liebe. Es ist gut, wenn wir während des Jahres bei dieser Betrachtungsweise länger stehenbleiben. Es ist das ähnlich wie bei jeder Wissenschaft: Versucht man längere Zeit die Grundprinzipien in sich aufzunehmen, dann ist nachher die Anwendung leicht; will man aber gleich Meister sein in der Anwendung der Prinzipien, dann mag man lange Stümper bleiben. Es wird darum wichtig sein, wenn wir unser Lebensgefühl umformen wollen, ein Stück Ideal des modernen erlösten Menschen darstellen wollen, daß wir während des Jahres uns recht häufig in *die unermeßlichen Liebesbeweise der göttlichen Vorsehung* versenken. Auch was wir in diesem und im nächsten Vortrag zu sagen haben, will diese Richtung in uns bestärken. Wir stehen immer noch bei der göttlichen Seite des Weltgrundgesetzes. Der erste Teil: Alles aus Liebe.

Jetzt der zweite Teil: *Alles durch Liebe.* Durch Liebe – darf ich das klarer ausdrücken? Dann muß ich sagen:

durch große, anschauliche, hinreißende, greifbare Liebeserweise. Hier erweist *der Schöpfer* und Erzieher der menschlichen Natur sich in einzigartiger Weise als *der Pädagoge.* Das ist ein Meistergriff der Pädagogik, daß er unsere Herzen an sich binden will, daß er uns zu tiefgehender Liebesvereinigung führen will durch diese anschaulichen, greifbaren Liebeserweise. Meine Herren, es sind drei Fragen, die uns hier interessieren; uns als Erzieher, als Seelsorger in besonderer Weise interessieren. Wir müssen uns fragen erstens nach dem Sinn, zweitens nach der Ursache und drittens nach der Auswirkung dieses großen pädagogischen Gesetzes.

Nach dem *Sinn des Gesetzes.* »Alles durch Liebeserweise« will heißen, der liebe Gott will uns zu einer tiefgehenden Liebesvereinigung mit sich bringen, (und zwar) dadurch, daß er uns während unseres ganzen Lebens ungezählt viele große, anschauliche Liebeserweise schenkt. Der tiefere Grund dafür? Wir werden es gleich hören. Es ist die eigenartige Struktur der menschlichen Seele, die eigenartige Struktur der menschlichen Natur. Sie haben ein Beispiel, ein schönes Abbild dieses pädagogischen Meistergriffes in dem, was ich Ihnen gestern von Don Bosco sagen durfte, der in der Tat die Herzen der Menschen an sich zu ziehen wußte, die Menschen zu gewinnen (wußte) durch Liebe, aber *durch anschauliche, fühlbare Liebe.*

Es ist ein großer Unterschied: Ich kann in einer außerordentlich groben Weise herb sein, aber innerlich im Hintergrund das Motiv der Liebe haben. Ich kann mir sagen, darauf kommt es mir nicht an, ich verlange Gerechtigkeit und Folgsamkeit – aber im Hintergrund verlange ich Legalität aus Liebe. Da haben wir aber bloß den ersten Teil des Weltgrundgesetzes, »alles aus

Liebe«, nicht aber den zweiten Teil, »durch Liebe«, durch greifbare Liebeserweise. Muß ich noch das Abwehrgefühl abweisen: Also sollen wir weichlich sein, unsere Pädagogik darin sehen, daß wir immer Liebesgeständnisse machen? So ist das nicht gemeint. Sie müssen nur das überwinden, was wir aus unserer Erziehung mitgebracht haben in die neue Zeit. Ob wir nicht *zu ideenmäßig* eingestellt sind? Ich kann weh tun, aber trotzdem fühlt man die Liebe. Ich soll mich darauf einstellen, so, wie Gott es tut, durch hinreißende, anschauliche, fühlbare Liebeserweise zur Liebesvereinigung mit Gott zu führen.
Aber nicht nur diese großen, anschaulichen Liebeserweise sind hier gemeint und gedacht; nein, wir müssen uns auch sagen, Gott ist ein Meister in dem Punkt, um den es sich dreht: daß er schlechthin alles, aber auch radikal alles auffaßt und auffassen will als Ausdruck seiner Liebe. Und auch das Wichtigste: *Kreuz und Leid und Verfolgung* und wie das alles heißen mag. Hier fühlen wir nun den größten Meistergriff unserer Selbst- und Fremderziehung. Wenn es uns glücken würde, so, wie es in der objektiven Ordnung auch ist, auch in Kreuz und Leid wirklich den Ausdruck der göttlichen Liebe zu erblicken, dann sollen Sie sehen, wie alle Zeitprobleme gelöst wären! Hier liegt das allerschwerste Problem unserer Erziehung. Nur der wird es fertigbringen, in Kreuz, Verfolgung, wirtschaftlicher Not, Arbeitslosigkeit, Heimatlosigkeit et cetera einen ausnehmenden Beweis der göttlichen Liebe zu erblicken, der ein hellstrahlendes *Glaubenslicht* in sich hat und eine göttliche Liebe, der im strahlenden Licht des Glaubens all diese Kreuze, wie sie auch heißen mögen, ansieht in dem Gedanken: für mich sind es Edelsteine, für mich (ist das) in ausnehmender Weise Ausdruck der göttlichen Liebe[1]. – Aber das allein tut es nicht. *Mein Liebestrieb muß* schon in starker

Weise *an Gott gebunden sein*, sonst wird der Zwiespalt unüberbrückbar; je größer die Schwierigkeiten des Lebens sind, desto unüberbrückbarer.

Meine Herren, ich glaube, ich habe die Pflicht, Sie darauf aufmerksam zu machen: Was wir miteinander besprechen, mag für uns als Priester einigermaßen auch praktisch angängig und erreichbar sein, weil das Leid, das wir tragen, nicht so kübelweise über uns ausgeschüttet wird, aber sehen Sie *unser Volk* mit der furchtbaren Arbeitslosigkeit und Wohnungslosigkeit, in der furchtbaren Not, (und das) mit dem schwachen Glaubenslicht! Sie dürfen das nicht übersehen! Aber werde ich es fertigbringen, unserm Volk nachzuweisen, lebendig ins Bewußtsein zu bringen: Auch dieses Leid ist Ausdruck der göttlichen Liebe, der göttlichen Für-(sorge) und Vorsehung? Es ist ja nicht meine Auf-

[1] P. Kentenich suchte in seiner Erziehertätigkeit dieses »allerschwerste Problem« zu lösen, indem er in seiner Freiheitspädagogik zu Leidensbereitschaft und Leidensliebe führte. So gehört zu den höchsten Akten und Haltungen im innerlichen Reifen, im Streben nach standesgemäßer Vollkommenheit als obligatorisches Erziehungsziel der Gemeinschaften des Schönstattwerkes die Bitte um alles von Gott vorgesehene Kreuz als Ausdruck der Ganzhingabe. Sie wird Inscriptio genannt – ein Begriff, der eine Wesensbestimmung der Liebe meint: es handelt sich um das dem Geiste Augustins entstammende Wort inscriptio cordis in cor (= Einschreibung des Herzens in das Herz). Der leidvolle Höhepunkt der Schönstattgeschichte ist von solchem Geist geprägt; durch die Gestapo 1941 ins Gefängnis mit zeitweiliger Bunkerhaft geschleppt, schrieb P. Kentenich in einem Brief an seine Gefolgschaft, daß alle Torturen ihn »tatsächlich nicht berührt haben« und begründet es: »Das kam daher, weil ich mich sehr, sehr lange auf den Flügeln der Sehnsucht zu dem Erlebten und viel Schlimmerem emportragen ließ. Kam mir also alles vor wie einem Wanderer, der nach langem Warten endlich das Land seiner Sehnsucht und stillen Träume erreicht hat. Das ist ja der Sinn der Inscriptio.« (Neujahr 1942.)

gabe, einen pädagogisch-seelsorglichen Kurs zu halten, aber ich meine, ceteris paribus kommen wir eher zum Ziel, wenn wir die großen Wahrheiten, die wir in diesen Tagen besprechen und erleben müssen, immer wieder hinausrufen; eher, als wenn wir, wie wir das vielfach tun, in den Niederungen des Lebens mit der Moral arbeiten. Von heute auf morgen können wir kein Paradies schaffen, können die Verhältnisse nicht ändern; und wenn wir das nicht können, verlangt Gott es auch nicht von mir. Ich muß nur wissen, wie der ordo essendi ist. Da muß ich eingreifen. Alles andere hat der liebe Gott zu tun. Deswegen unterscheiden wir zwei Seiten: die Anwendung auf uns und (die auf) das Volk. Die Prinzipien, die ich meine, die sind die richtigen. Die Grundlinien sind die rechten. Wir müssen die Linien zunächst erkennen und anerkennen und dann weiter versuchen, sie weiterzuziehen in unser Leben und in das Leben der uns Anvertrauten. Da haben Sie den Sinn des Gesetzes.

Und die *Ursache*? Weshalb wendet der liebe Gott als geistreicher Pädagoge dieses pädagogische Grundgesetz in seiner Erziehung an? Eine allgemeine Antwort: wegen seiner *ganz tiefen Kenntnis der menschlichen Natur.* Er hat die menschliche Natur geschaffen, kennt sie bis ins einzelnste und weiß sich deswegen dieser Natur auch in vollkommener und vollkommenster Weise anzupassen.
Hier wollen wir wieder einen Augenblick aufhorchen. Nicht wahr, meine Herren, sind wir in der heutigen Zeit, wo unser Volk so viele zentrifugale Kräfte in sich wirksam fühlt, nicht in einer Zeit, wo uns so viele pastorelle Mittel, die wir bisher in der Hand hatten, aus der Hand geschleudert werden? Sind wir nicht viel mehr als bisher angewiesen auf eine überaus feine, erleuchtete Kenntnis der menschlichen Natur und ihrer

Struktur und Baugesetze? Das fühlen wir alle: wenn ich die menschliche Natur ihrer Gesetzmäßigkeit entsprechend recht fasse, am rechten Zipfel (fasse), werde ich mit wenigen Mitteln schnell und leicht etwas Großes erreichen. Und darin liegt unsere heutige Aufgabe in der Seelsorge. Nachdem letzte Mittel uns mehr und mehr genommen werden, müssen wir *zu Allerletztem zurückgreifen.* Wo liegen die Ur- und Grundgesetze in der menschlichen Natur und Übernatur[2]? Das wird die Aufgabe sein für die nächsten Jahrhunderte, die ja wieder neue Formen schaffen müssen; ohne Form geht es ja auf die Dauer nicht. *Heute* müssen wir aus den klar erkannten Prinzipien alles wieder zurückführen auf die letzten Prinzipien, eine neue Form formen, neugestaltige Seelsorgsformen schaffen.

Sehen Sie, meine Herren, deswegen sind wir doppelt interessiert an der Frage: Weshalb hat denn der Meisterpädagoge, der große dreifaltige Gott, in dieser Art sich den Menschen genähert, und warum tut er es

[2] P. Kentenich hat sich in seiner Erziehungslehre immer erstlich – nach dem Prinzip, die Ordnung des Handelns habe sich nach der Ordnung des Seins zu richten – um die Erfassung des wahren Seins, des eigentlichen Wesens aller Dinge und vorab des Menschen, gemüht. Es ging ihm – im Dienst der Gottesmutter und ihres Reiches – um den »Universalismus der Seinsordnungen, der Seinsarten und Seinsverpflichtungen«, wie er es 1946 formulierte (Krönung Mariens – Rettung der christlichen Gesellschaftsordnung, Vallendar 1977, S. 122 f.). Dabei ging es ihm vor allem um die Erkenntnis des schöpfungsgemäßen Ideals von Mann und Frau, dem er in seiner reichen Lebenserfahrung und pädagogischen Arbeit über Jahrzehnte hinweg auf die Spur kommen konnte. – Im Sinne des zweiten Prinzips seiner Erziehung, »Gnade setzt Natur voraus, zerstört sie nicht, sondern erhebt und vervollkommnet sie«, geht es dabei selbstverständlich nicht nur um »Ur- und Grundgesetze in der menschlichen Natur«, sondern auch um die der »Übernatur«.

auch heute noch? Die Antwort: wegen seiner meisterlichen Erkenntnis und Behandlungsweise der menschlichen Natur.

Hören Sie im einzelnen, was ich sagen will. Was ist die Aufgabe, die Gott in uns, an uns zu lösen hat? Wir kennen diese Aufgabe. Causa finalis ist die Liebesvereinigung mit uns. Er will sich in Liebe mit uns und wir sollen uns (in Liebe) mit ihm vereinen. Und wenn er das will, so muß er sich hüben und drüben nach Grundgesetzen richten. Er kennt die Struktur der menschlichen Seele. Er weiß, daß der Urtrieb der menschlichen Seele, die Urkraft der menschlichen Seele der Liebestrieb ist. Und das ist ja seine Aufgabe: *Er muß dafür sorgen, daß dieser Liebestrieb sich freigewollt mit ihm verbinde.*

Das ist nun sehr wichtig, zumal für die, die von amtswegen in der Erziehung tätig sind; die dürfen nicht locker lassen, bis sie diese Wahrheit erkannt haben: daß tatsächlich der Liebestrieb in der menschlichen Natur der Urtrieb ist. Habe ich dies erfaßt, so habe ich den ganzen Menschen.

Hören Sie den heiligen Augustinus: Der Mensch ist das, was er liebt[3]. Ist das nicht eine andere Ausdrucksform für das, was die Philosophie ausgedrückt hat: Der Mensch ist das, was er ißt? Die Liebe ist die Schwerkraft des Menschen (s. S. 243, Anm. 20). Wenn der Mensch sich selbst überaus liebt, geht er nach den Gesetzen der Schwerkraft. So gibt es auch eine

[3] Epistola 155, 13 (PL 33, 672): »Mores . . . nostri, non ex eo quod quisque novit, sed ex eo quod diligit, diiudicari solent: nec faciunt bonos vel malos mores, nisi boni vel mali amores. – Der Mensch ist nicht nach dem zu beurteilen, was er weiß, sondern nach dem, was er liebt. Nur die Liebe macht ihn zu dem, was er liebt: die Liebe zum Guten macht ihn gut, die Liebe zum Bösen macht ihn böse.«

Schwerkraft der Menschenseele: den Liebestrieb, die Liebe. Oder wenn der heilige Franz von Sales dies in seine Form gießt: Wie der Leib für die Seele, so ist die Seele für die Liebe da (vgl. S. 242). Ist das nicht dasselbe? Tun Sie das auch in Ihrem eigenen Interesse: Prüfen Sie einmal in Ihrem Leben nach, ob nicht tatsächlich die Geschichte Ihres Lebens die Geschichte Ihres Liebestriebes gewesen ist; bloß, damit wir überzeugt werden, von welcher Bedeutung die Erfassung des Liebestriebes ist. Das ist eine Gesetzmäßigkeit.

Gott kennt aber auch noch eine zweite: Er *weiß, wie dieser Liebestrieb sich* am schnellsten und sichersten *gewinnen und binden läßt.* Die Antwort: Schauen Sie in Ihr eigenes Leben! Lernen Sie ein bißchen um, indem Sie nicht nur in die Bücher schauen, sondern in einer Zeit, wo so vieles am Wanken ist, das unmittelbare Leben beobachten und von da aus ins Leben hineinschauen mit klarem Blick. Wodurch wird der Liebestrieb am schnellsten und sichersten geweckt und gebunden? Wenn ich Ihnen sage: *dadurch,* daß der *Mensch sich geliebt sieht,* sich geliebt *glaubt und* sich geliebt *fühlt* – geben Sie mir da recht?
Hier haben Sie eine ganz wichtige Entdeckung. Schauen Sie ins Leben! Betrachten Sie sich selbst! Ist es nicht so: Wenn Sie sich von einem Menschen geliebt sehen, geliebt glauben, vor allem geliebt fühlen, dann kann er alles mit Ihnen machen. Der Liebestrieb ist geweckt, und das ist viel mehr wert, als wenn Sie mit der Peitsche vor ihm stehen: »Nach Paragraph soundso muß es soundso sein!« So können Sie den Menschen in Schranken halten, aber nicht nach oben ziehen. Gerechtigkeit ist wohl auch notwendig, aber hier dreht es sich darum: Wie können wir den Menschen nach oben ziehen, wie die Grundkraft des Menschen gewinnen.

Da haben Sie den großen Meister der Pädagogik. Er kennt die Grundkräfte und kennt auch das Gesetz, wonach diese Kraft in Aktion treten und mobilisiert werden kann. Hören Sie die alten Römer: *Si vis amari, ama*[4]! Prüfen Sie, was das heißt. Ist das nicht dasselbe, was Don Bosco sagte: Wollt ihr, daß eure Zöglinge gehorsam sind und all die anderen sittlichen Tugenden erfüllen, so müßt ihr sehen, daß ihr von ihnen geliebt werdet. Und dann werdet ihr geliebt, wenn ihr sie liebt. Sie müssen diese Liebe fühlen. Si vis amari, ama! Da haben Sie das große Grundgesetz, das uns die ganze Welt, die ganze Ökonomie der Liebe erklärt.

Ein Beispiel. Franz Solanus oder wer es auch war, war Gefängnisgeistlicher. Er hatte einen Verbrecher (dort), verbittert bis zum äußersten. Den sollte er, bevor er das Schafott bestieg, mit Gott aussöhnen. Franz konnte dem Mann sagen, was er wollte, alles prallte ab. Ganz unempfindlich war er für alles, was gesagt wurde. Und auf einmal, wie es so geht, soll der Heilige hinausgegangen sein und sein Kreuz aus der Tasche genommen, es ihm vor Augen gehalten und nur das eine Wort gesagt haben: Der liebt dich. Und auf einmal sei Leben in die Gestalt gekommen. Liebt? Was? Er liebt mich? Und nun konnte er anfangen zu zeigen, wie der Gottmensch ihm seine ganze Liebe erweist und auch seine persönlichen Liebeserweise veranschaulichen[5].

Ich darf Sie erinnern: in einer Zeit des Maschinenalters, in einer Zeit des Mechanismus, wo der einzelne Mensch zu leicht herabgewürdigt wird zum Teil einer Maschine, in einer solchen Zeit können Sie den Menschen wohl kaum etwas Besseres geben als eine klare

[4] Seneca, Ad Lucilium epistola 9, 6.

[5] Es war wohl Franz Regis S.J. Vgl. Koch III, 588, 7, 4.

Anwendung dieses Gesetzes. Der heutige Mensch muß wieder ein *Selbstbewertungsbewußtsein* bekommen. Und wie bekommt er das? Er muß *sich geliebt fühlen.* Wer sich geliebt fühlt, fühlt sich geschätzt, und in dem wächst ein gesundes Selbstbewertungsbewußtsein. Und wo dieses am Werden ist – ich darf Ihnen sagen, da ist der Boden vorbereitet für die Überwindung der größten seelischen Schwierigkeiten, Versuchungen und Sünden. Deswegen: zeigen Sie einmal einem Menschen, der so ganz schwer und tief und tiefer gefallen ist, zeigen Sie ihm, daß Sie ihn gern haben; nicht durch Liebeserklärungen, sondern durch die Tat! Das wirkt mehr als viele Vorträge. Es hängt viel davon ab. Alles! Durch anschauliche Liebeserweise will ja auch der liebe Gott uns zur Liebesvereinigung mit sich bringen. Ob ich noch ein Abwehrgefühl entfernen darf und muß? Wenn ich mich klar darauf einstelle: Gott verlangt es, er will durch große, gigantische Liebeserweise den Liebestrieb wecken, so lautet dann meine Antwort: Ich muß mit allen Mitteln darauf hinarbeiten, daß ich mich überaus von Gott geliebt sehe und glaube und auch möglichst fühle. Darauf kommt es an, daß ich mich von Gott geliebt glaube und fühle.

Sie sagen vielleicht: Wo bleibt die *Demut*? Das ist ein verkehrter Begriff von Demut. Gott will uns nicht demütig haben, sondern er will unsern Liebestrieb. Ich muß mich von allen Wohltaten Gottes umgeben sehen: nicht mir Wohltaten vorträumen, sondern sie wirklich sehen mit heller Freude, mit wachen Augen, und mein ganzes Gemüt viel mehr an diese Wohltaten hängen als an meine Armseligkeiten. Unsere Armseligkeiten erleben wir heute überreichlich, aber wir sind alle zu wenig erzogen, auf die Wohltaten Gottes zu sehen und (sie) dankbar anzuerkennen und uns daran zu erinnern. Fürchten Sie beileibe nichts für die Demut! Ich darf Ihnen sagen, auf eigene Erkenntnis in der Seelsorge gestützt: Wenn wir alle uns bemühen, mehr die Wohltaten zu sehen, haben Sie einen viel sichereren Weg zur gesunden Demut. Demut ist Wahrheit: Ich erkenne die Wohltaten freudig an. »Großes hat an mir getan, der mächtig ist« (Lk 1,49). Demut ist nicht Herumkratzen an der eigenen Schwäche, indem ich alle meine Fehler sehe. Je besser ich die Wohltaten Gottes anerkenne, desto gesunder wird das Bewußtsein der Armseligkeit, aber auch der Trieb zur Hochherzigkeit. Dann kommt Tatkraft und Schwungkraft in meine Seele.

Brauchen wir das nicht, heute? Sollen wir denn dadurch, daß wir den Naturtrieb kultivieren, die Zähne aufeinanderbeißen und die kriegerischen Instinkte wecken, sollen wir dadurch neue Schwungkraft bekommen? Das mag die Jugend tun; wir wollen keine Überkultivierung unserer naturhaften Triebe, das ist nicht unsere Sache. Wenn wir einen Kampf ausfechten, so tun wir das, weil wir *von Gott getragen* werden, nicht weil wir verkehrte, krankhafte Instinkte in uns wecken wollen. Schwungkraft aus dem Bewußtsein: Der liebe Gott verlangt etwas von mir. Er (ge-)braucht mich und meine Erweise und bewährt sich mir gegenüber als der Mächtige. Er gibt mir Aufgaben, er hält mich für fähig, Aufgaben zu lösen, und er steht hinter mir. Gott treibt mich.

Ich sage Ihnen nochmals, glauben Sie um's Himmels willen nicht, daß diese Einstellung das Grab der Demut wäre! Das ist ein Mittel, um eine *gesunde, kraftvolle Demut* in uns emporzuziehen! Wenn wir uns immunisieren wollen gegen den Zeitgeist, den modernen Menschen gegen den bolschewistischen Menschen schaffen wollen, dann müssen wir schauen, daß wir krankhafte Demutsaffekte beiseite werfen, denn man wirft uns diese vor. Es ist nicht der Meistergriff wirklicher Demut, immer draufzuschlagen: Hinunter mit dem Kopf! Dann kann auf die Dauer ein Menschenwesen nicht wachsen, der Liebestrieb nicht zur Genüge entfaltet werden. – Ich habe zur Erklärung sagen dürfen, wie ich das meine.

Nun kommt der dritte Gedanke. Wir wollen ja erstens den Sinn, zweitens die Ursache und drittens die *Auswirkung* sehen. Was hat Gott getan, um uns kraft der tiefen Erkenntnis der menschlichen Natur auch so zu behandeln? Die Antwort wissen wir: in überschwenglicher Weise *mit Wohltaten überhäuft.*
Es ist nun unsere Aufgabe, nachzuprüfen, nachzuerleben all die Wohltaten Gottes, die wir in unserem Leben schon empfangen haben. Und ob ich Sie erneut bitten darf, künftig diesem Punkt in der abendlichen Gewissenserforschung mehr Gewicht beizulegen? Ich soll mich ja nicht nur über meine Fehler und Sünden erforschen, sondern auch: Habe ich die Wohltaten Gottes als solche erkannt und anerkannt, habe ich dafür gedankt? Welche Wohltaten? Ich glaube, wir könnten am Abend nicht zu Ende kommen im Aneinanderreihen der göttlichen Vorsehung und Liebe. Deswegen als Parole – das ist so wesentlich für die Überwindung des Zeitgeistes, um einen erlösten Menschen zu schaffen! –: *Aufräumen mit der Selbstverständlichkeit*! Nicht alles für selbstverständlich halten! Das Gute halte ich für selbstverständlich: daß es uns gut geht, daß wir gesund sind, daß wir nicht verrückt werden, daß unsere Nerven nicht schon zusammengebrochen sind. Was halten wir aber nicht für (eine) Selbstverständlichkeit? Daß uns Gott Leid schickt. Im Licht der unergründlichen Barmherzigkeit sieht das Leid und das Kreuz aber anders aus. Da werden wir erst merken, daß der heilige Franz von Sales recht hat: Ich

habe kein Kreuz. Was Gott mir geschickt hat, ist seine Barmherzigkeit.
Wir prüfen das und nehmen uns das mit hinein in das Alltagsleben: für ein ganzes Jahr; für uns und unser Volk. (Wir müssen uns) wieder (ein) Organ schaffen, um die Wohltaten Gottes wirklich zu erfassen, und wenn es Kleinigkeiten und kleinste Wohltaten sind! Das muß eine *systematische Erziehung* sein. Das werden wir aber nicht von heute auf morgen erreichen.

Drei Arten von Gaben und Wohltaten kann ich besonders zum Ausdruck bringen: Erstens die ganz besonderen Wohltaten Gottes, zweitens die gemeinsamen Wohltaten Gottes, drittens die allgemeinen Wohltaten Gottes.

Erstens *die ganz besonderen Wohltaten.* Wenn Sie einmal die Gesetzmäßigkeiten nachprüfen, die hier zugrunde liegen, so werden Sie finden: der Mensch fühlt, daß er im Einzelfall mit ganz besonderen Wohltaten bedacht ist, die andere Menschen nicht oder nicht in diesem Ausmaß empfunden haben. Und wer auf diese besonderen Wohltaten einmal erlebnismäßig aufmerksam wird, der wird merken, wie stark sein Liebestrieb geweckt und gebunden wird.
Wissen Sie, was das bedeutet? Es scheint, als wäre das ein vollständiger Dreh mit der gewöhnlichen Praxis. (Es bedeutet,) mit Sorgfalt sich bewußt zu werden, in welcher Weise Gott mich mit Wohltaten ausstattet. Wenn ich erkenne, daß Gott mir einen klaren Verstand gegeben hat, warum hänge ich dann so stark an meiner Gemütsarmut, warum bin ich so kompliziert in meinem Gemüt und schaue nicht viel lieber auf den klaren Verstand? Schauen Sie, das ist Ihre Aufgabe, die kann ich nicht lösen. Versuchen Sie sich ein wenig daran in diesen Tagen! Von Kindheit an kenne ich die

besonderen Akte der göttlichen Vorsehung. Barmherzigkeit Gottes! Keppler hat seinerzeit, als er sein Bischofsjubiläum feierte, am Schluß vor seinen Klerikern gesprochen: »Wenn ich in *mein Leben* zurückschaue, so ist es *ein großer Wettlauf zwischen göttlicher Barmherzigkeit und menschlicher Armseligkeit*[6].«
Wettlauf mit der göttlichen Barmherzigkeit. Nehmen Sie sich die Zeit, wenn ich so sagen darf, sich eine Barmherzigkeitslitanei zu schaffen. Eine Barmherzigkeitslitanei, nicht eine Armsünderlitanei! Ich werde sehen, die Barmherzigkeitslitanei wird eine Armsünderlitanei: dafür und dafür und dafür danke ich dir. Aber nicht flüchtig, betriebsmäßig, sondern wir müssen uns hineinfühlen, hineinleben, damit unser Lebensgefühl umgewandelt wird, damit wir so stark *das Bewußtsein* bekommen: *Ich bin der Augapfel Gottes.* Erwidern Sie doch nicht, das macht mich stolz! Das macht mich demütig! Ich bin der Augapfel Gottes. Sie sollen sehen, was für Kräfte in Ihnen wach werden, gesunde Kräfte. Heute ringt ja alles um die Renaissance der Natur. Aber auch meine Natur soll in Gott wiedergeboren werden. Und wenn Gott als meisterlicher Pädagoge die Dinge so geformt und gestaltet hat und sich selbst danach richtet, was bedeutet dann das, daß ich auf einmal die pädagogische Weisheit Gottes zuschanden mache, immer wieder das Schlechte sehe?
Gott, sagt der heilige Augustinus, hat die ganze Welt ohne mich erschaffen, aber er will sie nicht erlösen ohne mich[7]. Deswegen ein klares Ohr! Was will Gott?

[6] Vgl. Adolf Donders, Paul Wilhelm v. Keppler, Freiburg 1935, S. 198 f.

[7] Augustinus, Sermones de Scripturis 169, 11 (PL 38, 923): »Qui ergo fecit te sine te, non te iustificat sine te. – Der dich geschaffen hat ohne dich, rechtfertigt dich nicht ohne dich.« – Dieser Satz mag mit einem anderen aus Augustins Predigt über das Glaubensbekenntnis (PL 40, 1192), der sich auf Mariens Mitwir-

Ich muß die Wohltaten kennen, besonders die individuellen Wohltaten, die er mir in besonderer Weise erwiesen hat. Sie denken an die Gaben, aber auch an die Aufgaben. Wahrhaftig, darf ich mich nicht zurückschauend erinnern an alles, was Gott in mir und durch mich gewirkt hat? Ist denn nun alles Bluff gewesen, umsonst? Wenn ich nicht da wäre, gäbe es ganze Kreise, ganze Segensströme in der Welt nicht. Die Dinge auch einmal sehen! Ich glaube, wenn wir im Licht der Barmherzigkeit Gottes einmal alles sähen, würden wir mit großer Dankbarkeit und Liebe hängenbleiben auch an den *schwarzen Stellen unseres Lebens.* Mysterium iniquitatis! Wenn ich das erlebnismäßig vor mir habe, so ist die Folge eine große Demut; und besonders, wenn ich mir sage: Da sehe ich eine schwere Sünde, und ich habe sie nicht in der rechten Weise ausgenützt. Was wäre sonst aus mir geworden!
Das sind die Gedanken, die uns das Lebensgefühl geben, das wir brauchen, um das Gegenbild zu schaffen gegen den heutigen krankhaften Menschen. Ich darf Ihnen raten, nicht nur eine Barmherzigkeitslitanei sich aufzustellen, sondern grundsätzlich in der abendlichen Gewissenserforschung sich ein Plätzchen zu reservieren: Wofür haben wir heute zu danken; und wie kann ich nachholen, was ich heute vernachlässigt habe? Da haben Sie die ganz besondere Art der göttlichen Barmherzigkeit, der ganz besonderen Wohltaten.

Darf ich ein Stück weitergehen? Die besonderen Wohltaten müssen Sie selbst durchbeten und durchar-

kung bei der Erlösung bezieht, in eins verwoben sein: »Deus ... qui potuit omnia de nihilo facere, noluit ea violata sine Maria reficere. – Gott, der alles aus dem Nichts schaffen konnte, wollte es, nachdem es verletzt ward, nicht neuschaffen ohne Maria.«

beiten. Wenn wir aber zu sprechen kommen auf *die gemeinsamen* und allgemeinen *Wohltaten*, dann meine und verstehe ich unter den gemeinsamen Wohltaten diejenigen, *die wir mit unseren Standesgenossen gemein haben.* Was darf ich da aufzählen? Gerade heute, wo es so schwer ist, Priester zu sein, wo wir fühlen, daß die Gegner ihr Augenmerk besonders auf »die schwarze Brut« richten, da ist es von großer Bedeutung, daß wir auch die Segenskräfte des Priestertums in unserem Leben viel stärker vor Augen haben.

Ich möchte nicht darauf hinweisen, daß wir gerade in der heutigen Zeit Priester sein dürfen. Nicht sagen: Ach wäre ich doch früher geweiht! Deo gratias, daß ich heute Priester sein darf, weil wir in einer Zeit Priester sind, wo das Priestertum auf einer verhältnismäßig ganz starken religiösen, sittlichen Höhe steht. Unser heutiges Priestertum in Deutschland hat eine ganz besondere Höhe. Dafür wollen wir dankbar sein. Wir sind ja abhängig von unserer Umgebung. Das ist ja auch Absicht Gottes.

Besonders dankbar müssen wir sein, daß wir in einer Zeit tätig sein dürfen, die so furchtbar aufgewühlt ist. Nicht das Durcheinander sehen, sondern was Gott dadurch will! Wieviel gewaltige Antriebe bekommen wir durch die Zeit! Überlegen Sie: Wie wären wir schon alt geworden, lendenlahm, hätte nicht das Leben, hätten nicht die stürmischen Winde des Lebens uns immer wieder lebendig erhalten! Und dafür Dank von Herzen!

Noch ein paar Worte. Ich möchte Sie erinnern: erstens an den *Segen*, den das Priestertum uns gebracht hat; und zweitens sehen Sie dann auch die *Überwindung der Gefahren*, die an sich mit dem Priestertum verknüpft sind. Beides wollen Sie nicht übersehen, Segnungen und Gefahren des Priesters. Ich spreche jetzt allgemein, sehe von den individuellen Schwierigkeiten ab.

Die *Segnungen des Priestertums.* Chrysostomus, und mit ihm andere, heben hervor: Für Engelsschultern ist es zu schwer[8]. Mag recht sein, daß ich nicht Priester werden darf, wenn ich bloß dem eigenen Seelenheil dienen will. Es wird also notwendig sein, daß in meinen Priesterberuf Gnaden hineingelegt sind, anderen zu dienen. Das ist recht. Aber wir dürfen auch nicht übersehen, es schließt auch eine ganze Menge Segensquellen in sich, die überfließen und unser eigenes Leben befruchten. Darf ich Sie erinnern an die *metaphysische Stellung des Priesters* im corpus Christi mysticum? Wir haben, als wir von der Sendung sprachen, als wir den Sendungskurs[9] hielten, die Stellung des Priesters streng abzugrenzen versucht. Der Priester darf aufgefaßt werden als ein Stück des stellvertretenden Hauptes Christi. Priestertum ist also Teilnahme am stellvertretenden Haupt Christi; das Laienpriestertum ist Teilnahme am stellvertretenden Leib Christi. Was bedeutet das? Die Aufgabe des Hauptes dem Leib gegenüber ist deswegen auch meine Aufgabe dem Leib gegenüber. Die starken Segenswellen, die vom Haupt auf den ganzen Leib ausgehen, sind Symbol für die starke Segenswelle, die mir durch die Weihe zuteil wird. Ich glaube, es ist nicht gut, wenn ich hier länger stehenbleibe, sonst verlaufe ich mich zu stark. Dieje-

[8] Vgl. Johannes Chrysostomus, De sacerdotio III, 5 (PG 48, 643): »potestatem acceperunt, quam neque angelis neque archangelis dedit Deus. – . . . sie haben eine Vollmacht erhalten, wie Gott sie weder Engeln noch Erzengeln verliehen hat.«

[9] Zum Beispiel vom 6.–12. September und vom 11.–18. Oktober 1931 und vom 17.–22. April 1932. Der Kurs ist nicht veröffentlicht.

nigen, die die Kurse früher mitgemacht haben, sollen es auffrischen. Wieviel Segen ist durch die Priesterweihe in unser ganzes Leben hineingeströmt!
Darf ich Sie erinnern an den Segen, der verknüpft ist mit all den *priesterlichen Funktionen,* mit unserer Aufgabe! Woran soll ich denken? An den Altar! Überlegen Sie bitte einmal, wieviel Segen vom Altar in die Seele, in das Leben hineingeht! Sie denken das bitte einmal durch. Soll ich erinnern an den Beichtstuhl? Der kann auch eine starke Segenswelle und Segensquelle für uns werden. Da lernen wir die Abgründe der menschlichen Bosheit kennen, das mysterium iniquitatis und das Geheimnis der Gnade. Und wenn wir uns so unmittelbar vom Leben berührt fühlen, erinnern Sie sich, wieviel Gnadenerweise das in sich schließt. Wenn ich Menschen in den Abgründen der Schuld vor mir sehe, denke ich dann nicht daran, Gott zu danken, daß er mich an sich gezogen hat; mir zu sagen: Sei selbst vorsichtig, damit die Natur nicht hinabgleitet? Wenn ich edle Menschen vor mir sehe, die durch starkes Ringen sich emporgeareitet haben zur sittlichen Reinheit, dann weiß ich, was die Gnade nicht alles fertigbringt in einfachen Seelen. Ich muß mich daher auch der Gnade aussetzen. Seien wir dankbar für die starken Segenswellen, die von unserer Seelsorgsarbeit ausgehen! Denken Sie an unsere Stellung zu den Kindern, zu den Jugendlichen, am Krankenbett. Starke Segenswogen müssen hineingeleitet sein in unser Leben.
Darf ich zum Schluß auch daran erinnern, daß selbst unser Kleid Schutz für uns gewesen ist? Wie oft mögen wir, die wir stark leidenschaftlich veranlagt sind, die wir in Ferien uns in Großstädten aufhalten, wie oft mögen wir vor vielen Dingen bewahrt geblieben sein durch unsere Tracht, durch unser priesterliches Kleid! Sie hören, worauf ich hinspielen möchte. Ich

nehme mir absichtlich die Zeit – obwohl wir so viele andere Dinge durchdenken müßten –, diese Dinge Ihnen erneut zum Bewußtsein zu bringen, damit Sie die Richtung im Jahr beibehalten: Aufräumen mit der Selbstverständlichkeit!

Muß ich Sie auch daran erinnern, daß das Priestertum, so wie es vor uns steht, auch *viele Gefahren* in sich schließt, und darf ich mir sagen, daß ich diese Gefahren überwunden habe? Mit welchen Gefahren soll ich anfangen?

Darf ich als erste Gefahr das besprechen, was von Gott gedacht ist als starke Segensquelle, *das Zölibat*? Ist es nicht für viele moderne Priester eine große Gefahr geworden? Ist es nicht auch für uns eine Gefahr geworden? Nehmen Sie die heutige Seele, die vielfach so müde ist, vom Menschsein so angeekelt. Ich bin gebunden – Zölibat. Gebundenheit mag für viele von uns eine große Segensquelle geworden sein. Aber kann diese Gebundenheit nicht auch zum Krampf werden, zu einer großen Gefahr? Ich war ja noch jung, als ich mich gebunden habe. Jetzt bin ich alt. Neue Ideale, neue Probleme sind wach geworden. Jetzt beginnt der gewaltige Kampf zwischen Ideal und Wirklichkeit. Früher habe ich die Eigengesetzlichkeit und die sinnliche Lust nicht gekannt, ich konnte darüber hinausgehen. Aber jetzt merke ich, die Dinge haben eine Eigengesetzlichkeit, sie bringen einen eigenen Genuß. Und wie drängt alles, mein Ideal zu ändern! Ich kann und darf es nicht. Können Sie verstehen, wie viele Gefahren damit verbunden sein können? Darf ich mir sagen, ich bin diesen Gefahren nicht erlegen? Habe ich sie überwunden? Bitte, das ist mein Segen! Aufräumen mit der Selbstverständlichkeit!

Wir wissen auch aus Erfahrung, in unserem Stand habe ich es nicht so leicht wie in anderen Ständen. Ich möchte darum etwas anderes sein: Im Hauptberuf will ich Lehrer sein et cetera. Normalerweise verlangt unser Beruf aber unsere ganze Kraft, unsere ganze Seele, so daß wir einen Nebenberuf nicht zum Hauptberuf und umgekehrt machen können.
Ich darf Ihnen sagen: Alles, was wir als Segensquelle nennen, ist auf die Dauer gefährdet, kann zu einer Gefahrenzone werden, selbst der ständige Umgang mit der Eucharistie. Das darf aber nicht zu einer Gefahr werden! Wir sagen: *Das Alltägliche wird für gewöhnlich auch alltäglich;* es zieht hinunter, macht keinen Eindruck mehr. Man verliert die Ehrfurcht; und haben wir die einmal verloren, dann wird es die schiefe Ebene hinuntergehen nach der Philosophie des Fallgesetzes. Ich habe diese Gefahren im wesentlichen überwunden. Wodurch? Weil ich mich immer in der Reinheitsatmosphäre aufgehalten habe. Daher ist es mir geglückt, mich von der übernatürlichen Atmosphäre tragen zu lassen. Das ist mir aber nicht möglich ohne ganz riesigen Opfergeist. Deswegen: Deo gratias! Wohltaten Gottes: Ich bin diesen Gefahren nicht erlegen.
Denken Sie an die Gefahren des Beichtstuhles, des intimeren seelsorglichen Verkehrs mit unserer Gefolgschaft. Überlegen Sie, wie viele Menschen, Konfratres, sind diesen Gefahren erlegen! Auch der Beichtstuhl hat große Gefahren. Denken Sie – wir müssen es auch menschlich sehen! –, wir sind ja vollständig unkontrollierbar! Kann das nicht eine Gefahr sein? Denken Sie: immer und ständig in die Abgründe der menschlichen Natur hinabsteigen, kann mich das nicht an die Sünde gewöhnen? Ich verliere das Bewußtsein des Unmöglichen: daß es so etwas nicht gibt. Ich sehe das ständig, die Abgründe der Sünde und

Schuld. Man gewöhnt sich an den Gedanken, und es kommt der Trieb in die eigene Natur, zumal man es an Konfratres gesehen hat, wie auch die den Gefahren zum Opfer gefallen sind, mit Trieben zu tun haben. Wie groß ist dann die Gefahr, daß man eines Tages auch feige kapituliert! Ich mag nicht alles sagen, was hierhergehört, nur an so viel erinnern, wie notwendig ist, damit wir die Richtung vor uns haben. Wir müssen *ein »Bruder Deogratias« werden,* immer wieder Deo gratias sagen, uns immer wieder von Gott geliebt sehen wegen der kleinen und großen Wohltaten.
Wir denken heute auch daran – Sie nehmen es mir nicht übel –, wie es auch in unseren Kreisen so viel krankhaft Sexuelles gibt. Was hat der moderne Mensch nicht alles aushalten müssen! Sie denken doch bitte: Krieg, Revolution, Inflation, neue Revolution. Es kommt nicht darauf an, ob Sie Nerven haben wie Stränge; normalerweise müssen wir leiden. Unsere Seele, unser Blut, unsere Nerven werden auch in Mitleidenschaft gezogen, und nur, wer in Gott gegründet ist, kann diese schweren Schicksalsschläge aushalten. Und weil heute in unseren Kreisen so viel krankhaft Sexuelles ist – und ich mir sagen muß: auch in mir – und weil ich ihm doch nicht zum Opfer gefallen bin im Verkehr mit der Jugend, mit den Mädchen: dafür darf ich dankbar sein! Denken Sie alles durch! Sie werden finden, es wäre doch verkehrt, jedenfalls nicht das Ideal, daß wir das übersehen, wie wir es bis jetzt getan haben.
Und auch, wenn wir Sünden begangen haben, müssen wir das erst (recht) als Ausdruck des göttlichen Wohlgefallens sehen. Sie denken an das Wort des heiligen Bernhard vom Dünger (s. Anm. 14, S. 213). Alles wollen wir uns lebendig erhalten, damit unser ganzes Leben ein einziges Deo gratias ist. Ich garantiere: Wer schwere Leidenschaften hat, schwer und tief gefallen

ist und sich nicht erheben kann – studieren Sie: meist geht voraus, jedenfalls als Begleiterscheinung, Depression auf Depression! Das müssen wir verhindern. Wie? Sich immer als Augapfel Gottes sehen! An der Wirkung werden Sie sehen, *wie die Seele reiner, reifer, ernster, stärker und schwunghafter wird.* Und weil das für das Reich Gottes etwas wirklich Kraftvolles ist, kann ich es auch gebrauchen. Nicht warten, bis jemand kommt und die äußeren Verhältnisse ändert; das ist nicht unsere Sache. Ich glaube nicht, daß Gott die *jetzigen Verhältnisse* ändern wird, ehe er seine Zwecke erreicht hat. Gott schlägt uns mit der Zuchtrute, bis er seine Zwecke erreicht, seiner Kirche in der neuen Zeit neue Wege zu weisen, daß heute der Mensch in neuer Weise ein erlöster Mensch werde, ein neuer, erlöster Mensch und eine neue, erlöste Menschheit geschaffen werde. Darauf müssen wir hinarbeiten, bei uns und bei anderen. Im Kleinen immer die großen Aufgaben sehen! Das Stehen und Marschieren auf der Stelle, wer hält das aus? Entweder vorwärts oder rückwärts! Das gilt besonders von unserer Jugend!

Wollen Sie andere Momente wissen? Die Gefahren mit unseren Verbänden: Gefahren gegen die Reinheit und die Demut. Wie viele Gefahren für meine Reinheit! Denken Sie an die Demut! Habe ich sie überwunden? Kann ich nicht dafür Gott danken? Prüfen Sie bitte einmal: Wie alt sind Sie? Normalerweise wissen wir das aus früheren Kursen, daß wir zwei Priesterkrisen unterscheiden dürfen. Erstens, fünf bis sechs Jahre nach der Priesterweihe die Muluszeit: Aufbruch der sexuellen Schwierigkeiten. Das ist aber normal. Habe ich das aber wundenlos überwunden? Oder wenn Wunden geschlagen wurden, habe ich sie nicht vernarben lassen dürfen? Zweitens, in den vierziger und fünfziger Jahren der Naturalismus bis zum äußersten. Habe ich ihn überwunden? Wie viele Priester haben den Naturalismus in die Seele hineingelassen und sind ideallos geworden, haben nicht mehr die übernatürliche Einstellung, lassen sich einfach vom Strom treiben und drängen!

Oder wenn ich merke, daß es in der heutigen Zeit so wenig kraftvolle Köpfe gibt. Schauen wir in die eigenen Reihen, wie es in unseren Reihen verhältnismäßig wenig kraftvolle Führernaturen gibt! Sind wir meist nicht zu schlapp? Wir kommen aus Verhältnissen, die traditionsgebunden sind, haben nicht Gelegenheit, uns eigenständig zu bilden. Sie können da und dort hinschauen, wir werden nicht fertig mit dem Aufzählen aller großen Gaben und Vorteile, die Gott uns geschenkt hat. Und daher will ich alles tun, mich als Augapfel Gottes zu erleben; es ist die Barmherzigkeit Gottes, deswegen das Magnifikat. Großes hat an mir getan, der da mächtig und dessen Name heilig ist (Lk 1,49).

Ich muß jetzt aufhören. Es kommt mir nicht darauf an, neue Gedanken zu sagen, aber es mag gut sein, daß wir jetzt die Gelegenheit wahrnehmen, diese Dinge einträufeln zu lassen in unser Inneres, damit wir jetzt schon das Unsere tun zur Umformung unseres Lebensgefühles.

Es kommt nun ein dritter Komplex von Wohltaten. Nennen wir ihn die allgemeinen Wohltaten, das heißt die *Wohltaten, die wir mit der gesamten Menschheit gemeinsam haben.* Die kann ich nicht alle aufzählen. Ich möchte aber heute Nachmittag bei zweien stehenbleiben, um von da aus die Linien hinauszuziehen in das Leben, damit wir geistig die Strömungen überwinden, die uns heute entgegentreten; es sind der Heiland und seine Mutter. An diesen beiden Wohltaten wollen wir uns wieder neu emporranken, wieder kurz und flüchtig ausmalen, was es heißt, der Vater hat uns seinen Sohn geschenkt, der Vater hat uns eine Mutter geschenkt.

Der große dreifaltige Gott weiß in meisterhafter Weise die Natur des Menschen zu behandeln. Deswegen auch das große Weltgrundgesetz von seiner Seite: nicht nur alles aus Liebe, sondern auch alles durch Liebe: durch Liebeserweise und -beweise, durch anschauliche, große, gigantische Liebeserweise. Heute morgen versuchten wir, den Sinn dieses pädagogischen Gesetzes, seine tiefere Logik kennenzulernen und gingen auch schon über zu seiner Auswirkung. Es soll uns künftighin eine Bestätigung sein, uns immer tiefer und immer wieder hineinzuleben in all die ungezählten Wohltaten, die der große Gott uns erwiesen hat, mögen das Wohltaten sein, die jeder persönlich und ausschließlich vom lieben Gott erhalten hat, mögen es gemeinsame oder allgemeine Wohltaten sein. Wir blieben heute morgen bei den allgemeinen Wohltaten stehen. Auch hier: Wieviel Zeit hätten wir nötig, um sie zu erörtern und sie in großen Zusammenhängen auf uns wirken zu lassen!

Sie wollen mir gestatten, etwa nach Art einer Disposition auf zwei etwas näher einzugehen. Ich denke an den Heiland, den Gottmenschen, und seine gebenedeite Mutter. Das soll für uns stehendes Gesetz werden: Beide dürfen nie voneinander getrennt werden. Wenn ich das Wort »Heiland« ausspreche, muß mitklingen seine Mutter; wenn ich an seine Mutter denke, muß mitklingen der Heiland. Beide stehen vor uns wie im Ave, der Baum mit der Frucht, die Frucht mit dem Baum: Und gebenedeit ist die Frucht deines Leibes, Jesus. Sie wollen nun, wenn Ihnen die Gedanken liegen, beim Durchbeten vielleicht diese Gedankenfolge, diese Disposition einhalten.

Ich bleibe einige Augenblicke vor der *Person des Gottmenschen* stehen und will an ihr die Vaterliebe Gottes studieren. Sie merken das wohl: Was den Kurs inspiriert, ist im Kern der Gedanke an die Vaterliebe und Gottesliebe; deswegen auch hier, beim Heiland. Was sehe ich denn, wenn ich die Beziehungen des Heilandes zur Vaterliebe Gottes betrachte? Ein Dreifaches: Erstens, der Heiland ist ein starker, gigantischer Anschauungsunterricht für die Vaterliebe Gottes; zweitens, er ist ein Lockmittel für seine Liebe; drittens, er ist ein starkes Vorbild für entsprechende Gegenliebe.

Anschauungsunterricht für die unendliche Vaterliebe Gottes. So sehr hat Gott die Welt geliebt, ... damit alle, die an ihn glauben ...[1] Der liebe Gott spricht aber nicht nur durch Worte, sondern auch durch Taten. Ich soll mich darum, wenn ich während des Jahres ernst ringen will, um eine kindliche Liebe dem Himmelsvater gegenüber, daran gewöhnen, da, wo der Heiland vor mich hingestellt ist – wenn ich ihn am Kreuz sehe oder im Tabernakel seiner Gegenwart inne werde –, überall in ihm den großen Anschauungsunterricht für die Vaterliebe Gottes zu sehen. Ich denken jeweils daran: So sehr hat Gott die Welt geliebt, daß er diesen seinen Sohn in dieser gigantischen, anschaulichen Weise hergegeben hat, damit ich dadurch zu ihm emporsteigen kann.

Damit komme ich schon zum zweiten Gedanken: der Gottmensch auch das *Lockmittel* für mich, für meine Gegenliebe.

[1] Joh 3, 16: Denn Gott hat die Welt so sehr geliebt, daß er seinen einzigen Sohn hingab, damit jeder, der an ihn glaubt, nicht zugrunde geht, sondern das ewige Leben hat.

Ich darf Ihnen hier ein ganz großes Lebens- und Erziehungsgesetz der ewigen Weisheit zum Bewußtsein bringen. Sie müssen sich fragen: Welchen Sinn haben all *die geschaffenen Dinge* in der Absicht Gottes? Einen doppelten: sie *sollen uns binden und* sollen uns *organisch weiterleiten.* Die Dinge sollen uns binden. Ja wenn ich ein banales Bild gebrauchen darf, so müssen wir uns vorstellen, als wenn Gott Seile herunterließe. Wir sollen uns dann an diese Seile festbinden, und dann zieht er das Seil empor, damit wir um so sicherer in das Herz des dreifaltigen Gottes kommen. So mögen Sie alle Dinge – die Natur draußen, Essen, Trinken, alles, was wir als Geschöpfe vor uns sehen – ansehen; alle geschaffenen Dinge haben diesen doppelten Sinn: uns organisch an sich zu binden und weiterzuleiten. Also darf ich die Dinge gern haben? Zweifellos! Es ist das ein Sich-Binden, dann aber auch ein Emporgeleitetwerden, ein Nach-oben-Gezogenwerden in den Schoß des Vaters.
Das gilt auch von der Person des Gottmenschen; auch hier diese doppelte Aufgabe. Wir dürfen es also so auffassen: Der Vater hat den Sohn als Band, als Seil heruntergelassen. Mit menschlichen Banden habe ich euch an mich gezogen[2], so sagt die Heilige Schrift. Ich

[2] Hos 11, 4: Mit menschlichen Fesseln zog ich sie an mich, mit den Ketten der Liebe. – Vgl. Theotimus II, 12 (Werke III, 129): »Welches sind nun die Bande, womit die göttliche Vorsehung unsere Herzen gewöhnlich an sich zieht? Jene, die sie selbst kennzeichnete, als sie die von ihr angewandten Mittel beschrieb, um das Volk Israel aus Ägypten und der Wüste in das Land der Verheißung zu führen: ›*Mit menschlichen Banden zog ich sie,* mit Fesseln der Liebe und Freundschaft‹ (Osee 11, 4). Gewiß, Theotimus, Gott zieht uns nicht mit eisernen Fesseln an sich wie Stiere und Büffel, sondern er wirbt um uns, er lockt uns liebevoll an sich durch zarte und heilige Einsprechungen. Das sind Bande Adams und der Menschlichkeit, sie entsprechen der Beschaffenheit des menschlichen Herzens, das von Natur aus frei ist.«

darf und soll mich also an ihn binden. Aber weshalb an ihn binden? Soll ich beim Heiland stehenbleiben? Nein! Ich muß durch ihn zum Vater im Heiligen Geist; per Christum ad Patrem in Spiritu Sancto. Ich muß an diesem Seil weitergeleitet, emporgezogen werden in den Schoß des Vaters. Der Vater ist immer das Letzte. Deshalb ist auch die Vaterliebe für mich in allen Auswirkungen so stark zu sehen und erstrebenswert.

Nun wollen Sie im einzelnen nachstudieren, wie das Wirklichkeit geworden ist. Will der Heiland selbst, daß wir uns an ihn binden? Aber sicher! Das hat er zum Ausdruck gebracht durch Wort und Tat. Binden soll ich mich an ihn. Wie mich der Vater liebt, so liebe ich euch. Bleibet in meiner Liebe (Joh 15,9)! Er sagt wirklich, er liebt uns. Und weshalb? Wir sollen *in seiner Liebe bleiben.* Ich möchte nicht eine Unzahl von Stellen hersagen. Mir kommt es nur darauf an, die Linien klar zu zeigen, damit wir mit einer festen Lebensanschauung hinausgehen, als Gegengewicht für die heutige Zeit.
Der Heiland spricht deutlich durch sein Leben und seine Taten. Wollen Sie die anschaulichen Liebesbeweise des Gottmenschen uns gegenüber klar sehen? Vielleicht halten Sie sich an die bekannte Einteilung: Krippe, Kreuz, Altar. Was will der Heiland in der *Krippe*? Weshalb breitet er seine Arme aus? Weshalb hat er die Gestalt eines liebenswürdigen Kindes? Was will er? Kind, gib mir dein Herz! Er will mein Herz haben. Ich soll mich binden an seine Person. Krippe! – Bleiben Sie beim *Altar* stehen! Denken Sie alles, was Sie so oft gepredigt haben, nur unter dem einen Gesichtspunkt durch: Was soll das alles? Binden will er mich an all das, was er in der heiligen Messe tut.

Länger mögen Sie stehenbleiben, wieder im Sinn der heutigen Problematik, beim *Kreuz.* Was soll das Kreuz sein? Übersehen Sie es nicht: vor allem ein Bindemittel. Der Heiland will mich an sich binden. Hier sollen Sie stehenbleiben, weil wir heute häufig reden müssen vom Kreuz. Auf der Gegenseite will man ja davon nichts wissen.

»Meine Politik ist das Kreuz«, sagt Pius X. Wir haben schon einmal gehört: »Meine Politik ist das Vaterunser« (s. S. 257). Hier hören Sie das zweite Wort: »Meine Politik ist das Kreuz.« Was mag das heißen? Es ist dasselbe Kreuz, das *heute* so stark verabscheut wird als Symbol einer Niedrigkeit, einer knechtlichen Gesinnung. Das darf uns nicht wundern. Zu allen Zeiten haben die Menschen Abwehrgefühle gegen das Kreuz gehabt. Bleiben Sie stehen bei den Aposteln, bei den ersten Christen; oder Sie mögen hinaus- und hineinhören in das Geschrei und Getue der neuen Deutschen Glaubensbewegung[3]. Sie finden dieselben Linien, nur etwas verstärkt.

[3] Die wichtigsten Organisationen und Gruppierungen der sog. deutschgläubigen Bewegung (= Strömungen und Kreise, die das Christentum als der deutschen Seele artfremd ablehnten) schlossen sich am 30. 7. 1933 in Eisenach zur »Arbeitsgemeinschaft der deutschen Glaubensbewegung« zusammen, die 1934 den Namen »Deutsche Glaubensbewegung« annahm. »Sie verwirft unter dem Motto ›Gott in uns – Das Gesetz in uns – Die Selbsterlösung‹ die christlichen Lehren von Gott und Schöpfung, Sünde und Schuld, Erlösung und Buße, Gnade und Rechtfertigung, setzt an die Stelle der Lehren von dem Opfertod Christi, dem von ihm gegründeten Gottesreich und dem kommenden Gericht einen kosmischen Entwicklungsprozeß, dessen Endziel ein vom deutschgläubigen Menschen getragenes vollkommenes Erdenreich ist« (K. Algermissen in: LThK[2] III, 305). Wegen Zersplitterung ging die Deutsche Glaubensbewegung zugrunde und konnte so auch nicht ein Instrument des NS werden. 1936 gründete die NSDAP eine eigene deutschgläubige Bewegung unter dem Namen »Gottgläubigkeit« mit vielfältigem pseudoreligiösem Brauchtum. 1945 wurde sie vom Internationalen Gerichtshof in Nürnberg verboten.

Wie lange haben die *Apostel* gebraucht, bis sie die Weisheit des Kreuzes verstanden haben! Der Heiland sagt ihnen: Ich muß am Kreuz erhöht werden. Und die Antwort? Das darf nicht sein! Wie soll das möglich sein! Sie hatten schon gehört und gesehen, wie das aussieht, wenn Menschen, wenn Verbrecher am Kreuz hingen. Und nun haben sie die große Hoffnung, der Messias wird sein Volk erlösen. Sie können nichts für ihre politische Messiashoffnung. Deswegen dann auch ihre Antwort: Das darf nicht sein, du darfst nicht an das Kreuz! Und wir wissen, wie herb der Heiland den heiligen Petrus zurückgewiesen hat: Satan[4]! Was will er damit sagen? Satansgeist offenbart sich in dir in dieser Weise, wenn du gegen das Kreuz bist. Satan, Satansgeist. So hören wir, wie diese Abwehrgefühle und das Unverständnis dem Kreuz gegenüber schon bei den Aposteln Wirklichkeit war.
Und bei den ersten Christen. Hören Sie den großen *Paulus*! Wie weiß er eine Antwort zu geben auf die Probleme der heutigen Zeit! Deshalb scheint es mir so wertvoll zu sein, heute die Heilige Schrift mehr zu lesen, als früher, weil so viele Fragen gelöst sind; viel mehr als wir ahnen. In einem großen Wurf hat Paulus die Stellung zum Kreuz dargestellt: Ich predige Christus, den Gekreuzigten. Was ist das? Den Heiden eine Torheit, den Juden ein Ärgernis, uns aber Gottes

[4] Mt 16, 21–23: Von da an begann Jesus seinen Jüngern zu erklären, er müsse nach Jerusalem gehen und von den Ältesten, den Hohenpriestern und den Schriftgelehrten vieles erleiden; er werde getötet werden, aber am dritten Tag werde er auferstehen. Da nahm ihn Petrus beiseite und machte ihm Vorwürfe; er sagte: Das soll Gott verhüten, Herr! Das darf nicht mit dir geschehen! Jesus aber wandte sich um und sagte zu Petrus: Weg mit dir, Satan, geh mir aus den Augen! Du willst mich zu Fall bringen; denn du hast nicht das im Sinn, was Gott will, sondern was die Menschen wollen.

Weisheit und Kraft (1 Kor 1,23 ff.). Wie ist das Kreuz aufgefaßt worden bei den Juden und wie bei den Heiden?

Bei den *Juden* als ein Ärgernis. Weshalb? Was wollen die Juden? Der Messias soll politischer Erlöser sein! Das Kreuz ist ein Ärgernis. Ein Mensch am Kreuz, der Erlöser sein will, ist ein Ärgernis. Was sagt der Apostel demgegenüber? Was ist das Kreuz? Das Kreuz ist Gottes Kraft. Kraft, was heißt das? Nach dem, was wir bisher besprochen haben, werden Sie es verstehen. Was will der Heiland? Er will zunächst *kein Königreich erobern,* er will die *Herzen erobern.* Und wie erobere ich Herzen? Indem ich in grandioser Weise meine Liebe offenbare. Konnte der Heiland das in grandioserer Weise tun, als wie er es getan hat dadurch, daß er alles hingab aus grandioser Liebe? Das Kreuz, der Erweis göttlicher Kraft! Ist es auch bei mir so? Lasse ich mich durch das Kreuz entzünden zu einer wahren, starken Gegenliebe?

Das Kreuz bei den *Heiden*: Torheit. Uns aber, den Auserwählten, der Erweis von göttlicher Weisheit! Ist es nicht ein Zeichen einer außerordentlichen Weisheit, daß der Heiland durch ein derartig kleines Mittel so große Erfolge zu erzielen versteht? Das Kreuz ist das große Mittel, um die Herzen der Menschen in einer tiefgreifenden, dauernden Weise an sich zu ziehen. Wir müssen den heiligen Paulus öfters examinieren, erleuchteter ihn hören und ihm zuhören. Es geht uns eine ganz neue Welt auf, so viele Probleme der heutigen Zeit sind geklärt.

So verstehen wir auch viel besser, wie das so herb klingt und doch so zärtlich hineingerufen wird: Er liebt mich und gab sich hin für mich[5]! Das muß wohl

[5] Gal 2, 19 f.: Ich bin mit Christus gekreuzigt worden; nicht mehr ich lebe, sondern Christus lebt in mir. Soweit ich aber jetzt noch

einer seiner Lieblingsgedanken gewesen sein; immer der Gedanke – hören Sie es im Zusammenhang des Kurses –: Er hat mich geliebt! Wenn das ein stehender Ausdruck für mich ist, dann fühle ich mich immer von Liebe umgeben. Auch der Apostel war ein Mensch mit menschlichem Herzen. Er war in den siebten Himmel erhoben, hatte sich nach der Pädagogik Gottes erzogen, oder besser: Gott hatte ihn erzogen nach seinen Gesetzen. Er liebt mich! So klingt es wohl vertraut aus seinem Mund, wenn er Ausdrücke gebraucht (wie): Ich geniere mich nicht, nur eines zu wissen, und zwar Christus, den Gekreuzigten[6].

Eine Nebenbemerkung; ich darf sie wohl machen als eine kleine Abwehr gegenüber manchen religiösen Geistesbestrebungen, die heute in einer gewissen extremen Einstellung nur Christusfrömmigkeit kennen wollen, aber Jesusfrömmigkeit ablehnen. Ich meine und denke an diejenige, die von dem – sagen wir einmal *franziskanischen* Heilandsbild nichts wissen wollen, die nur das *benediktinische* oder Benediktiner-Heilandsbild kennen wollen. Die vergessen, daß der Vater uns Seile heruntergelassen hat: *das kindliche und das gekreuzigte* Heilandsbild. Wir sollen uns daran binden und dadurch um so tiefer an den Vater gebunden werden.

Ich darf denjenigen aus uns, die so überbetont das benediktinische Heilandsbild hervorheben – ich glaube, es sind kaum einige, weil die Zeit vorbei ist, wo die Extreme so stark herausgehoben wurden, sonst würde ich mir gestatten, sie auf Ehre und Gewissen zu fragen –, ich darf also denen die Frage vorlegen: Liegt

in dieser Welt lebe, lebe ich im Glauben an den Sohn Gottes, der mich geliebt und sich für mich hingegeben hat.

[6] 1 Kor 2, 2: Ich hatte mich entschlossen, bei euch nichts zu wissen außer Jesus Christus, und zwar als den Gekreuzigten.

nicht in der zugespitzten Einstellung auf die Christusgliedschaft für uns als Männer eine Verbrämung, eine Schwäche unserer Natur? Christusgliedschaft! Wir Männer sind von Haus aus *zu stark ideenmäßig* eingestellt, kennen meist nur die Hingabe an die Idee, an die Christusgliedschaft. Aber ich bin überzeugt, wenn Christusgliedschaft, der mystische Christus, mit der Zeit für uns als Männer nicht zum historischen Christus wird, wenn wir uns nicht bemühen, den Heiland persönlich gern zu haben, dann glaube ich nicht, daß wir die Pläne Gottes tiefer sehen und verwerten. Wir sollen auch den Heiland als Gottmenschen, so wie die Evangelien ihn schildern, den Gekreuzigten, wirklich von Herzen gern haben.

Ist es nicht ein großer Schaden für unser Volk, wenn wir das gekreuzigte Heilandsbild so stark aus dem Mittelpunkt des Denkens und Fühlens, aus dem Mittelpunkt der Kirche entfernen? Sie erinnern sich daran, welche Fastenpredigten am meisten wirken: nicht die über das Leiden des Heilandes? Darum die *gesunde Mitte* einhalten, nicht beim Heiland allein stehenbleiben! Das will der Vater nicht. Er hat den Heiland als Seil gedacht, das zum Vater emporführen soll. Lockmittel – das ist der richtige Ausdruck – Lockmittel für unsere tiefgehende Gegenliebe. Darf ich Sie bitten, gerade in der heutigen Zeit häufiger über das Kreuz zu predigen; es aber auch tiefer in das eigene Leben einbauen: mein Kreuz!

Philipp Benitius, General der Serviten, war am Sterben. Er ist am Arbeiten mit den Fingern. Man hört ihn lispeln: »Mein Buch!« Man denkt an die Konstitutionen, an die Heilige Schrift. Er winkt ab. Schließlich – in der Verlegenheit: man möchte ihm helfen – greift man instinktiv nach seinem Kreuz. Da ist sein Buch[7]!

[7] Koch IV, 824, 7, 4.

Mein Kreuz, mein Buch – das muß als Ausdruck der Gottesliebe viel tiefer in unser Leben eingebaut werden. Ähnliches wird erzählt vom heiligen Thomas und dem heiligen Bonaventura. Beide besuchten einander. Thomas möchte bei Bonaventura seine reiche Bibliothek einsehen. Dieser weist ihn hin auf sein Kreuz und seinen Betschemel: »Mein Buch, meine Bibliothek[8]!«

Ich glaube, wir studieren wohl alle zu wenig aus diesem Buch und dieser Bibliothek, deswegen können wir auch so wenig den königlichen Weg des Kreuzes hochschätzen. Und daher auch ein Doppeltes: Erstens, *wir verstehen zu wenig die Vaterliebe* Gottes im großen Anschauungsunterricht des Heilandes, zweitens, wir verstehen zu wenig *den königlichen Weg des Kreuzes,* den der Vater uns nach dem Vorbild des Heilandes, des Gottkönigs, führen will.

Mein Kreuz soll meine Liebe zum Vater stärker entzünden. Mein Kreuz, die zarte Liebe zu meinem Kreuz, zu meinem Kruzifix, soll meine eigene Liebe, mein eigenes zu tragendes Kreuz im Licht der göttlichen Vorsehung mir zeigen. Und ich darf es so tief und ernst sehen, mein Kreuz: Ich darf hinschauen auf den Tabernakel; hier ist der Heiland in jedem Teil und in jeder Gestalt. Und so darf ich dann auch sagen: Mein Kreuz! Er hat sein ganzes Leiden für mich gelebt und dafür sich auch hingeopfert. Ich darf Sie bitten, die Gedanken für sich durchzubeten. Ich muß zufrieden sein, sie bloß angeschlagen zu haben.

So steht der Heiland vor uns als der Anschauungsunterricht für die Vaterliebe, als das große Lockmittel und als das große *Vorbild.* Was heißt das? Er zeigt uns in seinem Leben und in seiner Lehre, wie wir den Va-

[8] Koch II, 326, 7, 2.

ter gern haben müssen. Hier darf ich zurückverweisen auf das, was wir schon bei anderen Gelegenheiten gesagt haben.

Ich muß wohl in ähnlicher Weise auch das *Bild der Gottesmutter* zeigen und zeichnen. Auch sie – wir vergessen das nicht – hat, wie jedes Kreatürliche, die ideale Aufgabe, mich zu binden und organisch weiter emporzuführen. Sehen Sie auch hier das Bild der lieben Gottesmutter erstens als großen Anschauungsunterricht der Vaterliebe Gottes, zweitens als bewährtes Lockmittel, drittens als großes Vorbild.

Erstens als großen *Anschauungsunterricht* für die Vaterliebe Gottes. Sie mögen die ganze Mariologie durcharbeiten unter diesem Gesichtspunkt. Was werden Sie finden? Der Vater hat hier, ich möchte fast sagen, in künstlerischer Intuition gearbeitet. Da war der Himmelsvater gleichsam in der Ekstase der Liebe, in einer Ekstase seiner Macht und seiner Weisheit, als er die Gottesmutter schuf. So steht sie vor uns als das große *Meister- und Musterbild seiner Liebe, Macht und Barmherzigkeit.* Wollen Sie nicht unter dem Gesichtspunkt das Bild der Gottesmutter auf sich wirken lassen? Wenn ich es anschaue, dann sehe ich: So sehr hat Gott die Welt geliebt, daß er ein derartiges Bild gemalt hat: die Gottesmutter als unsere Mutter, als Erweis der göttlichen Vaterliebe.

Zweitens aber auch das *Lockmittel.* Hier müssen Sie länger stehenbleiben, wenn Sie in Ihrem mechanischen Denken immer noch nicht die organische Einheit finden in der heutigen religiösen Kultur. Das große Lockmittel! Auch hier die doppelte Funktion, auch hier: Mit menschlichen Banden habe ich euch an mich gezogen (vgl. S. 324). Sie soll mich an sich binden.

Aber nicht, um bei ihr zu bleiben, äußerlich bei ihr zu bleiben. Nachdem das *Gesetz der Bindung* Wirklichkeit geworden ist, ja *gleichzeitig*, während es Wirklichkeit wird, soll auch das *Gesetz der organischen Weiterleitung* funktionieren. Was hat der Himmel nicht alles getan, und was tut die Gottesmutter nicht alles, um unser Herz in Liebe an sich, die Gebenedeite unter den Frauen, zu binden! Überlegen Sie: Gott hat sie zu meiner Mutter gemacht, hat ihr ein mütterliches Herz gegeben, mütterliche Rechte, hat ihr mütterliche Macht geschenkt. Weshalb das alles? Bewundern wir die Weisheitspläne Gottes: Gott will, daß ich mich an seine und meine Mutter binde. Er hat mich auch gleichzeitig zu ihrem Kind gemacht. Was hat er mir deswegen geschenkt? Ein einzigartiges, *ausgeprägtes Organ für ihre Mutterliebe.* Er will mich dadurch binden an die Gebenedeite unter den Frauen. Wenn Sie diese Bande, diese Kindestriebe, die in meiner Natur stecken und zu ihr hindrängen, wenn Sie das alles einmal überprüfen würden, Sie würden ein ganzes Heer finden.
Der Trieb des Volkes, der gar so gern die primitiven Lebensvorgänge in verklärter Form sehen will, drängt das Volk hin zur Gebenedeiten unter den Frauen. Das sind lauter kleine Bänder, die Gott in das Herz des Menschen geschaffen hat, damit er den Zug bekommt, hin zur Gebenedeiten unter den Frauen. Primitive Lebensvorgänge – ich verstehe darunter die Vorgänge der *Geburt* und der *Zeugung* – ein Grund, warum unsere Gemeinden jetzt so instinktiv zur Gottesmutter drängen[9].
Es ist auch der Trieb des gewöhnlichen Volkes, in verklärter Weise seinen eigenen Boden, seine *Heimat* zu

[9] Vgl. Marianische Erziehung, 71.

sehen[10]. Hier haben Sie den klaren Grund für den starken Trieb des Volkes, die Gottesmutter immer mit der Heimat zu verbinden. Sehen Sie die Wallfahrtsbewegung! Es sind immer lauter Bänder, um das Volk an seine Mutter zu binden.
Weiter: denken Sie an den Trieb, die Eigenart des Volkes, große Wahrheiten immer in lebendigem Anschauungsunterricht vor sich zu sehen. Wohin treibt das? Zur Gebenedeiten unter den Frauen! Es ist das ein Trieb, wodurch gesunde Instinkte anerzogen werden.
Daraus mögen Sie schließen, wie verkehrt es ist, wenn unsere Liturgische Bewegung, wenn sie Volksbewegung werden will, die Marienbewegung ausschaltet. Ich kann mir keine tiefgehende katholische Erneuerungsbewegung denken ohne marianischen Charakter. Ich habe damit eben die tiefen psychologischen Gründe angedeutet.
So steht die Gottesmutter vor mir als das große Lockmittel. Und ich darf, wenn Sie mir gestatten, das auch hervorheben, daß die Gottesmutter als Frau auch für mich als Priester einen ganz bestimmten gesunden Anreiz hat: insofern, als sie in verklärter Weise hier das Bild der Frau darstellt, das ich unbedingt häufiger ansehen muß, damit auch auf der anderen Seite mein ganzes Triebleben auf der Stirne jeden Mädchens eine Krone, eine geheime Marienkrone entdecken kann.
Ich mag nicht die ganze Psychologie und Theologie der Marienverehrung aufrollen; wenn Sie nur wieder klar sehen: die Gottesmutter, das Lockmittel für meine Liebe. Aber ich soll nicht bei ihr hängenbleiben, sondern mich an sie binden und damit auch sofort das ganze Gesetz der organischen Weiterleitung in Kraft setzen, damit die Liebe emporsteigt zum Heiland und

[10] Ebd., 72 f.

zu tiefer Liebe zu Gott Vater und zur heiligsten Dreifaltigkeit[11]. Keine Gegensätze konstruieren, wo keine sind[12]! In schlichter Einfalt immer die Ganzheit sehen und sich immer hineinleben!

Auch hier gilt, wie beim Heiland, der dritte Gedanke: Die Gottesmutter ist auch das große *Vorbild* für unsere Gegenliebe. Meine Herren, wenn Sie die Gedanken, die hierhergehören, für sich durchdenken oder später in der Predigt verwerten wollen, dann mögen Sie unterscheiden Anfang, Wachstum und Vollendung ihrer Gottesliebe.

Anfang ihrer Gottesliebe. Er muß wohl unermeßlich groß gewesen sein. Die Gottesgelehrten genieren sich nicht, zu erklären, daß ihre Liebe am Anfang ihres Lebens und ihrer Laufbahn so groß gewesen war, ja noch größer, wie die Liebe des höchsten Seraphs in der Vollendung. Der dogmatische Grund, der angegeben wird: das Höchstmaß des göttlichen Lebens in ihr, oder sagen wir besser: das Hochmaß. Was will das heißen? Die Gottesgelehrten kalkulieren: Je näher jemand der Quelle, je näher jemand Gott steht, desto

[11] »An Maria hängenbleiben« ist also Anzeichen dafür, daß ich nicht in rechter Weise an ihr hänge. Erst die Bindung an Maria in der Realität ihrer Persönlichkeit und Aufgabe, das »Liebesbündnis«, führt zur organischen Entfaltung dieser Liebesbindung in der Weiterleitung an den dreifaltigen Gott. Siehe Marianische Erziehung, 96 f.

[12] Solche Gegensätze wären gegen die Seinsordnung – vgl. Marianische Erziehung, 90: »Wenn Sie nur keine Gegensätzlichkeit konstruieren, weil das gegen den ordo essendi ist.« – und gegen das organische Denken und Leben: »Weil wir so wenig das Organische kennen, deswegen die Gegensätzlichkeit. Wir bleiben an einem Punkte stehen und gehen davon nicht weiter, um das Gesamtbild zu konstruieren und lebensmäßig aufzufinden, und deswegen der Mangel an organischer Ganzheit.« (Ebd., 96).

stärker ist er begnadet. Atqui. Ergo[13]. Die Gottesmutter steht dem Heiland so überaus nahe, deswegen ist sie so überaus begnadet, deswegen die hohen Maße der heiligmachenden Gnade, die ja gleichzeitig einen entsprechenden Grad der Gottesliebe bedingt.
Und dann das *Wachstum* der Liebe in ihrem Leben. Wollen Sie *Maßstäbe* haben? Ich darf Ihnen vier angeben. Sie mögen sie für sich durchdenken, vor unserem Marienbild niederknien und prüfen, bis diese Gedanken in Fleisch und Blut übergegangen sind. Der erste Maßstab der Gottesliebe wird zu nehmen sein von der *Art und Häufigkeit des Verkehrs mit Gott.* Überlegen Sie: Wie häufig hat sie mit Gott, mit dem Heiland verkehrt! Wie groß muß die Liebe sein! Ich gebe bloß den terminus medius an. Der zweite Maßstab: Die Gottesliebe wird um so stärker sein, *je stärker die Weltliebe überwunden ist.* Atqui. Ergo. Die Gottesmutter kennt keine ungeordneten Leidenschaften und Neigungen. Wie groß ist deswegen ihre Gottesliebe! Der dritte Maßstab ist der Maßstab, mit dem wir uns die ganze Zeit auseinandergesetzt haben: Maßstab für meine Gottesliebe ist die *Größe der Wohltaten,* die ich empfangen habe. Studieren Sie die Größe der Wohltaten im Leben der Gottesmutter! Hier können Sie die ganze Dogmatik aufrollen. Die vier Dogmen: Sie ist Gottesmutter, sie ist unbefleckt empfangen, sie ist sündenlos, sie ist allzeit Jungfrau. Gehen Sie einmal tief hinein in die Schächte aller dieser Wirklichkeiten, und ahnen Sie einmal, wie die Gottesmutter all das Große in der Liebe anerkannt und mit einer innigen und ergriffenen Gegenliebe erwidert haben muß! Großes hat an mir getan, der mächtig ist (Lk 1,49). Und

[13] Diese Art zu spekulieren kennen wir von den scholastischen Theologen, z. B. Thomas von Aquin, der etwa so argumentiert: Je größer die Macht der Gottesmutter, um so größer ihre Würde.

endlich der vierte Maßstab: Das Wachstum der Gottesliebe in uns ist bedingt durch das *Wachstum der guten Werke*, die wir tätigen. Sie mögen prüfen, von welchem Wert die guten Werke gewesen sind, die die Gottesmutter getätigt hat, aber auch gleichzeitig heraushören, wie stark die Gottesliebe in ihr gewachsen ist.

So steht sie vor mir als das Abbild Christi, als das Bild der Kindesliebe dem Vater gegenüber. Und die *Vollendung* dieser Liebe? Die haben wir im Himmel in der visio beata.
Darf ich annehmen, daß ich somit zur Genüge nicht bloß für jetzt, sondern auch richtungweisend für zwölf Monate den Stoff zubereitet habe?

Hören Sie noch einmal das große Weltgrundgesetz von der göttlichen Seite, von Gott aus: Alles aus Liebe. Hauptbeweggrund bei allem – bei der Regierung, bei der Erschaffung, bei der Erlösung der Welt –: Liebe. Alles durch Liebe; durch anschauliche, hinreißende Liebeserweise will der liebe Gott meinen Trieb an sich ketten, damit ich letztlich – damit auch er mit mir – zu tiefer Liebesvereinigung gelangen kann, also für Liebe.

3. Die menschliche Seite

Nun wird es Zeit, daß wir auch die menschliche Seite des Weltgrundgesetzes auf uns wirken lassen.
Meine Herren, hier müssen Sie mir gestatten, daß wir uns zur Abwechslung an eine *ganz andere Denkweise* gewöhnen. Sind wir bisher ganz stark bei Gott gewesen, so müssen wir jetzt vorübergehend ebenso stark

hinabsteigen zu den Menschen. Wie das Weltgrundgesetz in der menschlichen und von der menschlichen Seite aussieht, wissen wir. Eine Wiederholung: Alles aus Liebe, alles durch Liebe, alles für Liebe. Wenn es Sie in Ihrem Denken und Fühlen nicht verwirrt, so darf ich mir hier erst einen Einwurf gestatten, dessen Beantwortung nicht ganz überflüssig ist.
Meine Herren, wir müssen jetzt von unten nach oben steigen. Bisher sind wir von oben nach unten gestiegen, jetzt müssen wir *uns* etwas *länger in den Niederungen der menschlichen Natur aufhalten.* Ich muß mir die Freiheit nehmen, hier etwas länger zu verweilen, weil ich sonst mein Ziel nicht erreichen, Ihnen nicht helfen kann, Ihr persönliches Denken langsam umzuformen. Hätten wir mehr Zeit, so würde ich es jetzt hier mehr tun. So müssen wir aber erwarten, daß wir die Gedanken während des Jahres besser durcharbeiten.
Fällt es Ihnen nicht auf, meine Herren – ich habe bisher die Schwierigkeiten absichtlich verschoben, indem ich immer andere Ausdrücke dafür einsetzte –, fällt es Ihnen nicht auf: Alles aus Liebe, alles durch Liebe, alles für Liebe – wie ist das möglich: immer wieder Liebe? Was soll die Liebe da alles sein? *Liebe soll Beweggrund* sein, Liebe soll *Ziel und* Liebe soll *Mittel sein*[14]. Ist das möglich, immer dasselbe? Haben Sie herausgemerkt: ich habe immer so ganz still und verschwiegen jeweils andere Ausdrücke für Liebe eingesetzt. Hier müssen wir Rechenschaft ablegen. Wo liegt der Unterschied im ersten, im zweiten und im dritten Fall? Wenn wir das klarhaben, dann wächst auch damit un-

[14] Vgl. Müller, 138: »Diese Verschiebung des Wortsinns sowie die Berechtigung, das Wort in dieser wie in jener Bedeutung zu gebrauchen, wird uns klar, sobald wir das Phänomen Liebe psychologisch analysieren.«

sere Erkenntnis und unser Verständis für die originelle salesianische Askese. Und die müssen wir uns in diesen Tagen etwas erarbeiten, damit wir Stellung nehmen können zu unserem eigenen Werken und Wollen.

Ich muß Ihnen die Frage beantworten: Was halten Sie vom Wesen der Liebe? Das ist der Einwurf, den ich stellen und beantworten muß, um dann am Schluß dazu zu kommen, Ihnen zu zeigen, was Liebe im ersten, im zweiten und im dritten Fall bedeutet: Alles aus Liebe, alles durch Liebe und alles für Liebe. *Das Wesen der Liebe.* Von jetzt ab stehen wir auf salesianischem Boden. Was ich sage, finden Sie ausführlich in dem Büchlein »Frohe Gottesliebe[15]«. Ich will einige Gedanken popularisieren, damit Ihnen die Lektüre etwas angenehmer wird, darf Ihnen aber raten, das Buch zu lesen, damit Sie alles aufnehmen können.
Franz von Sales ist ein ganz origineller Denker gewesen, hat sich vom heiligen Thomas losgemacht. Er war ein überaus starker Lebensbeobachter. Er hat das Leben beobachtet und als Quelle für seine Erkenntnis benutzt, vielleicht mehr, als man das zu seiner Zeit von anderer Seite aus getan hat. Deshalb unterscheidet er sich auch in seiner Auffassung vom Wesen der Liebe nicht wenig vom heiligen Thomas. Thomas hat ja seine Auffassung von Aristoteles entlehnt[16].
Wir kennen die beschreibende Definition von der Liebe. Wir haben sie auch benutzt, da, wo ich Ihnen Gedanken von der Freundschaftsliebe darlegen durfte (S. 264). Es ist Gleichheit der Natur, Gleichheit der Eigenschaften und Gleichheit der Güter. Franz von Sa-

[15] Ebd., 45 ff.
[16] Aristoteles, Nikomachische Ethik, VIII, 2, 8; Thomas von Aquin, S. th. I–II, 27, 3.

les würde das nicht zugeben. Um jetzt eine Klärung in die Gegensätzlichkeiten zu bringen, tun wir gut, wenn wir einmal so ganz unmittelbar das Leben beobachten und uns fragen: Ja was ist denn nach Ausweis des praktischen Lebens eigentlich die Liebe? Hierbei *unterscheiden* wir dann *das Werden der Liebe und das Wesen der Liebe.* Somit untersuchen wir die Liebe in fieri und in facto esse. Zum Schluß komme ich dann zur Erklärung der Begriffe beim heiligen Thomas und beim heiligen Franz. Die Dinge sind jedoch nicht peripherisch, obwohl sie etwas gelehrt klingen.

Was ist Liebe? Ich habe das Recht, die Frage mir selbst zu beantworten, indem ich *mitten in das Leben hineingreife.* Wenn ich weiß, was mitten im Alltagsleben Liebe bedeutet, dann weiß ich auch, was Gottesliebe bedeutet. Dabei wollen Sie nicht das alte große Gesetz übersehen: Gratia non destruit, sed elevat et perficit naturam. Dadurch, daß wir unter das Zepter der Gnade kommen, werden die psychologischen Gesetze nicht umgeworfen. Was darum vom Wesen der natürlichen Liebe gilt, gilt dann auch vom Wesen der Gottesliebe. In der Quelle müssen Unterschiede sein, die Funktion wird aber dieselbe sein. Ich darf Sie darum bitten, einmal ganz ungeniert das wirkliche Leben auf sich wirken zu lassen.

Welche Quellen wollen Sie nehmen? Nehmen Sie ein Liebespärchen, beobachten Sie einmal ganz ungeniert deren gegenseitiges Sichbenehmen. Wenn wir tiefer hineinschauen dürfen in den Briefwechsel oder in das Herz, was finden wir, was wirkt die Liebe? Das ist die praktische Liebe, da sich ja der Volksmann das Wesen der Liebe nach der Frage beantwortet: Was wirkt die Liebe? Oder wenn Sie zurückdenken an Ihre eigene Kindheit und Ihre eigene Jugend und Sie haben damals eine wirkliche kindliche Liebe zu jemand besessen, haben eine wirkliche Freundschaftsliebe, eine wirkliche in Gott gegründete väterliche Liebe gehabt, was war dann die Wirkung dieser Liebe, beobachtet am Alltagsleben? Was darf ich Ihnen antworten? Wir finden eine Zwei-Einheit hüben und drüben, einen Gleichklang des Herzens, einen Gleichklang des Willens, der ganzen Geisteshaltung. Wenn ich den Gedanken so abstimme: Ich in dir und du in mir und wir beide ineinander – meine Herren, das ist *ein wirkliches seelisches Ineinander.* Sie wollen sich die Mühe geben und das einmal überprüfen, damit wir nicht, wie wir das so häufig tun, alte Ausdrücke einfach formelhaft übernehmen. Was ist wirkliche Liebe? Liebe bedeutet ein Ineinandersein, ein seelisches Ineinandersein: Ich in dir und du in mir und wir beide ineinander.

Wir müssen das erlebt haben, was wirkliche Liebe als Wirkung im Gefolge hat, um die ganze Größe und den ganzen Reichtum des wahren Liebesgefühles zu erfassen, das damit verbunden ist. Das ist so stark, daß zwei Menschen, die einander lieben, mit der Zeit soweit kommen, daß sie mehr und mehr *einander ähnlich werden.* Das ist also – darf ich ein klein wenig gelehrt werden – in gewissem Sinn ein Identitätsbewußtsein, eine Zweieinheit. Die Persönlichkeiten werden erweitert zur Zweieinheit, zum Identitätsbewußtsein.

Denken Sie bitte daran: wenn ich diese Gedankengänge übertrage auf Gott, wenn ich so sprechen darf von der Gottesliebe, wie geht da eine neue Welt auf, und wie muß ich mich bemühen, den ganzen Zusammenhang zu erfassen! Und das ist insgesamt doch unsere Schwäche: Wir hängen meist nur ideenmäßig an Gott; es klingt etwas Liebe mit, aber es ist nicht das schlichte Ineinandersein. Unser Gernhaben ist zum größten Teil ein geistiges, geistliches Nebeneinander. – So fühlen wir auch das augustinische Wort in einem ganz

neuen Inhalt: Unruhig ist unser Herz, bis es ruht in dir[17]. Studieren Sie es im praktischen Leben! Sie dürfen es nicht deuten auf die visio beata, nein!
Wo der Zug hüben und drüben vorhanden ist, in unserem Fall der Zug zu Gott, da drängt alles hin. Wie lange? Bis die Seele das Bewußtsein hat: Du in mir und ich in dir und wir beide ineinander. Die Seele ruht erst im Besitz eines Menschen, wenn sie *Heimatrecht* bekommen hat *im Herzen eines Menschen.* Das ist Liebe: die Heimatberechtigung im Herzen, im Innern eines Menschen. Ist das nicht etwas ganz Großes? Was ist das – nur nebenbei gesagt – auch menschlich gesprochen etwas Großes! Man sagt, alle Dinge haben zwei Seiten. Praktisch haben sie nur eine Seite! Nur geistige Wesen haben zwei Seiten. Ich kann mich innerlich absperren, kann den Menschen nur meine Außenseite zeigen; ich kann aber auch die Menschen in mein Inneres hineinlassen, und das nennt man Liebe, nennt man Gemeinschaft. Das andere ist Gesellschaft. Gemeinschaft ist ein seelisches, geistiges Ineinandersein. Vielleicht genügt dieser flüchtig hingeworfene Hinweis auf Lebensbeobachtungen.

Der Philosoph bemüht sich nun, diese Lebensbeobachtungen zu registrieren. Was ich Ihnen eben gesagt habe, ist eine Zusammenfassung volkstümlicher Überlegungen. Nun kommt der Philosoph und analysiert das und sucht eine Definition der Liebe. *Was sagt uns der Philosoph* – später: was der Theologe? –, was ist die Liebe? Ja, jetzt kann ich nur schönere Ausdrücke bringen für das, was ich schon gebracht habe. Mehr kann die Philosophie nicht tun. Was will die Philosophie, wo es sich um den psychologischen Vorgang handelt? Sie kann nur sagen, was auch als Lebensvor-

[17] Augustinus, Bekenntnisse I, 1, 1; PL 32, 661.

gang vor mir steht: Liebe ist *eine vereinigende und verähnlichende Kraft*[18].
Hier müssen Sie länger stehenbleiben. Wer von uns sich zu einer wahren Gottesliebe emporarbeiten will, der muß das Leben länger beobachten. Es ist eine Kraft in meiner Seele. Was hat die für eine Wirkung? Es ist eine verähnlichende Kraft! Habe ich nicht eben davon gesprochen? Darin liegt die Liebe: Sie vereinigt zum Ineinandersein, eine Kraft, die zum Beieinandersein drängt. Und was bewirkt sie? Eine Verähnlichung. Das ist wirklich so. Wenn ich einen Menschen gern habe, so ist es eine banale Selbstverständlichkeit, daß ich ihm auch ähnlich werde im Denken, Handeln, Fühlen und vielfach auch in den äußeren Gesten. Das ist keine Mache, sondern nur der Ausdruck eines Ineinanderseins. Das ist nicht Nachäfferei. Das kann so sein. Wer aber wirklich liebt, bei dem ist es eine Selbstverständlichkeit, daß man hört, aus welcher Schule er kommt. Es ist eine geistige, seelische Einheit. Mögen sie äußerlich herb zueinander sein, so fühlt man doch Seele in Seele. Das ist die vereinigende und verähnlichende Kraft der Liebe.
Meine Herren, deswegen auch der Ausdruck: Liebe *eine schöpferische Kraft* in einzigartiger Weise. Eine schöpferische Kraft! Darf ich Sie bitten: Wir Erzieher, die wir talentiert und geistvoll sind, weshalb haben wir so wenig Erfolge in der Erziehung? Weil wir die schöpferische Kraft eines Menschen so wenig angespannt haben in der Erziehung. Paulus hat das viel

[18] Müller, 127: »Schon bei Aristoteles und Plato . . . finden wir feinsinnige Ausführungen über die Liebe . . . als die verähnlichende und vereinigende Macht.« Nach J. Pieper (Über die Liebe, München 1972, 139) ist die Tendenz auf Einswerdung als wesentliche Bestimmung der Liebe durch Dionysius Areopagita belegt, der sie eine vis unitiva et concretiva nennt (De divinis nominibus 15, 180).

besser verstanden. Er hat so ganz ursprünglich aus dem Urtrieb der menschlichen Natur heraus seine Denk- und Handlungsweise eingestellt: Ich bin die Form der Herde, ich bin die Form Christi, ihr aber seid meine Nachfolger[19]. Ich bin die Form der Herde. Wenn ihr an mich gebunden seid, dann nehmt ihr meine Form an. Das ist so, denn wenn Menschen an mich gebunden sind, so nehmen sie meine Form an, meine Denkweise. Das ist die schöpferische Kraft. Wenn Menschen an mich gebunden sind, so bin ich die Form der Herde. Sie nehmen meine Form, meine Denkweise an. Und der Apostel hat damit gerechnet, ja nicht nur damit gerechnet, sondern es für selbstverständlich gehalten: Ich stehe im Mittelpunkt, ich bin euer Führer, ihr aber seid Christi. Da haben Sie das große Gesetz: Ihr bindet euch an mich, ich aber binde euch an Gott. Wir, die wir aus intellektualistischen Schulen kommen und so riesig stark ideenmäßig eingestellt sind, wir sehen meist nur den einen Weg: Da ist der Mensch, da ist Gott, also direkt zu Gott! Paulus sagt dagegen: Hier stehst du, da steht Gott, und jetzt gehst du *in mir und mit mir zu Gott.* Das ist der tiefere *Sinn der Erziehung.*

Die schöpferische Kraft der Liebe sollen wir nicht mißachten. Ob wir das nicht zu viel getan haben? Freilich, übersehen Sie nicht: Wenn das wahr ist, was ist das dann für mich ein Imperativ, der ständig in mir arbeitet, um die höchsten Forderungen an mich zu stellen! Sie mögen das klarhaben – weil ich ja schon

[19] Vgl. 1 Kor 4, 16: Haltet euch an mein Vorbild! – und 11, 1: Nehmt mich zum Vorbild, wie ich Christus zum Vorbild nehme. Phil 3, 17: Ahmt auch ihr mich nach, . . . nach dem Vorbild . . ., das ihr an uns habt (sicut habetis formam nostram). 1 Thess 1, 6: Ihr seid unserem Beispiel gefolgt und dem des Herrn. 2 Thess 3, 7: Ihr selbst wißt, wie man uns nachahmen soll. – 1 Petr 5, 3: Seid . . . Vorbilder für die Herde (forma gregis)!

von neuen Seelsorgsmethoden sprach –, das heißt, Sie fühlen, es pulst etwas Urwüchsiges durch unsere Zeit. Da ist zwischen mir und dem Volk kein Zwischenglied mehr; da stehe ich mit meiner nackten Persönlichkeit dem nackten Volk gegenüber. Was muß ich tun? Naturgesetze kennen und sie berücksichtigen. Deswegen die schöperische Kraft der Liebe viel stärker einschalten in meine Erziehung! Deswegen aber auch selbst lernen, mehr selbstlos zu dienen und zu lieben! Wir wissen ja: Liebe wird nur durch wirkliche Liebe geweckt und emporgezogen: Si vis amari, ama (vgl. S. 306)!
Es wäre der Mühe wert, eine ganze Reihe pädagogischer Fragen einzuschalten, das liegt aber nicht im Interesse des Kurses. Einige Blitzlichter will ich Ihnen aber doch zeigen. Hören Sie die Gedanken soweit als notwendig, um das Gesetz der Liebe klar zu erfassen. Was will der Philosoph mit all den psychologischen Überlegungen? Er hört das Wort des heiligen Paulus: Die *Liebe* ist *das Band der Vollkommenheit* (Kol 3, 14) und weiß von der Psychologie und Philosophie aus neues Licht darauf fallen zu lassen. Bindet die Liebe mich nicht vollkommen an den lieben Gott, vollkommen an die Menschen? Die Liebe ist ein vollkommenes Band, ein Band der Vollkommenheit, ein Band in vollkommener Weise, ein Band untereinander und miteinander. Vielleicht genügen diese Überlegungen.

Nun hören Sie weiter! Nachdem wir uns so in allgemeinen Linien einmal vom Wesen der Liebe – aus ihrer Wirkung – überzeugt haben, wird es für uns, die wir uns zur Liebe erziehen wollen, von großer Bedeutung sein, zu überprüfen: Wie ist denn der *Werdegang der Liebe*? Das ist die zweite Vorfrage, die ich stellen muß, um nachher die Frage zu beantworten: Woher kommt es, daß es dreimal die Liebe ist und daß jedesmal mit den einzelnen Worten »Liebe« doch ein anderer Inhalt verbunden ist?

Auch hier müssen Sie *das Leben beobachten*; oder auch, wenn Sie wollen, sich selbst. Sie mögen die Liebe mit einem Baum vergleichen[20]. Wir sprechen sodann ganz im Sinne der Diskussion, wie sie seinerzeit zu Lebzeiten des heiligen Franz von Sales getätigt wurde, von einem Liebesbaum. Das finden Sie auch im Buch, aber erweitert, so daß wir dann die Zusammenhänge klarer haben.
Der *Liebesbaum.* Ich unterscheide Wurzel, Fuß des Stammes, Zweige, Äste, Früchte, so daß der Liebesbaum fünf Teile umfaßt. Wie wird die Liebe? Was ist die Wurzel? Hören Sie bitte; Sie beobachten das Leben. Die *Wurzel,* das ist Gleichheit und Ungleichheit im Sinne einer gegenseitigen Ergänzungsfähigkeit und -bedürftigkeit. Die beiden Ausdrücke müssen Sie sich merken, ich komme gleich darauf zurück. Das ist die Wurzel. Was ist der *Fuß*? Das ist Sympathie. Was ist der *Stamm,* und was sind die einzelnen Äste? Liebesbewegung. Was ist die *Frucht*? Liebesvereinigung. Ich will das einzelne erklären.

Studieren Sie einmal *die Wurzel des Baumes.* Ich darf Sie wiederum fragen: Was ist das? Wenn zwei Menschen einander gern haben, was setzt das voraus? Sehen Sie und hören Sie gleich: Die Wurzel und der Fuß des Stammes gehören nicht zum Wesen der Liebe; es

[20] Müller, 139. Das Bild wird dort zurückgeführt auf Ludwig von Granada (Gedenkbuch des christlichen Lebens 4,2,2; 7,1, 1. 11), den Franz von Sales kannte; neben der Vierteilung hat Ludovicus Vivès (De anima et vita 3,2) mit seiner Fünfteilung des Wesens der Liebe noch größere Verwandtschaft mit Franz von Sales (Theotimus I, 7, 2; Werke I, 64).

sind nur die Vorbedingungen für die Liebe, die aber erst vorhanden sein müssen[21]. Deswegen studieren Sie das Leben! Ich sehe zwei Menschen, die aneinander hängen. Wie kam das denn? Wie ist das möglich, daß zwei aneinander hängen, ein Junge und ein Mädchen? Sie sind tausend und tausendmal einander begegnet, auf einmal haben sie Feuer gefangen. Wie kam das denn? Welche Vorbedingungen sind dafür nötig? Ich fasse alles zusammen, mache mir aber dadurch die Arbeit schwer, weil ich alles auf Gott übertrage. Aber trotzdem: Es soll objektiv sein.
Was setzt *Liebe* voraus? Sie *setzt Gleichheit voraus.* Der philosophisch-psychologische Grund: Liebe bedeutet ein Ineinandersein. Wenn ich jetzt eine andere Natur habe, so kann der andere nicht in mir sein und ich nicht in ihm. Deswegen kann eine Katze mich nicht gern haben; nicht geistig, wohl aber in der Stufe, in der wir eine entsprechende Seinsstufe haben: sinnlich. Deswegen ist zur Liebe Gleichheit der Natur nötig. Ich spreche jetzt zunächst und zumal von der geistig-sinnlichen Liebe, das ist selbstverständlich. Aber nicht so schnell darüber hinweghuschen, wenn Sie die Ausdrücke hören und sie überdenken! Ich muß nur schnell sprechen, weil die Zeit zu kurz ist. Deswegen später noch einmal alles überdenken, sonst geht das nachher so husch-husch darüber hinweg. Das gilt auch bei Gott: *Gleichheit zwischen Gott und uns.* Damit ich nun ein Ziel vor mir sehe: Wie ist nun die Gleichheit zwischen Gott und mir möglich[22]?

[21] Müller, 140: »Franz betrachtet somit – und mit vollem Recht – das erste und zweite Element lediglich als die intellektuelle und affektive Voraussetzung, die vierte Stufe als Auswirkung und die fünfte als Ziel der Liebe, deren Wesen in der dritten Stufe, im Streben nach dem Besitz des geliebten Gutes, liegt.«

[22] Diese Frage ist – jedenfalls in dem zur Verfügung stehenden Manuskript – nicht weiter behandelt und beantwortet.

Wenn nur die Gleichheit die Vorbedingung wäre für gegenseitige Liebe, so müßten wir uns einander schrecklich gern haben, weil wir ja in der menschlichen Natur gleich sind. *Ungleichheit* ist auch noch nötig! Aber das tut es auch nicht allein: Wir sind auch einander ungleich, und deswegen müßten wir auch hier einander schrecklich gern haben. Nein, so geht das nicht.
Wie muß diese Ungleichheit aussehen? *Im Sinne einer gegenseitigen Ergänzungsbedürftigkeit und -fähigkeit.* Ich beobachte das Leben. Der Choleriker zum Beispiel fängt Feuer dem Melancholiker gegenüber. Weshalb? Der Choleriker hat in sich das Bewußtsein: Jenes hast du, das hast du nicht. Er hat also eine gewisse Ergänzung und Begrenzung. Im anderen findet er den Ausgleich: Ergänzungsfähigkeit und -bedürftigkeit. So werden Sie also finden, gegenseitige Liebe setzt immer voraus – ich sage nicht, daß das ein Ideal ist, ich spreche nur von der Voraussetzung, ich beobachte nur das Leben – eine gegenseitige Ergänzungsfähigkeit und -bedürftigkeit.
Bitte, wollen Sie studieren! Ich bin mit Menschen in gesunder, väterlicher Liebe – nicht in großväterlicher Liebe – verbunden. Was heißt das jetzt? Die Gedanken müssen Sie als Erzieher alle durchdenken, damit wir die rechte Basis finden und auch ein rechtes Verhältnis. Sehen Sie auf Don Bosco, einen der größten Heiligen. Es ist bei ihm eine wirklich herzliche Führung und Erziehung da. Wenn Sie nachstudieren, finden Sie dann nicht, daß der Erzieher auf ein Kind angewiesen ist, damit sich seine Väterlichkeit entfalten kann? Da ist zum Beispiel ein Mädchen, das Mutter wird. Was wird aus dem Mädchen? Erst die Hilfsbedürftigkeit des Kindes bewirkt in ihm die Mütterlichkeit. Da sehen Sie, wie die Behauptung von der Ergänzungsfähigkeit und -bedürftigkeit des Erziehers

zu verstehen ist. Ergänzungsfähigkeit: Ich darf helfen! Wie viel wird dadurch in mir geweckt, daß ich dienen darf! Ergänzungsfähigkeit.
Aber auch Ergänzungsbedürftigkeit! Das Harte in meinem Wesen muß dadurch gelöst werden, daß ich anderen diene. Ich würde an Ihrer Stelle, zumal wenn Sie länger ex officio in der Erziehung tätig sein dürfen, diese Gedanken tiefer durchdenken. Dann befinden wir uns auf einer Ebene mit unserer Gefolgschaft, haben dann das Gefühl der gegenseitigen Verbundenheit und Abhängigkeit. Die Ewigkeit wird dann zeigen, wer am meisten zu danken hat, meine Gefolgschaft oder ich. Meist werden Sie, wenn Sie älter werden, finden: Was habe ich nicht alles meiner geistigen Gefolgschaft zu danken[23]! Habe ich nicht Menschen gehabt, die mich geweckt haben durch ihre Bedürfnisse? Was wäre ich ein Stock und Stein geblieben! Was wäre ich? Wie wäre ich geblieben? Ich weiß es nicht. Sie müssen nachschauen, wie hier in der Väterlichkeit und in der Kindesliebe eine gegenseitige Ergänzungsfähigkeit und -bedürftigkeit vorausgesetzt wird. Wieweit, lasse ich dahingestellt. Mir kommt es nur darauf an, Begriffe zu klären.

Wo also eine derartige Ergänzungsfähigkeit und -bedürftigkeit vorhanden ist, da entsteht instinktiv so etwas wie *Sympathie.* Man fühlt sich angezogen. Das ist die zweite Vorbedingung: gegenseitiges Wohlgefallen. Da haben Sie die beiden Vorbedingungen der Liebe, die Wurzel und den *Fuß des Stammes.*

[23] Diese Feststellung entspricht vor allem der eigenen Erfahrung des Exerzitienmeisters als Gründer der Schönstattfamilie. Immer hat er alles durch ihn Gewordene auch auf die Glieder seiner geistlichen Familie zurückgeführt.

Was entsteht nun? Sie sehen das Leben! Es entsteht *eine eigenartige Bewegung hin zur Person*: eine Bewegung des Herzens, und die drängt dann sehr häufig zur Bewegung des Körpers, das heißt man möchte auch gern körperlich bei der Person sein, nicht nur seelisch. Aber das Kernstück und das Wesen ist eine Bewegung. Der heilige Augustinus sagt uns ja schon: Unruhig ist unser Herz, bis es ruht (vgl. S. 342); bis ich das Bewußtsein habe, wir zwei sind ineinander. Gleichheit, Identitätsbewußtsein, das ist der Zweck. Franz von Sales würde das Liebesbewegung nennen. Wenn diese Liebesbewegung in mir steckt, dieser Zug des Herzens hin zu dem oder jenem, zu der oder jener Person, dann *drängt* dieser Zug *zu* allerlei *Taten*: Ich denke gern an ihn, möchte bei ihm sein, möchte ihn sehen. Meine Herren, das wollen wir Liebesbewegung nennen und es vergleichen mit den *Ästen und Zweigen des Baumes.*

Und nun kommen die *Blätter und Früchte.* Was ist das? Weil ich keine Ruhe habe und auch nicht eher zur Ruhe komme, bis ich das Bewußtsein habe, wir zwei sind ineinander, so nenne ich das die *Liebesvereinigung.*

Hier sehen wir auch den Unterschied zwischen dem heiligen Thomas und dem heiligen Franz von Sales. Thomas sagt, das Wesen der Liebe ist die Liebesvereinigung[24]; Franz von Sales, der auf das Leben und die Erziehung eingestellt ist, sagt, das Wesen der Liebe ist die Liebesbewegung, die Liebesvereinigung ist die Krönung.

Jetzt hören Sie noch einmal: Alles aus Liebe, alles durch Liebe, alles für Liebe. Alles aus Liebe: aus der Wurzel der Liebe. Alles durch Liebe: durch die Liebes-

[24] Aufgrund der Ähnlichkeit der Liebenden (S.th. I–II, 27, 3).

bewegung. Alles für Liebe: für die Liebesvereinigung.
Da haben Sie zum Beispiel eine Liebesbewegung zu Gott. Es könnte aber auch eine Gehorsams- und eine Demutsbewegung sein. Bei Franz von Sales ist es aber das Originelle, daß er, der so gern im Beobachtungskreis des Lebens steht, sagt: Wenn du zur Liebesvereinigung kommen willst, mußt du Liebesbewegungen haben. Es kann daneben auch eine Gehorsamsbewegung sein, aber das ist nicht primär; das Primäre bleibt immer die Liebesbewegung.

Meine Herren, hoffentlich habe ich Sie nicht verwirrt. Sie müssen das noch einmal durchdenken. Meine Aufgabe besteht darin, mit Ihnen zu überprüfen, wie das Weltgrundgesetz von der menschlichen Seite aus aussieht; was es heißt: Alles aus Liebe, alles durch Liebe, alles für Liebe. Ich darf vom nächsten Vortrag ab Ihnen diese Welt etwas näher eröffnen, und wenn Sie mir gestatten – ich komme sonst mit dem Stoff nicht durch –, möchte ich Ihnen heute abend nach der Andacht noch einen kleinen Vortrag halten, damit Sie etwas Abgerundetes mit nach Hause nehmen können.

Wir haben jetzt die göttliche und menschliche Seite des Weltgrundgesetzes betrachtet, indem wir die Psychologie, den Werdegang, das Wesen, die Philosophie und die Theologie der Liebe flüchtig vor unser geistiges Auge hingestellt haben. So mitten heraus aus der Lebensbeobachtung, die wir im letzten Vortrag angestellt haben, muß uns nun die Frage sehr stark interessieren: Wie sieht denn nun meinerseits die göttliche Liebe aus[1]: Alles aus Liebe, alles durch Liebe, alles für Liebe?

Auch heute könnten wir uns an sich die Arbeit sehr leicht machen. Alles aus Liebe – ich könnte Ihnen jetzt einen begeisterten Vortrag halten über den Wert der *Liebesmeinung*, über den Wert der »guten Meinung« bei unseren Werken[2]. Vielleicht ist das aber überflüssig nach dem, was wir in diesen Tagen schon durchgearbeitet haben. Drängt es Sie aber, die Dinge hier aufzufrischen, so haben Sie reichlich Literatur zur Hand.

Nein, mir liegt es mehr, im Sinne der Überwindung der heutigen Zeitströmungen die Wege zu einem anderen Gebiet zu weisen. Wir müssen alles versuchen, um unsererseits zu einer ganz großen Innigkeit, zu ei-

[1] D. h. wie sieht denn nun von mir her, auf mich angewandt das Weltgrundgesetz der Liebe (das bislang von Gott her gesehen wurde) aus.

[2] Vgl. WH, 118. 119. 121: »Die mit der Arbeit verbundenen und sie veredelnden Liebesakte nennt man gern *gute Meinung* ... Weil sie ein Akt der Gottesliebe ist, so werden durch sie alle guten Werke noch vollkommener ... Will man ein *zuverlässiges Kennzeichen* für die Echtheit seiner Liebe oder Liebesmeinung, so braucht man sich bloß zu fragen, wie die Seele sich gibt, wenn die Arbeit erfolglos gewesen«.

ner großen Gottergriffenheit zu gelangen. Ich glaube, uns interessiert zunächst wohl die Frage über das »alles aus Liebe«. Sie enthält ein Doppeltes: erstens die Möglichkeit dieser Liebe, zweitens die Notwendigkeit dieser Liebe.

Ich will ein wenig länger stehenbleiben bei der *Möglichkeit der Gottesliebe,* weil wir dadurch Gelegenheit haben, so ganz stark und mitten hineinzugreifen in all die Probleme, die heute die Welt bewegen. Wenn Sie sich in der zeitgenössischen Philosophie und Psychologie ein wenig umsehen, wenn Sie auch die Bücher, besonders auf ihren Titel, prüfen, die Ihnen da und dort vorgelegt werden, so werden Sie finden, meine Herren, heute wächst die Erkenntnis: Wer die Welt beeinflussen will, muß eine *klare Schau vom Wesen des Menschen* haben. Deswegen beispielsweise auch das Büchlein von (Theodor) Haecker, Was ist der Mensch? (München 1933) oder von (Paul) Simon, Der Mensch und die Geschichte und die Philosophie. Was ist das alles? Meine Stellungnahme zu den Menschen ist meine Stellungnahme zur Erziehung und zur Gestaltung des heutigen Lebens.

Alle diese Dinge darf ich unter der Hand einfließen lassen, so daß wir am Schluß ein großes, herrliches Gesamtbild vor uns haben, eine geschlossene Auffassung, die uns fähig macht, uns und andere gegen die Zeitströmungen zu immunisieren. Nach der Richtung müssen wir klare Ziele haben. Geistige Überwindung des Bolschewismus! Wenn ich das richtig sehe, ist das für die nächsten Jahrhunderte die Aufgabe der Kirche; und wer sich mitangeregt fühlt, »Waffen« hierzu beizutragen, der soll den inneren Anregungen Folge leisten in der geistigen Auseinandersetzung mit dem Bolschewismus und seinen Bestrebungen.

Ich frage nach der Möglichkeit und der Notwendigkeit der Gottesliebe. Von der Notwendigkeit – Sie haben es mir ja schon gestattet – darf ich heute abend nach der Andacht ein paar Worte sagen, damit die Linien fertig sind und wir morgen zum Abschluß kommen.

Wenn Sie vorher mitphilosophiert haben, ist es Ihnen sehr klar, wann wir von der Möglichkeit der Gottesliebe sprechen können: der Liebe meinerseits zu Gott, andererseits der Gottesliebe zu mir. Sie kennen den Liebesbaum, die Wurzel und den Fuß des Stammes. Was muß vorhanden sein, damit Liebe zwischen uns und Gott möglich ist? *Gleichheit und Ungleichheit im Sinne einer gegenseitigen Ergänzungsfähigkeit und -bedürftigkeit.* Das ist die Wurzel des Liebesbaumes. Und der Fuß des Stammes, das ist die Sympathie, das Wohlgefallen aneinander, auch von mir aus Wohlgefallen an Gott. Wir können den zweiten Punkt schlankweg weglassen, weil es Naturpsychologie ist.
Es ist der Einheitlichkeit halber von Bedeutung, zu untersuchen: Wie steht es mit meiner Gleichheit und Ungleichheit, mit unserer Gleichheit und Ungleichheit? Das ist wohl das schwierige Problem. Ich habe es absichtlich verdichtet und mir den Weg auch sehr stark verrammelt. Was ist Gleichheit und Ungleichheit im Sinne einer gegenseitigen Ergänzungsfähigkeit und -bedürftigkeit? Sie studieren einmal, was ich hierüber grundsätzlich sagen durfte. Wir wenden das dann, soweit es Sinn und Zweck hat, auf Gott und sein Verhältnis zu uns und unser Verhältnis zu Gott an. Wir fragen nach der Gleichheit zwischen uns und Gott. Ich würde Ihnen raten, wenn Sie still besinnlich das alles nochmals durchbeten, sich auch jeweils die Gründe anzugeben: Weshalb muß Gleichheit vorhanden sein? Ich habe es Ihnen schon angegeben. Darum frage ich

jetzt: Erstens, besteht Gleichheit zwischen Gott und mir? Zweitens, besteht Ungleichheit, und zwar im Sinne einer gegenseitigen Ergänzungsfähigkeit und -bedürftigkeit?
Daß ich ergänzungsfähig und -bedürftig bin, ist selbstverständlich. Aber jetzt von Gott aus gesehen: Kann ich bei Gott auch in seinem Verhältnis zu mir von einer Ergänzungsfähigkeit und -bedürftigkeit sprechen?

Wir bleiben beim ersten Punkt stehen. Ist Gleichheit vorhanden? Natürlich keine vollendete, das ist klar! *Gleichheit im Sinne einer entsprechenden Ähnlichkeit* ist da. Aber wir brauchen Gleichheit. Bei Gleichheit unterscheiden wir eine natürliche und eine übernatürliche Gleichheit.
Eine *natürliche Gleichheit.* Meine Herren, wie sollen wir diese natürliche Gleichheit einmal betrachten? Erstens wollen wir sie philosophisch betrachten, zweitens historisch und drittens psychologisch und pädagogisch überprüfen. Ich formuliere wieder so tark, damit die Gedanken ins Gehör fallen und später leichter durchgearbeitet werden können.

Die *philosophische* Betrachtungsweise. Natürliche Gleichheit: Ich bin geschaffen nach dem *Bild und Gleichnis Gottes* (Gen 1, 26 f.). Die Gleichheit meiner körperlichen Natur mit dem geistigen Wesen Gottes: Ich weiß, in Gott ist ein Erkennen und ein Lieben. Weil ich nun nach dem Bild Gottes geschaffen bin, deswegen ist auch in mir Erkenntnis und Liebe vorhanden. Weil der liebe Gott sich selbst erkennt und sich selbst liebt, deswegen ist auch in mir die Erkenntnismöglichkeit und die Liebesmöglichkeit Gott gegenüber – hier kommt es uns hauptsächlich auf den Liebestrieb an –, daher auch in mir der Liebestrieb als

Abglanz des Liebestriebes Gottes, und deswegen ist auch in mir die Fähigkeit, den lieben Gott zu lieben.
Es gibt Theologen, es gibt auch in der Patristik Väter, die wollen die Ebenbildlichkeit, die natürliche Eben- und Abbildlichkeit noch weiter gezogen wissen. Sie gehen von dem Gedanken aus, daß Christus der Erstgeborene der ganzen Welt (Kol 1,15) ist. Christus also auch der Urtyp, wonach der liebe Gott die ganze Welt geschaffen hat. Deswegen auch dem Leib nach Gleichheit mit dem Gottmenschen[3]. Der Gedanke mag recht sein, er interessiert uns aber nicht. Er ist auch dogmatisch brauchbar. Ich darf mir ja sagen: Insofern mein Leib nach dem Leib des Gottmenschen geschaffen ist, bin ich auch ein Abbild Christi. Wir bleiben aber bei der geistigen Abbildlichkeit stehen, weil wir von der Liebe und dem Liebestrieb sprechen wollen. – Das ist die flüchtige philosophische Erwägung.

Die *historische Erwägung.* Hier müssen wir einen vorerbsündlichen und einen nacherbsündlichen Zustand unterscheiden.
Im vorerbsündlichen Zustand sind wir selbstverständlich nach dem Vorbild der Dogmatik und der Dogmatiker angewiesen auf eine Fiktion – ich will das nicht auseinandersetzen –: status naturae purae et cetera. Die Dinge müssen uns bekannt sein. Ich will annehmen, die Natur wäre im vorerbsündlichen Zustand von der Gnade getrennt und betrachte die Natur dann im Verhältnis zu der Natur, die ich jetzt habe. Und ich frage dann: Wie stark war damals die natürliche

[3] Klemens von Alexandrien, Origenes (s. Müller, 47 f.). Aus dem folgenden Kontext ergibt sich, daß Ebenbildlichkeit so vom menschlichen Leib ausgesagt wird, wie es auch Irenäus und Tertullian vertreten.

Ebenbildlichkeit Gott gegenüber? Gradmäßig werde ich keine sichere Antwort geben können, sondern nur erwidern: In diesem Zustand der natura pura hatte der Mensch auch einen ganz starken natürlichen Liebestrieb zu Gott, weil die Natur in diesem Zustand in ihrer Abbildlichkeit Gott gegenüber besonders stark ausgeprägt und geformt war.
Nun aber (schauen wir auf) diesen unsern Liebestrieb im nacherbsündlichen Zustand. Hier müssen wir eine häretische und eine orthodox katholische Auffassung unterscheiden. Die häretische Auffassung läßt sich gruppieren um den *häretischen Pessimismus* und den *häretischen Optimismus.* Der Pessimismus läßt das Abbild Gottes in unserer Natur vollends zerstört werden[4], der Optimismus läßt überhaupt keine Veränderung durch die Erbsünde an der Natur zu[5], so daß wir sagen müssen, im ersten Fall hat der Mensch keine Lebensfähigkeit mehr in sich Gott gegenüber, der Liebestrieb ist vollends erstickt und erledigt; im zweiten Fall ist der Gottestrieb als Liebestrieb in der menschlichen Natur noch total ungeschmälert vorhanden. Weil es sich aber hier um häretische Auffassungen handelt, so können wir sie sofort ablehnen, da wir uns ja mit der Dogmatik nicht ex professo abgeben, sondern nur insofern sie uns Unterlage für die Seelsorge bietet.
Wenn wir aber stehenbleiben wollen bei den orthodoxen Auffassungen, so werden wir hier zwei Strömungen sehen und sichten können und unterscheiden: den orthodoxen Pessimismus und den orthodoxen Optimismus.

[4] Protestantismus, Jansenismus (vgl. Müller, 54 ff.).
[5] Pelagianismus; zu bedenken auch die weitgehenden Einflüsse der Aufklärung. Vgl. auch die aktuelle Problematik der sog. »antiautoritären Erziehung«.

Nun hören Sie einmal: *Der orthodoxe Pessimismus* wird vor allem vertreten durch den heiligen *Augustinus.* Sie wollen nun gedanklich die Linien zurück ziehen auf all das, was wir im ersten Vortrag besprochen haben, wo ich die ganze Atmosphäre historisch einmal dargelegt habe anhand der Geschichte und der religiösen geistigen Strömungen. Der orthodoxe Pessimismus.

Ich darf Sie darauf hinweisen: Heute, wo es sich darum dreht, eine neue Welt zu schaffen oder der Welt neue geistige Strömungen zu geben, damit Christus wieder Herr werde in der neuen Zeit, ist es von Bedeutung zu wissen: Wenn wir geistige Führer des Volkes werden wollen, so müssen wir *uns* nach Möglichkeit *unabhängig machen von der eigenen Entwicklung*[6]. Das ist schwer. Wenn Sie den heiligen Augustinus in seinem Leben überprüfen, so studieren Sie einmal, wie stark er von seiner Entwicklung bedingt ist. Natürlich hatte er ein Recht dazu; und wo mir die Dogmatik auch Freiheit läßt, da habe auch ich ein Recht, die Lebensbeobachtungen an mir selbst zu benutzen. Weil Augustin so stark unter seinem Triebleben gelitten hat, verstehen Sie auch seinen orthodoxen Pessimismus, das heißt, weil er orthodox ist, darf auch ich mich auf den Boden stellen. Und wir stehen alle, oder doch die meisten, weitaus die meisten, auf dem Boden dieses orthodoxen Pessimismus, auf dem Boden der Überzeugung, daß unsere sündige Natur durch die Erbsünde ganz starke Schläge mitdavongetragen hat.

Hier liegt an sich auch die Diskussion um die Deutung des bekannten Wortes: Durch die Erbsünde ist der Mensch vulneratus in naturalibus et privatus in su-

[6] Dieser Hinweis auf entwicklungsbedingte Einstellungen scheint inspiriert von Müller (59), wo von Augustinus gesagt wird: »Ihn hemmten die traurigen Erfahrungen seines Jugendlebens . . .«

pernaturalibus[7]. Im letzten Punkt herrscht allgemeine Übereinstimmung, der Mensch ist also privatus in supernaturalibus. Die übernatürlichen Gnaden und Gaben sind durch die Erbsünde beiseite geschoben worden und damit auch die außernatürlichen Gaben und Kräfte, die wir alle kennen: immunitas a concupiscentia[8] et cetera. Diese, die außerordentlichen und die übernatürlichen Gaben, sind uns durch die Erbsünde verlorengegangen. Aber es gibt durchaus keine einheitliche Auffassung über den Inhalt des Wortes in naturalibus vulneratus. Die geläufigste Auffassung stellt sich auf den Standpunkt, wir haben hier den Mann, der unter die Räuber gefallen ist[9]. Die Kleider

[7] Fachausdruck der Schultheologie: in den natürlichen Anlagen verwundet und der Übernatur beraubt.

[8] Unangefochtene Freiheit von böser Begierde.

[9] Auch Franz von Sales gebraucht dieses Bild für den Sünder. Wenn er auch nicht durch diese eine Verwendung zum orthodoxen Pessimisten gestempelt werden kann, so mag es doch ein Zeichen dafür sein, daß er keine allzu große, übersteigerte optimistische Tendenz vertritt. So schreibt er im Theotimus XI, 1, 4 (Werke IV, 226): »Der Sünder befindet sich nicht im gleichen Zustand wie die Teufel, deren Wille derart vom Bösen durchtränkt und diesem so einverleibt ist, daß er gar nichts Gutes mehr wollen kann. Nein, Theotimus, so steht es mit dem Sünder hier auf Erden nicht: Hier ist er auf dem Weg zwischen Jerusalem und Jericho (Lk 10, 30), tödlich verwundet, aber noch nicht tot, denn, sagt das Evangelium, ›sie ließen ihn halbtot liegen‹. Er ist also noch halblebendig und kann daher halblebendige Werke verrichten. Vermag er auch nicht zu gehen, noch aufzustehen, noch um Hilfe zu rufen, ja kaum seines schwachen Herzens wegen zu sprechen, so kann er doch die Augen öffnen, seine Finger bewegen, stöhnen und irgendein Wort der Klage von sich geben. Das sind allerdings kraftlose Handlungen, die nicht verhindert hätten, daß er jammervoll verblutet wäre, hätte nicht der barmherzige Samaritan ihm Öl und Wein in die Wunden geträufelt, ihn in die Herberge gebracht und auf seine eigenen Kosten pflegen und versorgen lassen (Lk 10, 33 f.).« Müller (55) zitiert hierzu J. Pohle (also nicht Franz von Sales!), Lehrbuch der Dogma-

sind ihm ausgezogen. Aber nicht nur das: der Mensch im Zustand der Erbsünde hat auch recht schwere Wunden und Beulen davongetragen. – Es gibt auch eine andere Auffassung. Ich sage nicht, daß wir das untersuchen müssen, wie die den Menschen auffassen; hier ist aber immer etwas umgebogen, etwas krank, deswegen müssen wir uns dogmatisch und philosophisch etwas mehr damit befassen als früher.

Jetzt *der orthodoxe Optimismus,* dessen Vertreter – vielleicht Haupt- oder extremer Vertreter – der heilige *Franz von Sales* ist. Ich will aber auch gleich gestehen: er geht so weit, daß ich nicht den Mut habe, mitzugehen[10]. Wir müssen aber immer daran denken, die Dogmatik und die Kirche lassen uns hier Freiheit. Ich darf aber auch daran erinnern: Franz von Sales ist auch Kirchenlehrer! Ich sage das, damit wir ihm, mit ruhiger Souveränität gegenüberstehen; denn wir haben auch unseren eigenen Verstand, mit dem wir selbst prüfen können. Es ist nun *eine Frage der Lebensbeobachtung*: Wie ist die Natur durch die Erbsünde innerlich infiziert? Franz neigt nun zu der Ansicht, ja er neigt nicht nur dazu, sondern er sagt es auch klar heraus: Die menschliche Natur ist verwundet. Aber wie weit sind die Kleider ausgezogen? Wie weit sind sie wirklich ausgezogen? Supernaturaliter und praeterna-

tik I, Paderborn [4]1908, 513, wo der »Unterschied zwischen dem tatsächlichen gefallenen Zustand und dem theoretischen nackten Naturzustand« veranschaulicht wird: bei den Strengeren wie »zwischen einem ›Gesunden und einem Kranken‹«, bei deren Gegnern wie »zwischen einem ›entkleideten (nudatus) und einem unbekleideten (nudus) Menschen‹.«

[10] Inwiefern Franz von Sales mit seinem Optimismus zu weit geht, scheint für P. Kentenich besonders aus dem unten (Anm. 13) mitgeteilten, bei Müller, 59 f. zitierten und kommentierten Beispiel hervorzugehen.

turaliter sind sie ausgezogen. Und jetzt ist somit die nackte Natur zu stark den Witterungseinflüssen ausgesetzt, um immer so zu bleiben. Die Natur ist also schwach geworden, weil sie ständig dieser Nacktheit, den Witterungswechseln und den Stürmen ausgesetzt war.

Ich darf Ihnen sagen, so weit würde ich nie zu gehen wagen. Weshalb? Hier muß jeder seine eigene Lebenserfahrung und -beobachtung fragen. Wohl stehe ich auf dem Standpunkt einer mittleren Linie und habe auch immer darauf gestanden. Wer jahrelang die Kurse mitgemacht hat, der weiß, daß wir Vertreter der *Vertrauenspädagogik*[11] sind. Und wo liegt hierfür das tiefe psychologische Fundament? In der Auffassung von der Struktur der Natur. Wie die Natur die Fehler mitgetragen hat, das ist nicht reine Spekulation, sondern greift tief hinein in das Leben. Ich würde daher sagen, wir wollen die Folgen der Erbsünde in unserer Natur nicht so stark überbetonen. Ich würde eine mittlere Linie suchen, würde sagen, die menschliche Natur ist verwundet, aber nach meiner Überzeugung nicht so stark verwundet, wie wir das gewöhnlich darstellen[12]. Natürlich verlange ich nicht, daß Sie der

[11] D. h. einer Pädagogik, die auf dem Vertrauensverhältnis zwischen der Autorität des Erziehers und den Zu-Erziehenden basiert, was also den gesunden Kern und Keim in der menschlichen Natur und Optimismus des Erziehers voraussetzt. Vgl. S. 370.

[12] Hier ist die »mittlere Linie« offenbar gegenüber dem orthodoxen Pessimismus abgegrenzt. Auch im folgenden wird der gemäßigte orthodoxe Pessimismus bzw. Optimismus im einzelnen nicht so sehr gegen den Optimismus, also Franz von Sales, sondern gegen den (in damaliger Praxis stärker virulenten) Pessimismus und seine pädagogischen Konsequenzen herausgestellt. – P. Kentenich scheint hier seine Position nicht so sehr gegen Franz von Sales als gegen Positionen abzuheben, die Müller (54 ff.) nennt. So bleibt unklar, ob und inwieweit er sich überhaupt von dem Autor des »Traktates über die Gottesliebe« distanziert.

Auffassung beitreten. Sie müssen das selbst wissen. Jetzt haben Sie nur die Wahl: Wollen Sie den Optimismus, den Pessimismus oder eine mittlere Linie? Das ist letztlich Ihre Sache. Aber in irgendeiner Weise müssen Sie Stellung nehmen, um klare Begriffe zu bekommen und um in der Seelsorge sicher zu greifen.

Ich zeige Ihnen hier die *pädagogische Konsequenz* aus der einen oder der anderen Auffassung. Wenn ich hier schon eines erwähnen darf: Wenn ich wirklich überzeugt werde, daß meine Natur doch nicht so stark von der Erbsünde angegriffen ist, wie man das gewöhnlich darstellt, so könnte ich wohl die Neigung und Überzeugung haben, daß Franz von Sales in manchen Folgerungen recht hat.
Ich setze die mittlere Linie voraus. Das, was schlecht und triebhaft in mir ist, ist nicht mein eigenes Ich. Was ist das für ein Ich? Mein eigenes Ich ist das Gute. Prüfen Sie bitte einmal! Ich setze voraus, *dogmatisch*, psychologisch stimmt das. Ich sage dann: Wenn das Triebleben in mir arbeitet, dann kann ich ruhig bleiben, weil ich mir sage, das bessere Ich ist mein eigentliches Ich. Das andere ist wohl auch da, ich habe aber die Zügel in der Hand, und dadurch steige ich immer nach oben. Wenn dann die Angst kommt: »Es ist meine eigene Natur!«, dann kommt aber auch schon das Bewußtsein: Es wird doch schon alles recht; es ist doch nicht mein eigenes Ich.
Wollen Sie bitte nachlesen, wie Franz von Sales diese Gedanken in einer ganz originellen Weise wiedergibt. Seite 59 f. in diesem Werk können Sie es nachlesen. »›Zwei Menschen wohnen gewissermaßen in uns.‹« In einem Briefausschnitt schrieb er an eine Klosterfrau: »›Sie haben zwei Frauen in sich.‹« Wir hätten dann zwei Männer in uns: der eine ist Christus, der andere ist Adam; bei der Frau ist die eine Eva, die andere

Ave. »Die eine ist ›Tochter der Eva und folglich von schlechtem Charakter‹«: die Erbsünde, insofern ich selbst erbsündlich infiziert bin. »›Die andere aber... hat den besten Willen, ganz Gott zu gehören; ... sie ist eine Tochter der glorreichen Jungfrau Maria und darum voll guten Strebens. Diese zwei Töchter so verschiedener Mütter kämpfen miteinander, und die nichtswürdige ist so schlimm, daß die gute manchmal zu tun hat, sich gegen sie zu verteidigen.‹« Und nun kommt die Warnung, doch nicht zu meinen – ich führe es aus, so wie er es hier wiedergibt – doch nicht zu meinen, daß das »schlechte Mädchen« in ihr, in der Klosterfrau, das Kräftigere, das Primäre sei. »›Dieses schlechte Mädchen ist nicht kräftiger als Sie[13].‹« Hier

[13] Müller, 59 f. (Brief vom 28. Oktober 1614): »Sie sagen wahrhaftig mit Recht, meine arme liebe Tochter Péronne-Marie, daß Sie zwei Menschen, zwei Frauen in sich haben. Die eine ist eine gewisse Péronne, die – wie einst ihr Namenspatron, der hl. Petrus – ein wenig empfindlich, nachträgerisch ist und gern vor Ärger aufbraust, wenn man an sie rührt; diese Péronne ist eine Tochter Evas und folglich schlechten Gemütes. Die andere aber ist eine gewisse Péronne-Marie, voll guten Willens, ganz Gott gehören zu wollen, die – um ganz Gott gehören zu können – ganz einfach demütig und demütig-milde zu ihrem Nächsten sein will. Und diese will den hl. Petrus nachahmen, der so gut war, nachdem Unser Herr ihn bekehrt hatte; diese Péronne-Marie ist eine Tochter der glorwürdigen Jungfrau Maria und daher guten Gemütes. Diese beiden Töchter verschiedener Mütter bekämpfen sich nun, und die nichtswürdigere ist so schlecht, daß die gute manchmal sich ihrer nur mit Mühe erwehren kann, und dann meint diese arme gute Tochter, sie sei besiegt worden und die böse sei tüchtiger. Aber nein, gewiß nicht, meine arme liebe Péronne-Marie, die böse da ist nicht tüchtiger als Sie, aber viel hartnäckiger, verrucht, listig und halsstarrig; und wenn Sie darüber weinen, ist sie recht zufrieden, weil das dann ebensoviel verlorene Zeit ist. Sie gibt sich zufrieden, Sie ihre Zeit verlieren zu lassen, wenn sie schon nicht erreichen kann, daß Sie die Ewigkeit verlieren.« (Werke VII, 74 f.) – M. Müller (60) folgert aus dieser Stelle: »Franz identifiziert also das Gute mit der Persönlichkeit

müssen Sie nachprüfen; wenn es Ihnen ernst ist, den Bolschewismus zu überwinden, müssen wir unsere Ansicht vom Menschen nachprüfen. Sie haben nur die Wahl, ob Sie sich auf diesen oder jenen Boden stellen. Wenn ich aber das annehmen darf, daß von Natur mehr das Gute in mir steckt als das Böse, so werde ich mit viel größerer Ruhe mir selbst gegenüberstehen.
Nun kommt noch ein Lieblingsgedanke des heiligen Franz dazu, den er immer wieder in einer Form wiederholt: Nun bin ich begnadet, nun *in die Ökonomie der Gnade*[14] gekommen. Ich habe es schon dargestellt, was das heißt. Wenn die Sünde überfließend ist, so ist die Gnade Christi noch überfließender (Röm 5,20). Das bedeutet: Christus in mir. Christus ist in mir, und wir sind alle unter dem Zepter der Gnade. Sie überprüfen, wie Sie sich und andere auf diesen Boden stellen können, besonders wenn schwere Leiden kommen. Und bedenken Sie, was es heißt, wir vertrauen auf Gott und die gesunde Kraft, die Gott uns gegeben hat. Was bedeutet das? Bin ich davon überzeugt, so werde ich viel ruhiger und sicherer (meinen Weg), gehen, viel mehr arbeiten und leisten können, nicht zu

selbst und verwirft das Schlechte als etwas dem höheren Menschen Wesensfremdes.« Diese Folgerung ist freilich fragwürdig und wird der subtilen Sprechweise des hl. Franz von Sales kaum gerecht; denn für ihn gehört die »Eva« offenbar auch zur Persönlichkeit, wenn auch »Maria« das »bessere Ich« ist. – Ob P. Kentenich in seiner Abwendung vom salesianischen Optimismus sich an dieser kaum authentischen Interpretation orientiert oder ob er nur einem allgemeinen Eindruck folgt, der in diesem Kurs gar nicht zu belegen ist, ist schwer auszumachen. Jedenfalls findet sich nicht mehr als nur die Behauptung, der orthodoxe Optimismus des Franz von Sales sei ihm zu extrem – während die folgenden Ausführungen eher auf eine optimistischere Position als die des Kirchenlehrers schließen lassen.

[14] Vgl. Theotimus II, 5 ff. (Werke III, 111 ff.), bes. Kap. 7 über »Die Mannigfaltigkeit der Gnadengaben«.

stark in Depressionszustände hinabsinken und nicht so viele Sünden begehen. Im anderen Falle kommt sonst immer wieder der Gedanke: Wenn ich das jetzt tue..., dann noch etwas... – und dann bist du verloren!

Darf ich nun die Meinung, wie ich sie für richtig halte, etwas näher umreißen. *Wir vertreten einen orthodoxen Optimismus;* aber nicht extrem, nein! Da scheint der heilige Franz etwas zu weit zu gehen[15]. Wir wollen uns einstellen auf den orthodoxen mittleren Optimismus; mit gleichem Recht könnte ich auch sagen *milderen Pessimismus.* Wir wollen die mittlere Linie einhalten. Das hindert nicht, daß bei einzelnen Individuen, so wie das Leben sie mir zeigt, hier und da die Erbsünde stärker hervortritt. Doch müssen wir uns die Freiheit der Wahl da lassen, wo Gott und die Kirche sie uns lassen.
Danach darf ich sagen, gestützt auf *Lebenserfahrungen,* die Sie immer nachprüfen können: Was hat in mir durch die Erbsünde einen starken Stich bekommen? Wenn ich Ihnen hierauf sage, das ist das Triebleben, geben Sie mir dann recht? Ja! Das Triebleben ist am meisten angekränkelt durch die Erbsünde. Vulneratus in naturalibus[16]. Was kommt nach dem Triebleben?

[15] Vgl. Anm. 13. – Müller betont offensichtlich den »Optimisten« Franz von Sales einseitig, während er den »Pessimisten« nur kurz beleuchtet.

[16] Müller zitiert (56) eine Stelle aus einer Predigt von 1619: »Die Sünde hat unsere inneren Kräfte dermaßen verdorben und verwundet, daß der niedere Teil unserer Seele meist mehr Kräfte hat, um uns zum Bösen zu ziehen . . .« – Man könnte versucht sein, die Gegenposition P. Kentenichs zu Franz von Sales in den hier apostrophierten Lebenserfahrungen zu sehen, die auf Grund der tieferen psychologischen Kenntnis des Menschlichen und Allzumenschlichen die Armseligkeiten im Triebleben, das »am meisten angekränkelt« ist durch die Erbsünde, die Bosheit im

Dann kommt der Wille und endlich der Verstand. Danach wäre der Verstand am wenigsten von der Erbsünde innerlich erfaßt. Ich darf und könnte es Ihnen im einzelnen nachweisen, obwohl das Dinge der Lebenserfahrung sind. Das müssen Sie aber selbst nachprüfen.

Um auf das eine oder andere hinzuweisen: Schauen Sie, wieviel kennen und erkennen wir! Verhältnismäßig leicht mögen wir große Wahrheiten erkennen, aber wie schwer ist die Durchführung! Fühlen wir nicht, wie die Lähmung, die Schwächung unseres Willens bedeutend größer ist als das Dunkel des Verstandes? Natürlich darf ich auch hier sagen – es ist Lebensbeobachtung –, darf ich auch hier nachweisen, wie die einzelnen Menschen mehr oder weniger von der Erbsünde erfaßt sind. Aber die Linien stimmen.

Am *Bild* darf ich es wiederholen und Sie hinweisen: Ich habe einen *Vogel* vor mir. Der konnte einmal fliegen. Und wie! Aber nun sind ihm die Flügel gestutzt. Was ist das? Das ist mein Wille und der Liebestrieb in mir, der Gottestrieb. Es gab einmal eine Zeit, im vorerbsündlichen Zustand, da mochte ich einem Adler vergleichbar sein, der hinauffliegt in die Sonne. Aber jetzt bin ich so ganz müde, dieser Gottestrieb mag erst allmählich mehr oder weniger in mir lebendig werden. Worauf bin ich also angewiesen? Der göttliche Adler muß herunterstürzen, herunterfliegen und sein kleines Vöglein fangen und mit sich emporreißen in die Hö-

Naturreich der Seele, die unverdauten negativen Eindrücke besser sehen und werten lassen und so den Erzieher hindern, ein allzu großer Optimist zu sein. Aber auch der hl. Franz scheint mit seinen Erkenntnissen und Erfahrungen auf der überhaupt erreichbaren Höhe seiner Zeit zu stehen, und auch seine Einschätzung der Mächtigkeit »seelischer Störungen« und der Leidenschaften haben die – um es so zu sagen – pessimistische Aura eines ehrlichen Realismus. Vgl. Theotimus I, 3 (Werke III, 54 ff.).

hen der Gottesliebe. Sie dürfen das Bild nicht vergessen, wir kommen morgen nochmals darauf zurück. Wenn dieser göttliche Adler meinen Liebestrieb nicht fängt, nicht mit sich emporreißt, werde ich ein Stümper bleiben in der Gottesliebe, in der Hingabe an den großen dreifaltigen Gott.
Oder sehen Sie ein anderes Bild! Eine *Palme.* Sie ist aus ihrer Heimat hierherversetzt in unsere Länder. Wie wächst und gedeiht sie hier und wie in ihrer ursprünglichen Heimat? Welche Blüten und Früchte in ihrer Heimat! Und hier, wie sieht sie hier aus? Mehr oder weniger krankhaft. Da habe ich das Bild meiner erbsündlich belasteten Natur vor mir. Das ist eine historische Überlegung.

Und nun die *psychologische (Erwägung).* Ich will nachtasten: Ist es wahr, daß dieser Gottestrieb doch noch einigermaßen ungebrochen in mir ist? Worauf darf ich hinweisen? Überlegen Sie einmal: Diese unendliche Sehnsucht, diese Sehnsucht nach Unendlichkeit in mir, ist das nicht der Trieb nach Gott; ein verbrämter, ein *versteckter Gottestrieb in mir*: immer in Gott zu sein, immer bei Gott zu sein? Oder, meine Herren, wenn urplötzlich ein Unglück mich trifft, was wird da die Antwort sein? Instinktiv wird vielfach der Gottestrieb in mir wach, der Gedanke an Gott: Was will Gott, und wie werde ich mit Gott zurechtkommen? Oder, wenn wir eine ganz große Freude gehabt haben und haben sie kaum verkostet, wie leicht drängt da alles hin zu Gott! Der Gottestrieb[17].

[17] Das ist dieselbe Erfahrung, die Tertullian beschrieb und zu dem Ausruf inspirierte: »O testimonium animae naturaliter christianae!« (Apologeticus 17, 6; PL 1, 375) – eine Sentenz, die nicht ohne weiteres im Sinne der fragwürdigen Theorie vom sog. »anonymen Christen« zu verstehen ist.

Es wäre der Mühe wert, einmal nachzuprüfen – zumal in der heutigen Zeit, da so viel von *Nietzsche* die Rede ist – einmal nachzuprüfen, wie Nietzsche alles versucht hat, um diesen Gottestrieb in sich zu ersticken: Ich habe, wir haben ihn gemordet; Gott haben wir gemordet[18]. Und wenn es schon einen Gott gibt, ich könnte es nicht ertragen, es nicht zu sein[19]. Was hat er nicht alles getan, um die Sehnsucht nach Gott in sich und seiner Gefolgschaft niederzutreten und auszurotten! Ich habe vergessen, Zitate mitzubringen. Wenn ich sie da hätte, würden Sie hören, wie er periodenweise immer wieder stöhnt: Es ist unmöglich! Immer wieder schreit er auf, drängt etwas in ihm ganz urge-

[18] Friedrich Nietzsche, einer der Ahnen nationalsozialistischer Ideologie und Heroität. Vgl. aus Die Fröhliche Wissenschaft, Nr. 283 (Stuttgart 1965, S. 186): »Ich begrüße alle Anzeichen dafür, daß ein männlicheres, ein kriegerisches Zeitalter anhebt, das von allem die Tapferkeit wieder zu Ehren bringen wird! Denn es soll einem noch höheren Zeitalter den Weg bahnen und die Kraft einsammeln, welche jenes einmal nötig haben wird – jenes Zeitalter, das den Heroismus in die Erkenntnis trägt und Kriege führt, um der Gedanken und ihrer Folgen willen.« – und über die Gottesfrage, Nr. 125 (ebd., S. 140): »Der tolle Mensch. – Habt ihr nicht von jenem tollen Menschen gehört, der am hellen Vormittage eine Laterne anzündete, auf den Markt lief und unaufhörlich schrie: ›Ich suche Gott! Ich suche Gott!‹ – Da dort gerade viele von denen zusammenstanden, welche nicht an Gott glaubten, so erregte er ein großes Gelächter. Ist er denn verlorengegangen? sagte der eine. Hat er sich verlaufen wie ein Kind? sagte der andere. Oder hält er sich versteckt? Fürchtet er sich vor uns? Ist er zu Schiff gegangen? ausgewandert? – so schrien und lachten sie durcheinander. Der tolle Mensch sprang mitten unter sie und durchbohrte sie mit seinen Blicken. ›Wohin ist Gott?‹ rief er, ›ich will es euch sagen! Wir haben ihn getötet – ihr und ich! Wir alle sind seine Mörder!‹«

[19] Nietzsche, Also sprach Zarathustra (Stuttgart 1969, S. 91), 2. Teil, Auf den glückseligen Inseln: »Aber daß ich euch ganz mein Herz offenbare, ihr Freunde: wenn es Götter gäbe, wie hielte ich's aus, kein Gott zu sein! Also gibt es keine Götter.«

waltig zu Gott[20]. Es ist wichtig, diese Dinge zu wissen, weil wir heute das Bewußtsein brauchen, daß wir beim Kampf für Gott Bundesgenossen haben in der Natur des Menschen.
Wenn wir im Kampf gegen die Deutsche Glaubensbewegung[21] nur auf das Übernatürliche angewiesen wären, dann möchten manche von uns recht müde werden. Aber das klare Bewußtsein, auch in der Natur des Menschen steckt ein starker Gottestrieb, ein Trieb hin zu Gott, ein naturhafter Drang, wieviel hilft uns das in unserem Kampf! Hören Sie den heiligen Thomas: Im Menschen steckt ein naturhafter Drang nach

[20] Ein Beispiel für viele, das berühmte Poem (Nietzsche, Götzendämmerung. Der Antichrist. Ecce homo. Gedichte, Stuttgart 1964, S. 457 f.):

»Dem unbekannten Gott

'Noch einmal, eh ich weiter ziehe
und meine Blicke vorwärts sende,
heb' ich vereinsamt meine Hände
zu dir empor, zu dem ich fliehe,
dem ich in tiefster Herzenstiefe
Altäre feierlich geweiht,
daß allezeit
mich deine Stimme wieder riefe.

Darauf erglüht tief eingeschrieben
das Wort: dem unbekannten Gotte.
Sein bin ich, ob ich in der Frevler Rotte
auch bis zur Stunde bin geblieben:
sein bin ich – und ich fühl' die Schlingen,
die mich im Kampf darniederziehn
und, mag ich fliehn,
mich doch zu seinem Dienste zwingen.

Ich will dich kennen, Unbekannter,
du tief in meine Seele Greifender,
mein Leben wie ein Sturm Durchschweifender,
du Unfaßbarer, mir Verwandter!
Ich will dich kennen, selbst dir dienen.«

[21] Vgl. Anm. 3, S. 326.

Gott, ein desiderium naturale[22]. Sie wissen, wie stark er, der so ernst gerungen hat um die Harmonisierung zwischen Natur und Gnade, hinweist auf dieses Verlangen nach Gott. So darf ich festhalten und halte es auch fest: auch meine Natur hat diesen starken Gottestrieb in sich stecken. – Was wird aus all dem Gesagten an Folgerungen zu ziehen sein?

Auf diese flüchtige psychologische Beleuchtung mag eine *pädagogische Überlegung* folgen. Wenn Sie sich mit mir auf den Boden des gemäßigten orthodoxen Pessimismus oder Optimismus stellen, so wissen Sie, was das bedeutet. Eine mehrfache Haltung ist dann in unserer Seelsorge, in unserer Pädagogik gesichert. Zunächst, meine ich, wirkt diese Überlegung weckend und treibend ein auf unsere seelsorgliche Haltung im allgemeinen und im besonderen.

Im allgemeinen. Ja meinen Sie nicht, meine Herren, es wäre ein starker *Optimismus in meiner Tätigkeit* bemerkbar, wenn ich die Natur des Menschen als doch nicht total innerlich angekränkelt sehe; wenn ich das Ideal[23] sehe und kenne? Natürlich ist da eine Differenzierung möglich, nach der oder jener Seite. Aber halten Sie es nicht für selbstverständlich – in dem Ausmaß, als ich überzeugt bin, daß noch viel Edles in der

[22] Vgl. Anm. 3, S. 54. Siehe auch S.th. I, 12,1; 62,1; besonders 94,1: »naturaliter enim et ex necessitate homo vult beatitudinem – von Natur aus und notwendigerweise will der Mensch Glückseligkeit«.

[23] Die pädagogische Konzeption P. Kentenichs hat zur wesentlichen Voraussetzung die natürliche und gläubige Erkenntnis des Sinn- und Sendungszieles der Persönlichkeit aus ihrer Natur und Geschichte. Entgegen so mancher aktueller Richtung ist also die Erziehungsweise Schönstatts immer mitbestimmt durch die Ausrichtung auf das gottgewollte Ideal.

Natur ist; doppelt und dreifach aber, wo die Gnade ist –, daß ich da der Vertreter einer optimistischen Richtung und einer ausgeprägten Vertrauenspädagogik werde? Hier haben Sie den tieferen Grund für die Vertrauenspädagogik. Wir wollen keine Utopisten sein; nicht sagen, daß der Mensch nicht mehr entgleisen und fehlen könne; nicht als ob der Mensch keine Erbsünde hätte. Aber die Fundamentierung ist doch so: der Mensch, so wie er vor uns steht und wie wir zu ihm stehen im gemäßigten Optimismus – das ist unsere Richtung.

Weiter: Glauben Sie nicht, daß jeder, der sich auf den Boden dieser gemäßigten Richtung stellt, im allgemeinen viel stärker in der Seelsorge und der *Erziehung durch Güte und Liebe* arbeitet als andere durch Härte und Strenge? Nun darf ich Sie wiederum bitten, nicht das herauszuhören, als wollte ich Anwalt einer weichlichen Liebe und Liebenswürdigkeit sein. Es hängt sehr viel von der Tiefe ab. Ich darf auch massiv werden, aber nur ceteris paribus. Meine Haltung wird bestimmt sein von der Liebe, wenn ich mehr auf dem Boden des gemäßigten Optimismus stehe als auf dem Boden des Pessimismus. Also Haltung schaffen! Sicherheit haben! Heute geht es nicht, daß ich ausgetretene Bahnen gehe. Heute heißt es – wo es sich um geistige Auseinandersetzungen dreht – ein sicheres Fundament haben und in das praktische Leben hineingehen!

Eine zweite pädagogische Folgerung, die sagt uns: Das Ringen um Gottesliebe müssen wir *einbauen in unser ganzes Streben,* auch im Interesse einer ausgeprägten Persönlichkeitskultur. Hier haben Sie wieder den Berührungspunkt zwischen Natur und Gnade. Was heißt das, ich will eine ausgeprägte Persönlichkeit werden? Ich vergesse nicht: Das gehört zum ethischen Persönlichkeitskern[24]; ich spreche nicht von der Übernatur. Will ich eine Persönlichkeit werden, so kann ich es nicht, wenn ich nicht auch den Gottestrieb in mir entfalte; wenn ich nicht den Gottestrieb pflege im Interesse eines echten, ausgeprägten Menschentums, eines Menschseins, das die Idee des Menschseins verkörpert. Diese Folgerungen sind heute von Bedeutung. Auf der anderen Seite wird ja ständig gesprochen von der Renaissance der Natur. Und wenn die Natur wieder lebendig wird, dann erneuert sich auch der Gottestrieb in uns. Er ist dann auch da. Und wenn ich die Zeit überwinden will, darf ich nicht einen einseitigen Supernaturalismus pflegen; es muß auch das Naturhafte in mir geweckt werden, sonst hat die Übernatur nicht soviel Halt in meiner Natur, sonst wird zuviel über den Haufen geworfen[25].

Dritte pädagogische Folgerung: Dieser Gottestrieb kommt in jedem Individuum zu einer ganz speziellen *Individualisierung.* Sehen Sie, der Gottestrieb will deswegen im einzelnen Individuum auch möglichst individuell gesehen und behandelt werden. Was haben wir hier? Jeder Mensch ist die Verkörperung einer originellen Gottesidee[26], und je nachdem ist auch der Gottestrieb in ihm individualisiert, spezialisiert. Es ist so das, was wir heute als Gegenbild gegen die bolschewistischen Massenbestrebungen herausheben müssen:

[24] Gerade angesichts der fundamentalen Unterscheidung von Natur- und Gnadenordnung und ihren jeweiligen Seins- und Lebensgesetzen ist die religiöse Dimension der menschlichen Natur zu beachten: eben jenes desiderium naturale (Gottestrieb), das in der natürlichen Gottesliebe zum Ausdruck kommt, die freilich erst durch die Gnade beständig sein kann und nur in ihr zur Vollendung kommt.

[25] Entsprechend dem philosophisch-theologischen Axiom, das für P. Kentenich ausdrücklich Erziehungsprinzip ist: Gratia praesupponit naturam – die Gnade setzt Natur voraus.

[26] Vgl. Anm. 12, S. 260; Anm. 23, S. 370.

ausgeprägte Persönlichkeitskerne müssen wir schaffen. Wir wollen uns nicht vom Sturm hinwegschwemmen lassen, nicht einfach schreien: Gemeinschaft als Masse, und deswegen darauf los! Das Ideal müßte sein eine vollkommene Gemeinschaft aufgrund vollkommener Einzelpersönlichkeiten. Deswegen auch in der Erziehung Freiheit lassen, soweit das möglich ist; auch in der Seelsorge! Damit rechnen, als bewußtes Gegenbild gegen die Vermassung! Sicher, es muß manches Krankhafte abgeschnitten werden, aber vieles kann auch bleiben. Was nützt es, wenn die Leute abgerichtet sind! Deswegen: Ein jeder trägt ein Bild dessen, was er werden soll; ist das nicht erreicht, ist nicht sein Streben voll[27]. *Jeder hat ein Ideal seiner Gottesliebe,* und dem kann ich dienen; und jeder hat auch einen bestimmten Abglanz des Gottestriebes, und dem kann ich auch dienen.

Für diejenigen aus uns, die sich mit den Fragen ausführlich beschäftigt haben oder beschäftigen wollen, darf ich zum Überfluß darauf hinweisen – aber nicht ausführen, weil es zu speziell sublime Distinktionen gäbe, obwohl auch das uns gut täte –: Der heilige Thomas weiß auch zu sprechen von einem desiderium naturale; nicht nur ad Deum schlechthin, sondern ad Deum trinum. Es stecke in der menschlichen Natur nicht nur eine potentia oboedientialis, sondern auch eine *positive passive Aufnahmefähigkeit*; eine positive passive, nicht aktive[28]. Die Dinge werden uns zu-

[27] Angelus Silesius: In jedem ruht ein Bild / dess', was er werden soll; / solang er das nicht ist, / ist nicht sein Friede voll.

[28] Die geschöpfliche Befähigung zur Offenheit für die Gnade (potentia oboedientialis) ist der menschlichen Natur wesentlich und mit ihrer Freiheit gegeben, deshalb auch »positiv« zu nennen. Diese positive Aufgeschlossenheit für das göttliche Leben, das den Menschen erfüllen will und vervollkommnet, ist das Wesen

nächst wenig interessieren, aber als Volkserzieher sollen wir uns derartige Dinge sagen lassen. Mir gibt es eine große Ruhe, wenn ich den ordo essendi kenne, denn wer gegen Seinsgesetze sündigt, muß die Zeche bezahlen. Das geht nicht, *Seinsgesetze* über den Haufen zu werfen, das führt nicht zum Ziel[29]. Deswegen hat es einen Sinn, derartige Gesetze zu kennen und sich damit auseinanderzusetzen. Abgesehen davon: Wollen wir den Bolschewismus, die Gefahr der Kirche für die nächsten Jahrhunderte, überwinden helfen, so müssen wir uns in der Seelsorge umorientieren, müssen ein System finden, das den Bedürfnissen des heutigen Menschen angepaßt ist. Das Schreien tut es nicht. Habe ich recht abgetastet, wo die Gesetze sind, und habe ich mich selbst und andere dazu erzogen, dann geht es.

Sie geben mir also recht, wenn ich sage, es bestehe Gleichheit zwischen mir und Gott. Damit habe ich die eine Vorbedingung für die Liebe, für die wirkliche, flackernde auflodernde Gottesliebe, von selbst gesehen; auch für das Ringen um Gottesliebe. Wo keine Gottesliebe (grundgelegt ist), kann ich keine entwikkeln[30]. Deswegen Gleichheit; das ist aber natürliche Gleichheit und Ähnlichkeit.

seiner Geistnatur und so auch gerade auf die Selbstmitteilung des dreifaltigen Gottes bezogen. Inwieweit das desiderium naturale (das naturhafte Verlangen nach dem ewigen Glück – in Gott) sich formell auf die Trinität zu richten vermag, ist eine andere Frage.

[29] Von den grundlegenden Erziehungsprinzipien P. Kentenichs wird neben dem Weltgrundgesetz der Liebe und dem Gesetz der Harmonie von Natur und Gnade nun das dritte genannt: Ordo essendi est ordo agendi. Vgl. dazu etwa Grundriß, 81 ff.; Oktoberbrief 1949, 61 f. und 82; Werkzeugfrömmigkeit, 42 ff.; Zentrale Begriffe Schönstatts, 102 ff.

[30] Wo durch den Gottestrieb in der Natur nicht die Gottesliebe im Menschen eingepflanzt ist, kann sie nicht entfaltet werden, d. h.

Aber das genügt noch nicht. Wir müssen unterscheiden, belehrt von der Heiligen Schrift, und durch die Dogmatik noch systematischer eingestellt auf große Zusammenhänge, uns sagen lassen: Es existiert auch eine *übernatürliche Gleichheit* im Sinne einer Ähnlichkeit. Es wäre nun Ihre Aufgabe, das, was wir früher in anderen Kursen schon gesagt haben, nochmals sich zum Bewußtsein zu bringen. Wenn wir nicht dauernd in dieser übernatürlichen Welt leben wie die Fische im Wasser, dann geht das nicht. Das müssen wir! So stark, wie wir religiöse Naturen erziehen und sie dadurch, daß das Religiöse die Natur vervollkommnet, religiös immunisieren, ebenso stark müssen wir aber auch übernatürliche Menschen sein, die in der übernatürlichen Wirklichkeit zu Hause sind. Sie verlangen das nicht von mir, wir haben dazu nicht die Zeit. Es sind schon jahrelange Schlagworte; es genügt, darauf hinzuweisen.
Meine Herren, Gleichheit: Da steht die ganze Welt der *Gotteskindschaft*, der Christusgliedschaft vor mir; Teilnahme am göttlichen Leben. Ich darf mir nur gestatten, einen beglückenden Gesichtspunkt herauszustellen. Überlegen Sie: Weshalb sucht der liebe Gott, seinen Willen vorausgesetzt, diese übernatürliche Gleichheit zu geben? Was will er mit mir, was beabsichtigt er mit mir? Meine Herren, die Antwort: die *visio beata*! Jetzt darf ich Sie bitten, den Akzent gegenüber der thomistischen Auffassung ein klein wenig zu verschieben von der visio auf beata; Sie können aber auch bei der thomistischen Auffassung stehenbleiben und das »visio« fallen lassen. Was wird in der Ewigkeit sein? Eine visio beata. Ich darf zurückgreifen anhand unserer Lebensbeobachtung im letzten

gibt es nicht die zur Liebe nötige Partnerschaft (Ergänzungswilligkeit) Gott-Mensch mit ihrem Zug zur Liebesvereinigung.

Vortrag. Was heißt das, *in Liebe miteinander verbunden* sein? Was macht die größte Glückseligkeit des Menschen in den weitaus meisten Fällen schon hier auf Erden aus? Das ist das seelische Ineinanderwohnen: Ich in dir und du in mir und wir beide ineinander. Das ist das ganz Große. Wenn ich es mit ein paar Worten sagen darf: Wer wirklich hier auf Erden herzlich, ideal rein geliebt hat, ahnt, was es heißt, wir sollen in den Schoß des dreifaltigen Gottes hineingezogen werden; wir sind berufen, seinsmäßig *teilzunehmen am innertrinitarischen Familienleben Gottes*[31]. Nicht nur, meine Herren, von ferne hinstarren! Nein, wenn ich einen Menschen herzlich gern habe, so leben wir miteinander; und so darf ich auch einmal im innertrinitarischen Familienleben Gottes zu Hause sein. Jetzt verstehen Sie und ahnen Sie die ganze Seligkeit. Wem das zum erstenmal aufgeht – Sie müssen das erst einmal experimentieren –, der wird verstehen, was das für ein ganz neues Lebensgefühl ist, wenn dem Menschen wirkliche Liebe aufgeht. So ahnen wir das Große im innertrinitarischen Familienleben Gottes, wenn wir da zu Hause sind: er in uns und wir in ihm.

Was ist dazu notwendig? Wir pflegen sonst mit dem alten dogmatischen terminus zu sagen: Es sind dazu

[31] P. Kentenich kündet zeit seines Lebens die Botschaft vom Liebesbündnis mit Maria (als konkrete Verwirklichung des Taufbundes), das sich ausweiten soll zum Liebesbündnis mit dem dreifaltigen Gott. In diesem Zusammenhang spricht er schon einmal vom »Familienleben Gottes« (zu dem wir durch die Taufe als wahre, wirkliche Kinder berufen sind). Z. B. prägte er für die Schönstattfamilie der Diözese Augsburg die Losung: »In heiliger Freiheit durch absolute Bündnistreue hin zum ewigen Vater, zur Familie des ewigen Vatergottes!« und erwartet für seine Gefolgschaft »die Gnade des Kindseins und des Kindessinns«, auf daß wir »teilnehmen . . . am Familienleben des Vaters, am Familienleben des himmlischen Vaters« (7. 9. 1966, Memhölz/Allgäu).

notwendig eine *gottähnliche Natur und gottähnliche Fähigkeiten,* Lebensfähigkeiten[32]. Was wird das heißen? Ich werde nicht nur eine Gleichheit in der gottähnlichen Natur haben dürfen und müssen, ich muß auch eine gewisse Teilnahme mein eigen nennen dürfen in der Erkenntnis- und Liebesweise Gottes. Dafür sagen wir eingegossene Tugenden: Glaube, Hoffnung und Liebe. Es kommt uns jetzt besonders auf die Liebe an. Darf ich denn – um ein wenig unseren modernen Gefühlen entgegenzukommen – infolgedessen für Lebensfähigkeit das andere Wort »Erlebnisfähigkeit« einsetzen[33]? Es ist aber dasselbe. Was muß ich erleben können? Wenn ein Tier, eine Katze mich geistig lieben sollte, so kann sie es nicht. Was müßte sie bekommen? Meine Natur und eine Erlebnisfähigkeit. Sie soll ja in mir und ich in ihr sein, das ist ja der Sinn der Liebe. So steht die ganze übernatürliche Welt der visio beata vor uns als das Ineinandersein, als das Ineinandergetauchtsein im innertrinitarischen Gottesleben. Ich weiß es auch, und Sie mögen es schmerzlich bedauern, wie wenig Organ wir dafür haben, daß darin Seligkeit sein könnte, die größte Seligkeit, die die ganze Ewigkeit hindurch sein soll. Leider Gottes! So stark sind wir von ungeordneten Werten auf Erden in Beschlag gelegt. Worin besteht die Seligkeit des Volkes und meine Seligkeit?

[32] Vgl. Lebensweisheit II, 1.

[33] Als kompetenter Pädagoge für die moderne Zeit suchte P. Kentenich angesichts schwindenden Glaubens die Realität des übernatürlichen Lebens durch das Bemühen um religiöse Erlebnisse zu retten und zu wecken. »Dann werden ... auch in hervorragender Weise die schöpferischen Kräfte in der menschlichen Natur erfaßt, nach oben geleitet, ständig inspiriert und in Bewegung gehalten.« (Daß neue Menschen werden, 42.) In dieser eben zitierten pädagogischen Tagung, die 1951 gehalten wurde, spricht P. Kentenich ausführlich über die religiöse Erlebnisfähigkeit, ihre Voraussetzungen, Bedingungen und Sicherungen.

Wenn wir wirklich mehr anknüpften an diese überreiche Liebe, dann würden wir mehr verstehen, was es heißt, in der Ewigkeit dürfen wir Gott entschleiert lieben: Er in mir und ich in ihm in ganz tiefer Weise. Was will ich damit sagen? Der liebe Gott hat uns diese übernatürliche Ähnlichkeit gegeben. Was will ich also beweisen?
Sehen Sie den Baum und die Wurzel. Was haben wir? Da ist die Gleichheit vorhanden, die *natürliche und übernatürliche Gleichheit.* In der Betrachtung dieser Dinge wollen Sie bitte nicht zu schnell zur Konsequenz steigen, sondern lange hier hängenbleiben: Was heißt das? Wie kann ich den Gläubigen erfassen?

Und nun das Zweite: Wie kann ich Ihnen nachweisen, daß Ungleichheit da ist? *Ungleichheit* ist da, das fühlen wir. Aber Ungleichheit *im Sinne einer gegenseitigen Ergänzungsfähigkeit und -bedürftigkeit*? Wenn es mir doch nur gelingen würde, soweit ich das selbst kann, letzte Kernstücke, letzte Geheimnisse der Tätigkeit, der Pädagogik Gottes zu entschleiern!
Ungleichheit von allen Seiten! Ich brauche nur zu zeigen und zu sehen: *Gott* ist *der Unendliche.* Seine Liebe und meine Begrenztheit fühlen! Nehme ich hinzu meine erbsündliche Belastung: bin ich ergänzungsfähig? Ja! Bin ich ergänzungsbedürftig? Fragen Sie sich selbst! Diese Unzufriedenheit, dieses Flackern der ganzen Natur zu Gott, wie haben wir das genannt? Die metaphysische und ethische Weltangst. Meine Natur hat also eine überaus starke Ergänzungsbedürftigkeit und -fähigkeit.
Und von seiten Gottes, meine Herren – wie steht Gott mir gegenüber? Hier kann ich nicht sprechen von einer Ergänzungsfähigkeit und -bedürftigkeit. Ich kann nur und muß wohl, wenn ich die Heilsökonomie Gottes sehen will, von einer *Ergänzungswilligkeit Gottes*

sprechen: Gott will ergänzt werden. Natürlich ist das bildlich, aber wir müssen die Formulierung nehmen, damit wir von der Theologie der Liebe und der Philosophie der Liebe tiefer in Gott hineinwachsen.

Was heißt das, Ergänzungswilligkeit? Hören Sie die Heiligen und ihre Aussprüche! Der liebe *Gott macht sich* in seiner Gebefreude und seinem Geben *abhängig von unserer Hilflosigkeit.* Er braucht das nicht, tut es aber. Hier haben Sie die Gesetze, das ist Ergänzungswilligkeit: Je kleiner das Geschöpf sich gibt, je kleiner der Mensch sich fühlt, je hilfloser er gegen den lieben Gott ist, desto überreichlicher fließen und quellen die Gaben und Gnaden aus dem Schoß des großen dreifaltigen Gottes[34]. Wenn ich menschlich sprechen darf – Sie wollen es recht deuten –, so muß ich sagen: Gottes Leidenschaft ist sein Mitteilungswille, seine Gebefreude, aber er macht das abhängig von dem Kleinsein des Menschen, von dem leeren Gefäß.
Sehen Sie, wie wesentlich das ist! Da haben Sie eine Apologetik der *gesunden Demut.* Jetzt darf ich Ihnen sagen – mehr um die Dinge zu erklären –, die kleine Theresia hat das alles in Gedanken gegossen, die auf unser heutiges Leben und Erleben überaus zugeschnitten sind: Ich muß mich klein fühlen vor Gott[35]. Gott

[34] In WH, 31 drückt P. Kentenich es so aus: »Der Vatergott hat eine eigenartige ›Schwäche‹, er kann der erkannten und anerkannten Hilflosigkeit seines Kindes nicht widerstehen. Kindlichkeit bedeutet ›Ohnmacht‹ des großen Gottes und wiederum ›Allmacht‹ des kleinen Menschen.«

[35] Vgl. z. B. Thereses Brief an Schw. Marie du Sacre-Coeur. Die Adressatin hat Schw. Therese gebeten, ihre »*kleine Lehre*« niederzuschreiben; am Ende derselben steht folgendes Zitat: »O Jesus! könnte ich doch allen *kleinen Seelen* sagen, wie unaussprechlich deine Herablassung ist . . . ich fühle, wenn du eine schwächere, eine kleinere Seele fändest als die meine, was zwar unmöglich

hat sich absichtlich abhängig gemacht. Und wenn Gott das getan hat, dann nur deswegen, um zu geben und immer wieder zu geben. Er hat den Drang in sich: er will sich verschenken. Wenn ich Gott eine Freude machen will, womit kann ich das? Damit, daß ich ihm Gelegenheit gebe zum Geben; denn Geben ist seliger als Nehmen (Apg 20, 35). Ich muß ihm Gelegenheit geben, sich zu betätigen: daß er seinen Ergänzungswillen dadurch betätigen kann, daß ich mich ihm gegenüber klein und hilflos – so wie ich auch tatsächlich bin – erkenne und anerkenne. Mein Kleinsein bekommt dann den schlichten Ausdruck: Gott verlangt nur kleine Kinder; er kann mit Erwachsenen nichts machen, die sich neben ihn stellen, er muß kleine Kinder haben. So verstehe ich auch, daß ich, wenn ich eine Dummheit gemacht habe, ganz von diesem Gedanken erfaßt sein kann: Gott sei Dank, ich habe jetzt einen besonderen Rechtstitel auf Gottes Barmherzigkeit! Ich habe den tieferen Grund nicht nur für die Demut, sondern auch für das Vertrauen.

Hören Sie Gedanken der kleinen Theresia, die nach dieser Richtung zielen. Ich habe vor vielen Jahren davon gesprochen[36], als ich vom Heiligen Geist sprach,

scheint, so hättest du dein Wohlgefallen daran, sie mit noch größeren Gnaden zu überhäufen, wenn sie sich nur mit vollem Vertrauen deiner unendlichen Barmherzigkeit überließe.« (Therese vom Kinde Jesus, Selbstbiographische Schriften, Einsiedeln 1958, 207 f.)

[36] In der Einleitung war auf die Exerzitien über den Frieden 1930/31 hingewiesen. Dort heißt es im 1. Vortrag des 4. Tages unter dem Thema »Die kleine Heiligkeit« in einer der Mitschriften: »Ich wende mich an die kleine hl. Theresia. Sie hat einen ganz starken Einfluß bekommen auf die Gestaltung der modernen Heiligkeit. Sie wollte von eigenen Leistungen nicht viel wissen. Das will nicht heißen, ich leiste nichts, sondern ich achte nicht darauf. Sie sehen, wie sie hochherzige Entschlüsse auffaßte als Leistung des Himmelvaters gegenüber ihr als Kind. Sie wollte

und zwar von der Freitreppe der Heiligkeit und vom Lift der Heiligkeit[37]. *Freitreppe*: Der Mensch ist das kleine Kind – Sie müssen sich nicht daran stoßen –, und dort oben ist der Vater. Was hat das Kind zu tun?

die Heiligkeit als Leistung Gottes, nicht als die ihre auffassen. Daher die Ausdrücke: Lift, Freitreppe, Opfer der Barmherzigkeit.«

[37] Selbstbiographische Schriften, 214 f.: »Sie wissen, meine Mutter, ich habe immer danach verlangt, eine Heilige zu werden; aber ach! wenn ich mich mit den Heiligen verglich, stellte ich stets fest, daß zwischen ihnen und mir derselbe Unterschied besteht, wie zwischen einem Berg, dessen Gipfel sich in die Himmel verliert, und dem unscheinbaren Sandkorn, über das die Füße der Leute achtlos hinwegschreiten; statt zu verzagen, sagte ich mir: Der Liebe Gott flößt keine unerfüllbaren Wünsche ein, ich darf also trotz meiner Kleinheit nach der Heiligkeit streben; mich größer machen ist unmöglich; ich muß mich ertragen, wie ich bin, mit all meinen Unvollkommenheiten; aber ich will das Mittel suchen, in den Himmel zu kommen, auf einem kleinen Weg, einem recht geraden, recht kurzen, einem ganz neuen kleinen Weg. Wir leben in einem Jahrhundert der Erfindungen, man nimmt sich jetzt die Mühe nicht mehr, die Stufen einer Treppe emporzusteigen, bei den Reichen ersetzt ein Fahrstuhl die Treppe aufs vorteilhafteste. Auch ich möchte einen Aufzug finden, der mich zu Jesus emporhebt, denn ich bin zu klein, um die beschwerliche Treppe der Vollkommenheit hinaufzusteigen. Ich suchte daher in den heiligen Büchern nach einem Hinweis auf den Fahrstuhl, den ich begehrte, und ich stieß auf die aus dem Munde der Ewigen Weisheit kommenden Worte: *Ist jemand GANZ KLEIN, so komme er zu mir.* So kam ich denn, ahnend, daß ich gefunden hatte, was ich suchte, und weil ich wissen wollte, o mein Gott! was du *dem ganz Kleinen* tätest, der deinem Ruf folgen würde, setzte ich meine Erkundungen fort, und schauen Sie, was ich fand: – *Wie eine Mutter ihr Kind liebkost, so will ich euch trösten; an meiner Brust will ich euch tragen und auf meinen Knien euch wiegen!* Ach! niemals sind zartere, lieblichere Worte erfreuend an meine Seele gedrungen: der Fahrstuhl, der mich bis zum Himmel emporheben soll, deine Arme sind es, Jesus! Dazu brauche ich nicht zu wachsen, im Gegenteil, ich muß *klein* bleiben, ja mehr und mehr es werden.« (Hervorhebungen im Original!)

Sich nur hilflos dem Vater hinzugeben, sich klein zu fühlen. Und was tut der Vater? Je kleiner ich mich fühle, desto mehr reißt mich der Vater nach oben. Das ist nicht Mangel an Eigentätigkeit, das ist volle Hingabe an Gott. Und der *Lift der Heiligkeit.* Es ist ein moderner Ausdruck. Ich setze mich hinein, es geht rasend nach oben. Ich halte mich vor Gott klein mit leeren Gefäßen: Ich bin nichts, er das All, die absolute Lebensfülle. Wie ist das praktisch! Wie klein und hilflos bin ich dem unendlichen Gott gegenüber!

Und der andere Ausdruck der kleinen Theresia: Ich bin das *Opfer der Barmherzigkeit*[38]. Das ist so wertvoll! Wir brauchen das heute, die wir vielfach so allein stehen, vielfach hin und hergezogen werden von Versuchungen und Schwierigkeiten. Opfer der Barmherzigkeit! Opfer der Gerechtigkeit, das verstehen wir, denn da schnaubt der große Gott vor Wut. Er braucht ein Opfer, und ich spreche: Herrgott, schlage mich! Ich bin das Opfer der Gerechtigkeit. Spricht die Heilige so? Nein! Sie spricht vom Opfer der Barmherzigkeit. Ich opfere all meine Rechtstitel, die ich auf die Güte Gottes habe, alles opfere ich dem einen Titel der Barmherzigkeit Gottes. Der Titel, auf den ich baue, sind nicht meine guten Werke. Ich tue sie reichlich, überreichlich, aber ich lege nicht meine Hand darauf: Ich habe ein Recht darauf, daß du gut bist! Nein! Volkstümlich will ich es einmal ausdrücken. Ich setze voraus, Gott hätte das Buch des Lebens verloren. Ich

[38] Der entscheidende Satz in ihrem Weihegebet »an die barmherzige Liebe des lieben Gottes« vom 9. Juni 1895 lautet: »Um in einem Akt vollkommener Liebe zu leben, weihe ich mich als Ganz-Brandopfer deiner barmherzigen Liebe und bitte dich, mich unablässig zu verzehren, die Ströme unendlicher Zärtlichkeit, die in dir beschlossen sind, in meine Seele überfließen zu lassen, damit ich eine Martyrin deiner Liebe werde, o mein Gott!« (Selbstbiographische Schriften, 282.)

habe dann keine Angst, denn ich habe nicht darauf gebaut und mir gesagt, im Buch des Lebens steht alles gut(geschrieben). Auf was baue ich? Auf die Barmherzigkeit! Wir kommen in unserem geistlichen Leben vielfach nicht vorwärts, weil wir nicht den Zug zum Unendlichen haben. Und den haben wir nicht, weil wir zu stark voll sind von uns, zu viel von uns erwarten. Gott hat eine ganz eigenartige Schwäche: Der erkannten und anerkannten Schwäche seiner Kinder kann er keinen Widerstand leisten (s. Anm. 34). Sie wollen nachprüfen, ob ich damit die Gesetzmäßigkeit des Reiches Gottes richtig treffe. Opfer der Barmherzigkeit, das ist ein Titel.
Es gibt aber auch einen zweiten Titel: *meine Erbärmlichkeit.* Das sind die beiden Titel: Erbarmung Gottes und meine Erbärmlichkeit. Fürchten Sie nicht, daß Sie minderwertig werden: Meine Erbärmlichkeit wird sogleich hineingetaucht in die Barmherzigkeit Gottes. Fühlen Sie aber auch heraus, was da für ein hoher Grad von Heiligkeit mitschwingt: leer von mir, entbunden vom eigenen Ich, rückhaltlos gebunden an Gott.

Jetzt greifen Sie zurück. Was haben wir von der kindlichen Gesinnung Gott gegenüber gesagt? Gott ist Vater, Gott ist gut, gut ist alles, was er tut. Was muß ich tun? Eine rückhaltlose, kindlich *vertrauende Gesinnung dem Vater gegenüber* zum Ausdruck bringen! Sicher, hier betone ich besonders stark die kindliche Liebe dem Vater gegenüber. Ich könnte aber auch die bräutliche und freundschaftliche Liebe wieder stärker betonen – was dann? Dann würde nicht so sehr das Kleinsein betont – freilich das auch –, sondern dann steht *meine Seele* vor Gott *als Königin.* Das ist Gleichheit, aber auch endloser Abstand. Königin geworden bin ich bloß durch die Barmherzigkeit des Bräutigams. Da wirbt der Bräutigam um die Braut. Ich bin etwas Großes. Was er aber erstrebt, hat er mir selbst gegeben. Ich selbst bin die endlose Leere, damit er mit seiner unendlichen Lebensfülle meiner Seele mehr und mehr in überreichlicher Weise, in Überfluß geben kann.

Diese Gedanken lassen sich weiter durchdenken. Intellektiv wäre es wertvoll, die Dinge zu wissen, aber wir müssen sie auch leben! Wer sie lebt und erlebt, dem eröffnet sich darüber hinaus eine ganz große, (uns jetzt noch) ferne Erkenntnis, eine Lebensströmung. Der liebe Gott verlangt von uns in der heutigen Zeit, daß wir ihn lieben, *weit mehr als zu anderen Zeiten,* daß wir das Göttliche in Menschengestalt der Welt darstellen. Und das tun wir in dem Ausmaß, als *eine brennende, glühende Gottesliebe* in uns lodert. Ich fühle es, und Sie müssen es mir nachfühlen: Das sind recht große Werte, Charakterkräfte, aber wie weit ist unser Leben entfernt von dem, was wir erkennen! Schon wenn wir die schluchzende Sehnsucht haben, »Herr, binde du mich, laß mich doch in dieser Weise das Liebesmeer, die ganze Glut meines Lebens, meiner Liebe vermehren!«, sehen Sie doch einmal, wie wären die Probleme gelöst, die uns bedrängen, unsere Probleme, unsere Leidenschaften! Eine ganz andere Welt, ein ganz anderes Lebensgefühl würde in uns wach werden! Die Dinge sind uns so unbekannt, weil wir alle diese großen Wirklichkeiten und Wahrheiten zumeist einseitig intellektuell und zu wenig lebensmäßig in uns aufgenommen haben. Wollen wir uns darum ein wenig an die *mater pulchrae dilectionis*[39] wenden. Sehen Sie Liebe nicht als Idee an, sondern als das ei-

[39] Mutter der schönen Liebe (Sir 24, 18: Ich bin die Mutter der schönen Liebe, der Gottesfurcht, der Erkenntnis und der frommen Hoffnung).

genartige Ineinanderwohnen: Ich in dir und du in mir. Wohnen Sie so einmal in der lieben Gottesmutter, im Heiland, im großen dreifaltigen Gott! Sonst verstehe ich das geistig außerordentlich gut, weiß, wie es sein müßte, aber ein Wohnen wird es nicht.
Sehen Sie einen Heiligen: Die ganze Welt kann zugrunde gehen, *wenn ich nur dem Vater Freude mache*! Alles andere ist dann recht so, alle Geheimnisse sind gelöst; wenn ich nur dem Vater Freude mache, dann mag man über mich sprechen, was man will. Wie stehen wir dann ruhig da als Männer[40], die das Leben überwunden haben, die andern helfen, ebenfalls das Leben zu überwinden! Dann sind wir die Männer, die ganz Großes gewirkt haben!

[40] Welch hohe Bedeutung als Wurzel bzw. Fundament der Persönlichkeit gerade auch des Mannes P. Kentenich der Kindlichkeit beimißt, wird in seinen Priesterexerzitien über Kindlichkeit ausgeführt, die er 1937 für die Bethlehem-Missionare in der Schweiz hielt. Dort heißt es: »Es ist die ganze Kraft der Männlichkeit notwendig, um die Kindlichkeit zu bewahren.« (J. K., Kindsein vor Gott, Vallendar-Schönstatt 1979, 69).

Um unser Leben auf festes Fundament zu stellen und ein starkes Gegengewicht zu schaffen gegen heutige geistige Zeitströmungen, versuchen wir tiefer und tiefer einzudringen in das Weltgrundgesetz. Wir sehen mehr und mehr ein, daß ein einziger großer Liebesstrom durch die Welt fließt, von Gott hinein in unser eigenes Inneres und wieder zurück zu Gott. Wenn es für Gott gilt: Alles aus Liebe, alles durch Liebe und alles für Liebe, muß auch für mich der Grundton, der Akkord meines Lebens sein: Alles aus Liebe, alles durch Liebe. Alles aus dem Beweggrund der Liebe: Die Liebe muß also der Hauptbeweggrund meines Handels sein, die Liebe zu Gott; Nebenbeweggründe dürfen mitzittern.

Es waren nun zwei Fragen, die uns interessierten. Die erste Frage nach der Möglichkeit und die zweite nach der *Notwendigkeit der Gottesliebe.* Meine Herren, es ist schon etwas überaus Großes, daß wir den lieben Gott lieben dürfen, daß wir ihn lieben können. Aber der liebe Gott ist damit nicht zufrieden. Es ist eine ganz starke und *ernste Verpflichtung,* die er uns durch den Heiland und seine Apostel bei den verschiedenen Gelegenheiten einhämmern läßt. Und was die Heilige Schrift uns nach der Richtung zu sagen weiß, ist so klar und eindeutig, daß auch alle Theologen hier eines Sinnes sind. Es gibt hier keine Schwierigkeit, keine Differenz in der Beantwortung der Frage nach der Notwendigkeit der Gottesliebe.

Darf ich Ihnen vielleicht schnell aus der *Heiligen Schrift* einige Stellen namhaft machen? Ich möchte damit aber nicht den Eindruck des heutigen Tages verwischen, sondern Sie vielmehr in den Gedanken und in der Wertwelt der Liebe wieder hinausgehen lassen, um morgen von neuem anzufangen, tiefer zu graben.

Hören Sie, was *der Heiland* zu sagen weiß. Er braucht nicht den Ausdruck Weltgrundgesetz, aber er weiß ähnliche Ausdrücke: Du sollst den Herrn, deinen Gott, lieben aus deinem ganzen Herzen, aus deinem ganzen Gemüte, aus allen deinen Kräften (Mt 22,37 par.; Dtn 6,5). Früher, bei anderer Gelegenheit, hat er schon einmal gesagt: Ich bin auf diese Erde gekommen, um Feuer zu bringen, und was will ich anders, als daß es brenne (Lk 12,49), das Feuer der Liebe. Er will, daß dieses Feuer brenne, und er verpflichtet auch uns dazu, daß dieses Feuerlein in uns zum Brand werde.
Wollen Sie bitte das Wort, das der Heiland zu uns sagt, ein klein wenig überprüfen. Wie sollen wir Gott lieben? Aus dem ganzen Herzen, aus dem ganzen Gemüte, mit allen Kräften! Finden Sie hier nicht eine biblische Bestätigung der psychologischen Überlegungen des ersten Teiles? Also nicht nur mit dem Willen, auch mit dem Herzen sollen wir ihn gern haben. Nicht nur effektiv, sondern auch, wie wir sagen würden, affektiv und mit dem ganzen Herzen[1]. Es wäre also durchaus sinnwidrig und unvernünftig, wenn wir etwa neun Zehntel unserer Liebeskraft der Kreatur verschenkten und diesen kleinen Rest von einem Zehntel Gott geben würden, nein, *unsere ganze Liebeskraft soll* letztlich *in Gott gegründet sein,* soll Gott gehören! Ich werde Ihnen später, morgen, zeigen dür-

[1] Vgl. Theotimus VI, 1 (Werke III, 270): »Wir unterscheiden zwei Hauptübungen in unserer Liebe zu Gott: die *Affektliebe* und die *Werkliebe* oder, wie St. Bernhard sagt, die Tatliebe (Serm. 1 in Cant, § 2).«

fen, wie das innerlich zusammenhängt mit dem Lieben der Kreatur. Und es heißt weiter: Du sollst! Es ist nicht mehr ein Wunsch, sondern Befehl: Du mußt den Herrn, deinen Gott, lieben aus deinem ganzen Herzen...!

Und nun der andere Ausdruck für das, was wir Weltgrundgesetz nennen: Das ist *das erste und größte Gebot* (Mt 22, 38 par., vgl. Dtn 6, 6 ff.), das allerwichtigste: darauf kommt es an. Sie werden vielleicht verstehen, wie stark und tief unsere alten mittelalterlichen Theologen spekuliert haben, wenn sie nicht nur aus Lebensbeobachtung heraus und aus der Analyse der menschlichen Natur, sondern auch rückschließend aus derartigen biblischen Erörterungen erklärt haben: Es muß der *Gottestrieb in der menschlichen Natur stärker* sein *als der Ichtrieb*[2]. Das ist etwas sehr Wichtiges. Überlegen Sie einmal, wie uns das Trost bereiten kann in der heutigen Zeit, wenn es wahr ist – und ich meine, es wäre wahr –, daß der Gottestrieb stärker ist, sein muß; sonst könnte Gott nicht sagen: Du sollst! Das ist das erste und größte Gebot. Der Gottestrieb soll in der menschlichen Natur stärker sein als der Ichtrieb. Deswegen haben wir auch Bundesgenossen in der menschlichen Natur. Deswegen, wenn die Natur auch angekränkelt ist: es kommt die Zeit, wo sich der Gottestrieb auch wieder stärker in uns und in der gesamten Menschheit entfaltet[3] – das erste und das größte und das höchste Gebot.

[2] Vgl. S.th. II–II, 26, 3. Thomas stellt fest, daß der amor naturalis sich vor allem auf Gott richtet, mehr als auf den Menschen selbst (et plus quam seipsum); das gelte nicht nur für den Menschen, sondern für jedes Geschöpf.

[3] Die weltweite Meditationsströmung unserer Tage kann man z. B. als das Erwachen des Gottestriebes in säkularisierter Weise bezeichnen. P. Kentenich hat sie in dem Ausmaß nicht mehr miterlebt. 1966 sprach er von der Zukunft, die von »einer Art numi-

Denken Sie nun den Gedanken ein klein wenig durch und wenden Sie ihn an aufs eigene Leben! Es ist jetzt das höchste Gebot, daß wir den lieben Gott erkennen. Oder anders ausgedrückt: Wir dürfen nicht bloß mit dem Erkennen zufrieden sein, es muß noch etwas mehr hinzukommen. Alles, was wir in irgendeiner Weise tun – das ist der Sinn des Ausdrucks Weltgrundgesetz –, muß hierher einmünden und von hier ausfließen. Mittelpunkt muß immer das Meer der Liebe sein. Ich muß mir das persönlich und auch Ihnen sagen: Wir, die wir von Haus aus so riesig stark intellektuell eingestellt sind, von einer einzigartigen »Geistigkeit« erfüllt sind, ob wir nicht zu selten den Weg finden *vom Erkennen zum Leben*? Et daemones sciunt, et trepidant[4]. Unser Wissen – ich mag Gott weiß wieviel Zeit verwenden, um mir all diese großen Wahrheiten Tag für Tag erneut zu erarbeiten – unser Wissen, es ist recht; das größte Gebot aber ist die Liebe! Et daemones sciunt, et trepidant. Gibt es nicht Gelehrte, die all die Dinge glänzender darstellen können als wir, besser wissen als wir? Und wir selbst, wir in unserer Gelehrsamkeit, sind wir nicht oft Gott gegenüber viel schwächlicher und kleiner und kleinlicher als ein schlichtes Kind des Volkes, das nicht so viel weiß, aber Gott lieb hat? Das Höchste aber ist die Liebe! Es ist schon so: In der Heiligen Schrift finden Sie immer wieder andere Ausdrücke für das, was wir Weltgrundgesetz getauft haben. Oder darf ich mich mit einem

noser Einstellung« geprägt sein werde und daß dann »eine Zeit der Betrachtung käme« (Vortrag für das Studentat der Schönstattpatres, 17. 7. 1966).

[4] Jak 2, 19: Tu credis quoniam unus est Deus: Bene facis: et daemones credunt, et contremiscunt. – Du glaubst: Es gibt nur den einen Gott. Damit hast du recht; das glauben auch die Dämonen, und sie zittern.

Menschen vergleichen, der tagelang durch den sengenden Brand der Wüste gegangen ist und endlich eine Oase gefunden hat? Wahrhaftig, jetzt hätte er Gelegenheit, zu trinken und sich zu sättigen; aber er tut es nicht, sondern überlegt: Das ist Wasser. Aus welcher Substanz ist das Wasser zusammengesetzt[5]? Sind wir nicht durchweg in ähnlicher Weise konstruiert, wir, die wir so stark ideenmäßig eingestellt sind? Was wäre das Normale? Das Wasser ist da, jetzt muß ich trinken. Das heißt praktisch, das Wissen muß notwendig zur Liebe führen. Aber auch umgekehrt, das Lieben wird mein Wissen erweitern, daß ich empfänglich werde für tieferes, klares Erkennen und Wissen. Das Lieben ist aber die Hauptsache, das höchste und wichtigste und größte Gebot. Oder darf ich mich mit einem Menschen vergleichen, der eine große Aufgabe hat, der aber immer hängenbleibt an der Konstruktion der Instrumente oder an ihrer Betrachtung? *Meine Lebensaufgabe*[6] – ich glaube, das werden wir alle und alle Theologen und Naturphilosophen zugeben –, das ist die Gottesliebe; und alles andere, auch die Erkennt-

[5] Vgl. die »Legende vom modernen Menschen« in: Das Thema, Arbeitsheft zu aktuellen Themen: Alltag – Spur meines Lebens, hrsg. von der Arbeitsgemeinschaft Frauenseelsorge Bayern, München 1975, 74.

[6] P. Kentenich sprach gerne davon in den Begriffen »mein Hauptberuf, mein Hauptgebet«. – Daß Erkennen zum Lieben wird und werden muß, ist deshalb Generalthema des Apostolates der Schönstattbewegung als Erziehungsbewegung, weil es Zentralanliegen des Ringens um organisches Denken, Leben und Lieben ist. Vgl. dazu folgende Forderung (aus dem Exerzitienkurs »Der heroische Mensch«, 1936, 3. Vortrag): »Sorge dafür, daß dein religiöses Wissen die Eigenschaften besitzt, die ein Kosten und Verkosten in der Liebe bewirken. Soll unser religiöses Wissen diese Wirkung erreichen, muß es sein ein erfahrungsgemäßes Wissen, verbunden mit einer entsprechenden Willensanstrengung und verbunden mit einer tiefgreifenden Gnadenbewegung.«

nis, muß zu ihr hinführen. Und wenn ich jetzt hängenbleibe an der Erkenntnis und von der Erkenntnis nicht zur Liebe übergehe, so ist das etwas Halbes, etwas Widersinniges und Unsinniges.
So steht die Lehre des Heilandes in durchaus klarer Form vor uns. Er sagt uns dasselbe, was wir uns gesagt haben: Liebe ist das Weltgrundgesetz. Du sollst den Herrn, deinen Gott, lieben aus deinem ganzen Herzen...

Und weil der Heiland so unzweideutig spricht, deswegen verstehen wir auch die Apostel, und am tiefsten und klassischsten den heiligen *Paulus.* Wie häufig spricht er vom Weltgrundgesetz! Freilich auch in anderer Formulierung, aber dies läßt sich insgesamt auf unseren Ausdruck Weltgrundgesetz zurückführen. Das ist das Letzte, das Wesentlichste in der ganzen Weltordnung, auch in unserer pädagosichen Seelsorgstätigkeit.
Wo wollen wir anfangen? Ich will einmal das eine oder andere Wort zitieren. Ihr sollt anziehen herzliches Erbarmen, Liebe... Aber über alles habt die Liebe, das ist das Band der Vollkommenheit (Kol 3,12–14). »Über alles«, was heißt das? Was sollen wir? »Über alles«, was ist das? Weltgrundgesetz! Vor allem habt die Liebe, darauf kommt es an! Und wie will die Liebe aufgefaßt werden? Als *Band der Vollkommenheit,* als *das* Band der Vollkommenheit. Das ist das Wichtigste, sich dieses vollkommene Band anzueignen. Die Exegeten und Dogmatiker deuten das Wort »Band der Vollkommenheit«, wie ich es Ihnen schon angedeutet habe, als vollkommenes Band: die Liebe verbindet die Seele vollkommen mit Gott, mit dem Nächsten und in der Seele die einzelnen Fähigkeiten miteinander. Deswegen ist die Liebe die Königin der Tugenden[7].

Und erst im *Hohenlied der Liebe*[8]! Ich darf Ihnen empfehlen, lesen Sie es durch, ehe Sie jetzt schlafen gehen. Sie werden sehen, wieviel neue Lichtlein angezündet sind. Das versteht der Apostel sehr gut: Weil die Liebe vor allem das Weltgrundgesetz ist, deswegen könnt ihr tun, was ihr wollt – ihr könnt einen Glauben haben, der Berge versetzt, die Armut üben Gott weiß wie, eure Leiber zum Verbrennen hingeben –, was ist das alles, wenn ihr die Liebe nicht habt? Sehen Sie, wie tief er es erfaßt hat: Weltgrundgesetz ist die Liebe! Wie schwach ist doch unser Leben! Wie haben wir doch schon so sehr gerungen, um Gott näherzukommen! Wie schwach ist unsere Liebe, wenn wir sie nicht auffassen als das personale Gebundensein an den persönlichen Gott! Die Gefahr ist bei uns Priestern, besonders bei dem Typ, der starke männliche Züge hat, daß wir vom Erkennen zur Liebe vordringen, aber hängenbleiben bei der Liebe als Idee und nicht zur Person kommen. Liebe ist aber nicht Liebe zur Idee, sondern zur Person, persönliche Liebe des persönlichen Gottes. So mögen wir auch verstehen, wie wir insgesamt das Hohelied der Liebe überprüfen dürfen auf den positiven Wert. Ohne Liebe: nichts, gar nichts! Aber *wenn wir die Liebe haben*, dann – das müssen wir auch verstehen, weil ja die Liebe das Welt-

[7] Vgl. Theotimus I, 6, 2 (Werke III, 62): »Alles ist dieser himmlischen Liebe untergeordnet. *Sie will nur Königin sein oder nichts.* Sie kann nicht leben, ohne zu herrschen, und nicht herrschen, ohne unbeschränkte Herrscherin zu sein.« – Ebd. III, 2, 2 (Werke III, 164): »Ich betone, daß *Gott* es ist, *der in einer Seele die Liebe vermehrt.* Denn nicht aus eigener Kraft treibt diese Königin der Tugenden, einem Baume gleich, ihre Äste.« – Und III, 2, 6 (Werke III, 167): ». . . es ist selbstverständlich, daß bei der heiligen Liebe, der Königin aller Tugenden, alles gleich liebenswert und kostbar ist«. – Vgl. vor allem Theotimus XI (Werke IV, 224 ff.).

[8] 1 Kor 13. – Vgl. Theotimus XI, 8, 4 (Werke (IV, 248).

grundgesetz ist – *sind alle anderen Tugenden mitgegeben*[9]. Was schafft die Liebe? Geduld, Sanftmut – jetzt werden alle sittlichen Tugenden aufgezählt.
Augustinus hat das seinerzeit in die Formel gegossen: Liebe, und dann tue, was du willst[10]. Und wenn Sie die Überlegungen von der Philosophie und Psychologie der Liebe verstanden haben, dann verstehen Sie auch Augustinus besser. Und muß es dann nicht heißen: Liebe nur, und dann tue, was du willst? Und wenn das wahr ist, dann ist Liebe Gleichklang des Willens. Das ist das große Geheimnis. Liebe, das Weltgrundgesetz, und zwar Liebe als Pflicht: Habet die Liebe (Kol 3,14)! Was bewirkt sie? Alle anderen Tugenden fließen aus der Liebe heraus. Habe ich die Liebe, so muß ich alle anderen Tugenden haben. Sie werden es besser verstehen, wenn ich Sie erinnere an den Satz: Philosophisch betrachtet ist die *Liebe die vereinigende und verähnlichende Kraft.* Und so können Sie auch verstehen, wie das Hohelied ausklingt in den Gedanken: Die Liebe ist ewig, weil sie das Weltgrundgesetz ist.
Oder wollen Sie den heiligen Paulus nochmals examinieren? Er weiß so viel von der Liebe zu sagen! Und das Wort, das mir persönlich zusagt – wir mögen viel wissen, aber das Vordringen vom Wissen zur Liebe, wie furchtbar schwer mag es werden, gerade mit Rücksicht auf die neue Erkenntnis! –: in caritate radicati et fundati (Eph 3,14). Wenn wir *in der Liebe stark verwurzelt* sind, dann haben wir die Gewähr, daß wir

[9] Theotimus XI, 8, 5 (Werke IV, 249): *»Derjenige also, der die Liebe hat, . . . hat eine Vollkommenheit, welche die Tugend aller Vollkommenheiten oder die Vollkommenheit aller Tugenden enthält.«*

[10] Augustinus, In 1 Jo, 7, 8; PL 35, 2033: »Semel ergo breve praeceptum tibi praecipitur, dilige, et quod vis fac. – Kurz ist das Gebot, das dir gegeben ist: Liebe, und dann tue, was du willst.«

tiefer hineinwachsen in die Erkenntnis Gottes; deswegen Liebe als Mittel der Erkenntnis. Fragen Sie das praktische Leben, ob es nicht der Fall ist: Je mehr ich gebunden bin, desto klarer sehe ich alles das, was man darstellt. Wir müssen uns wenigstens bemühen, so gut wir können, durch Beten, durch Sehnsuchtsaffekte den Weg zu aufrichtiger Liebe zu gehen.
Sie mögen in ähnlicher Weise den heiligen *Johannes* examinieren, zum Teil auch den heiligen *Petrus*[11]. Ich mag nicht all die Stellen anführen. Ich will heute Abend nur den starken Eindruck (vertiefen): Es hängt alles davon ab, daß wir Gott gern haben! Denen, die Gott lieben, gereichen alle Dinge zum besten (Röm 8,28). Da haben Sie die Wirkung. Wir suchen ja auch als heutige Menschen, die unter den Zeitverhältnissen leiden, eine Antwort, eine Lösung. Hier haben Sie sie. Gott bietet sie uns an. Mag kommen, was da will: Denen, die Gott lieben, gereichen alle Dinge zum besten.

Ich bekomme dieser Tage einen Brief von einem Herrn, der jetzt schon Jahr um Jahr Exerzitien hier gemacht hat und eingelebt ist in unsere Gedanken- und Wertwelt. Der nimmt jedesmal den Exerzitienstoff als Norm für sein *Brevierbeten* und ist jetzt am Prüfen – zumal in der zweiten Nokturn, auch sonst, wo er Zeit hat –: Wie offenbart sich im Brevier das Weltgrundgesetz? Und das bringt ihm neue Einsichten: *überall die Liebe.* Es ist schon so. Da haben wir den großen Kreislauf der Liebe, den Liebesstrom, der durch die Welt und durch unsere Seele zieht. Oder

[11] Z. B. 1 Joh 4, 11: Liebe Brüder, wenn Gott uns so geliebt hat, müssen auch wir einander lieben. – und 4, 16: Gott ist die Liebe, und wer in der Liebe bleibt, bleibt in Gott, und Gott bleibt in ihm. – 1 Petr 4, 8: Vor allem aber haltet fest an der Liebe zueinander; denn die Liebe deckt viele Sünden zu.

wenn Sie morgen während der *heiligen Messe* auch ein wenig füreinander beten, weil Gottes Gnade uns zusammengeführt hat – nicht einer geringen Abwechslung halber, dafür sind die Gedankengänge zu viele; auch nicht, um einer Anregung willen wie sonst –, dann sehen Sie auch hier die Liebe. Wir gehen in die Exerzitien, um wieder fähig zu werden, das Leben zu meistern. Heute mögen wir die Antwort haben, die Erkenntnis mag klar sein, aber wie schwach fühlen wir uns gegenüber der Durchführung der Erkenntnis! Darum morgen: Wie kommen wir zur Psychologie der Liebe, wie kommen wir mit unseren schwachen Kräften in der heutigen Zeit zu einer möglichst tiefgehenden und gesunden Welt- und Gottesliebe und Gottvereinigung?

Meine Herren, wenn wir das, was wir bisher durchgebetet haben, ruhig auf uns einwirken lassen, so mag wohl so langsam eine doppelte Spannung in unserer Seele wach geworden sein. Auf der einen Seite dieses ständige Betonen der inneren Haltung; das mag wohl etwas müde gemacht und die Seele innerlich stark vorbereitet haben auf die *Konzentration von der Haltung auf die Handlung*[1]. Die Frage ist nun: Was soll ich tun, um diese Haltung, die so erstrebenswert vor mir steht, zu erreichen? Meine Herren, ich darf Ihnen zwei Antworten geben.

Die eine Antwort: Die Liebe Gottes ist in unsere Herzen eingegossen durch den Heiligen Geist (Röm 5, 5). Dieses tiefere Erfaßtwerden des Gottestriebes in uns kann letztlich nur die Wirkung, die *umfassende Wirkung des Geistes Gottes,* des Heiligen Geistes sein – Sie werden das gegen Schluß des Vortrages besser verstehen –, und deswegen wohl auch unsere stille, besinnliche Erwartung, daß dieser Geist Gottes, der Heilige Geist, am Schluß der Exerzitien, heute nachmittag bei der Andacht, auf uns kommt. So haben wir uns ja eingestellt: die Exerzitien sollen und wollen eine Erneuerung der Weihe- und Pfingstgnade in uns werden[2].

[1] Zwar legt P. Kentenich gemäß den Grundsätzen seines Erziehungssystems größten Wert auf die Schaffung von Grundhaltungen – nicht Übungs-, sondern Gesinnungspädagogik! –, aber ohne Handlungen, ohne konkretes Verhalten und feste Formen verflüchtigt sich Geist und Haltung. So hat er in diesem Exerzitienkurs öfters geraten, nicht zu schnell an Vorsätze zu denken, es komme zuerst auf die Umwandlung des Lebensgefühls an; aber nun ist der Punkt gekommen, die nötigen Schritte zu überlegen und vorzunehmen, die auf dem eröffneten Weg zu gehen sind.

[2] Abrundender Rückgriff auf die Einstimmung (1. Vortrag).

Was wir in diesen Tagen miteinander durchbesprochen und durchgebetet haben, will nur aufgefaßt werden als Vorbereitung, so wie auch die Apostel um die Gottesmutter im Abendmahlssaal versammelt waren, bis der Geist Gottes kam, berührt, herabgezogen durch die starken, flehentlichen Sehnsuchtsrufe. Ich meine, das müßte auch unsererseits jeweils die Lösung aller innerseelischen Spannungen sein, wenn ich erkenne: So muß es sein. Die Seele muß innerlich erfaßt werden von der Gottesliebe. Aber wie weit bin ich davon entfernt, und wie lange werde ich dazu brauchen, bis ich ein kleines Wachstum dieser Gottesliebe in mir verspüre! Und die Antwort hierauf: Wir erwarten den Heiligen Geist. Emitte Spiritum tuum! Der soll erneut auf uns kommen und uns innerlich stark umwandeln im Sinne der glühenden Gottesliebe, im Sinne der caritas Dei.
Was wir darüber hinaus zu tun haben: die Frage, die uns auch wohl mehr und mehr auf den Lippen brennt, die möchte ich mitsamt der ersten beantworten, indem wir im Gedankengang der Exerzitien fortfahren. (Das) Weltgrundgesetz, von der menschlichen Seite aus, von unserer Seele aus (gesehen), wird auch von den drei Pfeilern getragen: Alles aus Liebe, alles durch Liebe und alles für Liebe. Auch das Ziel, der Sinn unseres Lebens soll eine möglichst innige Gottvereinigung sein; hier auf Erden schon, vor allem aber einmal in der Ewigkeit, in der visio beata.

Wie kommen wir nun zu dieser Liebesvereinigung? Die Antwort: *Alles durch Liebe,* das heißt alles durch Lieben. Sie wollen jetzt die Ausdrücke, die Inhalte der Worte wiederholen, wie wir sie, als wir von der göttlichen Seite sprachen, auseinandergesetzt haben. Alles durch Lieben will heißen: durch Liebeserweise. Ich glaube, wir können uns jetzt an sich philosophisch

und psychologisch exakter ausdrücken: Alles *durch Liebesbewegungen.*
In der kurzen Zeit, die uns zur Verfügung steht, wollen wir mehr konkret sprechen und uns deswegen um zwei Fragen und deren Beantwortung bemühen. Die erste Frage ist sehr schnell gegeben und auch beantwortet, nämlich der Sinn dieses pädagogischen Gesetzes. Zweitens die Frage nach den Wachstumsgesetzen.

Die erste *Frage nach dem Sinn*: Alles durch Liebe, durch Lieben oder durch Liebesbewegung. Den Sinn des Gesetzes können Sie sich selbst klarmachen, wenn Sie in sich das Bild vom Liebesbaum erneuern. Da haben Sie dort oben die Früchte. Wie kommen wir zu den Früchten? Ja wir müssen erst die Zweige und die Blätter haben. Die Zweige und Blätter sitzen am Baum. Der Baum, der Stamm, was ist das? Liebesbewegung. Durch Liebesbewegung, es muß also der Liebestrieb in Bewegung gesetzt werden. Wohin? Zur Liebesvereinigung. Und was setzt das voraus? Wir haben es von gestern noch in Erinnerung: Sympathie zwischen uns und Gott, zwischen Gott und uns. Was setzt die Sympathie voraus? Gleichheit und Ungleichheit im Sinne einer gegenseitigen Ergänzungsbedürftigkeit und -fähigkeit. Sie müssen sich das vergegenwärtigen. Der Gedankengang ist dann sofort klar.

Wir wollen wiederum, weil die Zeit zu kurz ist, gleich zum zweiten Gedankengang übergehen, zur *Frage nach den Wachstumsgesetzen* der Liebesbewegung, des Liebestriebes[3]. Ich gebe Ihnen vier an, bemühe mich

[3] Hier und im Folgenden läßt sich P. Kentenich zwar wieder von Müller (132 ff.) anregen, aber in der prägnanten Inhaltsbestimmung und Formulierung der einzelnen Wachstumsschritte stellt er seine eigene Erfahrung und Einsicht grundsätzlich dar und benutzt die eigene, längst erarbeitete Nomenklatur.

aber, wenigstens alles namhaft zu machen, was hierher gehört, bis oben hinauf und hinein in die höchsten Stufen des geistigen Lebens. Ich werde diese Wachstumsgesetze auf den Stufen des geistigen Lebens im einzelnen durchführen und das für unsern augenblicklichen Seelenzustand Bedeutende gleich herausheben. Das meiste, was ich zusammenfassen darf, haben wir schon zerstreut da und dort in diesen Tagen gesagt und praktisch angewandt.

Erstes Wachstumsgesetz: Sorge dafür, daß du den großen Gott als das höchste Gut erkennst und wertest! Der psychologische Grund dafür: Ist es nicht so, meine Herren, ist der Wille als Liebestrieb nicht eingestellt auf das bonum? Soll deswegen die Bewegung nach Gott, nach oben, stark werden, soll sie wachsen, was setzt das dann voraus? Daß ich *Gott* auch mehr und mehr erkenne und werte als das, was er ist: *der höchste Wert,* das höchste Gut. Hier müssen wir uns einander die Richtung weisen und weisen lassen hinein in die Arbeit während des Jahres. Ich darf Sie bitten und Ihnen raten: Halten Sie doch während des Jahres Ihre Betrachtungen häufig über die *Eigenschaften Gottes*! Ich brauche das für mich, damit ich Gott wirklich wieder schätzen und werten lerne, aber auch vielleicht für mein Volk, damit ich meinem Volk wieder aus innerer Glut heraus den Gottesbegriff wertgesättigt weitergeben kann. Liebe entzündet sich ja doch in alleweg immer am Lieben. Wenn ich nicht selbst am Leben Gottes hänge, wie kann ich dann unserem armen Volk den so vielfach als tot empfundenen Gott wieder lebendig darstellen? Wie kann ich wieder Gott als das höchste Gut werten und schätzen lehren und lernen?
Zwei Antworten, die für unseren augenblicklichen Seelenzustand von Bedeutung sind: Erstens, ich kann

es auf dem Weg der gewöhnlichen Betrachtung, zweitens, ich kann es auf dem Weg des Lebens.
Auf dem *Weg der gewöhnlichen Betrachtung,* den Zeiten des konzentrierten Hingegebenseins an Gott. Nebenbei gesagt, sie brauchen nicht bewertet zu werden im Sinn einer methodischen Betrachtung, der Schulmeinung von methodischer Betrachtung; es kommt nur darauf an, daß ich mich eine Zeitlang konzentriert mit Gott auseinandersetze. Ich werde mich während dieser Zeit stark mit Gott als dem großen und größten Wert meines Lebens auseinandersetzen: wägen und ringen und zumal den Heiligen Geist anrufen, damit er mir helfe, die Eigenschaften Gottes vor mir zu sehen, möglichst tief innerlich zu erfassen und zu erleben.
Auf dem *Weg des Lebens.* Vielleicht ist das für aktive Naturen besser. Wenn ich also während des Tages Menschen sehe, die so viele edle Werte für mich repräsentieren, die mich anziehen, oder wenn ich sonst irgendwie im Leben etwas Wertvolles entdecke, was mich anzieht, so müßte ich, wenn ich eine ausgeprägte Gottesliebe in mir habe, auch gleichzeitig den starken Zug in mir verspüren: Was ist das aber alles gegen Gott! Ich spüre nicht nur erkenntnismäßig, sondern auch lebensmäßig, daß diese einzelnen Wertstufen emporführen zum großen Gott. Ich ringe um erlebnismäßige Durchdringung, indem ich immer wieder mich daran erinnere: Herrgott, was ist das alles gegen dich, du Liebe des Lebens! Was das Wichtigste für uns heutige Menschen ist, dieweil wir es vergessen: Wir müssen uns mit dem Affektleben hindurchdrängen durch die Dinge, an denen wir hängen, um an Gott zu hängen. Die Zeit, die wir dazu verwerten, ist ja keine Zeit, es geht ja nebenbei. Ich lebe ein religiöses Leben; es mag sein, daß es nicht sonderlich viele religiöse Übungen sind, die ich auf die Tagesordnung gesetzt

habe, aber Sie müssen immer unterscheiden zwischen religiösem Leben und religiöser Haltung. Haltung ist Mittel zum Leben, und Leben ist letztlich die Hauptsache.

Zweites Wachstumsgesetz. Wir haben es schon oft besprochen. Es heißt: *Glaube dich überall von Gott überaus innig geliebt, und suche mit derselben Innigkeit ihn wiederzulieben.*
Das Gesetz hat zwei Teile. Beide sind uns gut bekannt.

Ich soll *mich von Gott überaus innig und möglichst innig geliebt glauben.* Wissen Sie, besser wäre es noch – aber das ist nicht in unserer Gewalt –, wenn ich zum Glauben – oder besser gesagt: dem Glauben – noch ein anderes Wort beifügen würde und dürfte: Glaube, ja nach Möglichkeit fühle dich von Gott überall überaus innig geliebt[4]! Wir haben uns doch bemüht, soweit das für ein paar Tage möglich ist, die *theologische* Überzeugung in uns zu vertiefen, daß tatsächlich radi-

[4] Eines der wichtigen Anliegen für den Kenner der modernen Seele, die an der Armut, dem Elend, keine bzw. zu wenig Liebe erfahren zu haben, leidet. In den S. 385, Anm. 40 zitierten Exerzitien (1937, ebenfalls für Priester!) spricht P. Kentenich beschwörend davon: »Das ist ein persönliches Ja zu unserer Person. Gott liebt mich persönlich. Ich glaube gar nicht, daß Sie das glauben. Ich glaube mir selbst nicht, daß ich es glaube, das heißt lebendig glaube. Wenn wir wirklich davon überzeugt wären, daß der liebe Gott uns als Person, persönlich liebte – Paulus sagt, ›dilexit me!‹ –, Sie würden sehen, wie schnell unser Leben aus den Angeln gehoben würde! Wie wir bei uns ein Es voraussetzen, wenn wir beten, so auch bei Gott. Wir meinen, es wäre eine Es-Liebe – Liebe zu irgend etwas – aber keine Du-Liebe, bei Gott, aber daß er mich als Person liebt, bleibt mir fremd.« (Kindsein vor Gott, 296.)

kal alles, was der liebe Gott tut und zuläßt, ein Ausfluß seiner ausnehmenden Vaterliebe ist. Was werde ich also tun müssen? Die Gedankengänge, die wir bisher, zumal am Anfang des zweiten Teiles, durcharbeiteten, uns erneut vergegenwärtigen! Da haben Sie dann den theologischen Grund. Und den *psychologischen Grund*? Wir kennen ihn sehr gut. Unser Liebestrieb wird dann am schnellsten geweckt, wenn er sich geliebt weiß, fühlt und geliebt glaubt. Ich meine, das müßte überhaupt eine der wichtigsten Errungenschaften unserer Überlegung sein, daß wir die innere Wesensstruktur unserer Natur und Seele besser und tiefer erfassen. Überall sollen wir uns überaus innig von Gott geliebt glauben und fühlen. Ich erinnere noch einmal an das, was ich schon alles zusammenfaßte, an das Meisterstück unserer Erziehungskunst und Lebenskunst: Ich muß es so weit bringen, daß ich da, wo es in meinem Leben wetterleuchtet, mich im Licht des Glaubens auch geliebt glaube, geliebt wähne, ja bisweilen geliebt fühle. *Das Leid*, das er mir schickt, es ist *Ausdruck des göttlichen Wohlgefallens.* Der alte römische Dichter hat ja schon das Wort geprägt sunt lacrimae rerum[5], die Dinge weinen, sind mit Tränen, sind

[5] Vergil, Aeneis I, 462. – Dazu Th. Haecker in seinem berühmten Buch »Vergil – Vater des Abendlandes«: »Der Halbvers ist der unübersetzbarste der Aeneis . . . er sagt nicht bloß – die erste, noch durchaus banale Erklärung –, daß gewisse Dinge von den Menschen beweint werden, sondern auch, daß die Dinge selber ihre Tränen haben, oder besser, daß da Dinge sind, die mit keiner anderen Antwort zufrieden sind als mit Tränen, die durch nichts wirklich *erkannt* werden, durch nichts anderes ausgeglichen werden können als durch Tränen . . .« (Gesammelte Werke V, München 1967, 111). Das Buch, erstmals 1931 erschienen, hat damals, und dann angesichts des »Untergangs des Abendlandes« durch das NS-Regime, viel Echo gefunden und war auch P. Kentenich bekannt.

mit Leid verknüpft. Das wissen wir besser als manche Neuerer, die da meinen, durch ihre Reformarbeit könnten sie die Erde zu einem Paradies, zu einem leidlosen Zustand machen. Das geht nicht. Wir können die Verhältnisse etwas ändern, manches Leid etwas mildern, aber solange wir sterblich Geborene im sterblichen Leib wandeln, müssen wir uns auf Leid gefaßt machen. Deswegen die Lebenskunst: Das Leid ertragen helfen! Das Leid beseitigen können wir in den meisten Fällen nicht. Sunt lacrimae rerum, die Dinge sind mit Leid, mit Kreuz verbunden. Und wenn ich es fertigbrächte, im Licht des Glaubens – freilich geht es leichter, wenn meine Liebe stärker geworden ist – alles so aufzufassen, dann hätte ich das Beste fertiggebracht. Ich soll mich also überall geliebt glauben, nach Möglichkeit geliebt fühlen, zärtlich geliebt fühlen und glauben. Aber das genügt nicht.

Meine Herren, meine Antwort will und muß sein: Ich muß den lieben Gott auch *ebenso herzlich wiederzulieben suchen.* Hier müssen wir ein wenig stehenbleiben und all die Fragen beantworten, die Sie bisher auf meinen Rat hin unterdrückt haben. Und ich darf Ihnen dankbar sein, wenn Sie sie unterdrückt haben, wenn Sie Ihre Kraft nicht verzettelt haben in der Sucht nach Vorsätzen. Wiederlieben, zärtlich wiederlieben. Ich darf Ihnen zwei Teilfragen stellen. Ich muß Ihnen erstens sagen weshalb, zweitens aber auch auf welche Weise.

Weshalb wiederlieben? Die Antwort ist eine selbstverständliche, und trotzdem werden Sie finden, wenn Sie die Geschichte der religiösen Bestrebungen kennen: Hier scheiden sich die Geister. Wiederlieben! Wie lernt man lieben? Das ist ja der Sinn unserer Überlegung. Sie kennen die schlichte Forderung des heiligen Franz von Sales, die er anderswo erklärt hat: *Lieben lernt man am besten durch Lieben*[6]. Wiederlieben ist der Sinn meines Lebens. Ich muß den lieben Gott wiederlieben. Durch seine Liebeskraft, durch seine Liebeserweise wird der Liebestrieb in mir geweckt, ja er will mit ihm zur Liebesvereinigung kommen. Wie komme ich dazu? Durch Liebe! Wie wahr das ist, sehen Sie im praktischen Leben. Betrachten Sie ein Brautpärchen. Wie kommen die dazu, sich herzlich gut zu sein, sich herzlich gern zu haben, wie wächst das zutrauliche, das vertrauliche Verhältnis? Sie werden antworten: Wir lieben einander! Die alte Philosophie sagt: Fit habitus per repetitionem actuum[7]. So kommt Liebesver-

[6] Thomas von Aquin erklärt (S.th. I–II, 14, 6), inwiefern man »Lieben durch Lieben lernt«: durch den Akt der Liebe wird man leichter zum liebevollen Handeln geleitet, so daß die Gewohnheit, zu lieben, wächst. – Ob und wo Franz von Sales »diese schlichte Forderung« erhebt, ist mir unbekannt. Sie ist mir aus der Lektüre des Theotimus nicht erinnerlich. P. Kentenich mag diese Sentenz aus Müller (132) entnommen haben, der Ludwig von Granada (Gebet und Betrachtung, Freiburg 1912, 20) zitiert: »Wenn man durch Malen ein guter Maler wird, ... so nimmt man auch durch Lieben immer mehr in der Liebe zu.«

[7] Haltung entsteht durch Wiederholung der Akte. – Zu der Frage, ob hier das Originelle der salesianischen Aszese zu suchen ist, vgl. Anm. 6. Müller (133) spricht in diesem textlichen Zusammenhang vom »unvergänglichen Verdienste des größten Meisters des frommen Humanismus«, was sich aber nicht so sehr auf das Lieben-Lernen durch Lieben als auf die Bedeutung der Liebe als »einzigen Weg zur Gottverbundenheit« bezieht. Ob mit der Maxime, der Habitus ergibt sich durch die Repetition der Akte, getroffen werden kann, was für Franz von Sales das Originelle und Bedeutsame ist, nämlich daß weder Wohlgefallen noch Vereinigung, sondern die Liebesbewegung »das eigentliche Wesen der Liebe« ist: »das Bewegtsein und Überströmen des Herzens, das dem Wohlgefallen sofort folgt und in der Vereinigung zur Vollendung kommt« (Theotimus I, 7, 3; Werke III, 65), sei dahingestellt. Für P. Kentenich geht es bei der Betonung des Originellen, wie die folgenden Ausführungen zeigen, nur um die – auch von Müller betonte – Feststellung, daß für Franz von Sales nicht nur das Ziel, sondern auch der Weg zur Heiligkeit Liebe ist.

einigung zustande, wenn die Liebesakte gehäuft werden.
Meine Herren, hier berühren wir das Originelle der salesianischen Aszese. Vielleicht gestatten Sie mir – wenn hierdurch auch ein klein wenig der eigene Gedankenkreis durchbrochen wird –, schnell dazu Stellung zu nehmen. Sie werden gemerkt haben, wie wir uns mit allen greifbaren religiösen Kulturbestrebungen der heutigen Zeit auseinandersetzten. Es mögen viele Dinge berührt worden sein, die noch nicht aktuell sind, aber sie werden in absehbarer Zeit aktuell. Und je klarer wir uns in die Welt hineingestellt, desto klarer fühlen Sie das Felsenfundament. Hier ist das Kernstück der salesianischen Aszese. Franz sagt: Ich lerne lieben durch Lieben; all die anderen Wege führen nicht zum Ziel. Was darf ich Ihnen sagen? Franz auf der einen Seite, die Lehrer des geistlichen Lebens, das heißt andere Lehrer, auf der anderen Seite[8]. Die sagen theoretisch auch alle: *Das Wesen der Heiligkeit*

[8] Müller (135) verweist auf den Unterschied in der Lehre St. Augustins zur Lehre der Scholastik und u. a. auf den Unterschied in der Inhaltsbestimmung, die Thomas von Aquin im Gegensatz zu Franz von Sales der Frömmigkeit (devotio) gibt: für jenen ist die Gerechtigkeit, für diesen die Liebe der Ausgangspunkt. Auch das Bild vom Lampenschirm ist »ein Vergleich«, dessen sich Müller bedient: »Eine brennende Kerze ist hinter einem Lichtschirm zwar deutlich sichtbar, die Bilder des Schirmes aber springen greifbarer in die Augen als das sie erhellende Licht. So pries man auch manchmal die höchst wertvollen Leistungen des Betens, Fastens und Almosengebens, des Ordensstandes und seiner drei Gelübde, ohne zugleich den Wertspender, die Gottesliebe, mit demselben, ja wie es Logik und Theologie fordern, mit noch größerem Lobe zu bedenken. Darin liegt nun die große Bedeutung des hl. Franz von Sales für die katholische Moraltheologie und besonders für das religiöse Leben, daß er – wenn wir im Bilde bleiben wollen – das Licht vor das Bild stellte. Es ist dasselbe Licht, dasselbe Gemälde. Nur die Stellung ist neu, neu gegenüber der vorausgegangenen Zeit.«

besteht in der Liebe; wollen wir zur Liebe gelangen, so müssen wir lieben. Aber jetzt kommt der Unterschied: sie räumen der Eigenständigkeit der anderen Motive viel mehr Spielraum ein. Ich darf einmal im Bild sprechen: Der heilige Franz würde dieses *Bild* gebrauchen: Ich habe da einen *Lampenschirm,* dort habe ich das Licht. Was soll das Licht bedeuten? Das Licht ist die Liebe. Der Lampenschirm sind die einzelnen Akte. Auf dem Lampenschirm sind allerlei Bilder gemalt. Ich kann das Licht nun in, das heißt hinter den Lampenschirm stellen und vor den Lampenschirm. Die gewöhnliche Art der Aszese, wie sie gang und gäbe ist, die Art, wie wir sie gelernt haben, stellt das Licht in den Lampenschirm oder hinter den Lampenschirm, damit das Licht die Bilder, die auf dem Lampenschirm sind, beleuchtet. Das geht wohl. Aber was tritt hier stärker in Erscheinung? Das Licht tritt zurück und die Bilder treten hervor. Ich setze zum Beispiel einen Akt der Gottesverehrung, beuge das Knie oder sonst etwas: Wo ist das eigenständige, unmittelbare dogmatische Motiv für diesen Akt? Es ist ein Akt der Gerechtigkeit Gott gegenüber. Sehen Sie, dieser Akt der Gerechtigkeit soll im Hintergrund inspiriert werden von der Liebe, vom Licht. Hier habe ich dann unmittelbar: Ich setze einen Akt der Gerechtigkeit Gott gegenüber. Und wo steht das Licht? Hinter dem Lampenschirm. Franz von Sales würde das nicht zulassen: Das stimmt nicht, so komme ich nicht zum Ziel, würde er sagen. Wohin soll ich das Licht also stellen? Nicht hinter den Lampenschirm, sondern vor den Lampenschirm, denn der Akt ist primär ein Akt der Liebe und sekundär ein Akt der Gerechtigkeit.

Wer sich mit diesen Dingen für praktische Zwecke auseinandersetzen will, muß das durchdenken. Damit nehme ich mit ein paar Worten Stellung zu dem Buch. Sie dürfen es nicht ideell deuten.

Von hier aus haben wir auch eine Lehre, die *Organismuslehre*[9]. Die ist weder salesianisch, noch benediktinisch, noch jesuitisch. Organismuslehre. Hören Sie, die Lehrer des geistlichen Lebens sind *in ihrem System* zutiefst *abhängig von ihrer eigenen Entwicklung.*

Von jesuitischer Seite wird beispielsweise das System des heiligen Franz zum Teil, ich kann nicht sagen abgetragen, aber beiseite geschoben, da man erklärt: Franz ist der Lehrer der Heiligkeit für Frauen, Ignatius für Männer. Das ist nicht richtig, meine Herren. Und trotzdem steckt hier etwas Wahres, was wir für uns in Anspruch nehmen wollen. Das gebe ich zu: die Art, wie *Franz* die Aszese darstellt, ist von vorne bis hinten, von Anfang bis zum Ende unmittelbar stark zugeschnitten *für stark emotionale Naturen.* Jedoch haben wir das nicht nur bei den Frauen, sondern auch bei den Männern. Emotionale Naturen hatten auch schon vor Franz das, was er lehrte, auf sich angewandt.

Die anderen, *die stark intellektuell und voluntaristisch eingestellten Naturen,* was ist mit denen? Ich darf Ihnen sagen, wie die die Dinge sehen. Sie müssen dann prüfen, ob die Dinge stimmen. Es wäre verkehrt, wenn die damit anfangen würden, den Weg des heiligen Franz zu gehen; die würden nicht zum Ziel kommen. Die müssen bei sich – nehmen Sie auch die Jugend, die männliche; auch bei der weiblichen würden

[9] P. Kentenich stellt im folgenden die Differenzen der geistlichen Lehrer und ihrer Systeme in größere psychologische Zusammenhänge, so daß die einzelnen Positionen in ihrem Eigengewicht hervortreten, in ihrem exklusiven Anspruch aber zurücktreten. Dieses organische Verstehen und Integrieren der verschiedenen Standpunkte und Strömungen, die auf Lebensfragen und -bedürfnisse eine je richtige und verschiedene Antwort zu geben vermögen, ist zugleich ein Kennzeichen der Originalität des »Systems« von Schönstatt, d. h. von dessen Gründer.

Sie das finden – besonders die originellen eigenständigen Motive herausstellen. Wenn ich das zum Beispiel anwende auf die Erziehung oder meine eigene Erziehung zurückverfolge und da sehe, daß ich selbst mehr positiv eingestellt bin, auch in der Liebe, dann werde ich Liebe mehr empfinden als *Liebe zur Idee,* nicht zur Person. Sehen wir nun beim heiligen Franz von Sales nach. Der sieht die Liebesbewegung als Liebe zur Person, sieht mehr die personelle Liebe. Das können wir aber auch bei vielen anderen Typen in dieser ausgeprägten Form nicht verlangen. Fangen Sie einmal mit der Jugend an! Dienstwillen, Ehrfurcht, Gerechtigkeit, das sind Ideen, ist Liebe zur Idee. Deswegen haben Sie hier an sich den Typ des heiligen *Ignatius,* besonders bei ausgeprägter Männlichkeit; vielleicht da und dort zu einseitig ausgeprägt.

Darum zusammenfassend: Die Liebe kann Liebe zur Idee und Liebe zur Person sein. Emotional eingestellte Naturen müssen von Anfang bis zum Ende ständig geführt werden auf dem Weg der unmittelbaren Liebe zur Person; es mag natürlich auch Liebe zur Idee etwas stark hinzukommen. Ausgeprägte voluntaristisch-intellektuelle Naturen werden Sie nicht von heute auf morgen in starker Weise auf den Weg der Liebe zur Person bringen können; darum brauchen sie *Durchgangsstadien.* Im Sinne des heiligen Ignatius werden sie lange, lange Strecken brauchen, da sie an der Liebe zur Idee hängen: Dienstwillen, Zucht, Kraft. Aber letztlich werden wir alle einmal dazu kommen, daß wir diese Liebe zur Idee *einmünden* lassen müssen *in eine Liebe zur Person,* sonst bleiben wir Stümper, werden nie Heilige. Denn wenn es heißt, die Gottesliebe ist das Maß der Heiligkeit, dann ist nicht die Liebe zur Idee gemeint, sondern die Liebe zur Person.

Sie müssen die Dinge mitnehmen ins persönliche Leben, sonst greifen Sie fehl; zumal, wenn Sie das Buch durchlesen. Das bricht eine Lanze für Franz und wirft alles andere beiseite. Das dürfen wir nicht annehmen. Wenn ich aber die Zusammenhänge kenne, werde ich schnell von der Liebe zur Idee zur Liebe zur Person kommen. Wenn ich *emotional* bin, werde ich die Liebe zur Person schneller bekommen. Die Frauennatur wird generatim von Anfang an diese Wege zu führen sein. Wer mit Schwestern zu tun hat, wird von Anfang bis zum Ende diesen Weg gehen, so, wie Sie es in diesem Buch noch viel stärker finden. Wer aber mit anderen Naturen zu tun hat, muß den Weg wie bisher gehen, muß ihn aber sehr schnell gehen[10]. Dieser Weg ist für uns alle in unserem jetzigen Seelenstadium der gegebene. So alt müssen wir sein, daß ich von mir selbst weiß, wie schmerzlich es ist, eine *voluntaristisch-intellektuelle Natur* zu sein und dabei den großen Abstand zu fühlen, von der Liebe zur Person noch so weit entfernt zu sein. Aber wir müssen alle so weit sein, daß wir das, was Franz von sich aus lehrt, auch benutzen können: Wir müssen das Licht vor den Lampenschirm stellen, nicht hinter ihn.

Das gleiche haben Sie, wenn Sie vergleichen, *was Franz von Sales und was Thomas von der Frömmigkeit sagen*[11]. Was ist Frömmigkeit bei Thomas? Ein Akt der Gerechtigkeit Gott gegenüber. Darum kümmert sich Franz aber nicht. Er geht originell vor bei der Frage, was Frömmigkeit sei. Er beobachtet das Leben und nimmt das Ganze in der Totalität: *Frömmigkeit* ist weiter nichts als die *Hochglut der Gottesliebe.* Was er sieht, ist das vollendete originelle Liebesmotiv. Andere Dinge sieht er nicht; und wenn er sie sieht, dann stellt

[10] Eben als Durchgangsstadium, wie oben festgestellt. P. Kentenich läßt sich zur organischen Schau durch pädagogische Einsichten und Bedürfnisse führen.

[11] Müller entfaltet die Gegenüberstellung über mehrere Seiten: 135 ff.

er sie in den Hintergrund. Das ist die Art, wie auch wir später, wenn wir reifer sind, die Dinge sehen müssen.

Dasselbe habe ich auch, wenn ich an die heilige Messe denke. Da ist das Ganze als Akt der Religion ein Akt der Gerechtigkeit. Aber je reifer ich geworden bin, desto mehr werde ich das Licht wegnehmen und es nicht hinter den Lampenschirm stellen, sondern vor ihn, und auch das Motiv der Gerechtigkeit zurückstellen. Ich liebe dann einfach. Ich will gewiß auch zelebrieren, um dem großen Gott einen Akt der Sühne zu leisten, aber es muß viel mehr ein Akt der Gottesliebe sein.

Ich weiß nicht, ob es klug ist, alles so auszubreiten, aber ich bin verpflichtet für alle, die schon lange streben, um draußen in ihrem Kreis apostolisch tätig zu sein. Jetzt wissen Sie, warum wir lieben müssen und wie das Lieben bald ein Lieben der Idee, bald eine Liebe zur Person ist, aber letztlich immer eine starke Liebe zur Person werden muß.

Jetzt kommt die Frage in Betracht: Wie können wir das? Schnell die Antwort. Ich gebe sie Ihnen im Sinn der alten Aszese. Es gibt eine effektive und eine affektive Liebe (vgl. Anm. 1, S. 387). Zuerst klare Begriffe und dann die Anwendung! *Affektive Liebe,* empfindungsmäßige Liebe. Aus theologischer Haltung heraus müssen wir sagen, sie bleibt unmittelbar bei Gott stehen, geht nicht über den unmittelbaren Gegenstand hinaus, mag nun Gott in sich oder Gott in seinen Eigenschaften das Objekt, der unmittelbare Gegenstand sein. Ich freue mich an Gottes Wesen, ich liebe Gottes Eigenschaften, ich freue mich, daß Gott selbst geliebt wird. Was ist das? Affektive Liebe. Wie übe ich die? Hören Sie erst, was *effektive Liebe* ist. Die bleibt nicht bei Gott allein stehen, sondern möchte, daß das Hin-

gegebensein an Gott auch andere Akte in Bewegung setzt, zum Beispiel Akte der Abtötung, des Gehorsams. Da wird die effektive Liebe wirksam in einzelnen Handlungen und Tugenden.
Nun müssen Sie überprüfen: Was ist für mich persönlich gegenwärtig das Wichtigste? Viele von Ihnen werden sich sagen: Mir fehlt es an der affektiven Liebe. Gerade den stark voluntaristisch-intellektuellen Naturen, denen fehlt es meist an dieser warmen Liebe. Nun müssen Sie nicht denken, das wäre mädchenhaft. Da dürfen wir aber auch nicht stehenbleiben und dürfen nicht übersehen, daß *das Affektive zum Effektiven werden* muß. Diese innige Gebundenheit an Gott, wenn ich an Gott hänge, muß das ganze Räderwerk in Bewegung setzen.
Ich darf Sie fragen und bitten, hören Sie das, was wir jetzt sagen, *im Organismus* und fragen Sie sich: Worauf liegt der Akzent[12]? Dasselbe gilt auch für die Führung anderer. Mir scheint aus der Art der Kulturlage, wie wir sie kennen, natürlich, daß wir das meiste Gewicht legen müssen auf das affektive, herzliche Gebundensein an Gott. Andere, die emotional eingestellt sind, denen das wahre Gebetsleben, dieses unmittelbare Gebundensein an Gott empfindungsmäßig leichtfällt, die müssen den Akzent auf das Kraftvolle, auf das Effektive legen: wie sich die Liebe in wirklicher Kraft und in wirklichem Leben zeigt. Es soll aber kein Dusel sein, darum möglichst klar den gesamten Organismus vor uns sehen!

Hören Sie jetzt bitte: Wie offenbart sich jetzt bei uns *das affektive Liebesleben*? Die Antwort mag ich schon

[12] Im organischen Denken und Leben kommt es, wie P. Kentenich oft betont, auf die Fähigkeit an, die *Akzentverschiebungen,* die Natur und Leben verlangen, zu beachten und zu berücksichtigen.

antizipieren: *im Gebetsleben.* Was wollen wir vom Gebetsleben sagen? Nichts Grundsätzliches herausheben, sondern für das praktische Leben sprechen. Gebet ist ein schlichter Verkehr mit dem lieben Gott. Sie mögen den Kurs von der Werktagsheiligkeit durcharbeiten, wo ich ausführlich vom Gebet gesprochen habe[13]. Aber lassen Sie sich jetzt etwas sagen: Donoso Cortés hat einmal bei Gelegenheit gemeint, es hätte den Anschein, als wäre die Weltregierung im wesentlichen dadurch bestimmt, daß es in der jeweiligen Zeitlage eine *gesunde Proportion* gäbe *zwischen Arbeit und Gebet*[14]. Wie kommt er dazu? Es ist nur die Anwendung aus der Heiligen Schrift. Sehen Sie das auf unser Leben angewandt. Ich darf mich darum einmal fragen: Ist in meinem Leben eine wirkliche Proportion zwischen äußerer Tätigkeit und Gebet? Wenn ich es zuspitzen wollte auf unseren Fragenkomplex, so müßte ich fragen: Ist eine Proportion vorhanden zwischen affektiver und effektiver Liebe? Mir persönlich imponiert es ungemein, wenn ich den Heiland in seiner Einsamkeit sehe. Er ist der Führer des Volkes, der uns in vielen, ja in allen Dingen Vorbild sein darf. Er steht da, opfert sich für sein Volk, und wenn er abgerackert ist, steht er vor uns in der herben *Zweieinsamkeit in und mit Gott.* Glauben Sie nicht, daß die wahren Führer des Volkes auch soweit kommen müssen? Es darf aber keine herbe Einsamkeit sein, sondern nur Zweieinsamkeit in Gott. Kommt nicht, wenn das Wort von Cortés einen Sinn hat, die *Katastrophe in der*

[13] Vgl. WH, 66 ff. – Im übrigen sei auch auf einen späteren Kurs verwiesen (1938: Liturgische Werktagsheiligkeit), der ausschließlich das liturgische Beten behandelt.

[14] Vgl. WH, 71: »Ein großer katholischer Staatsmann meint einmal, Gott habe Ordnung, Ruhe und Frieden unter den Völkern abhängig gemacht von dem rechten Verhältnis zwischen Arbeit und Gebet.«

heutigen Zeit eben daher, daß die Proportion zwischen Gebet und Arbeit nicht gewahrt ist[15]? Haben wir die Arbeit nicht zu stark betont und das Gebet in den Hintergrund treten lassen? Haben wir nicht das affektive Liebesleben in den Hintergrund treten lassen? Aber affektiv jetzt nicht mit Gebetsschwärmerei verwechseln!

Ja, meine Herren, prüfen Sie bitte einmal: Welche Bedeutung hat denn die *Pflege des Gebetslebens*? Ich möchte Gebetsleben aufgefaßt wissen *als konzentriertes Hingegebensein an Gott*; nicht nur schlichtes Verbundensein während des Tages, sondern konzentriertes Hingegebensein. Wir sagen sonst dafür geistliche Übungen. Welche Bedeutung haben sie? Soll ich Ihnen das zusammenfassen, was wir früher bei anderen Kursen ausführlich besprochen haben[16]? Ich muß Ihnen sagen: Erstens, dieses konzentrierte Hingegebensein an Gott bei Gelegenheit der Gebetsübungen ist der normale und gesunde Ausdruck unseres Liebeslebens. Überlegen Sie, ob das stimmt. Zweitens, so, wie die moderne Kultur unser heutiges Leben beeinflußt, werden wir auf die Dauer nicht ohne schwere Sünde durchkommen, wenn wir nicht diese Zeiten des konzentrierten Gebetes festhalten. Wollen Sie das bitte nachprüfen! Ohne dieses konzentrierte Hingegebensein im Gebetsleben und bei den Übungen werden wir auf die Dauer nicht ohne schwere Sünde durchkommen. Ich weise es nicht nach, weil ich es früher aus-

[15] Nicht nur im Blick auf kommunistische Infiltrate und allen praktischen Materialismus, nicht nur im Leben des Christen in säkularisierter Leistungsgesellschaft, sondern innerhalb all dessen gilt das vor allem auch für die Priester und ihre (Rollen-)Probleme in der heutigen Zeit noch mehr als 1934.

[16] Vgl. WH, 71: »Das Gebet ist für ihn« – den Werktagsheiligen – »der normale Ausdruck der Gottesliebe.« Vgl. auch später: Kindsein vor Gott, 128 ff.

führlich getan habe. Drittens, gerade durch das konzentrierte Hingegebensein an Gott wird unsere ganze Tätigkeit ungemein fruchtbar; schon deswegen, weil wir uns ständig zurückorientieren auf die Quellen der Frucht, auf Christus, den Gottmenschen.

Es muß deswegen für alle aus Ihnen, die mit dem Inhalt des Exerzitienkurses Ernst machen wollen, die sich selbst immunisieren wollen gegen den Zeitgeist, die den Geist des Bolschewismus in sich und anderen überwinden wollen, die Überzeugung und die Frage sein: *Wie sichere ich meine Gebetszeiten* und meine Gebetsübungen? Die Frage ist nicht überflüssig. Was soll ich tun? Die Antwort kennen Sie. Ich kann die Sicherungen meiner Gebetsübungen zum Gegenstand der heiligen Beichte machen, kann eine Geistliche Tagesordnung (G. T. O.) aufstellen und schriftlich kontrollieren, was kann ich nicht alles! Sie müssen selbst den Weg finden: Wie sichere ich meine G. T. O., meine Zeiten des konzentrierten Hingegebenseins an den großen Gott?

Das mag genügen, um den Gedanken des affektiven Liebeslebens in unserer Seele in etwa zu klären und zu sichten. Ich habe aber auch zweitens gesagt, wiederlieben sollen wir nicht nur affektiv, sondern auch *effektiv,* das heißt *dieses Gebundensein an Gott muß auch andere Tugenden stark in Bewegung setzen.* Da haben Sie die starke Orientierung von der Liebe aus, den großen Organismus. Welche Tugenden sind das? Franz von Sales hat eine ganze Menge namhaft gemacht[17]. Welche Eigenschaften und welche Tugenden inspiriert die Liebe nicht? Letztlich muß die Liebe restlos alle Tugenden in uns in Bewegung setzen.

Hier müssen Sie sich fragen, und zwar höchst persön-

[17] Vgl. Theotimus XI, 2 ff. (Werke IV, 227 ff.).

lich fragen: Wie kann ich persönlich dem lieben Gott meine Liebe beweisen? Durch die Tat! Wo ist *meine schwache Stelle*, worauf muß ich Gewicht legen[18]? Bitte, fragen Sie sich selbst! Es wird gar nicht viel sein; vielleicht viel der Anzahl der Fehler nach, aber wenn Sie auf die Quelle schauen, werden Sie nur eine einzige finden. Und das Opfer, das mich das kostet, das muß ich bringen.

Sie wollen mir gestatten – die eigene Tätigkeit müssen Sie selbst tun –, daß ich auf ein paar Punkte aufmerksam mache. Worauf darf ich hinweisen? Darf ich Ihnen die Abtötung nennen und für die Ordensleute die *Gelübde*? Auch hier müssen Sie prüfen: Auch diese Dinge, auch die Gelübde haben unmittelbar ein anderes Motiv, und darin liegt an sich wohl die Möglichkeit einer neuen Bewegung, die im Sinne des heiligen Franz das Liebesmotiv stärker in den Vordergrund stellt und die anderen, eigenständigen Motive in den Hintergrund treten läßt. Die Gelübde haben ein anderes, eigenständiges Motiv und formale[19]. Aber wir dürfen nicht übersehen, daß die Gelübde Armut, Keuschheit und Gehorsam die Liebe inspirieren, aber auch umgekehrt, daß die Liebe all die Dinge neu befruchtet und erweckt. Tut sie das nicht, dann ist es keine tiefe, ernste, kraftvolle Wiederliebe. Darum das Lebensgesetz: Sich vom lieben Gott geliebt sehen, sich aber auch gleichzeitig mühen, ihn ernst und bestimmt wiederzulieben.

[18] P. Kentenich spricht von der »Bruchstelle« in der menschlichen Natur der individuellen Persönlichkeit, die wegen der Erbsünde jedermann zu gewärtigen hat und die für sein Streben richtungsweisend ist.

[19] Einen fest umrissenen eigenen Gegenstand, der nicht von der Liebe abgeleitet werden kann.

Worauf darf ich hinweisen? Für die Herren, die in der *Caritas* tätig sind, darf ich sagen, hier könnten wir einsetzen und einen Caritaskurs halten: Wie hängt die Nächstenliebe mit der Gottesliebe zusammen? Oder wie können wir die Nächstenliebe als Ausdruck der effektiven Gottesliebe auffassen? Da steht der Heiland vor mir, und mir scheint, er will mehr gehört werden mit seinem Wort: Ein neues Gebot gebe ich euch, daß ihr einander liebet (Joh 13,34). *Ein neues Gebot*[20]. Hören Sie bitte: was ist das, ein neues Gebot? Ich frage den Heiland: Haben denn die Menschen vor dir einander nicht geliebt? Was wird die Geschichte antworten? Und wie haben sie sich geliebt! Oder will der Heiland sagen, ihr habt bisher das Gebot nicht recht benutzt, und deswegen schärfe ich es wieder ein? Das ist nicht der Sinn. Die Menschen lieben einander. Aber was ist der Trieb, der naturhafte Trieb zum Lieben? Das ist das Blut, wenigstens kann es das Blut sein[21]; es kann die Erotik sein wie bei den Hellenen[22]; es kann die Humanität sein wie im ästhetischen Zeitalter[23]; es kann das Solidaritätsbewußtsein sein, wie es sich später betätigt hat. Das alles kann für unser Aneinandergebundensein in Frage kommen. Demgegenüber aber ruft der Heiland mitten hinein in die

[20] WH, 192: »Das Wort weckt unwillkürlich in uns die Frage: Hat es denn bisher keine Liebe in der Welt gegeben? Der Heiland antwortet selbst durch die kurze, aber überaus inhaltsreiche Beifügung: ›*Wie ich euch geliebt habe,* so sollt ihr einander lieben!‹ Neu ist also nicht die Liebe an sich, sondern die Art der Liebe, wie Christus und Christentum sie lehren und üben.« Vgl. besonders das 3. Kapitel: »Von übernatürlicher Liebe«, worin die Themen »Der Umfang der Liebe« (226), »Der Grad der Liebe« (228) und »Der Beweggrund der Liebe« (230) behandelt werden.

[21] Wie im NS.

[22] Im Sinne des platonischen Eros.

[23] In der Renaissance, der Humanismus eines Erasmus von Rotterdam.

heutige Wohlfahrtsarbeit, in die Wohlfahrtstätigkeit, in die Sammeltätigkeit, vielleicht auch mitten hinein in unsere katholische Caritas: Ein neues Gebot gebe ich euch! Wenn heute alles reformiert werden muß, zurückgeführt werden muß auf letzte Prinzipien, so dürfen wir das auch bei der Caritas nicht übersehen. Ist unsere Caritas nicht zu einseitig nur Sammelbewegung gewesen? Was muß sie sein? Ein neues Gebot gebe ich euch!

Und die Auswirkung? Worin besteht das Neue? In einem Dreifachen. Erstens, neu ist dieses Gebot dem Umfang nach; zweitens, neu ist dieses Gebot der Art nach; drittens, neu ist dieses Gebot dem Geist nach.
Neu ist dieses Gebot *dem Umfang nach.* Sehen Sie, wie der Heiland die Menschen geliebt hat! Er hat sie alle geliebt, und er sagt: Auch eure Feinde sollt ihr lieben (Mt 5,44; Lk 27,35). Deswegen ist der Umfang der Liebe erweitert. So viele Menschenantlitz tragen, so weit geht auch der Radius der Liebe. Ist das nicht neu im Vergleich zu dem, was im Alten Testament und bei den Heiden gang und gäbe war?
Neu ist das Gebot *der Art nach.* Wie hat der Heiland die Menschen geliebt? Eine größere Liebe hat niemand, als wenn er sein Leben hingibt für seine Freunde (Joh 15,13). Wie hat er die Nächsten geliebt! Um den Preis seines eigenen Lebens, mit Preisgabe seines eigenen Lebens. Wie das heute klingt! Wohltätigkeitsbewegung als Sammelbewegung – ja du meine Güte, ist das Bereitschaft, alles hinzugeben, persönliche Opfer zu bringen? Nächstenliebe im Sinne des Christentums, wie weit muß hier die Bereitschaft gehen? So weit, wie weit auch der Erlöser der Welt ging! Er beugt sich und wäscht den Aposteln die Füße (Joh 13,1–11), er, der König der Schöpfung! Was sagt man auf der anderen Seite? Klingt es nicht an die Prinzi-

pien von *Nietzsche* an? Nächstenliebe, Feindesliebe? Die Qualitätsmenschen, die ein gesundes Blut haben – so übersetzt man das gut –, auf die kommt es an, die anderen mögen zugrunde gehen. Hören Sie, was deshalb unsere Aufgabe sein muß: Wir müssen katholische Wahrheiten aus allerletzten Quellen herausheben, müssen sie selbst leben und wieder hineintragen in die breitesten Massen.

Neu ist das Gebot *dem Geiste nach*. Was heißt das? Nächstenliebe ist identisch mit Gottesliebe. Das ist so wichtig! Hören Sie es nochmals, der Heiland stellt beide Gebote nebeneinander: Das andere ist dem gleich (Mt 22, 39). Und wenn Sie den Apostel Paulus examinieren, so ist das etwas Eigenartiges, wie es auf dem Höhepunkt seines Hohenliedes der Liebe hin und herflutet und wie die Gottesliebe in der Nächstenliebe wirksam ist. Die Liebe tut das und das und das, bleibt aber ewig[24]. Der formale *Beweggrund* ist hüben und drüben derselbe: Weil ich Gott liebe, deswegen liebe ich auch den Nächsten. Das ist katholische Caritas. Es können auch andere Beweggründe sein: die Glut des Glaubens, starke Triebe et cetera; das alles mag mit Beweggrund sein, aber das ist nicht der katholische Beweggrund. Das Wesen ist die caritas Christi, die Gottesliebe.

Vielleicht geht es in Ihren Diözesen auch nach ähnlichen Gesetzen und Methoden, wie man es vielerorts versucht, indem man den Opfergang im Sinne der Caritas einführt, etwa am ersten Freitag. Alles geht zum Altar, und soviel ich weiß, ist es in Freiburg der Fall, daß jeder ein persönliches Opfer mitbringen muß. Die einen, die Geld oder sonst etwas mitbringen können, bringen das, die anderen irgendein Opfer, das man auf einen Zettel schreibt. Es muß in unserem Volk

[24] 1 Kor 13, 8: Die Liebe hört niemals auf.

wieder das Bewußtsein kommen, wir alle haben Verpflichtungen gegeneinander. Die Gottesliebe muß in der Nächstenliebe als *effektive Gottesliebe* erfaßt werden. Was kann das sein? Schon allein das, daß da geschrieben steht: Ich will für die Pfarrgemeinde ein paar Ave beten; dadurch wird das Bewußtsein der Hingabe für Gott und die Gemeinde geweckt. Unsere Caritas muß allerorts reformiert werden. Sorgen wir dafür, daß sie nicht formal, nicht privat eine Sammelbewegung ist, sondern Gottesliebe. Sehen Sie, so muß die Gottesliebe als effektive Liebe die Nächstenliebe in Bewegung setzen und in Bewegung halten.

Wollen Sie die Gedanken *auf sich anwenden*, jetzt im Sinne der Caritas, im Sinne der Nächstenliebe! Was ist das, Nächstenliebe? Kraftvolle, tätige Gottesliebe! Wollen Sie sich gefälligst fragen und jetzt hinabsteigen in persönliche, alltägliche Verhältnisse. Ich denke da an das Pfarrhaus, an mein Verhältnis zum Kaplan oder des Kaplans zu mir, an mein Verhältnis zur Haushälterin. Ist das alles wohl Hochglut befriedigender Gottesliebe? Wollen Sie das selbst deuten! Dasselbe gilt vom Verhältnis zu den Beichtkindern; überall, wo ich bin, auch im Verein: nicht irgendwie zweitletzte Motive suchen, sondern alles bewußt aus der Gottesliebe herausfließen lassen! Und wenn ich mir sage, die Geschichte ist mißglückt – ob ich dann auch die Frage fühle: Habe ich denn damit dem Himmelsvater eine Freude gemacht? So komme ich zu einem *zarten Gewissen*, zu einem göttlichen Lieben und Leben in meinem Inneren. Sie dürfen nicht einfach einwenden: Ich habe ein Recht. Sicher, wenn ich das Recht habe, darf ich es ausüben. Sie müssen sich aber auch fragen: Habe ich aber auch nicht dadurch die Liebe verletzt? Habe ich dem Himmelsvater Freude gemacht? Fehler werden wir begehen, aber es kommt darauf an, ob wir

das spüren: Ich habe dem Himmelsvater keine Freude gemacht.
Aus der Liebe muß auch die *Wahrhaftigkeit* inspiriert werden. Es wäre der Mühe wert, ausführlich über die Wahrhaftigkeit zu sprechen, weil es notwendig ist[25]. Wieviel Verlogenheit und Übertreibung in unserem eigenen Innern! Wir sind Kinder unserer Zeit. Wenn das alles wahr wäre und ernst gemeint wäre, was wir sagen und herausfließen lassen, um's Himmels willen! Sie müssen prüfen, wie die Liebe die Wahrhaftigkeit entzündet und wie sie ausfließt aus der Liebe. So mögen Sie alles überprüfen!
Dasselbe gilt auch von der *Abtötung*. Sie müssen nicht meinen, ich überspitze. Gottesliebe ist nicht denkbar ohne Ich- und Weltentbundenheit. Wollen Sie an Gott gebunden sein, will ich von meinem krankhaften Ich und von der Welt maßvoll entbunden sein, dann ist der Zusammenhang mit der Abtötung gegeben. Insofern kann ich auch hier den Maßstab der Nachfolge Christi anwenden. Wieweit werde ich Opfer bringen? Soweit, wie meine Liebe wächst. Meine Liebe wächst aber in den meisten Fällen mit der Abtötung[26].
Ich darf noch ein paar Worte sagen. Abtötung gehört zum ABC des strebsamen Priesters. Ohne gesundes,

[25] In einer Studie über die Dispositionen, um zur vollkommenen Gottesliebe (im Sinne der Beschauungsgnade) zu gelangen, die P. Kentenich im KZ Dachau 1944 verfaßt hat, kommt er auf diese wichtige Tugend und Haltung und ihre Bedeutung für unsere Zeit zu sprechen: »Wahrheits- und Wahrhaftigkeitserziehung wollen heute auch deswegen besonders betont werden, weil unsere gesamte Kultur in das entgegengesetzte Extrem abgeglitten ist.« »Es ist die Pest des Massenmenschen«, die er durch den »Mangel an Urteilskraft als dem sichersten Kennzeichen des Niedergangs unserer Kultur« heraufkommen und um sich greifen sieht.

[26] WH, 83 ff. Dort werden Gebet und Abtötung als die beiden Flügel bezeichnet, die »zu hochgradiger Gottesliebe« tragen.

tiefgreifendes Wehtun gibt es kein Wachstum der Gottesliebe. Die Gottesliebe muß den Abtötungsgeist entzünden, und dieser wiederum entzündet die Gottesliebe. Sie müssen sich nun selbst fragen: Wie heißt bei mir der Punkt? Und haben Sie ihn gefunden, dann: Den Finger drauf, den nehmen wir[27]! Das muß aber eine *erleuchtete* Abtötung sein, kein Herumfuchteln in der Luft! Das ist ja die Tragik unseres Priesterlebens: Hinterrücks schimpft man über uns, zeigt uns aber ein freundliches Gesicht, macht uns auf nichts aufmerksam. Und so entwickeln wir uns, ohne auch nur einen Schritt vorwärtszukommen. Wenn wir den rasenden Roland spielen oder wenn es unsere feste Überzeugung ist, daß das Gegenüber uns verkehrt beurteilt, dann macht man uns wohl eine freundliche Geste, praktisch aber werden wir uns mehr und mehr neben den Stuhl setzen. Man ist freundlich mit uns, macht Jux mit uns, nimmt uns aber nicht ernst. Überlegen Sie, ob wir auch die Abtötung richtig pflegen! Wo ist der Punkt? Es muß dann eine erleuchtete, eine kraftvolle Gottesliebe und Nächstenliebe sein, die uns nicht weichlich macht, sondern kraftvoll. Aber das sind Dinge, die wir schon so oft gehört haben. Ich möchte nur auf die Liebe aufmerksam machen. Wo ist der Punkt? Den Finger drauf, den nehmen wir! Ist sonst noch etwas in der Natur, was umgeformt werden soll: hier ist der Ansatzpunkt, in der effektiven Gottesliebe. Und habe ich gefehlt, dann muß ich alles auffassen als Fehler gegen die Gottesliebe; nicht nur gegen die Gerechtigkeit, gegen die Demut, gegen den

[27] In einem Gedicht von August Kopisch (1799–1853) – P. K. hat es im alten Schulbuch lesen können – spricht der alte General Blücher über die Stellung des französischen Gegners anhand der Karte:

»Wo steht der Feind?« »Der Feind? Dahier!«
»Den Finger drauf, den schlagen wir!«

Gehorsam. Ich habe dem Himmelsvater keine Freude gemacht; die anderen Motive werden, je mehr wir in Gott hineinwachsen, in den Hintergrund treten. – Das ist das zweite Wachstumsgesetz.

Das dritte Wachstumsgesetz: Suche die Bindung an die Geschöpfe in sinngemäßer Weise zu erleben! Ein ganz weites Kapitel. Hier haben wir eigentlich kurz zusammengedrängt die Punkte, die eine gesunde moderne Seelsorge und Pädagogik als Gegengewicht gegen bolschewistische Bestrebungen sehr stark betonen muß. Was heißt das, den Sinn der Geschöpfe erleben? Die Bindung an die Geschöpfe in sinngemäßer Weise, was ist das? Das heißt – ich habe schon darauf hinweisen dürfen –, daß die Geschöpfe insgesamt von Gott die Aufgabe haben, erstens an sich zu *binden und* zweitens uns in organischer Weise *weiterzuleiten,* hin zum dreifaltigen Gott. Wissen Sie, heute müssen wir, wenn die Kultur von uns erfaßt werden soll, wenn wir Gegengewichte schaffen wollen gegen den bolschewistischen Zeitgeist, sehr viel Gewicht legen auf eine lokale, eine personale und eine ideenhafte Gebundenheit. Sehen Sie, all diese Gebundenheiten müssen einem gesund sich entwickelnden Menschen gerecht werden[28].
Überprüfen Sie die *lokale Gebundenheit.* Ob Sie ahnen, wieviel Problematik sich hier zusammenschart, weil unsere Generation nicht mehr gesund an Orten hängen kann, keine lokale Gebundenheit mehr hat?

[28] Das in organischer geschichtlicher Entwicklung gewachsene Lebensgebilde »Schönstatt« kann für diese Zielsetzung Modell sein. Die Bindung an Prinzipien und Ideale, an Personen als Haupt und Glieder familienhafter Gemeinschaft im Liebesbündnis sowie vor allem die Bindung an den vervielfältigten Ort, das Heiligtum der Mater ter admirabilis, sind seine hervorstechenden Wesensmerkmale, die in Natur- und Gnadenordnung zu einem Bindungsorganismus werden.

Sie müssen das an der Psychologie und der Pädagogik studieren, wie lange ein Kind braucht, wenn es erst einmal im Zimmer herumkrabbelt, bis es im Zimmer gebunden ist, an die einzelnen Dinge gebunden ist! Und wie schnell muß dann das Kind aus der Mietswohnung weg! Heute da und morgen da. Und wird der Bindungsprozeß in der Jugend nicht in sinngemäßer Weise erlebt, dann ist die Gefahr für das spätere Leben groß, daß man überhaupt nirgends mehr gebunden ist. Deswegen viel mehr Gewicht darauf legen, daß naturgemäß diese Bindungen wieder stärker betont werden in der Pfarrfamilie, in der Bindung an die Kirche! Deswegen die Kirche auch nett machen! Dies ist nur eine flüchtige Erinnerung an die Bedeutung der lokalen Gebundenheit.

Die persönliche Bindung. Alles, was ich gesagt habe von der Psychologie, vom Werdegang der Liebe, von der schöpferischen Kraft der Liebe, das alles übertragen Sie in ähnlicher Weise auf die Bedeutung der personalen Gebundenheit. Dem heutigen Menschen, der nicht irgendwie personal und lokal längere Zeit gebunden war, darf man nicht zu schnell den Anstoß geben nach Gott (hin), ihn nicht zu schnell sagen lassen: Mein Gott und mein alles! – die Welt bekommt einen Tritt und: Mein Gott und mein alles! Nicht zu schnell die Menschen von allem trennen wollen! Der heutige Mensch braucht viel längere Zeit zu einer gesunden Bindung an Menschen und Orte. Erst müssen wir den Boden für eine gesunde Menschen- und Gottesliebe vorbereiten. Was aber mechanisch ist, das schlägt in einer bestimmten Stufe des geistigen Lebens ins totale Gegenteil um. Was werde ich tun müssen? Die Dinge richtiger nach der Richtung erfassen, das heißt den Sinn und Wert der einzelnen Bindungen oder die Bindung an die Geschöpfe, an die Kreatur richtig erleben. Das heißt zunächst, *ich muß mich binden lassen.* Wenden Sie es gleich aszetisch an auf den Gegenstand unserer Überlegung: Ich darf mich binden lassen an Menschen und an Dinge. An was für Dinge? An Hab und Gut und Macht und Ansehen. Ich darf mich daran binden. Das ist gesund und normal. Ich muß den Sinn der Dinge wirklich anerkennen, ihn in gesunder Weise erleben, das heißt den Bindungsprozeß erleben. Aber *auch den organischen Weiterleitungsprozeß erleben*! Was das bedeutet? Sie merken, wir stehen hier vor dem Gebiet des Geistes der Gelübde. Ich denke an die personale Gebundenheit. Ich hänge an Menschen. Wir dürfen und müssen an Menschen hängen, die Menschen herzlich gern haben. Es ist heute so wichtig, daß wir und auch die andern gesund sind; heute besonders. Und hier gilt auch nicht nur das Gesetz der Gebundenheit, sondern auch das Gesetz der organischen Weiterleitung. Die Dinge haben nicht nur die Aufgabe, an sich zu binden, sondern auch weiterzuleiten zu Gott. Erst dann fülle ich den Sinn der Dinge aus[29].

Ich bleibe bei der personalen Gebundenheit. Hier komme ich wieder zu meinem Lieblingsgedanken, den ich Ihnen jedes Jahr einprägen darf, zu der *Unberührtheit.* Ich bin an etwas gebunden in schlichter Form.

[29] Für die Marienverehrung zeigt P. Kentenich diese Gesetze der Gebundenheit und Weiterleitung auf in: Marianische Erziehung, 99 f. bzw. 155 ff. Zum Beispiel (155), »daß diese personale, organische Gebundenheit nach zwei großen Gesetzmäßigkeiten vor sich geht: erstens nach dem Gesetz der organischen Übertragung, zweitens nach dem Gesetz der organischen Erweiterung und Weiterleitung.« – Dort wird auch nicht nur deutlich gemacht, daß es sich hier um das Kernstück organischen Lebens und Liebens dreht, sondern auch daß die Bewältigung dieser Problematik in dieser heutigen Zeitenwende für den »schöpferischen Neubau unserer religiösen Kultur und gesamten Erziehung« (100) entscheidende Bedeutung hat.

Aber damit diese Gebundenheit in gesunder Weise auch die organische Weiterleitung als Funktion zuläßt und formt, halte ich es für die heutigen Menschen gut, daß wir mit innerer Unberührtheit den Menschen gegenüber auch eine totale äußere Unberührtheit verknüpfen[30]. Der tiefere Grund dafür folgt aus psychologischer Überlegung. Wenn ich mich an einen Menschen binde und diese Bindung innerseelische Gebundenheit wird, dann weiß ich, der Liebesstrom, der hinzittert zu dem Gegenüber, ist dadurch am Weitergeleitetwerden erschwert. Er kann nicht nach oben steigen. Ja es kann sogar sehr bald die Zeit kommen, wo der Liebesstrom mir entgegen ist und auch mich persönlich herunterzieht. Was ist also nötig? *Der Liebesstrom soll wohl alle berühren und alle auch nach oben reißen,* damit er sich aber nicht zu lange in den Einzelmenschen verfängt und die auch mit nach oben reißen kann, müssen wir zum *Grundgesetz* unserer Seelsorge, unserer Handlungs- und Behandlungsweise machen: Unter allen Umständen absolute Unberührtheit! Das ist das, was die alte Aszese so streng betont: regula tactus. Sie mögen meinen, daß wir sonst die Dinge von hier aus leichter auffassen, aber hier fassen wir es strenger auf als die Alten; das ist einfach eine Forderung der organischen Weiterleitung. Weil unsere Seele aber so schwach ist und so lange hängenbleibt, was tut dann Gott? Er sorgt dafür, daß wir an den Dingen enttäuscht werden. Und dieser *Enttäuschungsprozeß*

[30] Vgl. dazu Reichtum des Reinseins, Vallendar 1968, 73: »Je selbstloser, edler, reiner, unberührter, adeliger der Mensch, desto mehr kann er Vater oder Mutter seines Volkes werden. Er steht da wie ein Wesen aus einer anderen Welt, das seine ganze Umgebung kraftvoll über sich hinausweist.« Vor allem: »Wollen Menschen den Müttern und Vätern des Volkes ihre Liebe schenken ohne Gefahr für ihre eigene Entwicklung, so müssen diese ihnen mit einem grundgütigen Herzen und mit heiligen, unberührten Händen entgegentreten.«

fördert dann den Weiterleitungsprozeß, indem ich mir sage: Der Mensch ist doch nur Fleisch und Blut, wie habe ich ihn aber doch sogleich vergötzt et cetera! So müssen wir in gesunder Weise an den Dingen hängen, aber nicht versklavt werden, sondern weitergeleitet werden. Und um das zu erreichen, ist absolute Unberührtheit notwendig. Ich drücke das so schroff aus, gebe aber anständige Berührung zu, das ist ja klar. Aber sonst Unberührtheit! Auch mit den Augen! Nicht nur mit den Augen, auch mit all den anderen Organen! Das alles gehört hierher, und diese Unberührtheit muß absolut grundsätzlich festgehalten werden.

Das gilt auch von vielen anderen Dingen. Jetzt müssen Sie auch an die *Gebrauchsgegenstände* denken, an die materiellen Dinge. Ich darf sie gern haben, darf mich an sie binden, aber nicht versklaven lassen. Das bedeutet, ich muß sehen, daß ich meine Freiheit wahre, unabhängig werde. Das ist der Sinn des Gelübdes der Armut, des Geistes der Armut. Jetzt müssen Sie sich selbst fragen: Wie ist es bei mir? Erlebe ich den Sinn der Dinge? Es kann eine Pfeife sein, an der ich sklavisch hänge, und das kann für mich das allergrößte Hemmnis sein, zu Gott zu gelangen. Es können für mich Beichtkinder sein, es kann die Haushälterin sein; es könnte auch der Kaplan sein – aber in entgegengesetzter Richtung!

Dasselbe gilt auch von *Macht und Ansehen.* Die Zeit ist schon zu weit vorgeschritten, so daß ich nur den Weg weisen will. Sie müssen jetzt nur sehen: Hänge ich an den Dingen? Oder kann ich ruhig sagen: Mein Gott und mein alles? Ist das Letzte der Fall, dann ist es richtig. Ich darf jedoch auch Freude haben an Macht und Ansehen, nur nicht sklavisch an ihnen hängen. Sie sollen organische Stufen sein, um zu Gott zu gelangen: Mein Gott und mein Alles!

Das vierte Wachstumsgesetz. Es ist das tiefste und das wichtigste, besonders für die aus uns, die schon Gott weiß wie lange ringen um Gotterfülltheit in ihrer eigenen Natur, die wohl am meisten darum zu ringen haben. Modern ausgedrückt lautet es: *Suche deinen eigenen Liebestrieb unmittelbar in Verbindung zu bringen mit der Liebesbewegung, die von Gott ausgeht!* Meine Herren, das geht nicht in die Mystik hinein! Wohl sind hier in der Mystik die Phänomene besonders stark. Was das Gesetz aber besagt, ist für uns unter allen Umständen auch in den gewöhnlichen Verhältnissen zugänglich.

Ich darf Sie erinnern, daß es eine *vierfache Willensbewegung* und Liebesbewegung gibt, und will dabei die Ausdrücke gebrauchen, wie sie in der alten Aszese gebräuchlich sind. Es handelt sich hier um eine natürlich menschliche, eine verdienstliche, eine christliche und eine göttliche Liebesbewegung. Für das letzte sagte die alte Aszese »übernatürlich«, und das ist auch der Grund, warum soviel Exegese darüber zu finden ist.
Was ist eine *natürlich menschliche Liebesbewegung*? Es ist ein rein natürlich menschliches Gut, das mich innerlich in Bewegung setzt, zum Beispiel die Gesundheit. Was ist das? Es ist ein Gut, das vor allem besonders im unteren Stadium wirksam ist, ich denke hierbei an den Triebmenschen. Hier bewegen die Sinnengüter den sinnlichen Menschen.
Die zweite Bewegung ist die *verdienstliche* Willens- oder *Liebesbewegung.* Es sind hier die Güter, die den Willen in Bewegung setzen und auch den Liebestrieb. Es sind die Menschen, die der zweiten Lebensschicht angehören, die Geistesmenschen. Was mag das sein? Ehre und Ansehen. Ich habe den Trieb in mir, ich möchte auch geehrt sein. Und das ist für mich ein Gut, das ich auch als solches erstrebe.

Drittens, eine andere Willensbewegung hat zum Gegenstand die *religiös-christlichen* Güter, zum Beispiel den dreifaltigen Gott, den Heiland. Um den Trieb nach diesen Gütern in Bewegung zu setzen, was ist dazu notwendig? Die eingegossene Tugend der Liebe.

Schließlich gibt es noch eine andere Güter- und Willensbewegung. Wie nennen wir die? Die heilige Theresia und andere gebrauchen den Ausdruck *übernatürliche* Willensbewegung, das ist aber mißverständlich[31], denn auch die dritte Art kann übernatürlich sein. Deswegen sagen wir *göttliche Willensbewegung.* Was verstehen wir darunter? Da, wo in der Seele in der Hauptsache die eingegossenen Tugenden Glaube, Hoffnung und Liebe wirksam sind, da wissen wir, es ist eine neue Fähigkeit in der Seele vorhanden – aufgrund der Einsprechungen der Gnade –, verdienstlich zu handeln. Da ist unser Denken und Wollen wohl in höhere Stufen erhoben, wird aber noch von den gleichen Gesetzen getragen wie in der natürlichen Ordnung. Wenn aber *die Gaben des Heiligen Geistes* in starker Weise in der Seele wirksam sind, so haben wir eine eigenartige Tatsache in uns festzustellen: Da wirkt der Heilige Geist unmittelbar auf den Verstand, auf den Willen. Es ist kein diskursives Denken mehr: Der Heilige Geist wirkt unmittelbar auf den Verstand,

[31] Das Mißverständliche bezieht sich auf die Ausdrucksweise, nicht auf Inhaltliches, denn auch die große Teresa von Avila spricht im Unterschied zum Gebet der Ruhe (welche Gebetsstufe bereits zur Beschauungsgnade gehört) von dem Gebet der Sammlung als »auch schon übernatürlich«, bei dem man zwar »ohne jede Gewalt und ohne innere Erregung das schlußfolgende Nachdenken einstellen . . ., nicht aber den Verstand oder das Denkvermögen aufzuheben suchen« soll. (Sämtliche Schriften, Band V, München 1973, 79.) Und davon also schreibt die Kirchenlehrerin: »Es ist dies eine Sammlung, die mir auch schon übernatürlich zu sein scheint.« (ebd., 74.)

erfaßt unmittelbar den Willen. Das ist der Sinn der Gaben des Heiligen Geistes. Es sind eingegossene Fähigkeiten, die die Seele fähig und geneigt machen, auf den Antrieb des Heiligen Geistes unmittelbar zu antworten und sich zu erheben, sich begeistern zu lassen zu den größten und schwierigsten Taten.
Das ist der Punkt, den wir uns alle wieder merken müssen. Wir fühlen das. Soll unser Leben ein Leben der Liebe sein, so ist es notwendig, daß unsere schwache Natur von Gott getragen wird. Denn wie schwach ist der göttliche Liebestrieb in unserer Seele! Das ist das Bild des Vogels, dem die Flügel gestutzt sind. Davon lesen wir auch oft in den Briefen strebsamer Seelen. Der göttliche Adler muß herabkommen und sein Vöglein mit hinaufnehmen in den Schoß des dreifaltigen Gottes[32]. Der Heilige Geist muß es tun. Meine Herren, das geht nicht in die Mystik, das ist der Zustand, den wir kraft unseres Alters und der Gnaden, die wir erhalten – wenn wir mitgewirkt haben – eigentlich schon längst hätten erreichen müssen[33]. Das ist der *Dauerzustand der innigen Liebe zu Gott,* auch während der Arbeit. Ich darf hier an das Wort erinnern: *Wandel mit Gott.* Die Lebensvereinigung mit Gott sollen wir auch mitnehmen in unsere Arbeit hinein.

[32] Dieses Bild gebraucht die Kleine heilige Therese in ihren selbstbiographischen Aufzeichnungen (a.a.O., 204–207), die einmünden in den Satz: »Eines Tages, das ist meine Hoffnung, wirst du, mein Angebeteter Adler, deinen kleinen Vogel holen und mit ihm zum Flammenherd der Liebe zurücksteigen, wirst ihn für die Ewigkeit in den brennenden Abgrund dieser Liebe versenken, der er sich als Opfer geweiht hat.«

[33] P. Kentenich spricht hier offenbar vom Gebet der Einfachheit, von dem er in einer Tagung über das höhere Gebetsleben 1941 (5. Vortrag) zu Priestern sagte: »Wenn ich diese Gebetsart, das Gebet der Einfachheit, nicht kenne, dann muß ich sagen: Ich bin infantil eingestellt; entsprechend meiner Gesamtentwicklung ist ein Teil in mir zurückgeblieben.«

Das können wir uns aber nicht selbst geben, das muß Gott tun. Wir können uns nur darauf vorbereiten durch ein Doppeltes. Erstens vorbereiten durch ständige, ernste, tiefgehende *Loslösung von uns selbst* und von der Welt; meine Herren, vor allem durch Loslösung von Dingen, die uns vielfach lieb sind: Herzopfer! Loslösung! Ernste Abtötung! Dadurch kann ich den Weg für Gott frei machen, wenn er heruntersteigt, meinen Willen ergreift und mit sich emporreißt, daß mein Leben wirklich ein Leben der Liebe wird. Zweitens ständige *Pflege des Gebetslebens und des* tiefgehenden und tiefgreifenden *Mariengeistes.* Die Gottesmutter hat letztlich kein anderes Interesse, als alles durchgöttlichen zu lassen durch ihre Fürbitte. Wo sie erscheint, ist nicht nur Christus erschienen, sondern auch der Heilige Geist[34].

Wollen Sie einmal hören, wie eine Seele betet, die es versteht, immer ihren Willen so unmittelbar ergreifen zu lassen von der Liebe zu Gott? Wollen Sie gefälligst die Weiheformel einmal auf sich wirken lassen, die *die kleine Theresia* bei Gelegenheit gebetet hat! Da haben Sie die Höhenlage, die wir alle erstreben müssen und dürfen: »Um beständig in einem Akt vollkommener Liebe zu leben, weihe ich mich als Schlachtopfer deiner barmherzigen Liebe und bitte dich, mich unablässig zu verzehren und die Ströme der unendlichen Zärtlichkeit und Liebe, die in dir beschlossen sind, in

[34] Davon ist schon in den Maivorträgen P. Kentenichs, des damaligen Spirituals der Schüler in Schönstatt, 1914 die Rede: »Die Verehrung, das Lob Mariens, gefällt dem Heiligen Geist nicht nur, nein, er ist auch selbst dessen Ursache – und Maria kann nicht würdig gepriesen werden ohne seine Erleuchtung und Kraft. Je größer darum die Marienliebe, desto reichlicher und ununterbrochener strömen die Gaben des Heiligen Geistes, und umgekehrt, je mehr einer vom Heiligen Geist erfüllt ist, desto glühender seine Marienliebe.« (F. Kastner, Unter dem Schutze Mariens, Paderborn 1939, 253.)

meine Seele überfließen zu lassen, damit ich so eine Martyrin der Liebe werde. O mein Gott! Möge dieses Martyrium, nachdem es mich vorbereitet hat, vor dir zu erscheinen, endlich meinen Tod herbeiführen, und möge meine Seele dann ohne Aufenthalt in die ewige Umarmung deiner Liebe aufgenommen werden! Ich verlange, o mein Vielgeliebter, diese meine Hingabe mit jedem Herzschlag unzählige Male zu erneuern, bis sich endlich die Schatten neigen und ich dir von Angesicht zu Angesicht durch die ganze Ewigkeit meine Liebe beteuern darf. So bitte ich dich, mich zu verzehren.« Hier müssen Sie das Bild haben: das eigene Leben unmittelbar vom göttlichen Leben erfassen lassen: »mich unablässig... verzehren und die Ströme der unendlichen Zärtlichkeit und Liebe... in meine Seele überfließen lassen[35]«!

Meine Herren, damit habe ich Ihnen zusammenfassend gesagt, was sich sagen läßt. Es ist selbstverständlich, das Wissen um die Dinge ist noch kein Leben. Jedenfalls steht aber wieder ein ganz großes Gebäude vor uns. Wir wissen nun allmählich, was es heißt, *vollkommene Lebensfreude.* Wir kennen auch die Quellen, aus denen wir trinken und schöpfen müssen: *vollkommene Gottesliebe.* Wir stehen an sich hilflos der großen Aufgabe gegenüber. Werden wir sie lösen? Ja, wir werden sie lösen, wenn wir uns bemühen, die paar Punkte, die ich grundsätzlich angeben durfte, wirklich durchzuführen. Ja, meine Herren, wenn die klaren Linien vor unserem Geist liegen, dann wissen wir, wie wir zwölf Monate hindurch arbeiten können, wie wir uns stark inspirieren lassen von der großen Aufgabe der heutigen Zeit, der geistigen Auseinandersetzung

[35] Weihegebet vom 9. 6. 1895. Vgl. Selbstbiographische Schriften, 280 ff.

und der geistigen Immunisierung unseres Volkes und der eigenen Seele gegenüber dem Bolschewismus. Wir müssen den bolschewistischen Geist überwinden, indem wir als Führer des katholischen Volkes den modernen erlösten Menschen in möglichst klassischer Weise darstellen. Und meinen Sie nicht, daß er so aussehen müsse, wie wir es gesehen haben? Und meinen Sie nicht auch, daß sich mehrere zusammentun müßten, um Wahrheiten derart, wie wir sie besprochen haben, gemeinsam von der Kanzel aus hinauszurufen? Gestern hat einer von den Herren mir erzählt – ich habe vergessen, um Erlaubnis zu bitten, es sagen zu dürfen, darf sie aber voraussetzen –, wie viele Geistliche im wesentlichen dieselbe Predigt halten, mit ganz bewußter Einstellung gegenüber der Deutschen Glaubensbewegung. Zwei bereiten den Stoff vor und disponieren ihn, so daß am gleichen Tag von allen Kanzeln dieselben Wahrheiten vorgetragen werden. Meine Herren, wir dürfen nicht zu müde werden! Hören Sie einmal, was Clemens Hofbauer gesagt hat: Das Evangelium muß neu gepredigt werden. Wir müssen die alten Wahrheiten so deuten, daß unsere Gefolgschaft innerlich fähig wird, die Gefahren zu überwinden. Der Bolschewismus ist von heute auf morgen nicht zu überwinden, er ist die Gefahr der Jahrhunderte. Wir müssen nur dafür sorgen, daß die Kirche und unser Volk so stark werden, daß sie die Schwierigkeiten, die Häresien, die Erschütterungen des Bolschewismus innerlich überwinden, daß aus all diesen Kämpfen unser Volk und unsere katholische Kirche herrlicher und glorwürdiger wieder hervorgehen.

IV. SCHLUSS

Wir haben die Exerzitien in diesem Jahr aufgefaßt als eine vertiefte Erneuerung der Weihe- und Pfingstgnade, als ein zweites Pfingstfest, ein zweites Pfingstwunder. Demnach haben wir auch die paar Tage unseres Zusammenseins eingerichtet. Wir haben sie bewußt aufgefaßt als Vorbereitung auf eine neue Geistsendung. Deswegen hielten wir auch immer fest an der Verlebendigung der Pfingstsituation: und alle waren versammelt mit Maria, der Mutter Jesu (Apg 1, 14). Deswegen auch der ständige Flehruf in Verbindung mit der lieben Gottesmutter, in Verbindung unter- und miteinander: Sende deinen Geist, und die nova creatura, der neue Mensch, die neue Menschheit, der neue, erlöste Mensch und die neue, erlöste Menschheit ist fertig.
Meine Herren, auf die Vorbereitungsarbeit muß die *Geistsendung* selbst folgen. Dürfen wir sie erwarten bei Gelegenheit der Schlußandacht; den Geist Gottes, so wie wir ihn schon empfangen haben bei der Priesterweihe: Accipe Spiritum Sanctum? Möge der Heiland nachher bei der Schlußandacht dasselbe schöpferische Wort uns zurufen: Accipe Spiritum Sanctum! Dasselbe Wort, das seinerzeit auch in vollendeter Lebendigkeit die Apostel im Pfingstsaal in sich aufgenommen haben. Von ihnen heißt es ja: Und alle waren erfüllt vom Heiligen Geist und redeten. Der Heilige Geist hat damals per modum unius[1] ungemein tief ein-

[1] »In der Weise eines einzigen«, ereignishaften Vorgangs hat an

gegriffen in ihr Leben, seine vielfache Wirksamkeit in ihnen entfaltet. Was der Heilige Geist bei den Aposteln am Pfingsttag bewirkt hat, will er im Laufe der Jahrhunderte in unserem Leben jeweils bei den verschiedenen Gelegenheiten tropfenweise wirken. Deo gratias, also darf ich den Heiligen Geist in seiner starken Wirksamkeit am Schluß der Exerzitien erwarten.

Nochmals Gott sei Dank: es waren so viele *Wahrheiten* gewesen, die ich in diesen Tagen in meine Seele aufnehmen konnte. Und wenn ich zurückschaue, muß ich fürchten, vielleicht war es gar sehr Vieles, was geboten wurde; es war offenbar zu viel für ein paar Tage. Aber ich brauche nichts zu fürchten, denn der Geist Gottes, der Heilige Geist – so hören wir in diesem Augenblick den Heiland sprechen –, er wird euch alles lehren und euch in alles einführen, was ich euch gesagt habe (Joh 14, 26; 16, 13). Der Heilige Geist, der Geist Gottes, muß dafür sorgen, daß die Gedanken und Wahrheiten, die wir so überaus stark in uns aufnehmen durften, nicht zerstreut werden, sondern fruchtbaren Ackergrund finden und fünf-, zehn-, dreißig-, sechzig-, hundertfache Ernte bringen.

Gott sei Dank, daß der Geist Gottes kommt! Wir erwarten nicht nur das Anwachsen der Gedanken der Exerzitien, sondern auch die Umformung, die *Umgestaltung unseres Lebensgefühles* im Sinne Gottes, die wir als das Ziel uns vor Augen geführt haben. Und wir wissen aus Erfahrung, wie wenig Wachstum unseres Innenlebens in der Ganzheit wir jeweils aus den Exerzitien mit nach Hause genommen haben, wie schnell

Pfingsten der Heilige Geist alle Apostel gleichzeitig ergriffen und erfüllt (Apg 2, 4), wie es danach wieder und wieder, aber nur »tropfenweise« (s. u.) geschieht und auch bereits von der Apostelgeschichte (4, 31) berichtet wird.

all das wieder verflog, wie wenig das alles sprudelnde Kraft in uns entfaltet hat, was wir während der paar Tage der Einsamkeit in uns aufgenommen hatten! Wohl haben wir, die wir Jahr für Jahr hierherkommen, im Laufe der Jahre die Erfahrung gemacht, daß Exerzitien unserer Art nicht besonders tief während der Werktage, die wir beieinander sind, wirken, sondern daß sie ihre Wirksamkeit viel stärker erst später entfalten. Soweit wir den Grund verstehen, müssen wir sagen: Weil die paar Tage so rückhaltlos immer auf eine Haltung hinarbeiten, deswegen können wir uns dem Umformungsprozeß gar nicht entziehen; und das merken wir eigentlich erst, wenn wir wieder draußen sind, und zwar mehr als wenn wir hier unter dem Einfluß der Wahrheit stehen.

Aber das ist – auch wenn diese Wahrheiten in ihrer psychologisch originellen Darstellungsweise auf uns wirken – zu wenig, um die Natur eines erlösten Menschen und einer erlösten Menschheit verstehen und erfassen zu lernen. Deswegen auch hier: der Geist Gottes, der Heilige Geist muß nicht nur Klarheit für den Verstand schenken, sondern auch Kraft für den Willen, Wärme, *übernatürliche Wärme für das Herz.* Der Geist Gottes, der Heilige Geist, muß die nova creatura in uns schaffen. So wollen wir still innerlich und besinnlich, noch innerlicher als bisher bitten: Emitte Spiritum tuum, et creabuntur: et renovabis faciem terrae (vgl. Anm. 7, S. 30). Und dann den Heiligen Geist und seine vertiefte Wirksamkeit mit aller Bestimmtheit erwarten! Ja, wir erwarten mit Bestimmtheit den Heiligen Geist! In diesen Tagen ist es uns wieder erneut klargeworden, daß der Geist Gottes, der Heilige Geist, ein lebendiger Gott ist, ein Gott, der auch heute noch hineinregiert, wirkend, formend, gestaltend hineinregiert in das Weltgeschehen, der hineingreifen will in unser kleines Leben. Der

Geist Gottes muß kommen, muß wieder in starker Weise auch über uns kommen, stärker als zu anderen Zeiten. Er muß das, wie mir scheint, aus zwei Gründen: Erstens, weil wir ihn brauchen und zweitens, weil er uns braucht.

Wir brauchen den Heiligen Geist. Haben wir nicht in diesen Tagen wieder klar unsere Aufgabe gesehen: *Auf- und Ausbauarbeit am Reich Gottes*? Das Christentum, das Priestertum ist für uns nicht eine Himmelsleiter, sondern vielleicht stärker als zu anderen Zeiten eine Erdenleiter: Adveniat regnum tuum[2], das Reich Gottes müssen und dürfen wir ausbauen. Wollen wir brauchbare Arbeit leisten am Auf- und Ausbau des Reiches Gottes, heroische Arbeit leisten, dann müssen wir den Heiligen Geist erwarten. Darum müssen wir auch den Heiligen Geist erhalten. Brauchbare Aufbauarbeit wollen wir leisten am Reich Gottes; brauchbare und viele Arbeit werden Sie leisten, wenn Sie nicht am Peripherischen hängenbleiben, am Oberflächlichen, am Nebensächlichen, am Zweitletzten. Brauchbar ist unsere Arbeit, wenn sie zentral gerichtet ist, wenn sie jeweils um die Seele der Kirche, um die Seele des Reiches Gottes kreist.
Wissen wir aber auch, was diese Seele ist? Wissen wir, meine Herren, daß diese *Seele der Kirche der Heilige Geist*[3] ist? Das haben wir bisher vielleicht gar nicht oder nicht besonders praktisch, konkret genug gewußt, sonst hätten wir nicht so starken Abstand genommen vom Geist Gottes; sonst wären unsere seelsorglichen Werke mehr Seelsorge gewesen. Vor allem aber wissen die Gegner des Reiches Gottes hier auf Erden vom Heiligen Geist als der Seele der Kirche

[2] Dein Reich komme (vgl. Mt 6,10; Lk 11,2)!
[3] Siehe Anm. 7 und 8, S. 438 f.

nichts, rein gar nichts, sonst würden sie jetzt nicht anfangen, ein Triumphgeheul zu erheben im Bewußtsein und mit dem Hinweis: Jetzt haben wir mehr als organisatorische Mittel, um die verhaßte Kirche niederzuzwingen. »Ihr Kinder der katholischen Kirche[4], bisher habt ihr euch immer wieder berufen auf die Unvergänglichkeit der Kirche. Damit ist es jetzt vorbei! Früher konnte man die Kirche nicht niederzwingen, weil man nicht so viel Mittel zur Hand hatte. Aber heute kennen wir die Massenpsychologie besser. Heute ist uns so viel geglückt, und daher muß es auch glücken, die Kirche niederzuzwingen.« Die Gegner der Kirche, die so sprechen und denken, was vergessen sie? Sie sehen die Kirche nur als äußere Organisation, nicht als Organismus, und sehen auch nicht die Seele, den Heiligen Geist.
Meine Herren, wissen wir das? Wollen wir, daß der Geist Gottes empfängliche Herzen findet, wenn er auf uns herabkommen will? Wollen und sollen wir uns dann nicht erneut vertiefen in diese große Wahrheit, daß der Geist Gottes, der Heilige Geist, die Seele seiner Kirche hier auf Erden ist? Was will der Heiland anders sagen, wenn er zum Vater betet: Vater, wie du mich in die Welt gesandt hast, so sende auch sie (Joh 17,18; 20,21)! Wollen wir das Wort nicht hören, als würde es in diesem Augenblick, vor allem nachher bei Gelegenheit der Schlußandacht, buchstäblich Wirklichkeit? Vater, wie du mich in die Welt gesandt hast, so sende ich auch sie, damit sie eins seien, wie du in mir und ich in dir. So sollen sie alle in uns eins sein. Was will der Heiland damit sagen? Wo ist das Einheitsprinzip zwischen Vater und Sohn? Wo ist das bindende Band, wie der heilige Thomas sagt, die Ur-

[4] Als direkte Rede offenbar den (nationalsozialistischen?) Gegnern der kath. Kirche in den Mund gelegt.

kraft zwischen Vater und Sohn[5]? Die Dogmatiker sagen uns mit Hinweis auf die Heilige Schrift, es ist *der Heilige Geist.* Er *ist es,* der die Glieder der Kirche miteinander bindet und verbindet, er ist es auch, *der die Glieder der Kirche miteinander und mit dem Eingeborenen verbindet*: der Heilige Geist, die Seele der Kirche. Darauf weist auch wohl so manche Definition über das Wesen der Kirche hin, die bekannt geworden ist. Wie uns Bossuet in seiner genialen Art sagt: »Die Kirche ist Christus selbst, soweit er fortlebt und fortwirkt in den Jahrhunderten, in den Zeitaltern, in den Generationen[6].« Die Kirche als der in der Welt weiter forthin sich zeugende Christus. Deswegen ist der Geist Christi auch der Geist seiner Kirche, der Heilige Geist. So verstehen wir auch wohl, wie große Gottesgelehrte wie etwa der heilige Augustinus und der heilige Thomas uns sagen. Augustinus sagt uns: *Was die Seele für den Körper, das ist der Heilige Geist für die Kirche*; die Funktionen, die die Seele im Körper, dem Leib gegenüber, betätigt, sind die Funktionen, die der Heilige Geist der Kirche gegenüber betätigt[7]. Etwas

[5] Thomas von Aquin, S.th. I, 37, 1, ad 3: »dicendum quod Spiritus Sanctus dicitur esse nexus Patris et Filii inquantum est Amor, quia cum Pater amet unica dilectione se et Filium, et e converso, importatur in Spiritu Sancto, prout est Amor, habitudo Patris ad Filium; et e converso, ut amantis ad amatum ... Secundum ... praedictam habitudinem est medius nexus duorum ab utroque procedens. – Vom Heiligen Geiste heißt es, Er sei das Band zwischen Vater und Sohn, insofern Er die LIEBE ist; denn da der Vater mit *einer* Zuneigung sich und den Sohn liebt und umgekehrt, ist im Heiligen Geiste, insofern Er die LIEBE ist, das Verhältnis des Vaters zum Sohne (und umgekehrt), als des Liebenden zum Geliebten mitgegeben. ... Aufgrund der genannten Beziehung ... ist Er das vermittelnde Band der beiden, da Er von beiden hervorgeht.«

[6] Vgl. Koch II, 333, 4,5.

[7] Augustinus, Sermo 267, IV, 4 (PL 38, 1231): »quod autem est anima corpori hominis, hoc est Spiritus Sanctus corpori Christi,

schroffer, klarer, metaphysischer, philosophisch abgegrenzt fügt der heilige Thomas bei: der Heilige Geist ist gleichsam die Seele der Kirche. Gleichsam: er will damit sagen, daß der Heilige Geist nicht das Wesenselement der Kirche, das Prinzip der Kirche sein kann, weil ja die Kirche etwas Geschöpfliches, etwas Geschaffenes ist; aber, fügt er hinzu, die Funktionen, die der Heilige Geist in der Kirche betätigt, sind dieselben wie die der Seele im Körper[8].

Wollen wir uns davon überzeugen? Wir, die *wir heute* die Kirche anders sehen als sonst, die wir dafür verantwortlich sind, daß die Kirche auch inmitten der heutigen Zeit ihre Unsterblichkeit bewahrt; wir, die wir dazu berufen sind, für die Kirche alles, unser Bestes, unsern Leib und unser Leben hinzugeben, wir erwarten den Heiligen Geist, wenn wir brauchbare Arbeit am Reich Gottes leisten wollen. Und die wollen wir leisten. Deswegen: Sende du doch – so rufen wir dem Vater, dem Eingeborenen selbst zu –, sende du diesen Heiligen Geist, damit wir, von ihm beseelt, tiefer und nachhaltiger einwirken können auf die Seele der Kirche, des Teiles der Kirche, die wir zu betreuen haben in unserer kleinen Pfarrfamilie.

quod est Ecclesia; hoc agit Spiritus Sanctus in tota Ecclesia, quod agit anima in omnibus membris unius corporis. – Was die Seele dem menschlichen Leib ist, das ist der Heilige Geist dem Leib Christi, das heißt der Kirche; der Heilige Geist wirkt das in der ganzen Kirche, was die Seele wirkt in allen Gliedern eines Leibes.«

[8] Thomas von Aquin, Expositio in symbolum 9: »Sicut videmus quod in uno homine est una anima, et unum corpus, et tamen sunt diversa membra ipsius, ita Ecclesia catholica est unum corpus, et habet diversa membra. Anima autem quae hoc corpus vivificat, est Spiritus Sanctus. – Wie der Mensch eine Seele und einen Leib hat, aber verschiedene Glieder, so ist die katholische Kirche ein Leib, hat aber verschiedene Glieder. Die Seele aber, die diesen Leib beseelt, ist der Heilige Geist.«

So ahnen wir auch im einzelnen die *Wirksamkeit des Heiligen Geistes.* Wir gehen aus von dem Gedanken der Seele der Kirche. Der Geist Gottes, die Seele der Kirche, welche Funktionen hat er? Welche Funktionen hat die Seele dem Leib gegenüber? Eine schöpferische, eine gestaltende, eine beseelende, eine ordnende. So ist auch der Heilige Geist das *schöpferische* Prinzip in der Kirche. Er schafft eigentlich die Kirche, schafft den mystischen Leib der Kirche, schafft Christus, schafft die menschliche Natur des Gottmenschen, schafft Christus als das Haupt der Kirche, schafft auch das Göttliche, das Begnadete in uns, Christus und seine mystischen Glieder. Das ist der Geist Gottes, der Heilige Geist, der hier wirksam ist als Seele in der schöpferischen Kraft.
Aber er ist auch das *beseelende* Prinzip. Er gibt seiner Kirche den Geist der Wahrheit, den Geist der Liebe, er gibt seiner Kirche auch den Geist der Freude und des Frohseins.
Er ist das *ordnende Prinzip* in der Kirche und deswegen auch das schöpferisch gestaltende Prinzip, das große Einheitsprinzip, das vor allem das Wachstum in der Eucharistie bewirkt.
Sehen Sie, wir erwarten diesen Geist, die Seele der Kirche. Emitte Spiritum tuum! Und wir beten das nicht allein; wir sind immer noch *in der Gesellschaft der Gottesmutter,* die auch mit uns bittet und bettelt und betet und wir mit ihr: Emitte Spiritum tuum! Brauchbare Arbeit wollen wir leisten am Auf- und Ausbau des Reiches Gottes. Wir wollen ja einen katholischen Idealstaat schaffen helfen in unseren Reihen und in unseren Kreisen und in unserer Pfarrfamilie.
Aber das reicht nicht! Die Zeiten sind heute so ernst! Heute müssen wir uns insgesamt darauf einstellen: *Heroische* Aus- und Aufbauarbeit müssen wir leisten. Heroismus ist heute nötig, außergewöhnliche Begna-

dung, schon allein um gleich zu wissen, auf welcher Struktur heute gebaut werden muß; Gestaltungskraft, Gestaltungswille, um heute unsere Herde zu formen, das Reich Gottes brauchbar und fähig zu machen, die Welt zu überwinden. War das nicht zu allen Zeiten so? Wo wir aber an einer Zeitenwende stehen und die Kirche hineinstürmen muß, hinein in das wildwogende Meer der Zeit und der Welt: fühlen wir und müssen wir da nicht fühlen, wie bei solchen Zeiten der Geist Gottes in einzigartiger Weise hinausfließen muß? So war es im Anfang und so auch später immer wieder an großen Zeitenwenden. Und wir wissen das von der Dogmatik her: Wo es sich handelt um heroische Werke in und für Gott, da sind wir *total abhängig vom Heiligen Geist.* Wir wollen ja heroische Arbeit leisten, wollen ja nicht auf halbem Wege stehenbleiben, sondern trotz und wegen der Wirrnisse der heutigen Zeit im Hintergrund einen katholischen Idealstaat schaffen! Und je mehr wir dazu gerufen und berufen sind, um so inniger müssen wir flehen und bitten und betteln: Emitte Spiritum tuum! Wir erwarten den Geist Gottes, den Heiligen Geist. Ja, wir erwarten ihn, wir müssen ihn erwarten, weil wir ihn alle unbedingt nötig haben.

Meine Herren, darf ich Ihnen auch die Gegenseite in Erinnerung bringen? Wir erwarten den Heiligen Geist aber auch deswegen, *weil er uns nötig hat.* Gott ist der Unabhängige, der Unermeßliche, er kann tun und wirken, wie und was er will. Hat er sich aber einmal Gesetze gegeben, dann hält er sich auch an diese Gesetze. Wenn der heilige Augustinus sagt: Gott hat dich erschaffen ohne dich, er will dich aber nicht erlösen ohne dich[9], so weist er uns auf dieses Gesetz hin, das

[9] Vgl. Anm. 7, S. 311.

ich meine: Der Geist Gottes, der Heilige Geist, hat sich abhängig gemacht von *Zweitursachen.* Welch eine Ehrfurcht, die er da uns gegenüber bezeigt! Wenn er der Welt das Antlitz Christi aufdrücken will, dann tut er das nicht allein, sondern er benutzt Werkzeuge, hat sich davon abhängig gemacht. Ja, der Geist Gottes hat Werkzeuge nötig!

Wollen wir uns nicht freuen, daß wir in etwa annehmen dürfen, daß wir vorbereitet sind auf diese *Werkzeug*arbeit, die der Heilige Geist in uns und durch uns tätigen will? Wir denken daran, was wir in diesen Tagen an Sehnsuchtsaffekten nach oben gesandt, wie oft wir mit den Aposteln und der Gebenedeiten unter den Frauen gerufen haben: Sende deinen Geist! Und wir haben nicht umsonst gleich am Anfang der Exerzitien das Wort von der schöpferischen Kraft und der hochlodernden Sehnsucht nach dem Schöpfergeist und dem Heiligmacher geprägt.

Ja, meine Herren, nicht nur Sehnsuchtsaffekte, nein, aus ihnen heraus auch *tiefgehende, ernste Liebe.* Es mag uns vorkommen, zumal am Schluß der Exerzitien, als wolle der Heiland uns erneut die Leitung unserer Pfarrgemeinde in die Hand geben. Er steht vor uns wie vor Petrus: Liebst du mich? Hat er nicht diese Frage auch an mich gestellt in diesen Exerzitien? Hat er mich nicht mit Namen genannt, so überaus zart und zärtlich mit Vornamen: Liebst du mich? Und welche Antwort? Hören Sie erst die weitere Frage: Liebst du mich mehr, als all die anderen hier im Saal mich lieben (vgl. Joh 21,14–17)? Werde ich wagen, ein Werturteil zu prägen und ja zu sagen? Nein, wir wollen es mit Petrus halten, wollen zufrieden sein, wenn wir dem Heiland und dem Geist Gottes sagen können: Du weißt, daß ich dich liebe. Du weißt, daß ich dich lieben möchte mit der ganzen Inbrunst, die in mir steckt.

So dürfen wir mit Bestimmtheit den Heiligen Geist erwarten, den Geist Gottes. Emitte Spiritum tuum, ja, sende ihn aus, deinen Geist, in dieser Andachtsstunde auf uns, und wir werden Fortschritte machen in der Lösung der Schwierigkeiten, Fortschritte in dem Sinn, daß wir der heutigen Zeit mehr und mehr das Ideal des erlösten Menschen darbieten können. Mit Bestimmtheit erwarten wir den Heiligen Geist, mit ihm aber auch seine ganze Wirksamkeit. Die Wirksamkeit des Geistes Gottes ist vielgestaltig, muß aber am Abschluß der Exerzitien in uns tätig sein als *der Geist der Freude* und *der Geist der Liebe.* Ja, nur wenn der Heilige Geist nach dieser doppelten Richtung in uns wirksam ist – als der Geist der vollkommenen priesterlichen Lebensfreude, als der Geist der Liebe –, nur dann mag es später auch von uns heißen, daß wir freudig hinausgezogen sind vor die Richterstühle[10], freudig bereit, in schweren und schwersten Zeiten alles herzugeben, um für Christus aus Liebe, aus innerer Glut heraus Zeugnis abzulegen.

Emitte Spiritum tuum! So muß es sein. Der Heilige Geist muß uns *innerlich wirklich umgestalten,* wenigstens stufenweise, langsam, tiefgehend umgestalten, so lange, bis wir wirklich die nova creatura sind, den neuen, erlösten, in Christus und durch Christus erlösten Menschen darstellen. So lange muß der Geist Gottes in uns wirken, tiefgehend wirksam werden, damit wir einmal aus großer Inbrunst und der Wahrheit entsprechend sagen können: Caritas urget nos (2 Kor 5, 14). Das ist Wirksamkeit des Geistes Gottes, die gestaltende und umfassende Wirksamkeit: Caritas Christi urget nos!

[10] Parallele der NS-Kirchenverfolgung zur Urkirche. Vgl. Apg 5, 41 ff.; Mk 13, 9 ff.; Lk 21, 12 ff.

Noch einmal steht sie vor mir, die brennende, lodernde Liebe des Gottmenschen. Er hat mich geliebt mit ewiger Liebe, mit zuvorkommender, herzlicher, heroischer Liebe. Eine größere Liebe, so ruft er uns in diesem Augenblick noch einmal zu, hat niemand, als wenn er sein Leben hingibt für seine Freunde (Joh 15,13). *Liebe um Liebe*! Muß ich diese heilige Liebe nicht erwidern durch eine hochlodernde Gegenliebe? Da steht er vor mir, der heilige Paulus, wie er da ruft: Wer den Herrn Jesus nicht liebt, der sei im Banne (vgl. 1 Kor 12,3; Gal 1,8 f.)! Wie rückhaltlos lodert und brennt in ihm die Liebe Christi! Und nichts kann ihn trennen von der Liebe Christi. Was soll uns trennen von dieser Liebe (Röm 8,35)? Nun zählt er alles Schwere und Harte auf, aber nichts kann uns trennen von der Liebe Christi. Muß das nicht auch in mir so sein? Caritas urget; nicht Furcht, nicht Zwang, nicht Pflicht, nicht ein anderer Beweggrund, nein, die Liebe Christi! Deswegen wird und muß auch künftig *Hochherzigkeit* mein Weggenosse sein. Nicht nur, was ich muß, tue ich, sondern was Christus in irgendeiner Weise Freude machen kann – und wäre es um den Preis meines Lebens –, was seine Ehre und sein Reich mehren kann. Das muß der Sinn, das die Parole meines künftigen Lebens und Denkens sein: Caritas urget me!

Ich darf aber auch ein zweites Wort beifügen: *Die Liebe zu meiner Mutter Maria* treibt und drängt mich. Muß ich mich erneut daran erinnern, wie die Gottesmutter mir all ihre Liebe erwiesen hat? Da steht sie vor mir. Der Gottmensch hat ihr ein mütterliches Herz mir gegenüber geschenkt. Wie hat sie sich so mütterlich erwiesen von Anfang bis jetzt, besonders seitdem ich fühle, daß ich von Gott zum Priester berufen bin, besonders in diesen Tagen, wo ich in dieser Gnadenatmosphäre, in ihrer Heimatwelt, wo sie so hemmungslos schaltet und waltet, durch vier und fünf Tage weilen durfte! Die Gottesmutter ist wirksam, so glauben wir, auch von diesem Ort aus[11]. *Von hier aus* hat sie hineingeleitet und eingeleitet eine neue Woge und Welle, von hier aus hat sie gesorgt, daß die Urkraft des Katholizismus wieder mobilisiert wurde. Sie ist auch tätig, daß der Kirche kraftvolle Führergestalten erwachsen, die der Kirche mit großer Selbstlosigkeit zu dienen imstande sind. Die Liebe der Mutter. Muß ich nicht Liebe mit Liebe erwidern? Meine Liebe zur Gottesmutter muß kindlich, ritterlich, kraftvoll sein[12].

Meine Liebe zu Gott, die mich von heute ab drängen soll in der Pastoral, in der Christusgestaltung des eigenen und fremden Lebens, muß eine nachahmende sein. Die Liebe drängt; die Liebe Christi, die Liebe der Mutter, die *Liebe der Seelen* drängt mich! Christus hat mir sterbend viele unsterbliche Seelen anvertraut. Die Gottesmutter wünscht, daß ich ihre geistigen Kinder betreue. Deswegen hat sie mir die Gnade des Priestertums erfleht[13]. Deswegen: Es mögen durch einen Zusammenbruch die Werke meiner Hände, die Bauten

[11] Maria ist vom Gnadenheiligtum in Schönstatt aus als Mutter und Erzieherin des Gottesvolkes tätig durch ihre Liebe. Diese Wirksamkeit entfaltet sie im »Liebesbündnis«, das nicht nur unsere Weihe an Maria impliziert, sondern auch ihre »Liebespflichten« als Bündnisherrin.

[12] Vgl. das bekannte Gebet der M. C. als Ausdruck der Weihe an Maria: Eligo te hodie in Dominam, Advocatam, Matrem; tuere me servum, clientem, filium tuum. – Ich erwähle dich heute als Herrin, Fürsprecherin, Mutter; behüte mich, deinen Deiner, Schützling, dein Kind.

[13] Diese Überzeugung hat P. Kentenich immer wieder geäußert; schon als junger Spiritual der Pallottiner-Schüler im Mai 1914, wo unter die »Gaben und Gnaden, die wir Maria verdanken«, besonders die »ersten Regungen der Berufsgnade« gezählt werden (vgl. Kastner, Unter dem Schutze Mariens, 249).

und Organisationen zusammenbrechen, sie mögen zusammengebrochen sein ohne meine Schuld, aber wenn sie zusammengebrochen sind ohne meine Schuld, dann bleibt mir doch das Letzte: Die Liebe zu den unsterblichen Seelen soll ständig die Triebkraft meines Handelns sein.

Die *Liebe der Kirche.* Die Gottesmutter ist meine Mutter. Aber als Mutter sehe ich auch die Kirche Gottes an, die heilige, römische Kirche. Ich denke daran, wie diese Kirche mich erzeugt, wie sie mich gepflegt hat durch die Sakramente, wie sie mir ihre Ehre in die Hände gelegt hat durch die Priesterweihe. Was hat die Mutter Kirche mir nicht alles Großes geschenkt und erwiesen, daß ich ihr Diener, ihr Glied, daß ich ihr bevorzugtes Glied bin! Caritas urget! Auch meine Liebe muß kindliche, treue, unentwegte, ritterliche, heroische Liebe sein[14]. Wenn die Kirche mich braucht, bin ich da!

Caritas urget! So erwarten wir, so müssen wir in der Schlußandacht den Geist Gottes, den Heiligen Geist erwarten. Und es mag unsere Seele innerlich befreien und beglücken, wenn wir annehmen dürfen, daß der Heiland während der Andacht im Geist über uns schwebt, daß der Heiland das wundersam machtvolle Sendungswort, den Sendungsbefehl noch einmal ausspricht: Wie mich der Vater gesandt, so sende ich euch jetzt hinaus (vgl. Joh 17,18; 20,21)! Eine neue, erneute Priesterweihe, eine erneute Weihegnade, eine Pfingstgnade! Wie mich der Vater gesandt hat, so sende auch ich euch! Und so ziehen wir hin. Wir wollen

[14] P. Kentenich hat seine Liebe zur Kirche bewiesen in einer Treue, die auch durch die 14jährige Verbannung von seiten eben dieser Kirche nicht erschüttert werden konnte. Als er von diesem Exil 1965 heimkehrte, konnte er seiner Gefolgschaft diese Liebe zur Kirche neu empfehlen mit dem Wort, das er auf seinem Grabstein eingemeißelt haben wollte: Dilexit ecclesiam.

teilnehmen an der Sendung des Heilandes, weil wir ja vom Heiligen Geist getragen sind. Wir nehmen teil an seiner Sendung, teil am Messiasberuf, am Messiasschicksal, deswegen aber auch teil an der Messiasfreude und der Messiasfrucht. Und so sei es denn: Emitte Spiritum tuum! Ja, Heiland, sende du deinen Heiligen Geist, und ich werde umgeformt, ich verstehe die neue Zeit, werde wissen und zielsicher arbeiten und formen können, damit ich das Antlitz des neuen, erlösten Menschen darstelle, damit auch ich es fertigbringe, in meiner Gemeinde so für Christi Reich zu arbeiten, wie es die neue, heutige Zeit von uns allen verlangt und wünscht!

Zitierte Sammelwerke

BKV	Bibliothek der Kirchenväter, Kempten 1911 ff.
CSEL	Corpus Scriptorum Ecclesiasticorum Latinorum
LThK	Lexikon für Theologie und Kirche, 2., völlig neu bearb. Aufl. 1957 ff.
PG, PL	Migne, Patrologiae cursus completus, series graeca (Paris 1857 ff.) und series latina (Paris 1844 ff.)

Zitierte Literatur

(Die abgekürzte Zitationsweise ist hier kursiv hervorgehoben)

Aristoteles, Nikomachische Ethik.

Donders, Adolf, Paul Wilhelm von Keppler, Freiburg 1935.

Endres, Nikolaus, Die psychologische Begründung der Erziehungsmethode Don Boscos als Ursache seiner pädagogischen Erfolge (Dissertation, als Mskr. gedr.), München 1951.

Faber, Frederick William, Bethlehem, Regensburg 1861.

Ders., Das heiligste Altarssakrament, Regensburg 1857.

Feckes, Carl, Die bräutliche Gottesmutter, Essen 1951.

Franz von Sales, Deutsche Ausgabe der *Werke* des hl. Franz von Sales, Eichstätt und Wien,

Bd. *I,* 1959: Anleitung zum frommen Leben, Philothea.
Bd. *II,* 1958: Geistliche Gespräche.
Bd. *III,* 1957: Abhandlung über die Gottesliebe, Theotimus I–VI.
Bd. *IV,* 1960: Dto. VII–XII.
Bd. *V,* 1963: I. Briefe an Johanna Franziska von Chantal.
Bd. *VI,* 1966: Briefe. II. Seelenführungsbriefe an Laien.
Bd. *VII,* 1971: Briefe. III. Seelenführungsbriefe an Ordensfrauen.

Garrigou-Lagrange, Reginald, Mystik und Vollendung, Augsburg 1927.

Ghéon, Henri, Der hl. Pfarrer von Ars, Einsiedeln 1930.

Goethe, Wolfgang von, Faust.

Ders., Götz von Berlichingen.

Haecker, Theodor, Vergil – Vater des Abendlandes (Gesammelte Werke V), München 1967.

Kastner, Ferdinand, Unter dem Schutze Mariens, Untersuchungen und Dokumente aus der Frühzeit Schönstatts, Paderborn 1939 (4. Aufl. Limburg 1952).

Kentenich, Joseph, *Allgemeine Prinzipienlehre der Apostolischen Bewegung von Schönstatt* (noch nicht veröffentlicht).

Ders., *Das Lebensgeheimnis Schönstatts II*: Bündnisfrömmigkeit, Vallendar-Schönstatt 1972.

Ders., *Daß neue Menschen werden,* Eine pädagogische Religionspsychologie, Vorträge der Pädagogischen Tagung 1951, Bearb. Nachschrift, Vallendar-Schönstatt 1971.

Ders., *Ethos und Ideal* in der Erziehung, Tagung 1931, Vallendar-Schönstatt 1972.

Ders., *Grundriß* einer neuzeitlichen Pädagogik für den katholischen Erzieher, Vorträge der Pädagogischen Tagung 1950, Bearb. Nachschrift, Vallendar-Schönstatt 1971.
Ders., Der heroische Mensch, Exerzitien 1936 (noch nicht veröffentlicht).
Ders., Himmelwärts (Gebete, im KZ-Dachau verfaßt und 1945 erstmals unter diesem Titel veröffentlicht).
Ders., Industriepädagogische Tagung 1930 (noch nicht veröffentlicht).
Ders., *Kindsein vor Gott,* Priesterexerzitien, Vallendar-Schönstatt 1979.
Ders., *Krönung Mariens* – Rettung der christlichen Gesellschaftsordnung, Vallendar-Schönstatt 1977.
Ders., Liturgische Werktagsheiligkeit, Priesterkurs 1938 (noch nicht veröffentlicht).
Ders., *Marianische Erziehung,* Pädagogische Tagung, Vallendar-Schönstatt 1971.
Ders., Marianisch-priesterliche *Lebensweisheit,* Priesterexerzitien 1933 (noch nicht veröffentlicht; I, 1 = 1. Tag, 1. Vortrag).
Ders., *Oktoberbrief 1949* an die Schönstattfamilie, Vallendar-Schönstatt 1970.
Ders., Studie aus dem Jahr 1961 (noch nicht veröffentlicht).
Ders., Vom *Reichtum des Reinseins,* Vallendar ^{2}1970.
Ders., Vortrag für das Studentat der Schönstattpatres, 17. 7. 1966 (noch nicht veröffentlicht).
Ders., Marianische *Werkzeugsfrömmigkeit,* Herausgegeben für die Schönstattfamilie, Vallendar-Schönstatt 1974.
Keppler, Paul Wilhelm von, Mehr Freude, Freiburg 1919.
Koch, Anton, Homiletisches Handbuch *I–IV,* Freiburg ^{3}1939.

Ludwig von Granada, Gebet und Betrachtung, Freiburg 1912.
Ders., Gedenkbuch des christlichen Lebens.

Monnerjahn, Engelbert, Häftling Nr. 29 392. Der Gründer Schönstatts als Gefangener der Gestapo 1941–1945. Vallendar-Schönstatt ³1975.
Müller, Michael, Frohe Gottesliebe. Das Ideal des hl. Franz von Sales, Eichstätt und Wien ²1968.

Nachfolge Christi.
Nailis, M. Annette, Werktagsheiligkeit, Ein Beitrag zur religiösen Formung des Alltags (*WH*), Vallendar 1974.
Nietzsche, Friedrich, Also sprach Zarathustra, Stuttgart 1969.
Ders., Die Fröhliche Wissenschaft, Stuttgart 1965.
Ders., Götzendämmerung, Der Antichrist, Ecce homo, Gedichte, Stuttgart 1964.

Perrin, J. M., Die acht Seligkeiten als Botschaft der Freude, Freiburg 1959.
Pieper, Josef, Zustimmung zur Welt, München 1963.
Ders., Über die Liebe, München 1972.
Pohle, J., Lehrbuch der Dogmatik I, Paderborn ⁴1908.

Rauschning, H., Gespräche mit Hitler, Zürich o. J.
Rosenberg, Alfred, Gestaltung der Idee, München 1938.
Ders., *Mythos* des XX. Jahrhunderts, München 1939.

Scheeben, Matthias Joseph, Handbuch der katholischen Dogmatik I, Freiburg 1933.
Ders., Natur und Gnade, München 1922.
Schiller, Friedrich Wilhelm, Lied an die Freude.
Segneri, Paolo, Il Cristiano istruito (Sämtliche Werke XVII, Regensburg).

Teresa von Avila, Sämtliche Schriften V, München 1973.

Das Thema. Arbeitsheft zu aktuellen Themen: Alltag – Spur meines Lebens, hrsg. v. d. AG Frauenseelsorge Bayern, München 1975.
Therese von Lisieux, Selbstbiographische Schriften, Einsiedeln [5]1964.
Uhland, Ludwig, Frühlingslieder.
Vaticanum II (Konzilstexte).
Vergil, Aeneis.
Vivès, Ludovicus, De anima et vita.
Weber, Die Verhütung des Alterns, Mittel und Wege zur Verlängerung des Lebens, Leipzig 1905 (zit. in: Keppler, 2).
Zentrale Begriffe Schönstatts. Kleiner Lexikalischer Kommentar. Nach Schriften und Vorträgen P. Josef Kentenichs bearb. v. Herta Schlosser, Vallendar 1977.

Namen- und Ortsverzeichnis

Stichwortverzeichnis

Lebensbilder von Pater Kentenich

Zur ersten Information

Engelbert Monnerjahn
Stationen eines Lebens
Pater Kentenich und sein Werk
81 Seiten, 1 Titelfoto, kartoniert
ISBN 3-87620-064-4

Ein erzählender Bericht

Esteban Uriburu
Sie nennen ihn Vater
208 Seiten, 1 Titelfoto, kartoniert
ISBN 3-87620-067-9

Die wissenschaftliche Biographie

Engelbert Monnerjahn
Pater Joseph Kentenich
Ein Leben für die Kirche
2. Auflage, 372 Seiten mit Abbildungen,
Zeittafel und Namensverzeichnis, Leinen
ISBN 3-87620-045-8

Diese Bücher können Sie über jede Buchhandlung beziehen.

Patris Verlag · 5414 Vallendar

SCHÖNSTATT–STUDIEN

Band 1 Hans M. Czarkowski
Psychologie als Organismuslehre
Joseph Kentenich und die moderne Psychologie unter besonderer Berücksichtigung der Tiefenpsychologie
288 Seiten, kartoniert
ISBN 3-87620-058-X

Band 2 Hans-Werner Unkel
Theorie und Praxis des Vorsehungsglaubens nach Pater Joseph Kentenich
Teil 1: Theologische Horizonte des praktischen Vorsehungsglaubens
423 Seiten, kartoniert
ISBN 3-87620-068-7
Teil 2: Leben aus dem praktischen Vorsehungsglauben
368 Seiten, Kartoniert
ISBN 3-87620-069-5

Band 3 Paul Vautier
Maria, die Erzieherin
Darstellung und Untersuchung der marianischen Lehre Pater Joseph Kentenichs
368 Seiten, kartoniert
ISBN 3-87620-073-3

Band 4 Ernst Josef Fuchs
Maria, frauliches Vorbild christlichen Lebens
248 Seiten, kartoniert
ISBN 3-87620-82-2

Band 5 Lothar Penners
Eine Pädagogik des Katholischen
Studien zur Denkform Pater Joseph Kentenichs
453 Seiten, kartoniert
ISBN 3-87620-089-X